D0930994

TO HONOR
RENÉ GIRARD

STANFORD FRENCH AND ITALIAN STUDIES

editor

ALPHONSE JUILLAND

editorial board

BEVERLY ALLEN
MARC BERTRAND
BRIGITTE CAZELLES
ROBERT GREER COHN
JOHN FRECCERO
RENÉ GIRARD
RAYMOND GIRAUD
RALPH HESTER
PAULINE NEWMAN-GORDON
PIERRE SAINT-AMAND
JEFFREY SCHNAPP
MICHEL SERRES
CAROLYN SPRINGER
LEO WEINSTEIN

managing editor

KATARINA KIVEL

volume XXXIV

DEPARTMENT OF FRENCH AND ITALIAN
STANFORD UNIVERSITY

TO HONOR
RENÉ GIRARD

Presented on the occasion of his sixtieth birthday
by colleagues, students, friends

1986

ANMA LIBRI

Stanford French and Italian Studies is a collection of scholarly publications devoted to the study of French and Italian literature and language, culture and civilization. Occasionally it will allow itself excursions into related Romance areas.

Stanford French and Italian Studies will publish books, monographs, and collections of articles centering around a common theme, and is open also to scholars associated with academic institutions other than Stanford.

The collection is published for the Department of French and Italian, Stanford University by Anma Libri.

LC 85-70367
ISBN 0-915838-03-6
Printed in the United States of America

Contents

The Achievement of René Girard

The Olympian tranquillity of René Girard might once have been mistaken for loneliness; for thirty-five years he worked in isolation, at considerable risk to his academic future, without the slightest concession to the literary fashions that swirled about him in the universities of his adopted country. During the fifties, literary studies in the United States reacted to the post-war climate by retreating from social and humanistic concerns. A few brave voices were raised in defense of what was then called "the liberal tradition," but the dominant literary ideology was the "new criticism" of the Southern Fugitive Movement. After Hitler, Stalin and the bomb, it was safer to conclude that literature should *be* and not *mean*.

While the rest of us collectively lamented our isolation — and "The Stranger" made the bestseller lists — Girard alone seemed willing to confront the issue of the relationship of literature to society. His studies unmasked the "romantic lie" of heroic isolation with his readings of the greatest European novelists and so, by implication, unmasked the "ivory tower" isolation of literary criticism. There was nothing safe about Girard's attempts to make social sense of Proustian snobbery or of Camus's inauthenticity; the social and human truth he found in the Romantic novel looked like Marxism to his critics and to some Marxists as well. In a journal fittingly named *Médiations,* Lucien Goldmann wrote a rave review entitled, "Marx, Lukács, Girard et la sociologie du roman." What Girard shared with those critics, or with Freud, for that matter, was not a particular vision of society or of humanity, but rather the conviction that such truth was to be found in the greatest literature. The novels were not however to be used instrumentally, as if they were some less-than-reliable data base, but rather read in their own terms, as revelations of a truth beyond statistics, arrived at through considerable personal suffering.

No one at that time, perhaps least of all Girard, could have perceived what was to be the next stage in the development of his thought, although in retrospect the progress of his attention from the individual to the group seems to have been almost inevitable — one might say that this temporal paradox, the inevitability of the unexpected, is precisely what defines his work as an *oeuvre*. In *Violence and the Sacred*, some of the same mechanisms that were revealed to be operative in the Proustian salons were traced out on a vast anthropological scale, with the addition of a theory of sacrifice that enabled Girard to define religion in pre-legal societies as the realm of controlled violence. Violence itself was viewed as the inevitable outcome of social un-differentiation, the macrocosmic equivalent of the mimetic rivalry that the earlier work had traced in the world of the novel. Indirectly, Girard vindicated the study of literature, but at the same time, his theory challenged the neo-romantic views of the sixties, since it seemed to be a defense of social hierarchy and therefore of a class system. Once more he was attacked, this time by the left rather than the right, in spite of the absolute rigor and consistency of his argument over the course of both decades.

In his most recent work, Girard has expanded his anthropological view to Christianity and to our own time, both of which his work on violence has scrupulously excluded. As might be expected, his analysis challenges received opinions, but this time among theologians and critics of culture, as well as anthropologists and literary critics. His examination of Christian anti-semitism, of the Theology of the Redemption, of the issue of human survival continue to be debated among an increasingly vast reading public throughout the world. It would take a competence far greater than that of the literary inter-preter to explore all of the ramifications of his thought, let alone to judge them, but his literary colleagues take heart in the fact that his meditations began with literature and continue to be literary as he prepares his work on Shakespeare. In the wake of Structuralism and Deconstruction, from which we have learned to distrust our texts and even the language in which they are written, Girard's achievement withstands the interrogation of both philosophy and science and sug-gests that, this once, literature has proven to be essential to the study of humanity.

Girard's warmth and generosity are perhaps less well known than the brilliance of his mind, which is evident to anyone who reads him. This volume, dedicated to him, is meant to suggest that his towering presence is now surrounded by affection as well as the highest ad-miration and respect.

Bibliography

Works by René Girard

Books

Mensonge romantique et vérité romanesque (Paris: Grasset, 1961, 1973), 321 pp. (Rpt. Paris: Coll. Pluriel, Le Livre de Poche, 1978).

Translations:
(Spanish) Caracas: Universidad Central de Venezuela, 1963.
          Barcelona: Anagrama, 1985.
(Italian) Milan: Bompiani, 1965, 1981.
(English) *Deceit, Desire, and the Novel* (Baltimore: The Johns Hopkins University Press, 1966, 1969; paperback edition, 1976).
(Czech) Prague: Ceskoslovensky Spisovatel, 1968.
(Japanese) Tokyo: Hosei University Press, 1970.
(Rumanian) Bucharest: Editura Univers, 1972.

Proust: A Collection of Critical Essays, ed. René Girard (New York: Prentice Hall, 1962). (Rpt. Westport, Ct.: Greenwood Press, 1977).

Dostoïevski: du double à l'unité (Paris: Plon, 1963), 190 pp. (Rpt. Saint-Pierre de Salerne, Brionne: Gérard Monfort, 1979).

La Violence et le sacré (Paris: Grasset, 1972, 1974, 1977), 450 pp. (Rpt. Paris: Coll. Pluriel, Le Livre de Poche, 1980).

Translations:
(Spanish) Caracas: Universidad Central de Venezuela, 1975.
          Barcelona: Anagrama, 1983.
(English) *Violence and the Sacred* (Baltimore: The Johns Hopkins University Press, 1977; paperback edition, 1979).

(Italian) Milan: Adelphi, 1980.
(Japanese) Tokyo: Hosei University Press, 1983.
(Swedish) Stockholm: Natur och Kultur (forthcoming).

Critique dans un souterrain (Lausanne: L'Age d'Homme, 1976), 203 pp. (Rpt. Paris: Coll. Biblio-Essais, Le Livre de Poche, 1983).

Translation:
(Japanese) Tokyo: Hakusuisha, 1984.

Des Choses cachées depuis la fondation du monde, with Jean-Michel Oughourlian and Guy Lefort (Paris: Grasset, 1978), 492 pp. (Rpt. Paris: Coll. Biblio-Essais, Le Livre de Poche, 1983).

Translations:
(Spanish) Salamanca: Sigueme, 1982.
(German) Freiburg: Herder Verlag, 1983.
(Italian) Milan: Adelphi, 1983.
(Japanese) Tokyo: Hosei University Press, 1985.
(English) London: Athlone, forthcoming.
        Stanford: Stanford University Press, forthcoming.

"To Double Business Bound": Essays on Literature, Mimesis, and Anthropology (Baltimore: The Johns Hopkins University Press, 1978), 229 pp.

Translation:
(Spanish) Barcelona: Gedisa, 1984.

Le Bouc émissaire (Paris: Grasset, 1982), 298 pp. (Rpt. Paris: Biblio-Essais, Le Livre de Poche, 1985).

Translations:
(Dutch) Kok Agora, forthcoming.
(English) *Scapegoat* (Baltimore: The Johns Hopkins University Press, forthcoming).
(German) Freiburg: Herder Verlag, forthcoming.
(Polish) Lodz: Lodzkie, forthcoming.

La Route antique des hommes pervers (Paris: Grasset, 1985), 245 pp.

Translations:
(English) London: Athlone Press, forthcoming.
        Stanford: Stanford University Press, forthcoming.
(German) Freiburg: Herder Verlag, forthcoming.
(Italian) Milan: Adelphi, forthcoming.
(Japanese) Tokyo: Hosei University Press, forthcoming.
(Spanish) Barcelona: Anagrama, forthcoming.

Contributions to Collective Works

"Duc de Saint-Simon," and "General Studies on the Novel," in *A Critical Bibliography of French Literature*, III, ed. D.C. Cabeen and J. Brody (Syracuse, N.Y.: Syracuse University Press, 1947) and *The Seventeenth Century*, ed. N. Edelman (n.p., n.d.).

"A propos de Jean-Paul Sartre: la notion de rupture en critique littéraire," in *Chemins actuels de la critique*, ed. G. Poulet (Paris: Plon, 1967).

"La Notion de structure en critique littéraire," in *Quatre Conférences sur la nouvelle critique* (Turin: Societa Editrice Internationale, 1968), pp. 61-73.

"Explication de texte de Jean-Paul Sartre," in *Explication de textes II*, ed. Jean-Sareil (New York: Prentice-Hall, 1970), pp. 175-91.

"Introduction to 'De la folie,'" in *L'Esprit moderne dans la littérature française*, ed. Reinhard Kuhn (Oxford: Oxford University Press, 1972), pp. 59-64.

"Myth and Ritual in *A Midsummer Night's Dream*," Harry F. Camp *Memorial Lectures* (Stanford University, November 1972), pp. 1-17.

"Differentiation and Undifferentiation in Lévi-Strauss and Current Critical Theory," in *Directions for Criticism*, ed. Murray Krieger and L.S. Dembo (Madison: University of Wisconsin Press, 1977), pp. 111-36.

"Narcissism: The Freudian Myth Demythified by Proust," in *Psychoanalysis, Creativity, and Literature*, ed. Alan Roland (New York: Columbia University Press, 1978), pp. 293-311.

"Mimesis and Violence: Perspectives in Cultural Criticism," *Berkshire Review*, 14 (1979), special issue on "Culture and Violence."

"'To Entrap the Wisest': A Reading of *The Merchant of Venice*," in *Literature and Society*, ed. Edward W. Said (Baltimore: The Johns Hopkins University Press, 1980), pp. 100-19.

"Comedies of Errors: Plautus-Shakespeare-Molière," in *American Criticism in the Post-Structuralist Age*, ed. Ira Konigsberg (University of Michigan Press, 1981), pp. 68-86.

"La Contingence dans les affaires humaines: 'Débat Castoriadis-René Girard' and 'La Danse de Salomé,'" in *L'Auto-organisation: de la physique au politique*, ed. Paul Dumouchel and Jean-Pierre Dupuy (Paris: Seuil, 1983), pp. 279-301, 331-52, 365-71.

"'The Ancient Trail Trodden by the Wicked': Job as Scapegoat," in *Semeia: An Experimental Journal for Biblical Criticism*, ed. Andrew J. McKenna, no. 33 (December 1985).

"Mythos und Gregenmythos: Zu Kleists 'Das Erdbeben in Chili,'" in *Positionen der Literaturwissenschaft*, ed. David E. Wellbery (Munich: Beck, 1985), pp. 130-48.

"Le Meurtre fondateur dans la pensée de Nietzsche," in *Violence et vérité: autour de René Girard*, ed. Paul Dumouchel (Paris: Grasset, 1985), pp. 597-613. Based on the Colloque de Cerisy-la-Salle on the work of Girard, June 11-18, 1983.

"Bottom's One-Man Show," in *The Current in Criticism*, ed. Clayton Koelb and Virgil Lokke (Purdue University Press, forthcoming).

Articles

"L'Homme et le cosmos dans *L'Espoir* et *Les Noyers de l'Altenburg* d'André Malraux," *PMLA*, 68 (1953), 49-55.

"Les Réflexions sur l'art dans les romans de Malraux," *MLN*, 68 (1953), 544-46.

"Le Règne animal dans les romans de Malraux," *French Review*, 26 (1953), 261-67.

"The Role of Eroticism in Malraux's Fictions," *Yale French Studies*, 11 (1953), 49-58.

"L'Histoire dans l'oeuvre de Saint-John Perse," *Romanic Review*, 44 (1953), 47-55.

"Marriage in Avignon in the Second Half of the Fifteenth Century," *Speculum*, 28 (1953), 485-98.

"Franz Kafka et ses critiques," *Symposium*, 7 (1953), 34-44.

"Valéry et Stendhal," *PMLA*, 59 (1954), 347-57.

"André Suarès et les autres," *Cahiers du Sud*, 42, no. 329 (1955), 14-18.

"Existentialism and Criticism," *Yale French Studies*, 16 (1956), 45-52.

"Situation du poète américain," *Cahiers du Sud*, 42, no. 336 (1956), 196-202.

"Saint-Simon et la critique," *French Review*, 29 (1956), 389-94.

"Winds and Poetic Experience," *The Berkeley Review*, 1 (Winter 1956), 46-52.

"Où va le roman?" *French Review*, 30 (1957), 201-06.

"Man, Myth and Malraux," *Yale French Studies*, 18 (1957), 55-62.

"Voltaire and Classical Historiography," *The American Magazine of the French Legion of Honor*, 24, no. 3 (1958), 151-60.

"Tocqueville and Stendhal," *The American Magazine of the French Legion of Honor*, 31, no. 2 (1960), 73-83.

"Pride and Passion in the Contemporary Novel," *Yale French Studies*, 24 (1960), 3-10.

"Memoirs of a Dutiful Existentialist," *Yale French Studies*, 27 (1961), 41-47.

"De Dante à la sociologie du roman," *Revue Belge de Sociologie* (1963), pp. 263-69.

"Marivaudage and Hypocrisy," *The American Magazine of the French Legion of Honor*, 34, no. 3 (1963), 163-74.

"Des Formes aux structures, en littérature et ailleurs," *MLN*, 78 (1963), 504-19.

"Racine, poète de la gloire," *Critique* (June 1964), pp. 484-506.

"Camus's *Stranger* Retried," *PMLA* (December 1964), pp. 519-33.

"Monstres et demi-dieux dans l'oeuvre de Hugo," *Symposium*, 29, no. 1 (1965), 50-57.

"De l'expérience romanesque au mythe oedipien," *Critique*, 21 (November 1965), 899-924.

"Réflexions critiques sur les recherches littéraires," *MLN*, 81 (1966), 307-24.

"Symétrie et dissymétrie dans le mythe d'Oedipe," *Critique* (January 1968), pp. 99-135.

"Dionysos et la genèse violente du sacré," *Poétique*, 3 (1970), 266-81.

"Une Analyse d'*Oedipe Roi*," *Critique Sociologique et Critique Psychanalytique*, Institut de Sociologie, Université Libre de Bruxelles (1970), pp. 127-63.

"Perilous Balance: A Comic Hypothesis," *MLN*, 87 (1972), 811-26.

"Vers une définition systématique du sacré," *Liberté* (Montréal, July 1973), pp. 58-74.

"Lévi-Strauss, Frye, Derrida and Shakespearean Criticism," *Diacritics* (Fall 1973), pp. 34-38.

"Discussion avec René Girard," *Esprit*, 429 (November 1973), pp. 528-63.

"The Plague in Literature and Myth," *Texas Studies*, 15, no. 5 (1974), 833-50.

"Les Malédictions contre les Pharisiens et la révélation évangélique," *Bulletin du Centre Protestant d'Etudes* (Geneva, 1975), pp. 5-29.

"French Theories of Fictions, 1947-1974," in *Phenomenology, Structuralism, Semiology*, ed. Harry R. Garvin, *The Bucknell Review*, 21, no. 1 (Spring 1976), 117-26.

"Differentiation and Undifferentiation in Lévi-Strauss and Current Critical Theory," *Contemporary Literature*, 17, no. 3 (Summer 1976), 404-29.

"Superman in the Underground: Strategies of Madness—Nietzsche, Wagner and Dostoevsky," *MLN*, 91 (1976), 1161-85.

"Violence and Representation in the Mythical Text," *MLN*, 92 (1977), 922-44.

"Rite, travail, science," *Critique*, 380 (January 1979), 20-34.

"Peter's Denial and the Question of Mimesis," *Notre Dame English Journal*, 14, no. 3 (Summer 1982), 177-89.

"Le Démolisseur de l'Olympe," *Le Nouvel Observateur*, February 4, 1983, pp. 70-75.

"Un Prétexte pour régler les comptes," *Le Nouvel Observateur*, February 26, 1983, p. 67.

"Esprit de concurrence: des vertus inaltérables," *Le Point*, May 9, 1983, p. 80.

"Job et le bouc émissaire," *Bulletin du Centre Protestant d'Etudes*, 35, no. 6 (Geneva, November 1983), 3-33.

"Culture 'primitive,' giudaismo, cristianismo," in *La pena di morte del mondo* (Italy: Marietti, Casale Monferrato, 1983), pp. 75-86.

"Dionysus versus the Crucified," *MLN*, 99 (1984), 816-35.

"Hamlet's Dull Revenge," *Stanford Literature Review*, 1 (Fall 1984), 159-200.

"Scandal and the Dance: Salome in the Gospel of Mark," *New Literary History*, 15 (Winter 1984), 311-24.

"The Bible Is Not a Myth," *Literature and Belief*, 4 (1984), 7-15.

"Exorciser la violence," *Le Figaro*, no. 12634, April 15, 1985, p. 2.

Reviews

Reviews in *French Review, Modern Philology, Renascence, Romanic Review, Symposium, Les Lettres Nouvelles, Le Mercure de France, Modern Language Notes, The Washington Post*, etc.

Since 1972:

"Système du délire," *Critique*, 28 (November 1972), 957-96. Review of Gilles Deleuze, *L'Anti-Oedipe* (Editions de Minuit, 1972).

Review of André Chouraqui, *Ce que je crois, Le Nouvel Observateur*, May 7, 1979, pp. 84-85.

"Vers une nouvelle anthropologie," *Le Monde*, May 10, 1980, p. 2. Review of Georges-Hubert de Radkowski, *Les Jeux du désir*.

"Derrière la modestie de l'approche, un projet vaste se dessine," *Le Matin*, December 27, 1982. Review of Jacques Attali, *Histoires du temps*.

Review of Philippe Muray, *Le 19e siècle à travers les âges, Commentaire*, no. 27 (Autumn 1984), pp. 613-16.

Introductions, Prefaces, and Postfaces

"Tiresias and the Critic," introduction to *The Languages of Criticism and the Sciences of Man*, ed. Richard Macksey and Eugenio Donato (Baltimore: The Johns Hopkins University Press, 1970), pp. 15-21. Paperback ed. 1972.

Preface to Charles Castella, *Structures romanesques et vision sociale chez G. de Maupassant* (Lausanne: L'Age de l'Homme, 1973), pp. i-v.

Preface to Cesáreo Bandera, *Mimesis Conflictiva* (Madrid: Gredos, 1975), pp. 9-18.

Postface to Paul Dumouchel et Jean-Pierre Dupuy, *L'Enfer des choses: René Girard et la logique de l'économie* (Paris: Seuil, 1979), pp. 257-64.

Preface to *Stanford French Review*, 7, no. 2 (Summer 1983), 117, special issue on "La Foule."

Preface to Bruce Bassoff, *The Secret Sharers: Studies in Contemporary Fictions* (New York: AMS Press, 1983), pp. ix-xv.

Published Interviews

Michele Ricciardelli, "René Girard: Un critico dell'indeterminatezza, dell'intuizione et dell'imitazione," *Uomini et Libri*, 53 (March-April 1975).

"Interview," *Diacritics*, 8, no. 1 (Spring 1978), 31-54.

Bruce Bassoff, *Denver Quarterly*, 13, no. 2 (Summer 1978), 27-40.

"Quand les choses commenceront...," *Tel Quel*, 78 (Fall 1978), 37-57, and *Tel Quel*, 79 (Spring 1979), 32-39.

Philippe Muray, *Art Press International*, 21 (October 1978), 6-8.

Julien Betbeze and Gérard Leclerc, "Violence et mimétisme," *Royaliste*, 288, March 1, 1979, 6-7.

Jean-Claude Guillebaud, "Le 'Scandale' Girard," *Le Monde*, May 27-28, 1979, pp. 7, 14.

Jean-Luc Allouche, "René Girard: la subversion judéo-chrétienne," *Arche*, 269 (August 1979), 46-50.

"D'où vient la violence?" Round table with René Girard, Christian Mellon, Jean-Marie Muller, Hervé Ott et Jacques Sémelin, *Alternatives non violentes*, 36 (January 1980), 49-67.

Laurence Cossé, "La Non-violence ou la mort," *Le Quotidien de Paris*, July 15, 1980, pp. 28-29.

Mireille Poncet, "Violence et sacré," *Phosphore*, 1 (February 1981).

Jean-Pierre Rosa, "Un Colloquio con René Girard," *Nuova Umanità* (March-April 1981), pp. 95-119.

Louis Schneiter, "La Violence et le religieux," *Construire*, September 30, 1981.

Bertrand Renouvin, "Démonter les mécanismes de la persécution," *Royaliste*, 362 (1982), 6-7.

Gérard Leclerc and Bertrand Renouvin, "L'Amérique n'est pas organisée pour l'impérialisme," *Royaliste*, 368 (1982), 6-7.

Philippe Muray, "René Girard, le bouc émissaire," *Art Press*, 60 (June 1982).

"Eugène Mannoni fait le point avec René Girard," *Le Point*, July 5, 1982, pp. 95-101.

Guitta Pessis-Pasternak, "Une Connivence ambiguë," *Arche* (Fall 1982), pp. 90-91.

Michel Augendre and Bernard Sauvagnat, "René Girard: Bible et ethnologie," *Signes des Temps* (September-October 1982), pp. 27-79.

Nadine Dormoy Savage, "Conversation avec René Girard," *The French Review*, 56, no. 5 (April 1983), 711-19.

Guitta Pessis-Pasternak, *Le Monde Dimanche*, April 3, 1983, p. 14.

Jacques Henric, "Claudel catholique," *Art Press*, 70 (May 1983), 10-12.

Carlo Sini, "Intervista all'autore di 'La violenza e il sacro,'" *Corriere della sera*, June 1, 1983.

Christian Delacampagne, ed., *Entretiens avec Le Monde: 1. Philosophes* (Paris: Editions La Découverte/Le Monde, 1984), pp. 101-15.

Gérard Leclerc, "'La Civilisation devient pour elle-même la menace absolue,'" *Le Quotidien de Paris*, April 10, 1985, pp. 16-17. Interview discussing *La Route antique* and *Violence et vérité*.

François Lagarde, "Littérature et religion mêlée. Une interview avec René Girard," *Art Press* (1985) and *Constructions* (Stanford University), forthcoming).

Bertrand Renouvin et al, "Les Malheurs de Job: un mythe biblique enfin rendu clair," *Royaliste*, 426, May 1-14, 1985, 426-27.

Georges Suffert, "Georges Suffert fait le point avec René Girard: Job, bouc émissaire," *Le Point*, May 13, 1985, pp. 163-70.

Scott Walter, "René Girard: Interview by Scott Walter," *The Birth of Tragedy* (Stanford University), no. 3 (May-July 1985).

Reprints and Translations

"Mensonge romantique et vérité romanesque," *La Nouvelle Revue Française*, 98 (1961), 241-58. Excerpts from *Mensonge romantique*.

"Les Mondes proustiens," *Médiations*, 1 (1961), 97-125. Excerpts from *Mensonge romantique*.

"Existentialism and Criticism," in *Sartre: A Collection of Critical Essays*, ed. Edith Kern (Prentice-Hall, 1962), pp. 121-28. Reprint of article published in *Yale French Studies*, 16 (1956), 42-52.

"Métaphysique du souterrain dans *Les Possédés*," *La Table Ronde*, 183 (April 1963), 73-76. Excerpts from *Dostoïevski: du double à l'unité*.

"L'Histoire dans l'oeuvre de Saint-John Perse," in *Honneur à Saint-John Perse* (Gallimard, 1965). Reprint of article published in *Romanic Review*, 44 (1953), 47-55.

"Pour un nouveau procès de *L'Etranger*," in *Revue de Lettres Modernes*: Autour de *L'Etranger* (1968), pp. 13-52. Translation of "Camus's Stranger Retried," *PMLA* (December 1964), pp. 519-33.

"Triangular Desire," in *Stendhal, Red and Black*, ed. Robert M. Adams (Norton, 1969), pp. 503-21. Excerpts from *Mensonge romantique*.

"Stendhal et les problèmes de la noblesse," in *Stendhal: Textes recueillis et présentés par J.P. Bardos* (Paris: Firmin-Didot, 1970), pp. 151-69. Excerpts from *Mensonge romantique*.

"La Grâce romanesque," in *Les Critiques de notre temps et Proust*, ed. Jacques Bersani (Paris: Garnier, 1971), pp. 134-39. Excerpts from *Mensonge romantique*.

"Work in Progress," *Diacritics* (Summer 1972), pp. 35-40. Excerpts from *La Violence et le sacré*.

"From *The Divine Comedy* to the Sociology of the Novel," in *Sociology of Literature and Drama*, ed. Elizabeth and Tom Burns (Penguin Books, 1973), pp. 101-08. Translation of "De Dante à la sociologie du roman," *Revue Belge de Sociologie* (1963), pp. 263-69.

"Das Evangelium legt die Gewalt Bloss," *Orientierung* (Zurich), 38, no. 5 (March 1974), 53-56. Excerpts from "Discussion avec René Girard," *Esprit* (November 1973), translated by Raymond Schwager.

"Critical Reflections on Literary Studies," in *Velocities of Change*, ed. Richard Macksey (The Johns Hopkins University Press, 1974), pp. 72-88. A translation by Catherine and Richard Macksey of "Réflexions critiques sur les recherches littéraires," *MLN*, 81 (1966), 307-24.

"Dionysus and the Violent Genesis of the Sacred," *Boundary*, 2 (Spring 1977), 487-505. Translation by Sandor Goodhart of "Dionysus et la genèse violente du sacré," *Poétique*, 3 (1970), 266-81.

"Saint-Simon et la critique," Introduction to Saint-Simon, *Oeuvres complètes*, XIV (Paris: Editions Ramsay, 1978), pp. i-xi. Reprint of article published in *French Review*, 29 (1956), 389-94.

"Myth and Ritual in Shakespeare: *A Midsummer Night's Dream*," in *Textual Strategies. Perspectives in Post-Structural Criticism*, ed. Josué V. Harari (Ithaca: Cornell University Press, 1979), pp. 189-212. Reprint of article published in *Harry F. Camp Memorial Lectures* (Stanford University Press, November 1972), pp. 1-17. "'More than Fancy's Images,'" *L'Infini* (March 1983). French translation of "Myth and Ritual in Shakespeare's Midsummer Night's Dream."

"Interdividual Psychology," *Denver Quarterly*, 14, no. 3 (Fall 1979), 3-19. Translation by Jane Nicholson of excerpts from *Des Choses cachées* (ch. 3).

"Shakespeare's Theory of Mythology," *Classical Mythology in Twentieth-Century Thought and Literature*, Proceedings of the 11th Comparative Literature Symposium 1978, ed. W. Aycock and T. Klein (Texas Tech University, 1980), pp. 107-24. Excerpts from previous work on Shakespeare.

"History and the Paraclete," *The Ecumenical Review*, January 1, 1983, pp. 3-16. Translation of the last chapter of *Le Bouc émissaire*.

"Narcissism: The Freudian Myth Demythified by Proust," in *Literature and Psychoanalysis*, ed. Edith Kurzweil and William Phillips (New York: Columbia University Press, 1983), pp. 363-77. Reprint of article in *Psychoanalysis, Creativity, and Literature* (1978).

"Generative Violence & The Extinction of Social Order," *Salmagundi*, no. 63-64 (Spring-Summer 1984), pp. 204-37. Translation of excerpts from *Le Bouc émissaire*.

"Vertaling van fragmenten van *Des Choses cachées depuis la fondation du monde*," *Schrift*, 97 (The Netherlands, February 1985). Translation of excerpts by R. Kaptein.

"La Route antique des hommes pervers," *Les Saisons de Saint Jean*, no. 9 (Spring 1985), pp. 19-30. Reprint of chapters 1 and 10 of *La Route antique*.

German translation (Berlin: Freie Universität, forthcoming) of "Le Meurtre fondateur dans la pensée de Nietzsche," in *Violence et vérité* (1985).

Works on René Girard

Books, Collective Works, and Debates

"Aspects nouveaux de l'analyse littéraire," in *Annales*, 20, no. 3 (May-June 1965). A series devoted in large measure to *Mensonge romantique et vérité romanesque*:

Jean Cohen, "La Théorie du roman de René Girard," pp. 465-76.

Michel Crouzet, "Aspects nouveaux de l'analyse du romantisme," pp. 476-89.

François Châtelet, "Peut-il y avoir une sociologie du roman?" pp. 490-502.

Debate on *La Violence et le sacré*, with the participation of François Aubral, Michel Deguy, Jean-Marie Domenach, Eugénie Luccioni, Maurice Mourier, Pierre Pachet, Michel Panoff, and Paul Thibaud, in *Esprit* (November 1973), pp. 513-81:
   Alfred Simon, "Les Masques de la violence," pp. 515-27.
   Eric Gans, "Pour une esthétique triangulaire," pp. 564-81.

"La Violence: la dénier ou la traiter?" *Approches*, 12 (1976):
   Yvette Bouisseren, "La Violence et le sacré," pp. 3-35 green.
   Paul Georges Cosson, "Sacrée violence, va?" pp. 3-32 yellow.
   Jean Le Du, "La Régulation de la violence: les procédures imaginaires," pp. 33-44 yellow.

Special issue on René Girard, *Diacritics*, 8, no. 1 (Spring 1978):
   Hayden White, "Ethnological 'Lie' and Mythical 'Truth,'" pp. 1-9.
   Philippe Lacoue-Labarthe, "Mimesis and Truth," pp. 10-23.
   Michel Serres, "Origin of Geometry, IV, " pp. 24-30.
   Sandor Goodhart, "*Leskas Ephaske*: Oedipus and Laius' Many Murders," pp. 55-71.
   Jean-Michel Oughourlian and Guy Lefort, "Psychotic Structure and Girard's Doubles," pp. 73-74.
   Ciriaco Morón-Arroyo, "Cooperative Mimesis: Don Quixote and Sancho Panza," pp. 75-86.

On René Girard, *MLN*, 93 (1978):
   Cesáreo Bandera, "The Doubles Reconciled," pp. 1007-14.
   Ralph Harper, pp. 1014-18.
   Carl A. Rubino, pp. 1018-21.
   David I. Grossvogel, pp. 1021-26.

Paul Dumouchel and Jean-Pierre Dupuy, *L'Enfer des choses: René Girard et la logique de l'économie* (Paris: Seuil, 1979).

Special issue on "Culture and Violence," *Berkshire Review*, 14 (1979):
   F.T. Griffiths, "Girard on the Greeks / The Greeks on Girard," pp. 20-36.
   Elizabeth Traube, "Incest and Mythology: Anthropological and Girardian Perspectives," pp. 37-54.
   Deborah Gewertz, "Comments on Griffiths and Traube," pp. 54-57.
   David J. Langston, "Comments on Griffiths and Traube," pp. 58-62.
   Rafael Fernandez, "Some Aspects of the Iconography of Violence in Nineteenth- and Twentieth-Century Art," pp. 65-67.
   John Pemberton, III, "Sacred Kingship and the Violent God: The Worship of Ogun among the Yoruba," pp. 102-05.
   Helene Keyssar, "Comments on Fernandez and Pemberton," pp. 107-11.
   Richard Slotkin, "Massacre," pp. 112-18.
   David Konstin, "Comments on Slotkin and Versényi," pp. 150-54.

"Sur René Girard," *Esprit*, 28 (April 1979):
  Olivier Mongin, "Retour sur René Girard," pp. 26-28.
  Richard Kearney, "Terrorisme et sacrifice: le cas de l'Irlande du Nord,"
    pp. 29-44.
  Pierre Manent, "La Violence légitime," pp. 45-46.
  Henri-Jacques Striker, "Sur le mode de penser de René Girard," pp. 46-55.
  Jean-Pierre Dupuy, "Le Refus du monde," pp. 55-57.
  Manuel de Diéguez, "Une Ethnologie charismatique," pp. 58-71.

"Christianisme et violence. René Girard en débat," *Alternatives non violentes*,
    36 (January 1980):
  Jacques Sémelin, "Qui est René Girard?" pp. 47-48.
  F.X. Verschave, "Post-scriptum au débat avec René Girard: Jalons et
    questions," pp. 68-72.
  Jean-Marie Muller, "René Girard ou le défi de la Non-Violence," pp.
    73-76.

François Chirpaz, *Enjeux de la violence: Essais sur René Girard* (Paris: Editions
    du Cerf, 1980), 121 pp.

Issue devoted to the work of René Girard, *Sciences Religieuses/Studies in Religion*,
    10 (Ontario: Wilfred Laurier University Press, 1981):
  Roger Lapointe, Editorial, "Le Phénomène Girard," p. 3.
  Benoît Garceau, "La Violence et le vrai savoir de l'homme," pp. 5-14.
  Roger Lapointe, "Deux Anthropologues contemporains," pp. 15-24.
  Raymond Lemieux, "La Victime ou la pratique du croyable," pp. 25-44.
  Georges Tissot, "Camouflage et méconnaissance," pp. 45-58.
  Jean-Claude Dussault, "René Girard: la révélation évangélique et le
    boudhisme," pp. 59-66.
  Compte rendu du séminaire de recherche sur l'oeuvre de René Girard,
    pp. 67-108.

Jean-Pierre Dupuy, *Ordres et désordres* (Paris: Seuil, 1982), 290 pp.

Jean-Baptiste Fages, *Comprendre René Girard* (Paris: Collection Pensée, Privat,
    1982), 176 pp.

René Girard et le problème du mal, ed. Michel Deguy and Jean-Pierre Dupuy
    (Paris: Grasset, 1982). A collection of articles on the work of René Girard:
  Christine Orsini, "Introduction à la lecture de René Girard," pp. 11-60.
  Michel Deguy, "Onglets de la lecture, 1961-1981," pp. 61-88.
  Pierre Pachet, "Merci," pp. 89-102.
  Lucien Scubla, "Contribution à la théorie du sacrifice," pp. 103-68.
  Jean-Michel Oughourlian, "La tarantelle, danse du désir mimétique," pp.
    169-78.
  Eric Gans, "Le *logos* de René Girard," pp. 179-214.

Raymund Schwager, "Pour une théologie de la colère de Dieu," pp. 59-68.

Sandor Goodhart, "'Je suis Joseph': René Girard et la Loi prophétique," pp. 69-83.

Elie Bernard-Weil, "Théologie et systémique," pp. 93-109.

Jean-Pierre Dupuy, "Totalisation et méconnaissance," pp. 110-35.

André Orléan, "Monnaie et spéculation mimétique," pp. 147-58.

Pierre Lantz, "Monnaie archaïque, monnaie moderne," pp. 159-81.

Paisley Livingston, "La Démystification et l'histoire chez Girard et Durkheim," pp. 191-200.

Andrew Feenberg, "Le Désordre économique et érotique," pp. 201-10.

Frédéric Delarge, "Statut de l'Evangile dans l'oeuvre de René Girard," pp. 221-26.

Phillippe d'Iribarne, "René Girard et l'amour évangélique," pp. 227-34.

Jean-Marie Domenach, "Voyage au bout des sciences de l'homme," pp. 235-42.

Lucien Scubla, "Le Christianisme de René Girard et la nature de la religion," pp. 243-57.

Georges-Hubert de Radkowski, "Le Règne du signe: richesse et rivalité mimétique," pp. 267-74.

Ingmar Granstedt, "L'Epilogue violent de la mimésis techno-économique," pp. 275-80.

Claude Seibel, "Désir mimétique et échec scolaire," pp. 287-98.

Lucien Morin, "Le Désir mimétique chez l'enfant: René Girard et Jean Piaget," pp. 299-317.

Christine Orsini, "Girard et Platon," pp. 323-29.

Tobin Siebers, "Nietzsche et nous," pp. 330-40.

François Roustang, "L'Esquive de la rivalité," pp. 349-58.

Lucien Scubla, "Théorie du sacrifice et théorie de désir chez René Girard," pp. 359-74.

Pierre Pachet, "René Girard et la diversité des pensées," pp. 385-94.

Eric Gans, "Désir, représentation, culture," pp. 395-404.

Masao Yamaguchi, "Vers une poétique du bouc émissaire," pp. 421-33.

Henri Atlan, "Violence fondatrice et référent divin," pp. 434-50.

Daniel Bougnoux, "Girardisme et littérature: une lecture de *La Mise à mort d'Aragon*," pp. 459-67.

Cesáreo Bandera, "Où nous entraîne l'intertextualité?" pp. 468-84.

Eve Cerf, "Mythe et devenir social," pp. 485-98.

Luc Routeau, "Le Bouz-kaskhî," pp. 499-512.

Terrel M. Butler, "Girard et la modernité: le bouc émissaire dans l'esthétique de Mondrian," pp. 513-26.

François Bremondy, "René Girard: examen dialectique," pp. 527-48.

Vincent Descombes, "La Jungle ou le champ clos," pp. 549-57.

Pierre Livet, "Un Modèle de l'imprédictible," pp. 558-68.

Alain Boyer, "Sacrifice et réfutation," pp. 569-89.

Alberto Carrara, *Violenza, Sacro, Rivelazione Biblica: Il pensiero di René Girard* (Milan: Vita et Pensiero, 1985), 154 pp.

Issue devoted to the work of René Girard, *Schrift*, 97 (February 1985).
A. Lascaris, "Die visie van René Girard op de bijbel en geweld," pp. 3-9.
R. Kaptein, "Vertaling van fragmenten van *Des Choses cachées depuis la fondation du monde*," pp. 10-20.
R. Kaptein, "De doorwerking van de inzichten van Girard. Lijst van de voornaamste werken van René Girard," pp. 21-30.
A. Lascaris, "Een dienstknecht van de Heer moet niet twisten" (2 Tim. 2, 24), pp. 31-38.

"René Girard and Biblical Criticism," in *Semeia: An Experimental Journal for Biblical Criticism*, ed. Andrew J. McKenna, no. 33 (December 1985):
Andrew J. McKenna, Introduction
Sandor Goodhart, "Prophecy, Sacrifice and Repentance in the Story of Jonah."
Robert Hamerton-Kelly, "A Girardian Interpretation of Paul: Rivalry, Mimesis and Victimage in the Corinthian Correspondence."
Thomas Wieser, "Community — Its Unity, Diversity and Universality."
Eric Gans, "Christian Morality and the Pauline Revelation."
Raymund Schwager, SJ, "Christ's Death and the Prophetic Critique of Sacrifice."
Baruch Levine, "René Girard on Job: The Question of the Scapegoat."
Burton L. Mack. "The Innocent Transgressor: Jesus in Early Christian Myth and History."

Reviewed and Discussed in French

Lucien Goldmann, "Marx, Lukács, Girard et la sociologie du roman," *Médiations*, 2 (1961), 1943-53. Also in *Pour une sociologie du roman* (Paris: Gallimard, 1961).
Alain Palante, *France Catholique*, March 3, 1961.
Herbert Juin, *Les Lettres Françaises*, April 6, 1961.
Robert André, *La Nouvelle Revue Française* (June 1961), pp. 1121-23.
Jean-Claude Dussault, "Le Roman: vérité et mensonge," *La Presse* (Montreal), August 26, 1961.
Edgar Morin, *Preuves* (August 1961), pp. 1-9.
Albérès, *La Table Ronde* (November 1961), pp. 100-10.
Michel Deguy, "Destin du désir et roman," *Critique*, 176 (1962), 19-31.
Mario Maurin, *Preuves* (May 1962).
Pierre-Henri Simon, *Le Monde*, May 29, 1963.
Jacques Seebacher, *Revue d'Historie Littéraire de la France* (April-June 1963), pp. 348-50.

Michel Deguy, *La Nouvelle Revue Française* (September 1963), pp. 507-11.

Casanova, *La Table Ronde*, 190 (November 1963), 142-44.

Jean Cacouault, *L'Ecole Libératrice*, May 7, 1965.

R. Trousson, "A Propos de la 'nouvelle critique,'" *Revue Belge de Philologie et d'Histoire* (1968).

Jacques Dubois, "Pour une critique littéraire sociologique," in *Le Littéraire et le social*, ed. Robert Escarpit (Paris: Flammarion, 1970), pp. 61-64.

Bernard Pingault, "Un Roman posthume de Camus," *La Quinzaine Littéraire*, April 16, 1971. Also in *L'Etranger de Camus* (Paris: Hachette, 1972), pp. 67-71, etc.

Pierre Pachet, "Pourquoi la violence?" *La Quinzaine Littéraire*, July 16, 1972.

Pierre Pachet, "Violence dans la bibliothèque," *Critique*, 28 (August-September 1972), 716-28.

Georges-Hubert de Radkowski, *Le Monde*, October 27, 1972.

Laura Makarius, "L'Homme et la société," *Revue Internationale de Recherches et Synthèses Sociologiques* (October-December 1972), pp. 257-58.

W.P. Roman, *Le Fribourgeois*, November 18, 1972.

Jean-Marie Domenach, "Oedipe à l'usine," *Esprit*, 418 (November 1972), 856-65.

Manuel de Diéguez, "Contestation philosophique II: les propos du vieillard Ouy-dire," *La Nouvelle Revue Française* (December 1972), pp. 79-98.

François Aubral, *Cahiers du Chemin*, January 15, 1973, pp. 192-205.

Yves Florenne, "Oedipe ou la différence," *Le Monde*, January 21, 1973.

François Roth, *Les Informations*, January 22, 1973.

Anne Clancier, *Psychanalyse et critique littéraire* (Toulouse: Privat, 1973), pp. 172-74.

Jacques de Decker, "Qui sera mangé?" *Le Soir* (Brussels), January 24, 1973.

Mona Ozouf, *Le Nouvel Observateur*, February 12, 1973.

Pierre Pachet, in review of Mary Douglas, "*De la Souillure*," *Cahiers du Chemin*, April 15, 1973, pp. 115-16.

Jean-Marie Domenach, *Esprit* (May 1973), p. 1074.

Hervé Salvon, *Le Journal de Genève*, June 23, 1973.

Hervé Salvon, "Une Hypothèse audacieuse: même dans les sociétés occidentales modernes, le sacrifice d'innocents serait nécessaire," *Samedi Littéraire*, 235, June 24, 1973.

Georges Auclair, *Le Nouveau Commerce de la Lecture*, 6 (1973), 15-17.

Jacques Kolbert, "L'Année littéraire," *The French Review* (October 1973), p. 7.

Paul-Georges Cosson, "La Clôture religieuse comme institution de la séparation absolue," *Le Supplément*, 107 (November 1973), 424-30.

Charles Maignial, "Intelligibilité et changement," *Raison Présente*, 28 (October-December 1973), 59-67.

Nicholas Bonhôte, in review of Charles Castella, *Structures romanesques et vision sociale chez G. de Maupassant*, *La Gazette Littéraire* (Lausanne), December 1, 1973.

Maurice Chavardon, *Témoignage Chrétien* (n.d.).

Pierre Manent, *Contrepoint*, 14 (1974), 157-70.

Jean Schonz, *L'Eglise de Metz* (1974), 172-74.

Jacques Marchand, in review of Charles Castella, *Structures romanesques, Raison Présente*, 29 (1974), 119-22.

Pierre Pachet, in review of Julia Kristeva, *La Révolution du langage poétique* (Seuil, 1974), *La Quinzaine Littéraire*, May 1-15, 1974.

M.-A. Costa de Beauregard, *Présence Orthodoxe*, 26 (3rd term 1974), 51-54.

Jean-Michel Oughourlian, *La Personne du toxicomane* (Toulouse: Privat, 1974), pp. 242, 293-98, 302.

Michel Panoff, "Cette sacrée violence," *Les Temps Modernes* (August-September 1974), pp. 2871-76.

J.-P. Roux, *Revue de l'Histoire des Religions* (October 1974), pp. 229-31.

Jean-Pierre Mueller, "La Royauté divine chez les Rukuba," *L'Homme* (January-March 1975), pp. 5-25.

Bernard Pluchart-Simon, *Proust* (Paris: Larousse, 1975), pp. 174-76.

Philippe Lacoue-Labarthe, "Typographie," in *Mimésis des articulations* (Aubier-Flammarion, 1975), pp. 231-70.

Corrado Rosso, "Un Général et la violence," *Spicilegio Moderno*, 4 (1975), 185-93.

L.-M. Chauvet, "La Dimension sacrificielle de l'Eucharistie," *Maison-Dieu*, 123 (1975), 47-78.

Eva M. Thompson, *Witold Gombrowicz* (Boston: Twayne, 1976), pp. 26, 144-45, 152, 154, 157, 162.

A. Doutreloux, "Violence et religion d'après René Girard," *Revue Théologique de Louvain*, 7 (1976), 182-95.

René Bureau, "La Mort rédemptrice du Christ à la lumière de l'ethnologie des religions," in Xavier Léon-Dufour et al, *Morts pour nos péchés. Recherche pluridisciplinaire sur la signification rédemptrice de la mort du Christ* (Brussels: n.p. 1976, 1979), pp. 19-21.

Marc Faessler, "Aggressivité, violence et communion," *Les Cahiers Protestants* (February 1977), pp. 5-18.

Jacques Attali, *Bruits: Essai sur l'économie politique de la musique* (Paris: PUF, 1977), p. 53.

François-Xavier Vershave, "Peut-on désacraliser la violence?" *Alternatives non-violentes* (1977), pp. 24-25, 38-42.

J. Pohier, *Quand je dis Dieu* (Paris: Seuil, 1977), p. 155.

Michel Serres, *La Naissance de la physique dans le texte de Lucrèce* (Paris: Minuit, 1977), pp. 135-66.

Eric Gans, *Essais d'esthétique paradoxale* (Paris: Gallimard, 1978), 232 pp.

Xavier Sallantin, ed., *Douze Dialogues sur la défense* (Paris: Editions L.J., 1978), pp. 191-97.

Michel Serres, "Connaissez-vous René Girard?" *Le Nouvel Observateur*, April 17, 1978.

Marc Faessler, *Etudes Théologiques et Religieuses*, 53 (April 1978), 565-74. Review of *Des Choses cachées*.

Alain-Gérard Slama, "Enquête sur les origines," *Le Point*, April 17, 1978.

Jacques Attali, "L'Outil-Girard," *Le Matin* (May 1978).

Jacques Attali, "Les Privilèges et la politique," *Le Nouvel Observateur* (May 1978).

Georges Suffert, "Au crépuscule des idoles," *Le Point*, May 1, 1978.

Pierre Pachet, "La Pensée à contre-courant de René Girard," *La Quinzaine Littéraire*, May 1-15, 1978.

Jean de Fabrègues, "L'Ethnologie et la foi," *France-Catholique*, May 5, 1978.

Jean-Philippe Antoine, *Nouvelles Littéraires*, May 18, 1978.

André Brincourt, "Le Premier Homme: prédateur et mystique," *Le Figaro*, May 27-28, 1978.

Anon., "Le Phénomène Girard," *Macroscope*, 2 (Paris, n.d.), 26-27.

Philippe Sollers, "La 'Lettre volée' de l'Evangile," *Art Press International* (June 1978), pp. 6-8.

Christian Delacampagne, "Les Révélations de René Girard," *Le Monde*, June 9, 1978, p. 33.

Max Gallo, "Le Retour de Jésus," *L'Express*, June 12, 1978, p. 61.

Anon., "Le Philosophe René Girard à Apostrophes," *Quotidien de Paris*, June 16, 1978.

France Inter radio station, June 16, 1978.

Jacques de Decker, "Dialogues d'exilés provisoires," *Le Soir* (Brussels), June 21, 1978.

Maurice Clavel, "Papa Marx avait du bon...", *Le Nouvel Observateur*, June 26, 1978.

Maria-Antonietta Macchiochi, "Vers la fin de l'idéologie comme mythologie," *Le Quotidien de Paris*, June 26, 1978, pp. 14-15.

Philippe Bénéton, "Les Frustrations de l'égalité," *Archives Européennes de Sociologie*, 19 (1978), 74-138.

Louis Salleron, *Itinéraires* (n.d.), pp. 148-50.

"Les Livres du mois," a program of the French television system (Channel 1). On June 27, 1978, *Des Choses cachées*, presented by Jean Boissonnat.

Jean Boissonnat, "La Violence, Dieu et nous," *La Croix*, July 10, 1978.

Gérard Miller, "Le Dialogue des trois lecteurs," *Ornicar* (July 1978), pp. 146-47.

Guy Poquet, *Futuribles*, 16 (July-August 1978), 507.

André Laporte, "Le Dieu de l'Evangile: ni punisseur, ni répressif," *Tribune de Genève*, August 7, 1978.

Pierre de Boisdeffre, "La Revue littéraire," *Nouvelle Revue des Deux Mondes* (August 1978), pp. 410-11.

Laurent Ladouce, *Le Nouvel Espoir*, 14, August 1-15, 1978, 29-30.

Jacques Mousseau et Pierre F. Moreau, "Deux Pavés dans le monde des anthropologues," *Psychologie*, 104 (September 1978), 13-23.

Pierre-François Moreau, "Trois Livres étalés sur vingt ans," *Psychologie*, 104 (September 1978), 19.

Jules Gritti, "Des Choses cachées depuis l'origine du monde," *France Catholique*, September 1, 1978.

Jean Denizet, "Une Pensée neuve," *L'Expansion* (September 1978).

Jean-Claude Dussault, "La Vérité sur le désir et la violence," *La Presse* (Montreal), September 2, 1978.

Christian Delacampagne, "Comment en finir avec la violence?" *Le Monde*, September 8, 1978.

Eric Fuchs, *Journal de Genève*, September 30, 1978.

Michel Deguy, "De violence à non-violence," *Critique* (October 1978), pp. 911-26.

Michel Deguy, *La Nouvelle Revue Française*, 309 (October 1978), 105-13.

Jean-Louis Joav, *Pour la Science* (October 1978), pp. 119-20.

Philippe d'Arcy. *Bulletin des Lettres de Lyon* (October 1978).

Philippe Muray, "La Résurrection Girard," *Art Press International*, 21 (October 1978), 8-9.

Association des Amis de P. Teilhard de Chardin, Bulletin No. 75, Toulouse (October 1978).

Jean-Louis Houdebine, *Documents sur...*, October 2-3, 1978, pp. 107-09.

Marie-France Germaine, "Les Mécanismes intérieurs de la violence," *Le Nouvel Espoir*, 19, October 16-31, 1978, 6-8.

Michel Albert, "Entretien avec Michel Albert," by Jean Boissonnat, *L'Expansion*, 123-23 bis (November 1978), 315.

Paul Blanquart, "Le Retour du bouc émissaire," *La Gueule Ouverte*, 237, November 22, 1978.

Ph. A., *Le Bulletin des Lettres*, November 15, 1978, pp. 348-50.

J.D. Robert, "L''Hominisation' d'après René Girard," *Nouvelle Revue Théologique* (November-December 1978), pp. 865-87.

Pierre Pachet, "Criminels sans crime: une lecture girardienne de 'La Femme gauchère,'" *Littérature*, 32 (December 1978), 86-95.

Jean-Claude Sagne, *Bulletin du Centre Thomas More* (December 1978), pp. 36-39.

M.P. Gardeil, "Le Christianisme est-il une religion du sacrifice?" *Nouvelle Revue Catholique*, 100 (1978), 341-58.

Joseph Thomas, Notes de lecture, *Croire Aujourd'hui* (January 1979), pp. 51-53.

Bernard Cazes, "Violence et désir, même combat," *Futuribles*, 19 (January 1979), 83-93.

Pierre Lepape, "Vers la fin de la violence?" *Télérama*, January 3, 1979.

T.F., René Girard, philosophe évangélique," *Le Monde*, January 7-9, 1979.

Catherine Clément, "Vers la fin de la violence?" *Le Matin*, January 8, 1979.

Christian Combaz, "René Girard: un nouveau pari sur l'homme" (n.p.), January 8, 1979.

Pierre Yamal, "Un homme clé: René Girard," *Sud-Ouest*, January 8, 1979.

Arnaud Spire, "Pour qui cette philosophie de rechange?" *Humanité*, January 8, 1979.

André Frossard, "De question en question," *Le Figaro*, January 10, 1979.

Bernard George, *Jours de France*, January 10-16, 1979, p. 55.

Jean Blair, "*Des choses cachées depuis la fondation du monde*, une oeuvre originale de René Girard," *La Nouvelle République*, January 11, 1979.

Laurent Roumegoux, "Priorité à la non-violence," *Réforme*, January 13, 1979.

François Chirpaz, "Sur la violence?" *Le Progrès* (Lyon), January 22, 1979.

Christian Zimmer, "Vérité, dialogue et liberté," *Le Monde*, February 13, 1979.

Alain Boyer, "René Girard: la violence, le sacré, la réconciliation," *Faire* (1979), pp. 27-29. Review of *Des Choses cachées*.

Charles Blanchet, "Sur les pas de René Girard: *Des Choses cachées depuis la fondation du monde, La Violence et le sacré*," *Paysans*, 134 (February-March 1979), 64-83. See also *Nova et Vetera*, 4 (1979), 306-10.

Elle, March 26, 1979, p. 101.

Jean Onimus, "René Girard, explorateur d'abîmes," *Cahiers Universitaires Catholiques* (March-April 1979), pp. 2-13.

Françoise Lebert, "Sacrifice de la croix — trancendance de l'amour," *Cahiers Universitaires Catholiques* (March-April 1979), pp. 14-25.

Emile Granger, "Autour de Girard... vagabondages théologiques," *Cahiers Universitaires Catholiques* (March-April 1979), pp. 26-30.

Bernard Lauret, "L'Inflation morbide du sacrifice," *Témoignage Chrétien*, March 12, 1979, pp. 15-16.

Jean-Blaise Fellay, "René Girard: jusqu'à Jésus toute victime aurait pu être bourreau," *Choisir*, 232 (April 1979), 24-28.

Albert Finet, "Des Choses cachées," *Réforme*, April 7, 1979.

François-Régis Hutin, "Pâques," *Ouest-France*, April 14-16, 1979.

L.S., *Construire*, April, 18, 1979.

A.S., "René Girard et la violence cachée," *Libre Belgique*, April 19, 1979.

Pierre Pachet, "René Girard," *La Quinzaine Littéraire*, May 16-31, 1979.

Jean-Claude Guillebaud, " Le 'Scandale' René Girard," *Le Monde*, May 27-28, 1979, p. 7.

M. Bouttier, "L'Evangile selon René Girard," *Etudes Théologiques et Religieuses*, 54 (1979), 593-607.

J. Pinkaert, "La Violence, le sacré et le christianisme," *Nova et Vetera* (Fribourg), 54 (1979), 292-305.

Pierre Chaunu, in *Le Sursis* (Paris: Robert Laffont, 1979), pp. 86, 125, 136, 170-71, 307-09.

Daniel Frizot, "Le Sacré au passé décomposé: Girard," *La Vie Spirituelle*, 133 (May-June 1979), 396-410.

Louis Lochet, "René Girard: une gnose?" *Cahiers Universitaires Catholiques* (May-June 1979), pp. 46-47.

Dominique Grisoni, "Penser l'impensable," *Magazine Littéraire* (June 1979).

Jacques Guillet, "René Girard et le sacrifice," *Etudes*, 351 (July 1979), 91-102.

Jean-Pierre Charcosset, "Aveuglement et révélation: Questions à René Girard," *Exister*, Cahiers du Centre Kierkegaard (Summer 1979), pp. 42-57.

Pierre Ducros, "L'Heure à Jésus," *Evangile et Liberté*, September 10, 1979.

Pierre Gardeil, "La Cène et la croix: après René Girard," *Nouvelle Revue Théologique* (September-October 1979), pp. 683-97.

Henri Meschonnic, "Mensonge scientifique et vague romanesque," *La Nouvelle Revue Française* (October 1979), pp. 114-26.

Henri-Jacques Striker, *Culture brisée, culture à naître* (Paris: Aubier-Montaigne, 1979), pp. 90-109.

Vincent Descombes, "Une Solution de la stratégie atomique: la télépathie," *Critique*, 389 (October 1979), 854-68.

Pierrette Poncela, "Justice pénale et vengeance, à propos de deux ouvrages de René Girard," *Archives de Philosophie du Droit* (Sirey), 24 (1979).

Lucien Gashon, *La France* (Fall 1979), pp. 79-83.

Michel Bouttier, "L'Evangile selon René Girard," *Etudes Théologiques*, 54, no. 4 (1979), 593-607.

Jean Onimus, "Consommer sous le regard d'autrui," *Le Monde*, December 28, 1979. Review of Paul Dumouchel and Jean-Pierre Dupuy, *L'Enfer des choses* (1979).

Raymund Schwager, "La Bande des violents dans les Psaumes d'Israël," *MLN*, 94 (1979), 854.

Claude Troisfontaines, "L'Identité du social et du religieux selon René Girard," *Revue Philosophique de Louvain*, 78 (February 1980).

Henri Meschonnic, "Religion, maintien de l'ordre," *Nouvelle Revue Française*, 325 (February 1980), 94-107.

B. Lauret, "Comment n'être pas chrétien? Questions à René Girard sur le sacrifice," *Lumière et Vie* (Lyon), 146 (January-March 1980).

Bernard Cazes, "Quand René Girard inspire les économistes," *La Quinzaine Littéraire*, January 1-15, 1980.

Henri Meschonnic, "Il n'y a pas de judéo-chrétien," *Nouvelle Revue Française*, 326 (March 1980), 80-89.

Georges Tissot, "Violence et religions," *Relations* 457 (March 1980), 83-86.

Jean-Claude Dussault, "René Girard, les mythes et la violence originelle," *La Presse* (Montreal), March 22, 1980.

Henri Meschonnic, "L'Apocalypse," *Nouvelle Revue Française*, 327 (April 1980), 74-82.

Dossier No. 10, "Un Rameau d'arbre pour la paix," *Arbre*, 97 (April 1980), 9-40.

Hervé Ott, "René Girard et la non-violence," *Cahiers de la Réconciliation* 11-24 (April 1980), 1-14.

Danielle Brestovski, *Le Figaro*, June 21, 1980. Review of J.-P. Dupuy and Paul Dumouchel, *L'Enfer des choses*.

Henri Cazelles, "Sacré et sacrifice: à propos de René Girard," *Communio*, V, 3 (May-June 1980), 76-81. Review of *La Violence* and *Des Choses cachées*.

Hans-Urs von Balthasar, "Jésus bouc émissaire?" *Communio*, V, 3 (May-June 1980), 73-75. Review of *La Violence* and *Des Choses cachées*.

Jacques Antoine Malarewicz, "René Girard ou le désir revisité," *Psychiatries*, 40 (1980), 69-75.

Lucien Guissard, "René Girard: du neuf dans la pensée," *Panorama Aujourd'hui* (n.d.), pp. 62-63.

Georges Charot, "Le Refus de la violence chez René Girard: rencontre avec la pensée de Simone Weil," *Cahiers Simone Weil* (September 1980), pp. 179-202.

Henri Atlan, Jean-Pierre Dupuy, "Amour, violence, différences," *CoEvolution* (Summer-Autumn 1980), pp. 8-11.

Sarah Kofman, *L'Enigme de la femme* (Paris: Galilée, 1980), pp. 70-77.

Serge Ceruti, "L'Evangile et la violence: étude de la pensée de René Girard," *Documents*, 20 (Groupe Secondaire, Paroisse Universitaire, 1980-81).

André Dumas, "La Mort du Christ n'est-elle pas sacrificielle?" *Etudes Théologiques et Religieuses*, 56, no. 4 (1981), 577-91.

Louis Emmanuel, "La Théorie de Jung précisée par la théorie de la violence selon René Girard," *Lecture de l'Inconscient des Syndicats* (Paris: Bayensaine, 1981).

Jean-Marie Domenach, "René Girard: le Hegel du Christianisme," *L'Expansion*, April 17-30, 1981. Reprinted in *Enquêtes sur les idées contemporaines* (Paris: Bayensaine, 1981).

Pierrette Poncela, "Terrorisme et sacré: une interprétation sacrificielle du terrorisme," *Travaux du Centre d'Etudes et de Recherches sur les Stratégies et les Conflits*, Série contemporaine 5, no. 2, supplément 11 (3rd trimester 1981).

The following articles were written about the *International Symposium on Disorder and Order* (René Girard, principal organizer) held at Stanford University, September 13-15, 1981.

    Michel Albert, "Au Commencement est le désordre?" *L'Express*, October 16, 1981, pp. 29-30.

    Bernard Cazes, "Ordre et désordre à Stanford," *Le Figaro*, December 19-20, 1981.

    Christian Delacampagne, "Réhabilitation du désordre," *Le Monde* (n.d.).

    Jean-Claude Guillebaud, "Les Mystères de Stanford," *Le Nouvel Observateur*, January 30, 1982.

T. Molnar, "De René Girard et de quelques autres," *Nova et Vetera*, 56 (1981), 36-39.

Robert Le Gall, "La Conception négative de l'imitation et du sacrifice chez René Girard," *Nova et Vetera*, 56 (1981), 40-50.

"Le Sacrifice, neutralisation violente de la violence: R. Girard," *Associés à l'oeuvre de Dieu* (Chambray-les-Jours: C.L.D., 1981), pp. 149-55.

Jean-Pierre Dupuy et al, "Modèles formels de la philosophie sociale et politique. Recherches pour un séminaire," *Cahiers du CREA*, 1 (1982).

Nicole Avril and Jean-Paul Elkabbach, *Taisez-vous, Elkabbach!* (Paris: Flammarion, 1982), p. 320.

Jacques Peyraube, "Naissance de la Passion et 'Cuisine de la Sorcière,'" *Etudes Germaniques* (Paris: Didier, 1982), pp. 46, 150-52.

Jean-Michel Oughourlian, *Un Mime nommé désir* (Paris: Grasset, 1982).

Louis Bouyer, *Cosmos* (Paris: Les Editions du Cerf, 1982), p. 57.

Mikkel Borch-Jacobsen, *Le Sujet freudien* (Paris: Flammarion, 1982), p. 39.

Paul Beauchamp, *Le Récit, la lettre et le corps* (Paris: Les Editions du Cerf, 1982), pp. 156, 158, 252.

Claude Jannoud, "René Girard a-t-il du génie ou des idées fixes?" *Nouvelles Littéraires* (1982). Review of *Le Bouc émissaire*.

Alain Flamand, "Les Urgences," *Royaliste*, 350 (1982).

Anon., *Parapsychologie* (1982). Review of *Le Bouc émissaire*.

Jean-Michel Oughourlian, "De l'égalité à la violence," *Le Figaro*, April 24, 1982.

Jean-Paul Enthoven, "Dis-moi qui tu persécutes...," *Le Nouvel Observateur*, April 30, 1982. Review of *Le Bouc émissaire*.

Pascal Laine, review of *Le Bouc émissaire* (n.p.), May 6, 1982.

Jean Potin, *La Croix*, May 7, 1982. Review of *Le Bouc émissaire*.

Jean-Marie Domenach, "Et la lumière fut...," *L'Express*, May 7, 1982. Review of *Le Bouc émissaire*.

Luc de Heusch, "L'Evangile selon saint Girard," *Le Monde*, June 25, 1982, p. 19. Review of *Le Bouc émissaire*.

Jacques de Decker, *Soir* (Brussels), July 5, 1982. Review of *Le Bouc émissaire*.

Pierre Manent, "La Leçon de Ténèbres de René Girard," *Contrepoint* (1982), pp. 457-63.

A. Longchamp, *Choisir* (July-August 1982), p. 43. Review of *Le Bouc émissaire*.

Jean-Claude Dussault, "René Girard: du bouc émissaire à l'Agneau de Dieu," *La Presse* (Montreal), August 7, 1982.

Jean-Marie Domenach, "*Le Bouc émissaire*: Note Bibliographique," *L'Expansion* (July-August 1982).

Jacques Franck, "Le Bouc émissaire devenu Agneau de Dieu," *La Libre Belgique*, August 25, 1982.

Etienne Borne, "Faire parler les mythes," *La Croix*, August 28, 1982. Review of *Le Bouc émissaire*.

L. Haynal-Guttières, *Psychothérapies*, 1 (1982), 57-58. Review of *Le Bouc émissaire*.

Catherine Clément, "Après Sartre qui?" *Le Matin*, September 25, 1982, p. 22.

Paul Valadier, "Bouc émissaire et révélation chrétienne selon René Girard," *Etudes*, 357, no. 2-3 (August-September 1982), 251-60.

Jean-Marie Domenach, "Sur un trône républicain," *L'Expansion* 10, September 23, 1982, 155-56.

René Macaire, "L'Affrontement non violent et (ou?) l'avenir humain," *Le Supplément*, 143 (November 1982), 503-52.

Michel Serres, *Genèse* (Paris: Grasset, 1982), pp. 89-133.

Bernard Rordorf, "La Fin des sacrifices," *Tribune de Genève*, January 7, 1983.

Philippe Warnier, "Le Bouc émissaire, cette victime innocente," *Témoignage Chrétien*, January 10, 1983, pp. 22-23.

Pierre Tellier, "Les Vivants et les dieux: priez pour eux," *Libération*, January 24, 1983.

François Régis Hutin, "Si nous attendons, nous n'aurons plus le temps," *Ouest France* (Nantes), April 2-4, 1983, pp. 1-2. Review of *Le Bouc émissaire*.

Michel Contat, "Au carrefour des sciences humaines: en philosophie, le retour des professeurs," *Le Monde*, April 17-18, 1983, p. 14.

Christiane Frémont, "De la croyance et du savoir," *Pandore*, 23 (Spring 1983), 13-18. Review of *Le Bouc émissaire*.

Gérard Bonnot, "La Chasse au paradigme," *Le Nouvel Observateur*, May 13, 1983, pp. 91-92.

Marc Beigbeder, "La Souffrance du concept," *La Bouteille à la mer* (May 1983), pp. 4-6.

Michel Autrand, *Bulletin de la Société Paul Claudel*, no. 91 (3rd trimester 1983), pp. 20-21. Review of René Girard's interview "Claudel Catholique," in *Art Press*, 78 (May 1983).

"Les Rendez-vous Girard," *Le Nouvel Observateur*, June 10, 1983, p. 6.

Pierre Gardeil, "Etudes girardiennes: jeux de balle," *Les Saisons de Saint-Jean*, 2 (Summer 1983), 7-26.

L. Czyba, *La Femme dans les romans de Flaubert* (Lyon, 1983), p. 67.

Paul Valadier, "Bouc émissaire et révélation chrétienne selon René Girard," *Etudes*, 358 (1983), 299-300.

Michel Serres, *Rome. Le Livre de fondations* (Paris: Grasset, 1983), chapter entitled "L'Empire et le suffrage: la mort."

Christian Lavialle, review of *Le Bouc émissaire* in *Revue de l'Institut d'études politiques de Toulouse* (1983), pp. 63-64.

André Orléan and Michel Aglietta, *La Violence de la monnaie* (1982; Paris: PUF, 1984).

Raymund Schwager, "Haine sans raison. La perspective de René Girard," *Christus*, no. 121 (1984), pp. 118-26.

Alain Flamand, "Le Souterrain en pleine lumière," *Royaliste*, 395, January 4-17, 1984, 9. Review of *Critique dans un souterrain*.

René Bureau, "René Girard," in *Dictionnaire des Religions* (Paris: PUF/Institut Catholique), pp. 639-41.

Michel Aglietta and Anton Brender, *Les Métamorphoses de la société salariale*

(Paris: Calmann-Levy, 1984).

Jean Denizet, "Des Multiples usages du marxisme: une explication de la société salariale," *Le Figaro*, March 10-11, 1984. Review of Michel Aglietta and Anton Brender, *Les Métamorphoses de la société salariale*.

Michel Grodent, "René Girard: vive les droits de l'homme!" and "Le 'girardisme' à Cerisy," *Le Soir*, February 5, 1985, p. 34.

Bertrand Poirot-Delpech, "Job ou le grand remède de la haine unanime," *Le Monde*, March 29, 1985, p. 18. Review of *La Route antique*.

Jean Boissonnat, "Un Français à San Francisco," *L'Expansion*, 259, April 5-18, 1985, 5.

Marc Beigbeder, review of *La Route antique* in *La Bouteille à la mer* (May 1985), pp. 1-4.

Alain Flamand, "Autour de René Girard," *Royaliste*, 428, May 29-June 11, 1985, 8. Review of *Violence et vérité: autour de René Girard*.

Marcel Lobet, review of *La Route antique des hommes pervers*, *Revue Générale*, (May 1985), pp. 95-96.

Roland Jaccard, "Job, victime et antihéros," review of *La Route antique*, and "Une Théologie rationnelle," short interview, *24 heures* (Switzerland), May 28, 1985, p. 51.

Jean-Paul Dollé, review of *La Route antique*, *Lu* (June 1985), pp. 43-44.

Louis Arenilla, "Le Destin de Job," *La Quinzaine Littéraire*, June 1-15, 1985, pp. 22-23.

Ph. T., "La Subversion de Job," *Rencontres*, July 7, 1985, p. 12.

Review of *La Route antique*, *L'Expansion* (July 1985).

Anne-Marie Goguel, "Livre de Job: une nouvelle lecture," *Réforme*, June 15, 1985. Review of *La Route antique*.

Alphonse Maillot, "De René Girard au Heysel en passant par Saint Anselme: le Dieu du dragon n'est pas celui de l'alliance," *Réforme*, June 15, 1985. Review of *La Route antique*.

Lucien Scubla, "Logiques de la réciprocité," *Cahiers du CREA*, 6 (September 1985).

Reviewed and Discussed in Languages Other than French

P. Manselle Jones, *French Studies* (July 1962).

Armand Hoog, *The Romanic Review*, 53 (n.d.), 316-18.

Raymond Giraud, *MLN*, 77 (1962), 537-41.

Jacques Ehrmann, *The French Review* (October 1963), pp. 111-12.

Enzo Golino, "Lo Scrittore triangolare," *L'Espresso*, January 2, 1966, p. 18.

Library Journal, March 1, 1966.

The Sacramento Bee, May 15, 1966.

Laurent LeSage, *The French New Criticism: An Introduction and a Sampler* (Pennsylvania State University Press, 1967), pp. 82-86.

Ralph Harper, *The Journal of Religion*, 47, no. 1 (January 1967), 54.

Spire Spitou, *Thought*, 42, no. 164 (Spring 1967), 135-37.

Modern Fiction Studies (Summer 1967).

J.S.P., *English Language Notes*, 5, no. 1 (September 1967).

Chloe Steel, *Modern Philology*, 3 (February 1968).

David G. Halliburton, *The Journal of Aesthetics and Art Criticism* (Spring 1968).

Mario Maurin, "Tres vueltas al Quijote," *El Sol de León*, May 11, 1968.

Karl D. Uitti, *Hispanic Review* (Summer 1968), pp. 189-94.

Walter A. Strauss, *Comparative Literature*, 21 (Fall 1969), 359-61, etc.

Marc Angenot, "The Classical Structure of the Novel. Remarks on Georg Lukács, Lucien Goldmann and René Girard," *Genre*, 3 (1970), 205-13.

Mary-Ann Caws, "Structure and Style in Recent Critical Discourse," *L'Esprit Créateur*, 12, no. 4 (Winter 1972), 322.

Carl Rubino, *MLN*, 88 (1973), 1238-61.

"Delegated Victims," *Times Literary Supplement*, October 5, 1973.

H. van Galen Last, "René Girard en de wortels van het geweld," *NRC* (The Netherlands), November 28, 1973, p. 7.

Raymund Schwager, "Gewalt und Opfer," *Orientierung* (Zurich), 38, no. 4, March 15, 1974, 41-44.

Fredric Jameson, in review of Charles Castella, *Structures romanesques*, *MLN*, 89, no. 4 (May 1974), 753-58.

James J. Dagenais, "The Scientific Study of Myth and Ritual: A Lost Cause," *The Human Context* (London), 6, no. 3 (1974), 612-13.

Paul Beliën, "Naar de wortels van maatschappij en cultuur," *Streven* (The Netherlands), 27 (1974), 986-97. Review of *La Violence*.

––––––, "De evangelies leggen het geweld bloot. De interpretatie van René Girard," *Streven*, 27 (1974), 1087-96.

Cesáreo Bandera, *Mimesis Conflictiviā* (Madrid: Gredos, 1975).

Robert J. Nelson, "Ritual Reality, Tragic Imitation, Mythic Projection." *Diacritics* (Summer 1976), pp. 41-48.

Vincent Farenga, "Violent Structure: The Writing of Pindar's Olympian I," *Arethusa*, 10, no. 1 (Spring 1977), 197-218.

Jay Caplan, "The Zero-Degree of Violence," *Enclitic*, 1, no. 2 (Fall 1977), 1-11.

Homer Obed Brown, "Oedipus with the Sphinx: A Review of René Girard's *Violence and the Sacred*," *MLN*, 92 (1977), 1099-1106.

Victor Brombert, "A Fertile, Combative Mind," *The Chronicle of Higher Education*, February 21, 1978.

Victor Turner, *Human Nature* (March 1978), pp. 24-25.

Frank McConnell, *The New Republic*, April 1, 1978.

Raymund Schwager, *Brauchen wir einen Sündenbock? Gewalt und Erlösung in den biblischen Schriften* (Munich: Kosel, 1978), 239 pp.

Andrew McKenna, *Parabola*, 2, no. 2 (Spring 1978), 106-08.

Peggy Boyers, "After Freud: Sacrificial Crisis and the Origins of Culture," *Salmagundi*, 41 (Spring 1978), 128-38.

Wallace Fowlie, "The Unity of Rites," *Commmonweal*, May 26, 1978, pp. 346-48. Review of *Violence and the Sacred*.

Fred G. See, *Structuralist Review*, 1, no. 1 (Spring 1978), 94-102.

Victor Alba, "La Violencia de siempre," *El Universal* (Caracas), July 9, 1978.

Karen Allison Newman, *University Publishing* (Summer 1978), p. 19.

Choice (June 1978).

John E. Rexine, *MLA* (September-October 1978).

Bruce Bassoff, "Freud: Still Alive, But Perhaps Not Well," *The Denver Quarterly* (1978).

Stephen Mailloux, in review of *Directions for Criticism*, ed. L.S. Dembo and Murray Krieger, *JAAC*, 37 (Fall 1978).

Weston La Barre, *Journal of Psychological Anthropology* (Fall 1978), pp. 517-20. Review of *La Violence*.

Anne Heuisler and Rolaine Johnson, "Baltimore's Best and Brightest Brains," *Baltimore Magazine* (November 1978), pp. 55, 116.

John Beattie, *Rain*, December 29, 1978.

Tony Tanner, *Adultery in the Novel* (Baltimore: The Johns Hopkins University Press, 1979), pp. 88-93.

Raymund Schwager, "Brauchen wir einen Sündenbock? René Girards Theorie über die Gewalt verändert das Denken," *Deutsche Zeitung*, 3, January 12, 1979, 15.

James H. Bready, "The Systematic Mind of René Girard," *The Sunday Sun* (Baltimore), January 21, 1979.

Choice (February 1979), p. 1648.

William E. Cain, *The Minnesota Review* (Spring 1979), pp. 94-98. Review of *"To Double Business Bound": Essays on Literature, Mimesis, and Anthropology*.

Cynthia Chase, "Oedipal Textuality: Reading Freud's Reading of Oedipus," *Diacritics*, 9, no. 1 (Spring 1979), 59-60.

Robert D. Cottrell, *MLA* (April 1979), pp. 223-24.

Seymour Cain, *Religious Studies Review* (April 1979).

Door H. Smeets, "Religie Zonder Geweld," *De Bazuin*, April 6, 1979, pp. 6-7.

Marvin K. Mayers, *Christian Scholar's Review*, 9, no. 1 (1979), 85.

Raymund Schwager, "Gesellschaft, Kultur und Religion," *Rheinischer Merkur*, 30, July 27, 1979.

Norbert Lohfink, "The Unmasking of Violence in Israel," *Theology Digest*, 27, no. 2 (Summer 1979), 103-06.

William W.E. Slights, "The Sacrificial Crisis in Titus Andronicus," *University of Toronto Quarterly*, 59, no. 1 (Fall 1979), 19-32.

Joel Fineman, "Doubles Bind," *University Publishing* (Fall 1979), pp. 14-15.

Josué Harari, "Critical Factions / Critical Fictions," in Josué Harari, ed., *Textual Strategies. Perspectives in Post-Structural Criticism* (Ithaca: Cornell University Press, 1979), pp. 56-58, 60, 69, 434-35.

Carole Deering Paul, "Myth, Tragedy, and Religion," *Cross Currents* (Fall 1979), pp. 370-75.

Franz Stirnimann, "Von der Anthropologie zum Evangelium," *Neue Zürcher Zeitung*, October 20-21, 1979, p. 69.

Raymund Schwager, "Eine neue Interpretation der Geschichte im Licht des Christentums," *Stimmen der Zeit*, 11 (November 1979), 784-88.

Earl W. Count, *The Key Reporter*, 45, no. 2 (Winter 1979-80), 6.

Nadins Dormoy Savage, *Contemporary French Civilization* (1980), 476-77.

Maria Asunción Mila de Salinas, "Cuaresma y penitencia," *El Correo de Andalucia*, March 14, 1980.

Thomas L. Jeffers, "'Violence is *Our* Property': The New Work of René Girard," *Michigan Quarterly Review*, 19, no. 3 (Summer 1980), 421-26.

Ninian Smart, *Religious Studies Review*, 6, no. 3 (July 1980), 173-77. Review of *Violence and the Sacred*.

Sarah Kofman, "The Narcissistic Woman: Freud and Girard," *Diacritics*, 10, no. 3 (Fall 1980), 36-45.

Vincent Farenga, "Violence and the Sacred," *Comparative Literature* (Fall 1980), pp. 419-24.

Hans Urs von Balthasar, "Die neue Theorie von Jesus als dem 'Sündenbock,'" *Internationale Katholische Zeitschrift*, 2 (September 1980), 184-85.

Mary Barbara Agnew, *Worship* (September 1980), pp. 476-77. Review of *Violence and the Sacred*, tr. Patrick Gregory.

L. van Bladel, *Christelijk Geloof en Maatschappijcritiek* (Antwerp, 1980), pp. 93-116.

Jacek Wozniakowski, "Kogo Nasla-Dowac?" ("Whom Should One Imitate?"), *Tygodnik Powszechny* (Warsaw), November 21-28, 1980.

Hans Urs von Balthazar, "Der 'Sündenbock-Mechanismus,'" *Theodramatik III*, (Einsideln: Johannes Verlag, 1980), pp. 276-91.

B.F. Dick, *World Literature Today* (Winter 1980). Review of *"To Double Business Bound"*.

Michael Hinchliffe, "The Error of King Lear," *Actes du Centre Aixois de Recherches Anglaises* (Aix: Université de Provence, 1980).

Rodger Kamenetz, "René Girard: Still Searching for Life's Scapegoat," *The Baltimore Sun*, December 20, 1980.

A. Kibédi Varga, "Het Werk van René Girard," *NRC* (The Netherlands), February 20, 1981.

Nils-Hugo Geber, "Valdet i filmen — begrepp och teorier 1," *Filmhäftet* (Stockholm), 24-26 (March 1981), 66-95.

David Savran, "The Girardian Economy of Desire: Old Times Recaptured," *Theater Journal*, 4, no. 1 (March 1981), 40-45.

Vincent Farenga, "The Paradigmatic Tyrant: Greek Tyranny and the Ideology of the Proper," *Helios*, 8, no. 1 (Spring 1981), 1-31.

Gelber, Sullivan and Kirkland, "Life after Structuralism," *Newsweek*, May 11, 1981, pp. 46-47.

Thomas Molnar, "Psychologists and Mythologues," *Modern Age*, 25 (Summer 1981), 329-30. Review of *Violence et le sacré*.

Mary Madison, "Scholars Meet at Stanford," *The Peninsula Times Tribune*, September 16, 1981. Article on the International Symposium on Disorder and Order, Stanford University, September 13-15, 1981.

Louise Gulda Larrabure, conversation with René Girard, Memorial Church, *Times and Eternity*, Stanford, October 26, 1981.

William A. Johnson, "René Girard and the Boundaries of Modern Literature," *Boundary 2*, 9, no. 2 (Winter 1981), 277-88.

Ann Demaitre, *The French Review*, 55, no. 2 (December 1981), 258-59. Review of *"To Double Business Bound."*

M. Yutzis, "La cruz de Cristo y el mecanismo victimario según René Girard," *Revista B*, 43 (1981), 47-50.

G. Trentin, *Studia patavina*, 28 (1981), 664-65. Review of *La Violence*.

Gonzalez Faus, "Violence, religion, sociedad y cristologia: Introducción a la obra de René Girard," *Actualidad bibliografica*, 18 (1981), 7-37.

D. Natal, *Estudio Augustiniano*, 17 (1982), 481. Review of *Des Choses cachées*.

J.M. Rodriguez, "La mimesis en Girard o el ambiguo origen de lo humano," *Religion y Cultura*, 28 (1982), 590-97, 579-600.

Raymund Schwager, "Offenbarung der Gewalt und christliche Offenbarung," in Peter Eisler, ed., *Das Evangelium des Friedens* (Munich, 1982), pp. 27-41.

Norbert Lohfink, "Das Alte Testament Aufdeckung und Krise der Gewalt," *Bibel und Kirche* (February 1982), pp. 38-44.

Jonathan Barnard, "French prof says Bible deserves a better image," *Daily Californian*, March 22, 1982.

John P. Galvin, "Jesus as Scapegoat? Violence and the Sacred in the Theology of Raymund Schwager," *The Thomist*, April 2, 1982, pp. 173-94.

Françoise Giroud, "Il capro espiatorio alle radici della società," tr. Serena Zoli, *Corriere della Sera*, May 12, 1982.

Toril Moi, "The Missing Mother: The Oedipal Rivalries of René Girard," *Diacritics* (Summer 1982), pp. 21-31. Review of *Deceit, Desire, and the Novel*, *Violence and the Sacred*, and *Des Choses cachées*.

Dale Anderson, "Gary Clark Clears Way for His First Novel," *The Buffalo News*, October 31, 1982, p. G-4.

Joaquin Maristany, "René Girard y el misterio de nuestro mundo," *El Ciervo* (Barcelona), no. 381 (November 1982), pp. 26-27.

Antonio Alberto Semi, "Delle cose nascoste" (n.p.), 1983.

Norbert Lohfink, ed., *Gewalt und Gewaltlosigkeit im Alten Testament* (Freiburg: Herder, 1983.)

Fabio Stok, "Cose dalla fondazione: E venne la Bibbia," *Il Tirreno*, April 10, 1983. Review of *Des Choses cachées*.

Odisseo, "Intorno al sacro," *Il Tempo*, April 22, 1983. Review of *Des Choses cachées*.

Riccardo de Benedetti, "Dialogo con il sacro," *Avvenire*, April 30, 1983. Review of *Des Choses cachées*.

Sergio Quinzio, "Girard: La cultura e il sacro," *La Stampa*, April 30, 1983. Review of *Des Choses cachées*.

Marie-Anne Bernard, "Kulturen og offerhandlingen," *Copenhagen Information*, May 9, 1983.

M.F. Rabaglietti, *Il Popolo*, May 10, 1983. Review of *Des Choses cachées*.

Jürg Altwegg, "Das Heilige und die Gewalt," *Frankfurter Allgemeine Zeitung*, 111, May 14, 1983.

Carlo Formenti, "Le briglie invisibili," *Alfabeta*, 53 (October 1983), 5. Review of *Delle cose nascoste sin dalla fondazione del mondo* and *La violenza e il sacro*.

Richard F. Hardin, "'Ritual' in Recent Criticism: The Elusive Sense of Community," *PMLA*, 98, no. 5 (October 1983), 846-59.

Roel Kaptein, "Oorsprong en toekomst van de cultuur. Het werk van René Girard," *Wending* (The Netherlands), 38, no. 10 (December 1983), 680-87.

Aldert Schipper, "René Girard en het lijdensevangelie," *Trouw*, December 3, 1983, p. 2.

A. Carrara, "La Violenza demistificata," *Letture*, 38 (1983), 595-620. Review of *La Violence*.

Paul Valadier, "Violenza del sacro e non violenza del cristianesimo nel pensiero di René Girard," *La Civiltà Cattolica*, 134 (1983), 361-64.

Miroslawa Goszczyńska, "Od Zalozenia Swiata," *Literatura na Swiecie* (Literature on the World) (Warsaw), no. 12 (149), 1983, pp. 74-181.

Raymund Schwager, "Zum Werk des französischen Literaturwissenschafters und Anthropologen René Girard. Christliche Herausforderung ans moderne Denken," *Vaterland* (Lucerne), no. 5, January 7, 1984, p. 35.

Norbert Lohfink, "Il Dio violento dell'antico Testamento e la Ricerca d'una società non-violenta," *La Civiltà Cattolica*, 135, no. 3211, April 7, 1984, 30-48.

Menene Gras Balaguer, "Contra el nihilismo contemporáneo," *La Vanguardia* (Spain), June 7, 1984, p. 43. Review of *La violencia y lo sagrado* and *Literatura, Mimesis y Antropología*.

David Pagel, "Early Infantile Experience in Girard's *Violence and the Sacred*," *In Writing* (Stanford student publication), no. 1 (Summer 1984).

André Lascaris, "De medemens als model en obstakel: De hypothese van René Girard en haar betekenis voor de theologie," *Tijdschift voor Theologie* (The Netherlands), 24 (1984), 115-137.

Renate Chédin, "Am Rand der Katastrophe," *Evangelische Kommentare* (Stuttgart), 17, no. 12 (December 1984), 707. Review of *Des Choses cachées*.

Raymund Schwager, "Der Nachahmer als Sündenbock: Zu René Girards Anthropologie," *Evangelische Kommentare* (Stuttgart), 17, no. 12 (December 1984), 680-83.

Walter Burkert, *Anthropologie des religiösen Opfers* (Munich: Ludwig-Maximilians-Universität, 1984), pp. 18-21.

Mihai Spariosu, "Mimesis in Contemporary French Theory," in *The Literary and Philosophical Debate*, vol. I of *Mimesis in Contemporary Theory*, ed. Mihai Spariosu (Philadelphia: John Benjamins, 1984), pp. 79-101.

Robert North, "Violence and the Bible: The Girard Connection," *Catholic Biblical Quarterly*, 47, no. 1 (1985), 1-27.

Kenneth Rivers, "'Cor-norama': Exclusion, Fathers and Language in the Society of *Le Père Goriot*," *Stanford French Review*, 9, no. 2 (1985), 153-68.

Wilson Baldridge, "The Ghost of Macbeth: Apparition, Violence, and Mallarméan Criticism," *Stanford French Review*, 9, no. 3 (1985).

René Girard
and the Dialectics of Imperfection

VIRGIL NEMOIANU

René Girard is now generally recognized to be one of the major thinkers of our century's last third. This raises the puzzling question of his position inside the Western philosophical and critical tradition, as well as the secondary, but still interesting question as to his place on the synchronic axis of present-day ideological and even political views. I will quote two different points of view, both of them unilateral, but both of them containing some truth, and certainly fascinating in their diametrically opposed judgments. Thomas Molnar thinks that Girard, like Jung and like Eliade, is best understood as a representative of neopaganism; he is a mythological heretic whose rehabilitation of religion carries a heavy price: the abandonment of transcendence. "Girard's view is untenable because it impoverishes, indeed as much as the various positivisms do... the life of the sacred and its many-layered language" by reducing it to a useful self-justification of the community and to a social buffer against violence.[1] According to Molnar, Girard aligns himself thereby, in some essential ways, with figures such as Hobbes, Rousseau, and Freud, that is to say, with a broadly understood materialist rationalism. According to Hayden White, the opposite is true. René Girard is the descendant

---

[1] Thomas Molnar, "De René Girard et de quelques autres," *Nova et Vetera* (1981), no. 1, pp. 36-39. Also "Recovering a Sense of the Sacred," *Intercollegiate Review*, 17, no. 2 (1982), 75-84.

and exact counterpart of Joseph De Maistre. He displays the dark brilliance of a belated defender of religion and social order, a man with a "reactionary perspective" who seeks refuge in an "embrace of medievalism."[2] If Molnar suggests that Girard is, consciously or not, an agent of Leftism, White openly accuses the doctrines of Girard of justifying the Nazi regime.

In order to understand such puzzling contradictions coming, as they do, from knowledgeable intellectual observers (albeit irritable ones), we have to step back and to make some general remarks.

I

The distinction between "culture" and "civilization" arose in German intellectual debate and was frequently used in the second half of the nineteenth century and in the early twentieth century. The term of culture was used to subsume spiritual values, as well as areas of human endeavor such as religion, literature, and the arts, the laws, and philosophy, while civilization was regarded as the sphere of practical activities: politics and economy, military, social, and technical pursuits. Among those who elaborated this distinction are people otherwise different such as F. Tönnies, G. Simmel, A. Weber, H.St. Chamberlain, L. Klages, and W. Worringer.[3]

Some drew nationalistic conclusions pitting German spirituality against "Western" materialism, but these were in the minority, as can be seen by the acceptance of the distinction in many East European countries, and to some extent by French and English authors. Oswald Spengler perhaps more than any others elaborated the theory of the opposition between culture and civilization, by providing it with a historical underpinning. According to him, culture and civilization were successive phases in the history of large communities; the creative and spiritual phase of communal cohesiveness and meaningful purposiveness is followed necessarily by a phase of practical growth and

---

[2] Hayden White, "Ethnological 'Lie' and Mythical 'Truth,'" *Diacritics* 8, no. 1 (1978), 2-9.

[3] The source of this distinction is double. On the one hand we have Romantic philosophy from Herder to Hegel with its attempt at developing an organicist culture. On the other hand there is the methodological distinction between "material" and "spiritual" sciences put forward strongly by Dilthey, as well as by many systematic neo-Kantians (Windelband, Rickert).

mechanical application, of great engineering achievements and political expansion.[4]

All these distinctions, whether Romantic or whether inspired by Dilthey, Nietzsche or the neo-Kantians, are based upon a tacit value judgment. The theories opposing culture to civilization all assume that, almost obviously, the first is to be preferred to the latter. Even Spengler, who goes to some considerable lengths to do justice to the heroic materialism of the civilizational ethos, cannot hide his partiality for the creative grandeur of the early cultural phase. Virtually all the theoreticians dealing with this distinction have also to deal with their own tacit hostility to modernity. The nineteenth and twentieth centuries are regarded unanimously as periods of civilization, oriented towards practical targets and devoid of the creative breath; they are therefore decadent and inferior to earlier ages. The philosophy of culture was, until recently, almost always a social criticism. The foundation of the conflicting, tension-ridden, and alienated present was always an earlier wholesome and harmonious period of time: the Middle Ages or Mediterranean Antiquity or the Biblical Patriarchal Age, or sometimes even the Renaissance or the Ancien Régime of Louis XIV or Louis XV. Much as the assumptions of Marx may differ from those of the great philosophers of culture, he concurs with them in the matter of alienation and of the unified earlier age.[5] It is interesting to compare some rather recent and sophisticated critiques of modernity: that of F.R. Leavis and his followers with that of Adorno, Horkheimer and the Frankfurt school. Although they are diametrically opposed in their underlying philosophies, these two movements offer a critique of modernity that is strikingly similar in disparaging the vulgarity and the stridency of the present as opposed to the stylistic coherence of the past.[6] Clearly the influence of the branch of the

[4] Oswald Spengler, *Der Untergang des Abendlandes*, 2 vols. (Munich: Beck, 1922), ch. 1, sections 12-13.

[5] "The bourgeoisie, wherever it has got the upper hand, has put an end to all feudal, patriarchal, idyllic relations... it has drowned the most heavenly ecstasies of religious fervour, of chivalrous enthusiasm, of philistine sentimentalism, in the icy water of egotistical calculation... The bourgeoisie has stripped of its halo every occupation hitherto honoured and looked up to with reverent awe" (Karl Marx, Friedrich Engels, "Manifesto of the Communist Party" in Harold Laski, *Communist Manifesto. Socialist Landmark* [London: Allen and Unwin, 1948], pp. 122-23).

[6] Martin Jay, *The Dialectical Imagination. A History of the Frankfurt School and the Institute of Social Research 1923-1950* (Boston: Little Brown, 1973), pp. 173-218. F.R. Leavis, *Mass Civilization and Minority Culture* (1930; Norwood, Pa.: Norwood, 1976),

philosophy of culture which relies upon the inferiority of civilization to culture can be recognized under many different guises. In spite of its sophistication, the theory of an antagonism between civilization and culture has as its own core a utopian mythology: the dream of the golden age, its loss, and of a millenarian recuperation. It does not project a paradisial fulfillment, but it does not entirely exclude it either.[7] Marxist and racist versions, among others, do take the last step of postulating a practical regeneration of mankind in a foreseeable future.

It is the great merit of Jacques Derrida and of other French thinkers who adopt his philosophical *démarche* that they provided new and subtle arguments undermining the (circular) progressism of the utopian schools. Derrida argued forcefully that the plenitude of discourse is to be found, if at all, in the marginal forms, and that the ambiguous, unreliable form of the written is actually the prototype of the supposedly integral and authentic oral communication. Similarly, he showed how the derivative and ulterior education and culture are always already part (and perhaps even the model) of the image of the natural.[8] May I add that a further example at the level of literature is provided by the study of classicism, which indicates the absence of an ultimate model; the later neoclassical writer follows intermediate models, and if he tries to go too far back, he is faced with the inchoateness of a "raw reality," unstructured by classical decorum. In its very absence, the classical ideal has the power of an organizing presence, but not as a utopian plenitude and perfection.[9]

These examples among a number of possible ones are sufficient to indicate that the paradisial vision of human potentialities, prevalent

pp. 25-26. The ideas there were developed by him and others in *Scrutiny, Criterion*, and elsewhere.

[7] The study of golden age myths and of their political and philosophical consequences is now becoming a huge field. I can briefly mention the work of Mircea Eliade, Eric Voegelin, J.L. Talmon, and M.H. Abrams as a whole. Specific recent studies are those of André Reszler, *Mythes politiques modernes* (PUF, 1981) and James Billington, *Fire in the Minds of Men* (New York: Basic Books, 1981). A very comprehensive framework was offered by Lucian Blaga, *Trilogia culturii* (1939; Bucharest: ELU., 1969); the relevant essay in this collection was first published in 1935.

[8] Jacques Derrida, *Of Grammatology* (1967; Baltimore: Johns Hopkins University Press, 1976), pp. 141-64, 195-315. See for handy and clear introductions Vincent Leitch, *Deconstructive Criticism* (New York: Columbia University Press, 1983), pp. 169-78, and Jonathan Culler, "Jacques Derrida" in *Structuralism and Since*, John Sturrock, ed. (Oxford: Oxford University Press, 1979), pp. 164-80.

[9] Virgil Nemoianu, *Following the Classics: Layers of Stylistic Mimesis* (forthcoming).

as it may be in the twentieth century, does not go unchallenged. The theory of cultural critique opposes modern utopianism and punctures its assumptions. At the same time it is not devoid of its own utopian biases, although these are much more benign. Patently, an unoccupied theoretical space opens up between the hard perfectionism of the dominating modern ideologies and the diffuse utopian traces of the *Kulturkritik*. Surprisingly, it took rather long for this space to be explored and settled. However, at this point several theoretical writings have taken advantage of the possibilities offered by it. Jean François Revel's *Ni Marx ni Jésus* (1970) indicates clearly a refusal of utopian projections and an assent to the realities of "Zivilisation"; Revel's further works sketch out the spiritual-cultural virtualities inherent in the situation as it is at present.[10] Michael Novak in *The Spirit of Democratic Capitalism* deepens the analysis of this connection by pointing out many exact correspondences between the structures of Western religiosity and the main functions of developed contemporary societies. Novak also emphasizes the idea of imperfection and argues that the fallacy of all critics of modern Western societies (right or left) is that they do not compare ideal constructs to each other, but rather ideal constructs to real and imperfect realizations.[11] We can distinguish here echoes of the older theories of Charles Péguy or Simone Weil on the distinction between *le mystique* and *le politique*. However, Novak does not admit a relationship of inequality between these two concepts, but rather one of equivalence. Peter Berger could also be regarded as the advocate of *Zivilisation:* he sees as the most obvious danger to it precisely the tendencies towards uniformity, temptations towards "paradise on earth," and a type of social communication that is devoid of qualifiers and filters ("mediating structures"). In essence, Berger demands a strengthening of "Zivilisation" in its main salient features, and a dialectical understanding of its relationship to purely cultural phenomena such as religion.[12]

Stanley Jaki argues passionately in his abundant work that the very origins of Western science are inextricably bound with and derive

---

[10] Jean-François Revel, *La Tentation totalitaire* (Laffont, 1976).

[11] Michael Novak, *The Spirit of Democratic Capitalism* (New York: Simon and Schuster, 1982).

[12] Peter Berger, *The Sacred Canopy* (Garden City, N.Y.: AnchorDoubleday, 1969), p. 47, *A Rumor of Angels* (Garden City, N.Y.: Anchor-Doubleday, 1969), pp. 120-21. and *The Heretical Imperative* (Garden City, N.Y.: Anchor-Doubleday, 1979), pp. 28, 185.

from some tenets of the Christian world-view: the idea of linear progress (as opposed to cyclical repetition), the relation to reality (as opposed to relativism or simply to fearful ignorance), the concept of
systemic order, the value of the individual are all, according to him,
secularized theological truths: civilization meshing with culture. He
says,

> Science found its only viable birth within a cultural matrix permeated
> by a firm conviction about the mind's ability to find in the realm of
> things and persons a pointer to their Creator. All great creative ad-
> vances of science have been made in terms of an epistemology germane
> to that conviction, and whenever that epistemology was resisted with
> vigorous consistency, the pursuit of science invariably appears to have
> been deprived of its solid foundation.[13]

These and other thinkers develop their views on a philosophical
plane to which access was permitted by Nicolai Hartmann. (This does
not mean that they were influenced or even that they were familiar
with the work of Hartmann, but merely that for the prudent observer
their work is validated and reinforced by a thorough philosophical
elaboration of the problem.) Hartmann was careful to preserve the
terms of the problem as it has been set in the tradition of the philosophy
of culture. He did not deny that there was a distinction between the
technical-material and the spiritual-intellectual level of human activity
or even that there was a priority of the second. He merely explained
the way in which *objektiver Geist* and *objektivierter Geist* interacted
dialectically — so that the one is always inherent in the other, culture
in civilization.[14] While for many Hartmann's phenomenological
analysis may seem to be still uncomfortably close to idealist fallacies,
there is no question that it provides at least the necessary minimum
argument line against the inbuilt pessimism and lingering utopianism
of cultural philosophy.

[13] Stanley Jaki, *The Road of Science and the Ways to God* (Edinburgh: Scottish Academic
Press, 1978), p. VII. A statement repeated in different forms in many other places.
See *The Origin of Science and Science of Origin* (South Bend, Ind.: Regnery/Gateway,
1978), p. 102, pp. 76-77, and elsewhere. Also *Science and Creation. From Eternal Cycles
to an Oscillating Universe* (New York: Science History Publications, 1974), pp. 156-57,
356-57, and particularly p. 8. The theological philosopher Louis Dupré went even
farther and argued that the whole atheistic, desacralized and mechanical framework
of modern civilization obtained its momentum out of energies triggered by and in
early Christianity.
[14] Nikolai Hartmann, *Das Problem des geistigen Seins* (Berlin: De Gruyter, 1933).

II

René Girard — and I am here coming to my central contention — is closely related to this intellectual family. Like Derrida, he is doubtful of the qualitative superiority of some past classical age of organic integrity. Like the traditional philosophers of culture, he is gravely suspicious of the mechanical, ideological, and the levelling bent of the present ("Zivilisation"). Like other post-Hartmannian contemporaries, he is doubtful of a future age of millenarian regeneration. Without any claim at a systematic description, I will point briefly to some of the features of Girard's thinking that I think most important in a historical sense and especially in terms of the debate mentioned before. I will then explain what I mean by the dialectics of imperfection and suggest why I think it is a key element in the intellectual and social development at the end of the twentieth century.

The broadest and earliest framework of Girard's thinking is presented in his first book, when he says that only novelists, not scientists, can grasp and express the truth. Truth is aesthetic, because the structures of wholeness and its internal contradictions can be caught neither by deforming ideologies and philosophies, nor by the simplifications of rationalist science. Art is our only reliable access to reality, because it is the only mode which incorporates and preserves imperfection, rather than trying for coherence and uniformity. This is the underlying thesis of *Mensonge romantique et vérité romanesque,*[15] an assumption that was not modified or discarded later. As a matter of fact, it provides also the methodological key to René Girard's mixture of anthropology, literary theory, and cultural philosophy, which he often defends with doggedness, and even some bitterness against detractors. It is obvious that to Girard such a combination seems apt to capture the imperfections and incoherencies of reality in a manner in which "straight science" would be unable to. The combination of disciplines used by Girard is his equivalent of the "vérité romanesque."

Inside this methodological framework, Girard develops his distinctions and key concepts, and even proposes some solutions. The basic feature of the human species would appear to be its complex relationship with "indifferentiation," i.e., with levelling and uniformity. On the one hand it is feared as a plunge into chaos, nothingness, and

---

[15] Published in 1961. English version, René Girard, *Deceit, Desire, and the Novel. Self and Other in Literary Structure* (Baltimore: Johns Hopkins University Press, 1965), pp. 3, 252, 302.

into an almost sub-biological state. On the other hand it is desired because it offers reassurance, solidarity, and a kind of warm strength which seem to enhance the existential intensity of anything human. There would seem to be three possible responses to this basic division.

The first is primitive religion, the bond of community and social coherence, the emotion of solidarity, security, and oneness of tribal, "unfallen" man. This is sacrality as Emile Durkheim masterfully sketched it out at the beginning of the century.[16] However, according to Girard, these traditional unities are born and, ultimately, even maintained through violence. To achieve the feeling of sacrality, of social solidarity, and of identity against the unstructured universe a victim is necessary. In any given situation the executioner is the majority, the victim is an individual or a tiny minority. The victims are chosen for some arbitrary deficiency, but, above all, for their difference. The oppressed stand out in some way and can often be quite prestigious and powerful or invested by the persecutor with such features; they can be represented by the periodically sacrificed king in tribal societies, the lame foreigner Oedipus or the luminous god Balder; they can be represented by and in medieval witch trials or discriminations against Jews, and in many other ways. Normally, the victimization takes place at the beginnings of a communitarian sacrality and is its original secret evil, remembered through rites and orgies. Both the latter re-enact the sacrifice symbolically (or, in more extreme cases, really) and remind society of the ever-lurking peril of indifferentiation. Rite is the ordering of disorder, its stabilization and exorcism; but it also freezes disorder, making it permanent and masking it. Rites are in a way vaccinations with the evil of violence against the evil of violence. The same sacrality may impel the community towards renewed outbreaks of collective violence against those perceived as different or threatening, for instance, racial minorities or socially successful individuals or groups. Girard illustrates this basic structure of socialization with a vast array of anthropological, historical, and literary examples. In his opinion, violence and victimization are realities that shape human identity more deeply than perhaps even sex, hunger, or thirst for power.

The second response is the transcendent one provided by the biblical values and guidance. It is clearly delineated in many books of the

---

[16] Emile Durkheim, *Les Formes élémentaires de la vie religieuse* (Paris, 1915). Girard refers to this theory in *Violence and the Sacred* (1972; Baltimore: Johns Hopkins University Press, 1977), pp. 306-07.

Old Testament, but it comes to full expression only in the Evangelical texts of the New Testament.[17] Their main function is one of revelation and thus of the destruction of sacrality. According to Girard, the process of socialization through victimization controls behavior and holds its grip on human behavior only as long as it is hidden from the eyes and minds of the actors. The "tearing in twain" of the temple veil symbolizes the end of separation between the humans and the sacrificial mystery.[18] The revelation is therefore a revelation of the mechanisms of violence: how it functions as both poison and remedy, how it is inextricably bound to immanence, and how it manages to conceal itself; unlike the rites which merely freeze indifferentiation, revelation unmasks and blocks it. The distinction between sacrality and religion is firmly established; this, incidentally, is shown to have triggered the emergence of science and technology, since only desacralization through religion could open the doors of full rationality. ("L'esprit scientifique, comme l'esprit d'entreprise en économie, est un sous-produit de l'action en profondeur exercée par le texte évangélique.")[19] The other aspect is the transcendence of love. The sacrifice of the self instead of the sacrifice of the other signals a radical break in the continuous and uniform chain of successive sacrifices. The Johanine *Logos* is always alien to violence and ever evicted.[20] It counteracts thus decisively the persecuting pressures of the ever repeated founding murder. The great merit of Girard here is not so much the biblical interpretation (although I think his contributions are original and more illuminating than many of the somewhat tired modern exegeses) as his powerful development of the concept of *persecution*. For the latter twentieth century this is an overdue examination of a reality that is at least as important as that of alienation. In fact, the gradual shift from alienation to persecution and their sophisticated counterpoint (up to a kind of polarization) undoubtedly represent major topics of future sociological and philosophical study. To Girard himself we must be grateful for the manner in which he has sketched out a reading of human history from

---

[17] René Girard, *Le Bouc émissaire* (Grasset, 1982), pp. 148-49, and *Des Choses cachées depuis la fondation du monde* (Grasset, 1978), pp. 168-203.

[18] Mk. 15:38; Lk. 23:45. See *Des Choses*, p. 257.

[19] *Des Choses*, p. 283. Also "Ce n'est pas parce que les hommes ont inventé la science qu'ils ont cessé de chasser les sorcières, c'est parce qu'ils ont cessé de chasser les sorcières qu'ils ont inventé la science," *Le Bouc*, p. 285.

[20] *Des Choses*, p. 294.

the point of view of the *victim.* an undertaking that has been, curiously enough, evaded until now by the radical social scientists of modernity.

We may ask the additional question as to why in twenty centuries of history the process of illumination and demystification did not triumph over the sacrificial mentality and did not displace it entirely. Girard does not offer a detailed answer, but he suggests an outline of an answer when he describes the ideological and social-political systems as "de nouvelles machines à retarder le progrès de la révélation biblique."[21] He also emphasizes the predictable divisions and dissensions involved in the advance toward a revelation without violence.[22] The typical example is that of the pilgrims to Emmaus who fail to understand and even to recognize the explaining master (Lk. 24: 25-32); similarly, the functioning of the Evangelical nonviolent revelation is a gradual, and often overlooked, process to which its adversaries contribute unwittingly more than once, even while "Les disciples voient en Jésus quelqu'un d'invulnérable, c'est-à-dire le maître d'une violence supérieure."[23] However, these are merely scattered indications. The most complete explanation for the slowing down is provided by the theory of mimetic desire.

Mimetic desire is the third chief way in which the human species can respond to the ambiguities and the dangers of indifferentiation. It consists of a triangular process in which an object is desirable not in itself but because it is desired by somebody else, by a mediator. A complex process of mimesis is thus put in motion. For instance, external mediation (when the spheres of the possibilities of the subject and the mediator are far apart) differs from internal mediation (when there is psychological interpenetration). Rivalry and doubling (perfect identification) succeed and replace each other. Mythology abounds in situations when the mediator is deified. The essence of the process is that the imitation of Christ is replaced by the imitation of one's neighbor; the direction of desire is deflected from its proper channels to false or earthbound purposes, which it tries to imitate.[24] Sacrality is simulated and a complicated system of resentment, despair, and metaphysical artifice is erected. Girard analyzes how this process is presented by novelists from Cervantes to Proust. Individualism

---

[21] *Le Bouc*, p. 159.
[22] *Des Choses*, pp. 299-303.
[23] *Des Choses*, p. 441.
[24] *Deceit*, pp. 58-59, 261, 275, 282.

and the process of massification (shades of Gustave Le Bon) are shown as going hand in hand. For Girard it is obvious that this all-embracing system must encourage and maintain the sacrificial mentality and any victimization even in a world that has abandoned sacrality and prides itself on being rational and enlightened.

III

The impressive architecture of Girard's system and the eloquence of his arguments are, I believe, undeniable. The questions that have been raised in connection with it seem to be more functional in nature. Girard's very originality is perceived as threatening and unpredictable particularly in its implications on an ideological or political plane. Understanding his thinking in context may help dispel some of the doubts while at the same time shaping more clearly the kind of intellectual questioning that these theories, like all responsible propositions, require and, indeed, deserve. The above presentation, inevitably limited and lacking in qualifications and examples, must serve for the moment as a step in this direction.

What are the pragmatic consequences of Girard's argument? Two of them seem particularly momentous. The first is the decisive rejection of the concept of *Gemeinschaft* or of organic, nonalienated culture, as a feasible and desirable alternative to the deepest existential dilemmas of modern society. In this respect, Girard appears more inexorably illusionless than even a radical thinker such as Jürgen Habermas, who believes that there is some limited use in harking back to the earlier stage of human organization.[25] Also while Derrida, for instance, denies the very possibility of "Kultur" as an age of integrality, in which the psychic functions and the social sections are oriented towards each other and move harmoniously, Girard goes, I think, farther in unmasking the fundamental evil (murder and mendacity) by which such an arrangement is or would be sustained. Sacrality is thus an impossible solution and a dark, slaughterhouse potentiality of the human condition.

Does an atomistic and monotonous picture of the human community ensue by necessity from this decisive rejection? It is here that the second of the consequences of Girard's thinking comes into play. His obvious distaste and suspicion of the state of indifferentiation does

[25] Hans Furth, "A Developmental Perspective on the Societal Theory of Habermas," *Human Development* 26 (1983).

not allow him to proceed along the path taken by naturalistic ideology in the last few centuries. According to him, socially significant violence is directed by the majority against the minority and by the masses against the individual. Victimization stems from a yearning for perfection, for the casting out of impurities, tiny as they may be. Triangular mimetic desire, which has to end in disaster, is, likewise, meant to achieve uniformity at the level of personal relationships.

Thus, the fear of indifferentiation (victimization), as well as the search for indifferentiation (mediated imitation) appear as blocked paths. Different as they may be, they lead to a kind of equality that does not seem susceptible to the qualifications usually contributed to it by liberty. Equality is normally seen as hostile to slothful gluttony, arrogant lordliness, and contemptuous avarice, but, if given free rein it does breed its own kind of pestilence — *invidia*.[26]

These observations do not necessarily lead to despair, nor to a passive reliance on transcendent solutions. Girard's image of history is rather optimistic, perhaps precisely because of his courageous and obstinate acceptance of evil as constitutive of the human state of affairs. The manner in which historical evolution can be envisaged on this basis must be inferred by thinking of some parallels in the past.

Sir Walter Scott, who is a much more considerable thinker than is usually believed, wrestled all his life with the problem of the transfer of values,[27] and of the dialectics of progress and conservation. The fictional form in which he chose to incorporate his meditations allowed him to take often Scottish history of the seventeenth and eighteenth centuries as the field of his expositions. "Sacrality" is presented as the poetic and patriarchal order of the Highlands, full of violence and darkness, but also full of human substance. The order of reason, light, and progress is represented by the Hanoverian regime of the south, with its legal order and trading inclinations. Scott strives to bring about a reconciliation of the two; the young people in his novels prepare

---

[26] The historical-political implications of this kind of reality are carefully worked out by Michael Oakeshott, "The Masses in Representative Democracy" in *The Politicization of Society* (Indianapolis: Liberty Press, 1979), pp. 315-40. The essay was published first in 1961.

[27] The transfer of values is presented by Ernst Jünger through the image of a train and of its stations; evolution is for him a matter of loading and unloading and of the longer or shorter stops and speeds between them. See particularly the 1959 essay "An der Zeitmauer" in *Werke*, 10 vols. (Stuttgart: Klett, 1960), VII, 596, 603, 631-32, and elsewhere.

the future through a mixture of nostalgia and experience, of reason and sensibility. At the same time, Scott pursues a more paradoxical demonstration, namely, that the very values prized by and in "sacrality" — organicity, individuation, conservation, spirituality, communality — are present more in the new rationalistic order of the Enlightenment than in the anarchic manipulations of the old order.

The second example from the past that may be adduced here is that of Leibniz and of his belated followers in the early nineteenth-century thinking and literature of the Austrian Biedermeier. His was probably the strongest philosophical argument made in favor of imperfection, limitation, and the vindication of God with respect to the existence of evil. The interpretation developed a hundred years later by Stifter, for example, but also by many others was that for the better or the worse there is a structural imperfection which determines in a decisive way the functioning of the world and particularly of the human condition. The limitative and imperfect state of human nature both follows from and results in an interaction of good and evil, of checks and oppositions, and particularly of unpredictable reactions and dialectical balances. Harmony was seen by Stifter, for instance, as a present process based upon the variety of the world and not as mechanical evolution and the homogeneous discourse of progress.[28]

What the two examples — cursorily sketched here — have in common is that they tend to put imperfection instead of difference at a central categorial place in our world understanding. Ever since the eighteenth century, responsible attempts to enrich, correct or qualify progressive consistency have tended to emphasize values such as plurality and difference, and rightly so. However, the category of difference hides in its core the danger of unifying absolutism because it tends to establish a simple, abrupt, and total opposition. Also, it turns out that in practice it can be absorbed all too easily into power-oriented monotonous systems, as was seen in Hegel and in his followers, where difference is merely a variable of unity and history a subform of Utopia. The strategical move of further refining difference into imperfection follows from a recognition of the insufficiencies of mere difference. Imperfection implies on the one hand a multiplicity of discriminations,[29] which set themselves up at each of the facets of

---

[28] A fuller presentation of the views of Scott, Stifter, and others in Virgil Nemoianu, *The Taming of Romanticism* (Cambridge, Mass.: Harvard University Press, 1984).
[29] Robert Sokolowski, "Making Distinctions," *Review of Metaphysics* 32, no.4 (1979), 639-76.

a given event or situation in reality, as it abuts on the many diverse events or situations with which it coexists. On the other hand, imperfection carries with it the implication of gradation and shading rather than that of abrupt opposition. Those who operate with the concept of imperfection can easily admit the ontological or pragmatic or epistemological priority of a certain object or state while requiring for another one at least some rights of autonomous existence and some relative distinction from the first. They may, for instance, admit the idea of progress and still insist that the kinds of its actualization are of an importance comparable to that of progress itself. (In this sense, imperfection is like a reversal of the Hegelian-Marxist "dialectic" of advance.) Thus, while imperfection may seem a weaker tool in subverting logocentric visions than the Derridian dispersal or than the use of pure difference, it may well prove in actuality more precise and more helpful in protecting against the encroachments of monistic totalizations.

IV

The examples that I gave at the beginning of this essay, as well as the ones mentioned above belong to a line of thinking that I would like to call "non-utopian progressism." Philosophically they are characterized by their common effort to wrestle with the concept of contrastiveness and with the paradox of positing coherence on the basis of diversity. In political economy Max Weber is often regarded as the representative of this way of thinking. In cultural and social philosophy the common ground seems to be provided here by a certain acceptance of alienation ("non-sacrality" in Girardian terms) as compatible with harmony. Indeed, if monotony and consistency are adverse to harmony, then the adventurous introduction of more and more diverse elements in expanding frameworks is part of a harmonizing process. Alienation, for instance, may be necessary to a truly comprehensive organicism rather than opposed to it.[30]

The alert reader will have recognized immediately that at least a few of the general observations in the previous section do not find explicit confirmation in Girardian texts. In fact, it might seem occasionally that he does not at all fit the model of dialectical imperfectionism and non-utopian progressism presented here. Such a criticism would not be without some justification. For instance, the ingenious

---

[30] In fact he is mentioned by Girard, e.g., in *Des Choses*, p. 171 and elsewhere.

chapter 14 in *Le Bouc émissaire* on Satan might be said to play with the type of rigid oppositions that the concept of imperfection seems meant to discard. The gradual spread of the demystifying revelations as described by Girard seems at times to bring us in the vicinity of Teilhard's evolutionism. [More radically, the legitimate question may be raised whether Girard does not transfer absolutism from form to content. The kind of totalization that he pursues relentlessly in his writings turns, like Moby Dick, against the whaler, and declares itself victimized. Imperfection, whether compatible with Girard's work or not, is certainly incompatible with a spirit of system; anybody who might extend this concept in a totalizing fashion would immediately lose the benefit of its use, as well as modify its nature. Systematization and generalization of Girard's views seem to be ingrown tendencies. The utopianism contended against tends to return, here as in other systems, as a "utopianism of explanation."

Against this it suffices to repeat briefly that Girard does accept evil as an essential part of any human state of affairs, that the theory of the double is clearly directed against utopian uniformities, that for him the social purpose of religion is to accept difference and suspend the mechanism of evil while not levelling and destroying reality. For Girard original sin is clearly *Invidia* (Adam, Eve, the serpent, and the Demiurge design an intricate pattern of triangular connections) rather than pride as it had been for mainstream Catholic theology, knowledge as it had been for some Eastern Orthodox thinkers, or variously lust or disobedience as suggested by others. What all these traditional interpretations suggest is that an affirmation of identity as difference is wrong. Girard's model suggests the contrary.[31] Additionally, it appears that broadly speaking (and with some exceptions in both the early and the later works) Girard's thinking is not apocalyptic: it does not assume or require an imminent and inevitable change in the human condition. This position is particularly strengthened by the statement implicit, I believe, in Girard's work that between the present and the past there is a rough equality of difficulty or guilt.

There is thus an interesting and precarious balance inside Girard's work: a tug between systemic uniformity against a pull toward imperfect differentiation — both interacting with each other. (We are talking here of a work full of vitality and well capable of additional

---

[31] An analogy in the field of cognitive discipline is offered to us in the movement from orthodox organicism to systems theory, from Hans Driesch to the postwar theories of Ludwig von Bertalanffy and Ervin Laszlo.

developments, and its final shape is still unpredictable.) My contention is that ultimately Girard will be considered in his philosophy of culture an important non-utopian progressive figure and in his overall philosophical orientation perhaps a neo-Leibnizian.[32]

The strongest argument that we can bring in support of this opinion is that Girard's perception of reality is a decentralized and aesthetic one. There can be no doubt of the fact that Girard turns down the streamlined methods of prestructured ideologies as an approach to reality in favor of an intuitive and lightly generous one; the deeper strata of truth, we are to understand, are more likely to be reached when not sought with obstinate and nervous deliberation. Why should this be so? I believe that the only possible justification is that the nature of reality itself is such that it does not respond to the modelling of disciplined and consistent theorizing. The self-containment of truth and the elusive autonomies of reality are inherently more accessible to the playful gentleness of aesthetic approaches. (In this respect at least the difference between "culture" and "civilization" is shown to be otiose; in fact, Girard's work contributed much to our understanding of the subtle and intriguing ways in which "civilization" is sometimes closer to spiritual realities than "culture.") Girard may not always have stayed loyal to this principle, but, in a sense, his imperfect pursuit of imperfection is an apt homage to the categories he used. Ultimately, Girard can be counted among those who celebrate the worth and uniqueness of all that is secondary and particular.

---

[32] Girard often mentions with respect the name of Michel Serres, an acknowledged specialist in the work of Leibniz. Conversely one may wonder whether the elegant analysis of the Pentacostal events in Michel Serres, *Le Parasite* (Grasset, 1980) may not owe something to the example of Girard's Scriptural exegeses. Although Serres is not usually considered a member of the loose group of "nouveaux philosophes" who emerged in the late 1970s, he is related to them. The emphasis of thinkers like Jean-Marie Benoist, André Glucksmann, Philippe Némo, Christian Jambet, and Guy Lardreau is very largely on the concept of difference which they explore very thoroughly. As I showed earlier in my essay, this makes them similar to Girard's interests, and yet different, in that Girard seems to me to find his way to the more subtle concept of imperfection.

Knowledge of Good and Evil: The Work of René Girard

AIDAN CARL MATHEWS

"Les années passèrent et aucun livre ne s'imposa."[1] Half wistful, half severe, this remark occurs at the outset of René Girard's most considerable work; and it wholly belies the facts of the case. For over twenty years his own books have occupied, and preoccupied, the attention (sometimes alarmed, sometimes fraternal) of the more doughty American and European thinkers. This is not to say that any stable consensus exists among his readers. On the one hand, there are those to whom, as Remy de Goncourt once said of Balzac, "he has become a church," or, more modestly, a prophet who has led the scholars out of Egypt into the promised land of structural ethnology, that biddable center where the multitude and immensity of religious forms cancel their differences within the conciliation of a single, unifying rationale. On the other hand, there are those who denounce Girard as a heresiarch, one who becomes more obstinate as he grows more obtuse, the doctrinaire apostle of sweet nothings, of fragile postulates that cannot endure the sturdy weight of fieldwork. Yet another kind of reader is at pains to approve the earlier volumes as "seminal" (of what, it may be asked, if not of the later ones?), while loudly deploring the more recent texts as manipulative — this, of course, only by

---

[1] René Girard (in collaboration with Jean-Michel Oughourlian and Guy Lefort), *Des Choses cachées depuis la fondation du monde* (Grasset, 1978), p. 12.

17

mistaking what is inexorable in them for something willed or contrived. An irony of sorts is at work here: such rejection does, after all, recapitulate the fate that befell the later, anthropological essays of Freud, those texts that his most fastidious partisans could scarcely brook, and which are now being restored, *pace* Girard, to a position of primacy within the Freudian canon. This is droll enough; but there is a larger irony to follow. For a fourth reader exists, and is, as it were, waiting in the wings: he is the future student, the Freshman, the old Adam at eighteen, the disciple in search of a Master. When Girard's work comes, so to speak, into its own — when, that is, his project "has its day," much as structuralism and deconstructionism may be said to have had theirs — *Des Choses cachées depuis la fondation du monde* and *Le Bouc émissaire* will all too probably be read in the very spirit of mimetic fascination that they so strenuously counsel against. Moreover, a cultural milieu which valorises the activity of haughty rebuttal as a first step on the road to intellectual "self-realization" will not, one supposes, tolerate for too long the exemplary status of Girard's writings, but will seek instead to subvert them, making them at first questionable, then competitive and, finally, obstructive. This, be it said, has nothing to do with fathers and sons, or with patriarchs and parricide (the Oedipus myth in its renewed, psychoanalytic form is, after all, among the principal casualties of Girard's method); it stems from the simple, if singular, fact that the author of *Deceit, Desire and the Novel* is well on the way to becoming what he has most occasion to distrust: a model.

These are speculative comments; they court the future perfect. For the moment, in the here and now, Girard is read too little, and misread too often. Yet the confusion his work excites is understandable, and, in its own way, apt: to be both cornerstone and stumblingblock, to remain the "undecided" object that cannot be "categorized" (the words are still nostalgic for their roots in sacrifice), may seem a hard fate for a fair hypothesis, but it is a destiny that corroborates the very argument the hypothesis makes. Besides, Girard has scandalized a great many camps; it was inevitable that they should determine, as we say, to "sort him out." For one thing, he had had the temerity to insist that literary texts — worse, the canonical masterpieces — are profoundly instructive, in ways that beggar the sciences, both exact and social (which is to say, inexact, if not downright unexacting); and he had compounded this impropriety by further alleging, at a time when texts were being "produced" and not "consumed," and when anything vaguely resembling the hated *lisible* was being packed into tumbrils, that there does in fact exist a single correct interpretation of particular novels, which it behooves the conscientious reader to identify and acknowledge. In addition, his critique of psychoanalysis has been, to say the least, unintimidated. Disdaining the Oedipus complex as, in every sense, a children's story, Girard's *rencontre* with Freud may have begun in the spirit of deference implied by recrimination, but it has ended in the state of superiority expressed by restraint. Much the same lack of stridency, of exorbitance, informs his prose style; and this too has been laid against him. Fashion dictates forensic brio in a stylishly clotted discourse: it can hardly relish Girard's reliance on quietness and clarity (his motive in choosing the strictest means may spring from a shrewd awareness that too much dash brings balder in its train). But by far the most resilient grudge against Girard bears on the fact, beyond all talk of schools and styles, that, at a rate of increase more algebraic than mathematical, his recent work enormously privileges the Judeo-Christian texts.

This is crucial. Indeed, it is doubly crucial: more so than ever before, the Cross itself now stands at the center of Girard's project. That myths are the deluded narratives of a misapprehended process of arbitrary victimage, and that rituals uncritically mimic the compositional stages of that process in order to achieve the structural bounty that its climax triggers, are already, at least to persons of good will who are open to the magnitude of the evidence, incontestably established data. But one did not have to await the publication of *Des Choses cachées depuis la fondation du monde* to know this; the demonstration had been accomplished in *Violence and the Sacred*. In effect, that text validates the Heraclitean formula, that "Dionysus and Hades are one," by patiently elaborating its more recondite features. Eleven years on, Girard would not, of course, question the equation, but he would phrase it differently: he would say, more compactly, that all culture is cainite. In other words, he has become a bibliophile *par excellence*. The Bible is to be understood as the key epistemological event in Western thought; and occidental history is to be conceived as the slow penetration of the biblical texts into the myth-ridden world we inhabit, for only the Bible can fully decompose the lie of Satan—which lie is, that Oedipus slept with his mother, or that the Jews poisoned the water supply. Other texts, to be sure, are aware of the homicidal foundations of community, but their insights are intermittent, fragmented, approximate. It is the Bible's special prerogative to have traversed the space of deception between myth and meaning, and to have moved from the expulsion of men by God, in the Book of Genesis, to the expulsion of the Word by men, in the Gospel of St. John. Today, it might be said of Girard that his chief concern is to re-read all myth in the light of the Passion narratives, those texts of victimage which so completely deconstruct the ground of culture by revealing, behind the accommodations of Caiaphas, and behind the rapprochement of Herod and Pilate, the innocent victim transformed into a culprit in order to function as a scapegoat within the sacrificial apparatus of a human order that does not understand its own habitual workings. That is a formidable undertaking, even an audacious one; it may serve to explain why Girard has become something of a *scandalon* to persons who certified *Violence and the Sacred*, but who reject *Le Bouc émissaire* as outlandish, a product of monomania. To excavate a Bororo myth is as civilized a pursuit as sampling wine, but to mediate the text of Peter's denial or, worse, the maledictions against the Pharisees, is an unconscionable truancy.

The objection is futile. Girard is not to be dissuaded from pressing ahead. At this stage, indeed, he has already scrutinized many of the most capital texts of disclosure in both the Old and New Testaments. Little, it would seem, remains to be done. Narrative after narrative— from the murder of Abel to the martyrdom of Stephen, the judgment of Solomon to the decapitation of the Baptist—has yielded up its proper, and plenary, significance. Given the breadth of explication involved, it may well strike us as strange that Girard should have refrained, thus far at least, from commenting at length upon what is, after all, the premier creation myth: the trespass of our first parents, the consumption of illicit fruit, and the dismantlement of the Edenic state, still await a commentary that would derive its bearings from the terms and perspectives Girard has originated. The myth has not, of course, been ignored entirely by him: two important essays, "Differentiation and Reciprocity in Lévi-Strauss and Contemporary Theory" and "Violence and Representation in the Mythical Text," allude to it; while in *Des Choses cachées depuis la fondation du monde* two extended reflections recapitulate textual and figural symmetries (Christ and Adam, the opening sentences of Genesis and John) that the scholastic method has largely condemned to a rather helpless, and quite unhelpful, parallelism (246, 298). In time, Girard may choose to treat the myth comprehensively, but, at present, it lacks that almost interlinear density of attentiveness he has practiced on other texts. The reason for his reluctance may be that the Garden of Eden has long been a theological quagmire, bedeviling generations of interpreters, many of whom have entered it only to sink without trace in its primeval mud: one thinks, for example, of Calvin exercising his majestic intelligence in the matter of ascertaining how many hours Adam and Eve might have spent in their resort before being ejected (his morose conclusion is three at the utmost). Girard himself has drawn attention to the dreary plethora of suggestive — and suggestible — "readings" offered by exegetes. "On nous fait bénéficier depuis plusieurs siècles d'un véritable déluge de démystifications passablement répétitives et banales, aussi banales et répétitives, en vérité, qu'ont dû l'être pour les passagers les quarante jours de pluie ininterrompue passés dans l'Arche de Noé." This is fair enough, but the refusal to play a fool's game is not quite the whole story. After all, many of the key texts discussed by Girard have already been tirelessly canvassed by other *soi-disant* demystifiers. In the case of the first three chapters of the Book of Genesis, however, two differences obtain: for one thing, the creation myth that occupies the first chapter enjoys a tremendous, if unacknowledged, prestige within structuralism; and for another, the Maledictions against the Pharisees (an utterly pivotal critique for Girard's purposes) summarizes the record of sacrificial culture by citing its first casualty, and its final, or most recent, victim, thereby tacitly incorporating all those butchered between times — but this A to Z excludes Adam, beginning with Abel and ending with Zechariah. Now the ease with which Lévi-Strauss can ignore the aboriginal undifferentiation that precedes order, viewing it merely as a logical redundancy at the outset of all myth, borrows its assurance from the static and sterile nature of the preliminary chaos to which Genesis refers, while Christ's catalogue of victims, starting with sons rather than with fathers, seems to deny Adam and Eve what one might call their thematic franchise. Here are two sound reasons for taking up the tale at fratricide and not at larceny, at bloodletting and not at apple-picking.

To be sure, Girard does not delay unduly among any of the myths in the early books of the Bible. "La Genèse et l'Exode ne sont qu'un début," he reports, and this is so because "dans les premiers livres de la Bible, le mécanisme fondateur transparait çà et là dans une poussière de textes, de façon déjà fulgurante parfois, mais toujours rapide et encore ambiguë. Ce mécanisme n'est jamais vraiment thématisé" (*Des Choses cachées*, pp. 177,178). If this be true, it can on-ly be truer of the Edenic narrative than of, say, the account of the Flood or the deception of Jacob. For, as Paul Ricouer has noted, "it is false that the Adamic myth is the keystone of the Judeo-Christian edifice; it is only a flying buttress, articulated upon the ogival cross-ing of the Jewish penitential spirit."[2] Yet it may still be worth our time to inquire, however cautiously, into the myth. Its very extru-sion, its relegation to the margins, makes its interest quicken. It may indeed lack the explanatory resources that enrich the prophetic texts, but it is not, for all that, merely a myth among myths, one unseasonably favored by its occurrence in Holy Writ rather than in Babylonian almanacs. Judged simply and straightforwardly, it can, of course, be seen to exhibit "les trois grands moments" of crisis and its mediations. These are, to recap Girard's no-nonsense digest (*Des Choses cachées*, p. 166):

> 1. la dissolution conflictuelle, l'effacement des différences et des hiérar-chies qui composent toute la communauté;
> 2. le *tous contre un* de la violence collective;
> 3. l'élaboration des interdits et des rituels.

But the formal articulation of these stages in the narrative of Adam's fall is such as to suggest a degree of critical consciousness, of connec-tive intuition, far beyond the notoriously deluded apparatus of most myth. At the same time, there is a behind-scenes dimension to the Adamic story, an occluded drama that recalls the offstage carnage of Greek tragedy. Our own act of attention is so much taken up with the expulsion of Adam and Eve as the single most potently sacrificial moment in the narrative, we sometimes fail to reflect that there is also a killing, a blood-sacrifice, as well as a ritual of ejection, or, as Girard would say, of "e-limination." In an act of deferred violence, of substitutive aggression, upon which the text turns its back, the Lord God slaughters an animal, or animals: how else, were it not so, can Adam and Eve be clothed in "tunics of skins"?

This is to anticipate. For the moment, we might do better to con-sider the myth in its broadest outlines. And here we encounter the first problem, which is that of number. In reality, there are two myths in the material of the opening chapters of Genesis. A relationship of

---

[2] Paul Ricouer, *The Symbolism of Evil* (Boston: Harper and Row, 1967), p. 239.

sorts, a reciprocal awareness, clearly exists, but it cannot be as clearly stated. The two myths — the creation myth and the Edenic myth — in some sense interact, in some sense modify each other, but to say so serves only to repeat the relational problematic in language no less vague than voguish. It might be more helpful to regard the Edenic myth as a painstaking elaboration of that undisclosed mechanism which falls between the before and the after, between the "mighty wind" of the *tohu-wa-bohu* and the *fiat lux* of an ordering divinity, between, that is, two events which the creation myth understands as dissociated, discrete, even antagonistic, but which are, in fact, dynamically joined. If we interpolate the story of Adam and Eve between the first and second sentences of the text of Creation, between what we so blithely call the "state of chaos" and the jurisdiction of order, we shall be committing rather more than a parenthetic digression. Instead, we shall be introducing a thoroughgoing and plainspoken account of cultural crisis, without which the two terms — differentiation at one end, undifferentiation at the other — must remain vaporously metaphysical or grandiosely metaphorical.

There will be those who prefer to give their undivided attention to each of the myths in turn. This procedure ensures a result favorable to structuralism, since the god of the creation myth is so absorbed in the work of differentiation that he appears at moments almost to be Lévi-Straussian. We are justly astounded to learn that, as Girard has observed, "myths are not merely structured; they are already structuralist."[3] Certainly, in the creation myth of Genesis, the "Elohim" ("gods," "sacred beings," a plural noun used with a singular verb, the grammatical difficulty recalling Legion in the Marcan text) are adepts of the binary system. God "calls" and "separates," or, lest that seem an unduly mundane activity, he signifies and differentiates. His workplan is, perhaps, a trifle makeshift: cereal produce precedes the planetary bodies. In general, however, the project of creation goes forward with stately efficiency: the sacred utters meaning, and that meaning comprehends, or totalizes, the world around it. Only the "tohu-wa-bohu," the formless waste that is pure negativity and superseded absence, cannot assume a function within this economy. Obliteration is itself annihilated as, "each according to its own kind"

---

[3] René Girard, *"To Double Business Bound": Essays on Literature, Mimesis, and Anthropology* (Baltimore: The Johns Hopkins University Press, 1978), p. 180.

(and to no other: hence the formula is not only prescriptive, but also proscriptive), the differential constituents of the human order increase and multiply. We may agree with the Lord God that this is all to the good, but our pleasure at the sight of so much structuration should not prevent us from seeking to interpret the apparently self-proliferating "festivals" which are mentioned (and for which "lights in the vault of heaven... serve as signs"); nor should it blind us to the sudden, *de facto* institution of the sabbath through the ritual differentiation of each seventh day ("God blessed the seventh day and made it holy"). The entirety of the primitive religious system, in other words, here makes its maiden appearance in fairly mature form. Transcendent and ahistorical, it bears an oblique relation to the generation of differences, but no relation at all to the "tohu-wa-bohu," still less to our sense of that void as energetic, convulsive, in some sense rampant. Between the decorum of the sacred on the one side, and the negativity of the "darkness over the face of the abyss" on the other, the only discernible space is the space of absolute unconsequence — an unconsequence which, in our own day, ratifies the inconsequence of religion by insisting upon its "unfounded" essence. Well might the structuralists rejoice in the creation myth before us. Yet it should be possible to relate the two elements — chaos and order — that Genesis treats so discretely, in order to furnish a coherent narrative. If religion is made and not given, if it is the aftermath of a process of conflictual undifferentiation that culminates in unanimous victimage, then a third term must be sought between the stage of crisis and the stage of calm: we must search for the scapegoat. We will not find him in the creation myth, but we will discover, in the "tohu-wa-bohu," faint traces of the perturbation that make him imminent. Both the "mighty wind" and the "flood" that "used to rise out of the earth and water all the surface of the ground" are immemorial tropes of undifferentiation, the first leveling everything, the second spreading everywhere. Again, vigorous differentiation is the reward of the sacrificial mechanism; Genesis finely renders the plenitude of that outcome. But victimage is hidden, the moment of "le *tous contre un*" remains obscured. We must turn to the second myth in order to achieve a recognition, a final satisfaction, of the first.

It would seem logical to speak of Adam and Eve as scapegoats. They are accused parties, vilified for the mischief they have brought about by transgressing immutable prohibitions. The retribution they face, no less than the recrimination they endure, is in rich accordance with the habits of victimage: they are summarily expelled, driven out of the culture and community of Eden into the hostile margins of life. Indeed, their status as victims is well-nigh exemplary: they are the very type of the scapegoat, in a text of such transparency as to seem almost deliberately paradigmatic of the whole mechanism. Girard himself apppears to concur in this identification, and a long tradition of reactionary hermeneutics agrees with him precisely insofar as it refuses the appellation of "scapegoat" in favor of the more "decided" and judgmental vocabulary of "culprits," "guilty ones," "original sinners" by whom evil first made its way into the world. As Girard has remarked:

> Dans toutes les grandes scènes de la Genèse et de l'Exode, il existe un thème ou un quasi-thème de l'expulsion ou du meurtre fondateur. C'est particulièrement éclatant, bien entendu, dans le cas de l'expulsion du paradis terrestre; c'est Dieu qui assume la violence et qui fonde l'humanité en chassant Adam et Eve loin de lui. (*Des Choses cachées*, p. 166)

This is certainly true; but Adam and Eve are not only scapegoats: they are also scapegoaters. In fact, they are at least as much the beneficiaries as they are the casualties, of the violence which consumes the Edenic state. A moral theology which continues to berate them should be sure that it is doing so for the right reasons: theirs is not only a sin of transgression, but also, as we shall see, a sin of accusation. By "sin" we should not, of course, understand the particular corruption of a privatized, or personalist, morality. "Adam" is named generically to avoid just such an impoverished discrimination: he is Man, the human being, Everyman, all men, any man. A representative figure, he is no more guilty than other individuals, and, by the same token, no more innocent either. In short, he is not a tragic figure; indeed, the Hebraic sensibility could only intermittently apprehend that very Greek creation, since it could only occasionally acquiesce in the *modus operandi* of the sacrificial culture which generates the type of the tragic.

This want of tragic stature in Adam and Eve (which is to say, in the human community of which they are the mythico-allegorical doubles) is all the more perplexing for the fact that they both embody, even epitomize, a condition of lack, and of appetency too, which we would ordinarily characterize in terms of the tragic flaw, the Aristotelian *hamartia*. Specifically, their sin is the sickness of mimetic desire. They have been fashioned in the "image and likeness" of God, in the "semel" and "demuth" of a supreme model; and between the original and the copy there exists, as Plotinus reminds us in his *Tractate against the Gnostics*, an insurmountable difference. But this is a difference to which Adam and Eve cannot reconcile themselves. Neither is prepared merely to be "imago Dei"; each wants to become "sicut Deus," and that only because, to borrow a chapter heading of Girard's, men seek to become gods in the eyes of each other in order to become gods in their own eyes. Both Adam and Eve covet the Other, and desire to appropriate its being, so that they will (our patterns of reasoning remain unaltered) accomplish thereby the fulfillment of the Self. Theirs is the quest for omnipotence through omniscience ("Your eyes will be opened," the serpent insinuates, "and you will be like gods knowing both good and evil"), but it can result only in the terrible deprivation of a pathetic self, a self both uncovered and, simultaneously, discovered, aware of itself only through its own shame ("then the eyes of both of them were opened and they discovered that they were naked"). It scarcely matters — I should say, it makes no difference — that the Adamic narrative wants to distinguish between degrees of guilt, the capital culpability of the serpent and the accessory culpability of Adam and Eve. That the serpent first influences the woman, who then influences the man, is an undeniable textual progression; but the narrative is less concerned with causality than with successiveness, less concerned with successiveness than with reciprocity, and less concerned with reciprocity than with the virtual identity of all the actors in this hectically multiplying mimesis. Desire accelerates toward its climax in violence as the whole community of Eden, mimetically responsive and so individually irresponsible, collapses into undifferentiation. For Adam and Eve are, at bottom, convertible agents, pure doubles, each one the mirror image of the other. Adam imitates Eve's desire, by eating the fruit she gives him; Eve imitates Adam's explanation, by passing the burden of guilt to the serpent. Indeed, Adam himself acknowledges this coincidence of identity almost exultantly: "Bone from my bones, flesh from my flesh"; and the Hebrew complement we translate as "an aid, or help, to him," further intensifies the theme of reciprocity, in its sharp insistence on exact correspondence. Here, then, is a text of irrational symmetry, of doubled and redoubled energies: briefly, a text of imminent victimage.

For violence is inevitable. Adam and Eve seek to avoid or avert it, to deflect its contagion by interposing a protective screen behind which they can hide from the revelation of their own aggression, and from the menace of its depredations. They begin by stitching loincloths, concealing from themselves the organs of generation (a hint, perhaps, of the destructive potentialities of sexual desire within primitive communities, where a single act of appropriation can trigger conflictual mimesis). Next, they take shelter "among the trees of the garden," in hope of disguising themselves, and of deceiving the march of violence as its "sound" — again the trope of noise as a figure of crisis — bears down upon them. But it is not until they are dressed in "tunics of skins," not until they "take cover" in the regulated violence of sacrifice, that Adam and Eve, and the human order they imply, can be made safe for each other. For the moment, it is imperative that they deny their own violence, and that they roundly assert their victimized innocence, for the sacrificial discourse relies upon that critical reversal: the persecutor must believe himself to be a victim before he can believe that the victim is a persecutor. So, when the Lord God tasks Adam and Eve with their guilt, they do not answer the question put to each of them in turn; or, rather, they respond as if it were not a personal accusation — "Have you eaten from the tree which I forbade you?... What is this that you have done?" — but the scapegoat question *par excellence*: "Who started it?" Adam indicts Eve (a displacement from the male-dominated center of community onto the marginal, hence sacrificeable, members); Eve indicts the serpent (a further displacement outside community altogether); the sacred assents to this displacement, finding it economical; and the serpent, the monstrous double of the violence in Eden, is scapegoated. Culture has determined its form: neither shame-culture nor guilt-culture can quite match the efficacy of blame-culture. "The serpent tricked me and I ate."

The penalties imposed upon the scapegoat-serpent are formidable, and far exceed the sanctions applied to (and, strangely, bestowed upon) Adam and Eve. He is consigned to uttermost indeterminacy: "you are accursed beyond all cattle and wild creatures," neither culture ("cattle") nor nature ("wild creatures") will tolerate his presence. He is loathsome to the human order, who will continually seek to destroy him. In short, he is not only a scapegoat: he is the archetype of his kind. Yet even as the surrogate victim is being, as it were, invested, his relationship with community is defined in dynamic terms: "They shall strike at your head, and you shall strike at their heel." Such is the vicious circle of the scapegoat mechanism, and of sacrificial culture;

and such too, or very nearly so, is the hermeneutic circle of our own day.

That Adam and Eve are not wholly exempt from censure is still, I take it, a matter of general knowledge in the post-Christian world. But the attention paid to the aches and pains of their expulsion, to long travail in a lackluster world, perhaps neglects the countertext, a text of affirmation and of inauguration, within the Lord God's catalogue of admonitions. While it is true to say that the undertaking we call community is now drastically confronted by its own violent proclivities, and is continually at risk and jeopardy from within, it is also true to observe that the sacrificial process of the Adamic myth has thrown up tactical ameliorations of different kinds. On the one hand, correct desire replaces influenced impulses toward appropriation ("You shall be eager for your husband"), and, on the other, strictest differentiation replaces the fascinated symmetry that ends in bloodshed ("...and he shall be your master"). Society may yet, it seems, be made secure. And it is within the context of that promise, and within the plenitude of the differential systems that sacrifice initiates, that we should read, or reread, the curiously overrationalized, hugely deliberate sentence which begins the fourth chapter of Genesis. It is, by the way, the very sentence with which Girard commences his explication of the story of Cain and Abel, in *Des Choses cachées depuis la fondation du monde*, so I shall speak of it rapidly, and with diffidence. "The man lay with his wife Eve," we are told, "and she conceived and gave birth to Cain." That is an unusual line, in ways that are hard to verbalize. It takes a slow, syntactic pleasure in its own causal momentum; its chief concern, beyond the provision of information necessary to the narrative, is with the justice and propriety of the relations that bind the three separate moments: coition, conception, birth. It is almost, in its wierd compression, a summary of a body of knowledge; and perhaps it is. At any rate, one feels that it could not have occurred in the earlier, Edenic narrative: it belongs, so to speak, to this side of crisis, to the third great moment, the moment of renewed culture.

From Mythical Bees
to Medieval Antisemitism

CESÁREO BANDERA

If we but slightly manipulate a mythical text and give it a historical
setting, by changing its circumstances and modernizing the style, we
are likely to end up with a narrative that will be clearly recognized
as a text of persecution of the type found in Guillaume de Machaut's
Jugement du Roy de Navarre dealing with the plague and the Jews. This
is what René Girard does with the Oedipus myth in his most recent
book, *Le Bouc émissaire*.

He does it in order to show that mythology is nothing but a persecution text in disguise, *the* representational system *par excellence* of a
murderous, persecuting, humanity that does not recognize the fundamentally arbitrary character of its own violence.

His point is also that such a mythical disguise is wearing very thin.
And one of the reasons why it is wearing so thin is the fact that we
can now see the structural homology between mythical texts and
historical texts of persecution.

His little "maquillage," "changement de décor," of the Oedipus myth
is illustrative and it does make a point. But he must rely on "la bonne
volonté du lecteur" to situate automatically his narration "quelque part
dans le monde chrétien entre le 12e et le 19e siècle" (45). Nobody
could possibly believe, for example, this his "décor" looks medieval
at all. Thus, there is a danger that the very strength of his argument

may be undermined at this particular juncture in the eyes of those unwilling to provide that minimum of good will necessary for his little experiment to be fully effective.

In this regard it would be ideal if he could show that his narration is not really his but a translation, let us say, or a paraphrase of an authentic medieval text. Furthermore, imagine if he could also show that the author of such a medieval text were actually inspired in his description of the contemporary event by his reading of the old Oedipus myth! Surely we could then say that the myth itself has become historically a text of persecution.

I wish I could provide Girard with such an ideal text. Lacking this, however, in what follows I will analyze a text which, though not the ideal one, may, in my judgment, be as good an approximation as we are likely to get. Hopefully, while doing this we will also learn something about the special character of at least one common type of medieval persecution text. For, as we shall see, this type of text can be a rather complex intellectual exercise.

The text in question was written by an illustrious member of the church in thirteenth-century Belgium, Thomas of Cantimpré, Theology Doctor and suffragan bishop. In the words of his seventeenth-century editor, Georgius Colvenerius, "Venerabilis Thomas de Cantimprato fuit vir urbanae eloquentiae et militaris prosapiae, natus de villa Liewis S. Petri, iuxta Bruxellam in Brabantia [i.e., Belgium]."[1] The Renaissance humanist Justus Lipsius said he was a disciple of Albertus Magnus; according to others, he was a condisciple of Thomas Aquinas.

He wrote a book entitled *Bonum Universale de Apibus*, "in which the universal norm (*ratio*) for organizing a good and Christian life is taken from the marvelous republic of bees, elaborated with great artifice, a varied and delectable work, with miracles and memorable examples from his own time inserted everywhere."[2]

---

[1] *Bonum Universale de Apibus* (Duaci: Ex Typographia Baltazaris Belleri, 1627). There had been at least two previous printings of Thomas' work, in 1597 and in 1605. The book begins with a life of Thomas. I thank Professor Ciriaco Moron-Arroyo, of Cornell University, for his invaluable help in locating this rare book and helping with the translation.

[2] In quo ex mirifica apum repub. universa vitae bene atque Christiane instituendae ratio traditur, atque artificiose pertractatur, opus varium atque iucundum, insertis ubique miraculis et exemplis memorabilibus sui temporis.

The book is to some extent an amplification of Saint Ambrosius' allegorical treatment of bees in the *Hexaemeron*. He either quotes or paraphrases Saint Ambrosius and then proceeds to amplify, explain, and illustrate.

One of his illustrating miracles or examples must be of interest to us. It occurs in Book II, ch. 29, where the theme is "De virtute castitatis" ("About the virtue of chastity"), while he is elaborating on the natural "fact" that "the purity of a virgin body is common to all bees."

This belief about the virginal chastity of bees was indeed widespread and very old. "According to Pindar, the prophetess at Delphi was called the 'Delphic Bee'... The reason for the name was that bees were supposed to be chaste."[3] The temple of Vesta (with its Vestal Virgins) was in the shape of a beehive. There is, therefore, nothing specifically medieval about this belief. What is specifically medieval is the conviction that this "fact," like any other natural fact, is ordained by God as a figuration or prefiguration of something, the meaning of which is made explicit through the Christian revelation. It is through this revelation that the secrets of nature become significant.

Needless to say, the natural virginity of bees can only be a *figura* of the virginity of Mary, mother of God. And it is repeatedly used throughout the Middle Ages as an argument against "impious Jews" who cannot believe that a virgin can be a mother. If nature offers examples (vultures are also supposed to give birth "without contact with a male") of generation without mating, so the argument runs, you cannot deny that it is naturally possible.

Bees [says Thomas] do not mix among themselves to lie with each other, nor do they yield to libidinous desire, and yet they produce the greatest of offspring. In a literal sense [*secundum litteram*] one can see the greatest marvel here, and one of nature's most profound secrets. Therefore, if this can be observed in insignificant animals, why do you refuse to believe, oh! Jews, that one single virgin among Christians may have given birth?[4]

---

[3] K. R. Prowse, *"The Vestal Circle,"* XIV (Greece and Rome, 1967), 183.
[4]   Neque enim ullo inter se concubitu miscentur, nec in libidinem resolvuntur, et tamen maximum filiorum examen emittunt. Et in hoc maximum mirum secundum litteram videri potest, et unum ex abdittissimis naturae secretis. Si hoc ergo in nimibus animalibus reperitur, quid calumniaris Iudee, unam apud Christianos virginem peperisse?

It is within this context that our miracle-example is introduced, somewhat casually, with the following words: "Now, since I have mentioned the Jews, I will tell you of a most famous miracle, which happened in the year of our Lord 1271, in the German city by the name of Pfortzheim."

Slightly abridged, it is as follows: An evil old woman stole a seven-year-old girl from her parents and sold her to the Jews to be sacrificed. They took her to a secret place, laid her upon several layers of clean linen, stopped her mouth, made incisions in all the joints of her arms and legs, and then, "exerting the greatest pressure" (*maximo conamine*), they squeezed her blood out and collected it in the layers of linen. Thus tortured and dead, they threw her body in the waters that flowed near the fortress and put many stones on top. After three or four days, however, she was discovered by fishermen when they saw her hand "erect pointing at heaven" (*per manum erectam ad celum*), and they carried her inside the fortress among the horrified outcry of the people against so much infamy perpetrated by impious Jews. A prince happened to be in the neighboring county, who, after hearing of such a scandalous crime, immediately came where the body was, which sat up at once and extended a hand at the prince as if asking for her blood to be avenged, or perhaps as a sign asking for mercy. After the hour of mid-day the body resumed its defunct position. They brought the impious Jews to see the spectacle and immediately all her wounds began to bleed profusely in testimony of her nefarius death. At once the crowd raised its clamor to the sky and became totally of one mind (*totaliter animatur*) to ask for heaven's vengeance. Some clues led to the old woman, who was convicted, especially when a child daughter of hers revealed everything, because children and Jews always confess the truth. Those Jews, too, who had put their criminal hands on the girl, were caught, put to the torture wheel and hung, together with the old woman. Two of them, however, cut each other's throats. Brothers Reynerus and Aegidius, of the preaching order, who were in that city three days after these events, truthfully told us what had happened.[5]

---

[5] Because the Colvenerius edition to which I had access was difficult to read in some places, I have used Alfonso de Spina's *Fortalitium Fidei* (Lyons: Guillaume Balcarin, 1487), where Thomas' text is quoted, to fill in the gaps:

Contigit autem ut quedam vetula malignissima Iudeis familiaris effecta, puellam eis annorum spetem, orbatam parentibus venderet occidendam. Hanc

Thus Thomas. There really is no reason to believe that Thomas made up the whole story. In all likelihood something happened in or around 1271 in the city of Pfortzheim and some Jews were massacred. It is even possible that there were a Brother Reynerus and a Brother Aegidius, who may have been in that city some time after the events. But if this is so, we will never know exactly what they actually heard, in what context, and from what sources. We will never know either what they actually told Thomas. For we must keep in mind that Thomas' overriding intention is not that of a chronicler, but of a moralist who feels deeply that his primary duty is to make the case fit the didactic purpose at hand, to serve as an illustration.

igitur in secreto super pulchra et plura lintheamia, obstructa ore eius, in omnibus fere iuncturis membrorum incisionibus vulnerarunt maximo conamine sanguinem exprimentes et in ipsis lintheaminibus diligentissime receptantes. Hanc autem post tormenta defuncta, Iudei in aquam fluidam prope oppidum proiecerunt et super eam conderiem lapidum posuerunt. Tertia vero vel quarta die, per manum erectam ad celum a piscatoribus est inventa et in oppidum deportata, horrentibus et clamantibus populis ab impiis Iudeis tantum flagitium perpetratum. Erat autem in vicino Marchio de Badem princeps qui mox, audito tanto piaculo, pervenit ad corpus, statimque ipsum corpus erectum residens, tetendit manus ad principem, quasi vindictam sanguinem, vel forte misericordiam imploraret; post ora vero dimidiam iterum se deposuit defuncti more suppinam. Adductisque ad hoc spectaculum impiis Iudeis statin eruperunt omnia vulnera corporis et in testimonium horrendae necis copiosum sanguinem effunderunt. Mox clamor vulgi ad sidera tollitur, et in vindictam sceleris totaliter animatur. Ex quibusdam indiciis capta vetula, atque convicta: maxime cum filia ejus parvula omnia prodiderit, quia a puero et ebreo extorquetur veritas. Iudei quoque capti sunt qui in puellam manus nefarias extenderant, rotatique et suspensi sunt cum vetula. Duo vero mutuo se jugularunt. Haec nobis duo fratres Reynerus et Aegidius sicut illi qui in villa fuerunt post triduum quo haec gesta sunt, veraciter retulerunt.

There are a number of elements in the narrative which are worth noticing even though they cannot be analyzed here. For example, the deliberate ambiguity of the sign made by the girl's hand extended toward the prince. Is it asking for vengeance or for mercy? And if mercy, for whom? For herself or for the Jews? Or does it make any difference, since the scandal of the crime and the need for vengeance can only be emphasized if the gesture is taken as one of innocent pleading for mercy? And what about the parallel between the child victim and the child that appears among the victimizers? For one must wonder how the "evil old woman" could have a daughter of such a tender age (*filia parvula*). Is this subtle association of the hated victims of the lynching mob with innocence still an echo of the old sacrificial process that turns the victim into a god?

But this is precisely where the problem begins with Thomas' text. The problem is twofold. First, after reading this particular "example" in context, one must wonder what this may have to do with the virtue of chastity—the explicit theme of the chapter—or with the Virgin Mary, who is not even mentioned. Our surprise is reinforced by the fact that Thomas is usually very good in the rest of his book at fitting the example to the theme. There are all kinds of miracles in the book, performed by the Virgin Mary. A tempest is calmed by singing *Salve Regina*, a nun is freed from the devil's possession by the words, *Benedictus Jesu fructus ventris tui*, a respectable matron is cured of a disease (*iliaca passione*) through the intercession of Mary, etc. Any such thing would have fit nicely. In a book full of Marian miracles one would expect a really good one, when dealing specifically with the question of virginal chastity.

Secondly, even though the accusation of infanticide against the Jews was common throughout Europe in the Middle Ages, the manner in which this particular infanticide is carried out is rather unusual. This question of method has great importance for a medieval allegorist such as Thomas. Perhaps any manner of crime would do for the violent and indignant crowd at Pfortzheim. As long as the crime is outrageous enough they would likely blame it on the Jews. But this is certainly not the case for interpreter Thomas writing and thinking about it in the solitude of his study. For him Jews do not *just* commit crimes, they commit them in a "meaningful," "Jewish," way, which must always reflect in one way or another *the* Jewish crime, the crucifixion of Christ.

Written texts abound describing the crucifixion of children at the hands of the Jews. This being the most obvious and allegorically clear method. In Spain, for example, one of the most famous "cases" was that of the so-called "Martyrdom of the Saint Boy of La Guardia," a town near Toledo. One of the accused, the Jew Jucé Franco, was burned in Avila on November 16, 1491. The legal proceedings, handled by the inquisition, were published by Father Fita in the *Boletín de la Real Academia de la Historia*, XI (1887). The boy, a seven-year-old once again, was supposedly crucified.

Another "case" is that of the boy of Alcalá (near Madrid), an almost exact replica from that of the boy of La Guardia:

> Eight or ten people who pretended to be Christians, one day secretly took a seven-year-old boy to a mountain and there they crucified him as if he were Jesus Christ. The boy, seeing himself in such a situation, asked them why they were doing that to him. They answered that it

was important for him to die; then they stabbed him through the ribs with a small spear... and after extracting the heart from his body they buried the body; then they burned the heart and turned it to ashes. Some people accused them, they were arrested and interrogated; it was then learned that they had mixed those ashes with other mixtures and would have caused the king and other Spanish nobles to die. Because of all this they were burned after being tortured as best as the people could manage[!]; and all their goods were confiscated for the king.[6]

In cases like these, the "meaning" of the method used in the infanticide is perfectly obvious. But what in the case of Thomas' text? Obviously he felt that some kind of explanation was needed, because at the end of his text he attempts to provide one.

Later [he says] I heard one of the most learned Jews of our times, converted to the faith, say that one *quasi* prophet of theirs, just before he died, prophesied to the Jews, saying: know this for certain, in no way will you be relieved of that by which you are punished in a most shameful way, except through Christian blood. But the Jews, always blind and impious, rushed precipitously upon such words and deduced that they were to shed Christian blood every year in every province so that they would be cured with such blood.

Notice once more the equation between blindness and impiety, on the one hand, and, on the other, the "raping of the word" (*verbum rapientes*). Implicitly the constant, underlying theme of the book, its ultimate lesson, is how to read a text properly, and first of all the text of nature itself, God's own text.

This "explanation," however, while confirming the fact that for Thomas Jewish crimes are meaningful as a misreading or travesty of the Christian sacrifice, that is, as witness to the truth in spite of themselves, does not solve the problem of the particular method used in this infanticide or of its thematic connection with either chastity or virginity.

Now, Thomas is not a fiction writer, certainly not in any modern sense. He does not simply invent things; he is a commentator, a text reader in typical medieval fashion, searching for the hidden meaning of things, God's veiled messages. He adapts, transforms,

---

[6] Antoine de Lalaing, *Primer viaje de Felipe de Austira a España* (1501), in A. García Mercadal, *Viajes de extranjeros por España* (Madrid: Aguilar, 1952), I, 453. The translation is mine.

elaborates. Just as I do not think that he purely imagined the events at Pfortzheim, I cannot think that he imagined the elaborate method of this infanticide. On the other hand, it is equally difficult for us to imagine that he got every detail in his text from whatever report he heard of the events at Pfortzheim. Therefore, the question must be, In addition to such a report, what else did he have in mind? Whence came those details? What was he reading, in the sense of reading through, in connection with or in light of the events at Pfortzheim? If those details, like everything else in his text, are already an interpretation, what is he interpreting?

Writing as he was at that moment about the nonsexual reproduction of bees, he must have been reading about the ways in which bees are generated out of something other than bees. For this was a widespread theme in Christian literature. "Bees do not come out of bees," says, for example, John Cassianus in his *De Incarnatione Christi*, "they are workers, not procreators; they come out of little flowers in the grass." Therefore—this is Cassianus' point—it is not true "quod dissimilem sibi res quoelibet parere non possit" (that nothing can give birth to anything dissimilar to itself), for "quid simile herbis et animantibus?" (what is the similarity between herbs and animated beings?).[7]

But there is another method for generating bees out of something other than bees. A method backed by the unquestioned authority of Virgil and also mentioned by some of the greatest authorities in the church, St. Augustine and Origen, for example.[8] Briefly reconstructed from Virgil's *Georgics IV*, supplemented by other sources, the procedure is as follows: A young bull is taken to a small enclosure. A large number of young men surround the bull and pound on it with wooden sticks or rods until it collapses. They immediately stop its mouth and nostrils with clean linen and continue pounding on it while they also exert great pressure on the body, as if kneading in order to mix flesh and bones into a pulp. It is, however, important not to spill any blood. To that effect, the blows must be such that they leave the hide intact. Thus battered down, they lay the young bull on fresh cassia and thyme. Then they leave, closing the door and windows and covering them with mud, so that no air can come in or out. Later on they will make

---

[7] *Patrologia Latina*, vol. 50, cols. 205-08.

[8] See Hilda M. Ransome, *The Sacred Bee in Ancient Times and Folklore* (Boston and New York: Houghton Mifflin, 1937), p. 118.

some openings to admit fresh air and light. After a few days a new swarm of bees will arise from the rotten flesh and blood.[9]

It does not take a specially trained eye, as Thomas' was, in the art of searching for subtle and meaningful parallels and analogies to see the surprising similarity between the group of Jews stopping the girl's mouth and pressing her body and the group of men massing on the young bull. Even the "small enclosure" into which they take the bull, and which they later cover up carefully, has the air of "a secret place" about it.

This similarity, however, no matter how intriguing, would still be too little. It is indeed a most curious coincidence, especially by happening where it does in Thomas' text. But it can only be a first step, something to alert the reader to the possibility that a significant piece of the puzzle has been found.

Let us concentrate, then, on what I will call from now on the bull method. Its central feature is undoubtedly the special way in which the bull is killed. It is a prescribed, ritual way. Apparently not any killing will do the trick. Unless they manage *not to spill the blood*, by keeping the skin intact and stopping the mouth, and unless they also *break the bones* and press everything under the skin into a pulp, the killing of the young bull will be useless, meaningless. In other words, they must kill the young bull in the precisely symmetrically opposite way in which Thomas' Jews kill the young girl at Pfortzheim: they squeeze the blood out and they leave the bones intact (this detail further emphasized by the raising of the hand and the ability of the body to sit up straight).

What a shocking, pagan, anti-Christian way of producing none other than bees, the very symbol of chastity and virginity, the *figura* of Christ's incarnation and of the Virgin Mary! The shock, of course, has nothing to do with the revulsion that a modern sensitivity may experience before such a spectacle. It is an intellectual shock. It has to do with the fact that in the bull method the procedure is exactly the opposite of what happened to Christ on the cross: he bled to death but they did not break his bones, as they did to the two thieves who were crucified at his sides, as every Christian has always known, especially in the Middle Ages.

---

[9] In addition to Virgil, I have used a collection of short writings on agriculture by ancient authors, originally published in Greek, translated by Rev. T. Owen under the title *Geoponica* (London, 1805). See especially pp. 200-02.

On the one hand, such a shocking method of producing chaste and virginal bees could only be regarded by medieval allegorists as something sacrilegious or blasphemous, the very work of the devil. That is to say, precisely the sort of thing that "impious" Jews would relish doing, *if only they could*. But, on the other hand, they could not. Jews could not perform a sacrilegious crime that way.

To a superficial or distant observer it might appear as if the Jews were doing to the girl what the pagans were doing to the bull. But thoughtful Thomas is no naive allegorical sleuth. He knew that the Jews were blind to the spirit but not to the letter of Christianity. They had to perform their crime according to the Christian letter, while at the same time hiding its meaning. Thus, he makes them hide, camouflage, the clue that would give them away, that is to say, the incisions through which they drained the blood, in the joints. In other words, they hide the traces of the truth precisely where an alert Christian would look for them, in those joints which, of course, they could not break, and through which the dead body of the girl would bleed profusely, thereby making it plain to everybody that it was the Jews who did it, turning their crime into a miraculous symbol of Christ's passion.

Needless to say, what gives the Jews away for Thomas is precisely what gives Thomas away for us. But the important thing about this allegorical interplay between the Pfortzheim "example" and the bull method is that the similarities are as significant as the differences; they reinforce and give meaning to each other.

The bull method was revealing precisely to the extent that it was shocking. It allowed Thomas to see the Christian sacrifice as a reversal of the pagan one. In Christ's death what had been, so to speak, upside down was turned right side up. And, quite logically, this transformation of pagan ritual into a symbol of the Christian ritual could not have been accomplished without the providential, though blind, mediation of the Jews. In his sacrificial view of Christianity, where meaning itself is produced sacrificially, Thomas' transformation of pagan meaning into Christian meaning required still another sacrifice, that of the Jews. The Jews were simply the victims that the allegorical coherence of his text demanded.

The similarities and the contrasts between the bull method and the Jewish method of the example are such, that in order to deny a deliberate connection between the two, one would have to deny that Thomas had ever read Virgil's *Georgics* or any of the other texts that

describe the bull method and that frequently refer back to Virgil as
an authority on the matter. Such a denial, when dealing with a
thirteenth-century learned churchman, who, in addition, was a "bee
specialist," cannot possibly be maintained. One did not even have
to be very learned to know that bees can also come out of the flesh
of young bulls. For, as commentator Gazeus says, such a notion "was
common knowledge" (*vulgatum est*).[10]
On the other hand, if the connection was indeed deliberate, we
should not expect to find any explicit reference to any text where the
bull method is described, not even Virgil's text. And this is exactly
the case, which in regard to Virgil would be most surprising under
any other circumstances. Nothing in Thomas suggests that he knew
about the bull method. It was a matter of elemental prudence, not
necessarily because he thought he might be accused of having done
something dishonest, but, most probably, because writing as he was
to provide instruction for the unlearned faithful in general, an explicit connection with the shocking bull method would have complicated his task or would have blurred the didactic value of the Pfortzheim example.
He was by no means the only one to skirt carefully around the shocking bull method when allegorizing about the chastity of bees. Saint
Ambrosius himself, Thomas' acknowledged guide, did just that, in
spite of the fact that he knew the *Georgics* so well that many times he
simply transcribes Virgil's own words into his *Hexaemeron*, as pointed
out also by Gazeus: "Hucusque Ambrosius multis phrasibus ex Virgilio
mutuatis."[11] And yet, no mention of the bull method.
What this means is that, in effect, Thomas managed to solve, with
the help of the Pfortzheim case, a difficult hermeneutic problem for
Christian allegorists. In another sense, of course, he fell victim to his
own solution, because it is clear that such an obstacle was much more
for him than just a difficult hermeneutical problem. In fact, it may
be misleading to characterize the problem as being primarily intellectual. His intellectual need to solve the problem posed by the bull

[10] *Pat. Lat.*, col. 208. Pliny, for example, in his *Natural History*, says that "when entirely lost they [i.e., bees] can be restored by being covered with fresh ox-paunches
together with mud, or according to Virgil with the dead body of bullocks... since
nature can change some things from one kind into another" (xi, 23). Other sources
talk about burying the body of a bull.
[11] *Pat. Lat.*, col. 207. Ambrosius is quoted by Alardus Gazeus in his detailed commentary on Cassianus' work in the *Patrologia Latina* edition.

method was driven by something more fundamental and immediate. It was a scandal, a veritable stumbling block in the path of the allegorist. And he ran straight into it. He saw and was blinded by what he saw. At some point, it was no longer a question of simply solving an intellectual problem, but of finding a living example bearing the guilt for such an outrage. As a consequence of this, all his allegorical ingenuity, his subtle, even brilliant intellectual exercise was ultimately a way to fit the guilt of the Jews into God's providential plan — a plan whereby God himself pointed an accusing finger at the Jews, thus revealing the victim that had to be sacrificed both in the flesh by the indignant crowd at Pfortzheim and allegorically in Thomas' text. In spirit at least he joined the clamoring crowd of persecutors, even though on a conscious and reflective level he was trying to impart a pious teaching.

But to come back to Girard and *Le Bouc émissaire*, what is important to realize is that if Thomas was able to transform a pagan mythical text into a text of persecution it was only because *that is precisely what he saw behind the mythical text, a scandalous, unjustified persecution of an innocent victim.* In a sense, what he saw in the pagan text is what we see in his account of the Pfortzheim case, which is a kind of warning signal, because to the extent that we may easily become scandalized, in turn, at what we see in his persecution of the Jews, we would be simply repeating once more his sacrificial gesture.

I say "in a sense," because Thomas' scandalized reaction to what he saw is inseparable from his immediate assimilation of the victim to Christ. It is not because the innocence of the sacrificial victim had been discovered that it was associated with Christ, but the other way around. It was the assimilation of the victim to Christ that revealed its innocence to him.

In the final analysis, the determining factor for the immediate assimilation of the bull method to Christ's sacrifice was not the empirically particular details of the method, although these details definitely suggested to him the manner of the Pfortzheim infanticide. In Thomas' mind, any sacrificial scene would have triggered the association with Christ, not in an abstract or symbolical sense, but as a historical *figura* of the empirico-historical event of Christ's death. This is why he would have seen the Jews at work, regardless of the particular details of any sacrificial text he might have contemplated. The striking details of the bull method simply made his task irresistably easier. Ironically, it was because for Thomas *all* sacrificial victims were innocent that he saw the Jews killing victims everywhere. Not because the Jews were essentially evil — a notion that would have run counter to his Christian doctrine — but because they were mistaken, they had been tricked by appearances, they did not know how to read the hidden meaning of things, that is to say, how to read them allegorically.

But the question now arises if Thomas only saw the bull method scene as a sacrificial one because of his characteristic Christian perspective. Perhaps an ancient non-Christian observer would only have seen there a rather peculiar manner of cattle slaughter for apicultural purposes. Hardly so. As a matter of fact, we do not have to guess at all. We have the testimony of the most perceptive pagan mind of all: Virgil's. What did Virgil see behind such a strange scene? The answer is in the Aristeus-Orpheus myth at the end of *Georgics IV*, a passage about which classicists have written extensively, but none, to my knowledge, from the perspective adopted here.[12] After describing the bull method to generate a new swarm of bees when all of them have been lost, Virgil asks:

> Quis deus hanc, Musae, quis nobis extudit artem?
> unde nova ingressus hominum experientia cepit? (315-16)
>
> [What god, ye Muses, forged for us this device?
> Whence did man's strange adventuring take its rise?][13]

The question is asked regarding, of course, "this [particular] device" (*hanc artem*), but it is immediately rephrased in more general terms, applicable, by extension, to any other "ingressus hominum nova experientia," first step into something new, unprecedented. In other words, what is the origin of that original step?

At the origin there is, as could be expected, a myth of origin. There was a plague, that is to say, widespread disease and famine among

---

[12] Apparently Virgil's mythical story is to a large extent his own. It might be interesting, although completely outside the scope of this essay, to meditate on Virgil's reasons for linking the myth of Orpheus to that of Aristeus. "Ce n'est pas d'un sujet rebattu, comme les travaux d'Hercule ou l'aventure du jeune Hylas ou celle de Pélops, qu'il s'est permis d'entretenir ses lecteurs. La mort touchante d'Eurydice n'était pas encore entrée dans le cercle des lieux communs. Sauf un récit très sommaire du mythographe Apollodore, il ne nous est rien parvenu sur ce sujet d'aucun des auteurs grecs ou latins antérieurs à Virgile. Nul d'ailleurs, que nous sachions, n'avait eu l'idée d'associer cette legende à celle d'Aristée" (André Oltramare, *Etude sur l'épisode d'Aristée dans les Georgiques du Virgile* [Geneva, 1892], p. 14).

[13] I use H. R. Fairclough's translation in the Loeb Classical Library.

the bees. They all died. Aristeus, the first bee-keeper, felt desolate and complained bitterly to his mother Cyrene, "that dwellest in the flood's depths." She tells him that in order to find out what lies behind the fateful plague, he must forcibly fall upon god-monster Proteus, the ever-shifting, capable of changing his form into anything, and hold him fast. If he can do it the terrifying Proteus will be forced to reveal the truth to him. Aristeus does as told and finds out that behind the plague is the anger of another god, Orpheus, Aristeus' rival because of Eurydice, who died bitten by a snake while fleeing from the bee-keeper, thus triggering the chain of events that led to the killing of Orpheus himself at the hands of Dyonisiac moenads who tore him to pieces.

When he hears this from the monster, Aristeus is even more befuddled and fearful than before because now he knows it was no accident, but he does not know what to do about it. His mother appears again and tells him that he must offer a suppliant sacrifice to atone for the sacrifice of Orpheus and the death of Eurydice.

> But first I will tell thee in order the manner of thy supplication. Pick out four choice bulls... and as many heifers of unyoked neck. For these set up four altars by the stately shrines of the goddesses, and drain the sacrificial blood from their throats, but leave the bodies of the steers within the leafy grove. Anon, when the ninth Dawn displays her rising beams, thou shall send unto Orpheus funeral dues of Lethe's poppies, shall slay a black ewe and revisit the grove. Then to Eurydice, now appeased, thou shall do worship with the slaughter of a calf.

He does as instructed, and on the ninth day, as he revisits the grove, he spies "a portent, sudden and wondrous to tell": from the molten flesh of the oxen huge clouds of bees come out and hang in clusters from the branches.

We must notice that Aristeus is as surprised to see the bees come out of the decomposed bodies of the oxen as Virgil probably was at what he thought to be a real natural phenomenon. That is to say, he is not trying to provide a scientific explanation for such a phenomenon as his admired Lucretius might have done. The sense of his question is different: what were the original cultural conditions under which the phenomenon could be observed for the first time? And his answer is clear: those conditions could only be sacrificial. The young bull that the people of the Nile delta used to generate bees was a replica of the original sacrificial bull.

In fact, apart from making obvious its sacrificial character, there is very little in the Aristeus-Orpheus myth to suggest an empirical direct link with the procedural details of the bull method. The only thing that Virgil is saying is that the original discovery was not just a purely empirical accident, but rather a by-product or side-effect of a sacrificial operation. It was discovered in the vicinity and as part of a sacrifice to an angry god. For in a mythico-sacrificial world, what but the anger of a god could be thought to be the cause of any disastrous calamity? And then he goes on to explain that anger as arising from a story of rivalry and retaliation.

It is also important to notice the way in which Virgil approaches the description of the bull method and its sacrificial explanation. Such a method is never considered as an expedient way to increase the number of a farmer's bees. The passage occurs while he is describing the different remedies to be used when bees fall sick, "because they are affected by the same ills as we are" (*quonian casus apibus quoque nostros vita tulit*). Only if the usual remedies do not work and all of a sudden one is confronted with the fact that the entire population of bees has failed, "then it is time" for him to reveal the bull method of the Egyptians. This procedure is not used on just any occasion, but only when something terrible has happened to the bees.

In other words, the plague is always there behind the sacrificial character of the bull method. It is because the procedure is seen as sacrificial that the plague is linked to it. Or the other way around, because the plague is there the procedure becomes sacrificial. And the same thing can be said about the plague and its connection with the story of rivalry and retaliation. These two things go together also, one is not thought without the other.

Thus, there is a bull method because there is sacrifice, and there is sacrifice because there is a plague, and there is a plague because there is rivalry and conflict. As Virgil searches for the origin of the bull method, the story of Aristeus' bees becomes the story of Aristeus himself, a human (or divine) story. And the plague among the bees clearly resonates with echos of other mythical plagues in which the victims are humans.

Let us also remember that for Virgil, even more than for any medieval scholar, the republic of bees was the symbol *par excellence* of the republic of men. Let us remember, for example, that Aeneas' father, Anchises, carried his household gods from Troy to Italy, where the second Troy would be founded, on his shoulders in a small shrine shaped as a beehive. It has also been found that the beehive-huts of Italian farmers were but a small-size replica of the beehive-huts of the ancient people of Latium.[14] We have already seen that the ancient temple of Vesta, with its Vestal Virgins, was also in the shape of a beehive.

Besides, what does it mean to say that the bull method is ultimately a sacrificial practice? Obviously what it means is that what works to restore the republic of bees is exactly the same thing that works to restore the republic of men. As perceptive a reader of Virgil as Ovid concludes his reading of Virgil's account of the bull method with the significant line, "mille animas una necata dedit" (*Fasti*, i, 380), the killing of one yielded a thousand lives, which is the very rationale behind the killing of any sacrificial victim. *In extremis*, when everything is at stake, one will always have to be victimized for the sake of many; or as Virgil says in the *Aeneid*: "unum pro multis dabitur caput [one head will be given for the sake of many]" (v, 815).

At the root of the sacrificial institution, the cornerstone of the organized, productive life of the community of men, lies always the plague, that is to say, rivalry and conflict. Not just any conflict, but a generalized one involving everybody in a most violent confrontation.

In the *Aeneid*, where there is no mythical cover of "bees," Virgil fully displays before the reader's eye what lies at the foundation of Rome's most sacred institutions, the pillars of the *pax romana*: reciprocating human violence driven in ever-widening circles to peaks of insanity, the madness, "inane fury" (*iram inanem*) that has no issue except through the victimization of one. The poem itself becomes a deliberate sacrificial process as its focus narrows down toward the final identification of Turnus as the required victim.[15]

Thus, as both Virgil and Thomas look at the same text describing the spectacle of a group of men ritually killing a young bull, Virgil, the pagan mythographer, sees in it the image of the very origin of human society, human society literally emerging from the dead body of the sacrificial victim. Meanwhile, Thomas, the Christian allegorist, sees there the outrageous persecution of an innocent victim, a sacrilegious misreading of God's own sacrifice. But whether it is seen as a sacrificial perversion of the only true sacrifice or as another particularized instance of the original founding sacrifice, they both agree

[14] See Robert W. Cruttwell, *Virgil's Mind at Work* (New York: Cooper Square, 1969), pp. 120-21.

[15] See my "Sacrificial Levels in Virgil's *Aeneid*," *Arethusa* 14 (1981), 217-39.

that they are dealing with a state of sacrificial violence. The difference is not so much in what they see, but rather in what it means to each of them.

For Virgil, as opposed to Thomas, the question of who is the sacrificial victim and whether or not the victim is guilty or innocent is ultimately irrelevant. There is rivalry and jealousy, there is the "plague" because there is retaliation, and the only way out is through sacrifice. Sacrifice is precisely the only mechanism that will work when nothing else does. Virgil knows the frightening truth that lies behind the civilized spectacle of carefully regulated ritual sacrifice. But all he can do, all he actually does, is bow his head in somber pessimism, because there is no other way. It is either the head of the victim or utter annihilation, no human civilization at all.

This comparison between Virgil and Thomas should teach us something about the relationship between mythical texts and historical texts of persecution, within the context provided by *Le Bouc émissaire*. First of all, by looking at the evidence provided by Virgil's reading of the mythical text, it may be somewhat misleading to call a mythical text a "text of persecution in disguise," not because we cannot see it in this light—we certainly can—but because they, pre-Christian pagans, could not, even if they could see all the structural elements that Girard has convincingly shown us. In other words, the question is, Can there be such a thing as a "text of persecution" before Christianity? Or to put it in a different way, it takes lot more than a "changement de décor" to transform a mythical text into a text of persecution.

Virgil is fully aware that, from a rational or objective point of view, the choice of the victim is purely arbitrary. It is not reason but mad violence that blindly "chooses" its victim. And yet there is not the slightest indication that he regarded this situation as an unjustified persecution. How could it be unjustified if it was at the very root of human society? He was aware of all the fundamental facts hidden underneath the surface of the ritual process, including the fact that they were and ought to be hidden. But he had no awareness of any weakening at the root of the sacrificial mechanism.

Secondly, to the extent that we may consider Thomas' text as representative of at least one very common type of medieval texts of persecution, their characterization as a debilitated or worn-out mythical representation, if not inaccurate, is at least insufficient because it does not reveal what appears to be their most significant feature, that of being, either implicitly or explicitly, as in the case of Thomas, a completely new way of reading the mythical text.

It is not as if an autochthonous self-weakening of the mythical representation gave rise to texts of persecution in some sort of un-broken continuity. On the contrary, such texts of persecution must be viewed as actively engaged in bringing about the collapse of the mythical text. As we have seen, Thomas' text is a lot more than the recorded echo of a lynching mob, even though he is far from immune to such echoes. The fact that it does not see its own violence does not mean that it cannot see somebody else's violence, namely the violence that structures the mythical text.

Virgil is a witness to the fact that even the most radical weakening of the mythical representation — in the sense of its wearing so thin, so unlike the "granitic" texture of which Girard speaks, that it becomes transparent over the violence behind it — does not of itself give rise to a text of persecution. The transparency of Virgil's poetic myths can only strengthen the need for the mythical representation to exist. Virgil must surely have wished he had never seen what he saw as he lifted the mythico-sacrificial veil. For Virgil the sacrificial process is a producer of mythical representations, which are desperately needed to cover up the most horrible despair.

The weakening of the mythical veil does not produce of itself any enlightening or scientific revelation. The only truth that the lifting of the mythical veil can reveal to Virgil is the terrible danger that must await any society that dares to penetrate the forbidden truth. The perfect myth must be one capable of convincing everybody that there is nothing else behind it. The perfect myth ought to be totally self-referential, if we want to put it in modern parlance, but keeping in mind that in discovering the vital necessity for mythical self-referentiality Virgil got none of the tingling sensations that some of our contemporaries derive from discovering the self-referential character of their own texts.

Virgil was too afraid to accuse anybody. He could never have pro-duced a text of persecution. In the final analysis, perhaps the only accusation possible for anybody under such circumstances would be that of having stepped too close to the truth, never an accusation of not knowing enough or of being mistaken.

Even the formally scientific discourse of the age is driven by this profound fear of the terrifying unknown. It is not designed to penetrate the forbidden secrets of the unknown but to escape from them, to substitute a different kind of language for the language of the sacred, not because the latter is thought to be silly or intellectually absurd, but because it can no longer calm the terrors of a too perceptive mind. Epicurus, Lucretius' master, was already quite clear about this: "One must know, first of all, that knowledge concerning celestial phenomena, whether they are considered in connection with other phenomena or in themselves, has no other goal but the peace of the soul and a firm confidence... in effect, we do not need particular theories or vain opinions, but to live without trouble" (*Letter to Pythocles*, 86-87). And Virgil, too, in that famous passage of *Georgics II* (490-94), where he echoes Lucretius' language, but with a significant addition:

> felix, qui potuit rerum cognoscere causas
> atque metus omnis et inexorabile fatum
> subiecit pedibus strepitumque Acherontis avari,
> fortunatus et ille, deos qui novit agrestis,
> Panaque Silvanumque senem Nymphasque sorores.

In other words, happy the one who can know the scientific causes of things and thus be able to overcome all fear and inexorable fate, and the howls of hungry Acheron. But equally fortunate is the one who knows the gods of the fields and their rituals.

If one can live a simple life protected by the mythico-ritual veil of hallowed traditions, one is just as happy as the scientist or philosopher who knows the causes of everything, and obviously for the same reason. Scientific discourse attempts to be the perfect myth, the ultimate (or latest) cover-up, for those for whom the mythical veil has grown too thin. This is science driven, not by confidence but by fear. This can also explain Virgil's profound admiration for Lucretius, and also illuminate his incredible daring in laying bare the most terrifying secrets. And perhaps it may equally explain the profound meaning of the old belief that Lucretius became mad, a traditional belief of which it can be said that *se non e vero e ben trovato*, in more senses than one.

It is important, therefore, to differentiate between the underlying structuring sacrificial mechanism and its mythical representation. The former can survive untouched any shape or form in which the latter can be structured. The mythical word, no matter how perceptive and penetrating, has no power whatsoever over its sacrificially structuring machine. Before something like our typical text of persecution can appear on the scene of history, the underlying mechanism itself must be shaken at the core and deprived of the possibility to justify itself through its mythical representation. The medieval text of persecution is perhaps the first representational result of a staggering sacrificial mechanism being forced to shed its old and by now useless garb, though still retaining the possibility to find new victims. It will still kill, but it will have to justify the killing in an unprecedented way.

At the representational level, there is a fundamental incompatibility between the mythical text and the persecution text. They are both sacrificial but they do not speak the same language. In spite of all the differences, Thomas' text already speaks our own language. This is why we can, and are perfectly justified, in accusing him of not knowing what he was doing, of making a mistake, of turning his own argument against himself. Because, at least theoretically, he *could* have known. And we know that he could because we learned it from him, since that is precisely the basis of his accusation against the Jews. He was speaking against the Jews with the same kind of language that we can use against him. On the one hand, we simply cannot level such an accusation at Virgil. If we were to talk to him in the same manner as to Thomas, even though he was much more intelligent than Thomas, he would not know what we were talking about or would be scandalized by it.

Nevertheless, in case anybody thinks that I am trying to save Virgil from contamination from Thomas' persecuting mentality, let me hasten to add that, even after all these "corrections," Girard is still right. *For us* there is no other correct and objective way to look at the text of mythology but as a text of persecution. Once we know that there is such a thing as a text of persecution and what it is, we can no longer look in good faith at Virgil's illuminating reading of mythology as if nothing had happened, pretending that what *we* see has nothing to do with persecution. If we did that, it would simply mean that we have learned absolutely nothing from the testimony of all the medieval Thomases. Or worse still, it could mean that the text of persecution has become for us as much of a stumbling block as were the Jews for Thomas, in the way of our understanding of the text of mythology.

This is, perhaps, what has already happened. Our postmedieval, modern approach to the text of mythology encountered the medieval text of persecution as a stumbling block from the start. How could it be a mere historical coincidence that modern man began to discover the text of persecution as such, while engaged in bringing about a revival, a humanistic reading of the text of mythology?

The only thing that Girard forgets to mention when he talks about the new, modern, and perceptive way of seeing the text of persecution for what it really was, is that it was the medieval Thomases who, in their own way, took the text of mythology seriously because they saw something real and historically relevant behind it. Their modern attackers, on the one hand, were happily busy turning mythology into a beautiful poetic, but fundamentally irrelevant, ornament. I believe that this modern poeticizing of mythology into irrelevance is only the other side of our modern, scandalized way of rejecting the medieval text of persecution, a text based, for good and for bad, on a serious reading of the mythical text.

Our modern view of the text of mythology has long been caught in this sacrificial interplay between blindness and insight. And it is by exposing and analyzing the sacrificial character of such an interplay that the text of mythology and the text of persecution can throw light on each other. Thomas and Virgil must be read side by side.

I think that this is ultimately what Girard is doing. If we wanted to place him, at his best, in reference to Thomas and Virgil, I would suggest that he stand equidistant from both: like Virgil plus Christianity, like Thomas minus the skandalon.

Sacred Text in Secular Culture*

ERIC GANS

I

Not so long ago, literary scholars studied novels and poems, tragedies and comedies. Today we study texts. A word that formerly lent its prestige only to sacred writings now applies equally to fiction, not to mention works of history, philosophy, autobiography and what have you. This implicit sacralization of secular discourse has been accompanied by a corresponding inflation of the significance of language. It was formerly customary to speak of a writer's use of language to "express" his ideas or visions; today, language has become an autonomous force, and it is very nearly standard parlance to speak rather of language's use of the writer. It is easy enough to satirize such developments, particularly from outside the academy wherein alone they are comprehensible, but it is more fruitful to seek in them the kernel of revelation they contain. For rightly understood, the humility entailed in the enthronement of language and the generic exaltation of discourse to the status of "text" should create in us an openness to the fundamental functions, and to the ultimate origins, of these most general forms of human representation.

If we ask then why "texts" have become the central focus of our cultural vision, the most obvious explanation is that with the seculariza-

* This paper was presented at the Symposium on Text as Culture/Culture as Text at the University of California, Los Angeles, in March 1983.

tion of our culture—a development much more recent and abrupt than we tend to realize—the *a priori* distinction between sacred and literary texts has dissappeared, while there has evolved concomitantly an ill-defined sense of awe before the experience of significance that we encounter in the reading of any important text—indeed, of any text that affects us. The authenticity of this development, its force of liberation from the automatic and largely unfelt responses dictated by the pieties of a decaying religious tradition, should not be underestimated. The sense of revelation supposedly conveyed by sacred texts, but rarely felt and still less often supported by more than a semblance of intellectual justification, has now, with the dissolution of the constraints imposed by traditional religious observance, been allowed to return, in however timid and distorted a fashion. In our acknowledgment of the awe inspired by our experience of the power of discourse, religious texts themselves tend to be neglected, and when they are read at all it is most often "as literature." But the very word "text" shows us that the more profound assimilation is not of sacred writing to literature, but the other way around. In the openness that derives from the absence of any conception, dogmatic or otherwise, of the sacred, all texts may now be read, as they should be, as sources of anthropological truth.

Yet while applauding the openness of the textualization of secular culture, we should not be blind toward the dangers of what is often, despite its self-reflective trappings, a naive and uncritical attitude toward texts and the language that composes them. We can only grasp the ultimate ground of unity of religious and literary texts if we first understand their differences both in operation and in genesis. The difference in operation is often obscured by the refusal to consider the matter of genesis—a refusal which, as I have elsewhere taken some pains to point out, is equally deleterious in the study of language itself. Religious texts are intended as reports of real events; fictional texts, however "realistic" or even historically faithful, are not. And contrary to what one often hears, it is not particularly difficult to distinguish the two genres, although of course there exist bastard forms and other marginal cases. But the formalization of criteria of distinction provides a solution to a false, or in any case, marginal problem. Religious and literary writings were not pulled blindly out of a great textual hat and then distinguished from one another a posteriori. Nor did they "evolve" in some Darwinian sense as two species from the common stock of myth and preliterary legend. To be sure, they both arose in cultures possessing these undifferentiated forms, which they bent to new and divergent uses. But their genesis was not unconscious and imperceptible, but the result of acts of creation motivated by the coming to consciousness of new forms of experience. If we can thus utilize the taboo-notion of "expression," it is because we need not fear the naive fetichizing of reality in its representation that those who lack a coherent anthropology must take pains to avoid. For the experiences of which we speak, whatever their socioeconomic motivations, themselves take place not in the material world, but on the imaginary scene of—linguistic—representation. The revelations that religious and literary texts convey to us can thus be said to take place "within language."

In the linguistic act, speaker and hearer, or writer and reader, are placed in the presence of a common scene of representation. Everyday acts of language can allow us to exemplify this scene, but the only hypothesis that allows us to explain its existence is one in which the communal presence of language originates as an *event*. Language could not have evolved imperceptibly from prehuman forms of communication; it must have been created, or discovered, through a revelatory act. This does not imply that its structures appeared miraculously all at once, as those linguists implicitly believe who make the declarative sentence-form the unexplained basis for their grammars. But the simplest, ostensive form of utterance, which merely designates an already-present object, can only arise in the context of a collective scene, in which the scenic center is isolated at least momentarily from the human "spectators" and language-users at the periphery.

What stands at the center of the scene is, in linguistic terms, a mere "referent," but the fact that it must be represented, and not merely appropriated, as would be the case with an interesting object in the prehuman world, implies that its accession to the new status of linguistic referent requires its isolation from its would-be appropriators by a barrier of a peculiarly human sort—a barrier of desire. The collective desire for the object must be so great that no individual dares risk the fury of his fellows by making the first move toward it. Thus we may derive the first linguistic gesture from the *aborted* gesture of appropriation of the members of the group toward the central object.

But this scene can also serve us as a model of the origin of the *sacred*. The inaccessibility of the central object makes it appear as something more than a mere object of potential consumption. Its substantiality, inaccessible to appropriation, is that of a transcendental being, a being existing in the world and yet accessible only as a linguistic signified, or, in other terms, a revealed divinity. The original locus of religious revelation is thus the originary locus of language.

With this hypothesis in mind, we can understand better why the language of literary texts remains for us a locus of revelation, and why the texts that describe religious revelation present it inevitably as a linguistic utterance. But we can understand as well the difference of the two forms of revelation through their different relationship to language. The literary text is the revelation of a fictional universe emerging continuously from a source that stands irrevocably outside it. The religious text, on the other hand, is discontinuous because it describes a real experience of revelation: the words that God speaks within the text have a different ontological status from those which set the scene for his appearance. The difference to which we are referring is, in phenomenological terms, intentional, and independent of our religious beliefs; the authors of religious texts are indeed not addressing an *a priori* "belief" at all, but only the openness to the revelations of the scene of representation that has been from the beginning the defining characteristic of man, and without which man as a user of language could not exist. What I shall attempt to demonstrate here is that we can and should read religious texts without "belief" as documents revelatory of anthropological truth. On the basis of this demonstration, I shall draw a few conclusions concerning the ultimate basis of unity of religious and literary texts, a unity the intuition of which is reflected, albeit with unnecessarily nihilistic consequences, in the "deconstructive" practice of contemporary literary criticism.

II

Since the founding religious texts of Western culture are few in number, and constitute arguably a series of progressive revelations, expressed in theological terms, of the structure of the scene of representation, which is to say, of the originary and subsistent scene of language, this case is best dealt with by example. Indeed, within the Judeo-Christian tradition on which Western culture is founded there is really only a single "example" acceptable to the entire tradition: the Mosaic revelation before the "burning bush" on Mount Sinai. Although not given a formally marked place in the biblical narrative, it is generally accepted by scholars as the originary experience of

Hebrew monotheism. Its link with the Exodus is anything but accidental; for without the Exodus, Israel's religion, and indeed, its very cultural existence, would no doubt have been dissolved within the Egyptian empire. Thus in the West this moment is the watershed between archaic cosmological religion, in which no one any longer believes, and the modern monotheistic religions which still number hundreds of millions of adherents.

I have described this text as relating an "experience." But of course Moses did not compose it. How then can a text demonstrate its own referentiality? But it suffices to say that, because the experience involved is in its essence a spiritual, that is, an imaginary, and in the most fundamental sense, a *linguistic* one, the text that describes it, if its material referentiality be appropriately "bracketed," is *autodemonstrative*. That is, if the *words* are the referent, and the text supplies the words, then it demonstrates that someone, at least, had the experience of these words. That this someone was Moses is not thereby demonstrated; but if it was not, then not only does the Hebraic tradition become incomprehensible, but we have no way of understanding the relationship between the Exodus, which we know to be a historical occurrence, and the religious innovations that we also know took place among the Hebrews. But to end this digression, and to introduce as well the essential words of our text, it will suffice to invoke the authority of Martin Buber, who remarks in his *Moses*[1]: "Such discoveries or conversions are not born at the writing desk. A speech like this *ehyeh asher ehyeh* [which we may leave for the moment untranslated] does not belong to literature but to the sphere attained by the founders of religion... No matter who related that speech or when, he derived it from a tradition which, in the last resort, cannot go back to anybody other than the founder." Thus Buber, studying the text from an altogether different perspective, would appear to agree as to its autodemonstrative nature.

We are in the third chapter of Exodus, following the mythical account of Moses' birth, his murder of the Egyptian and his flight into Midian. Tending the flocks of his father-in-law, Jethro, Moses becomes aware of a bush that burns but is not consumed. The text tells us that "the angel of the Lord appeared to him in a flame out of the midst of the bush." The modern reader is already discouraged from going further by this intrusion of the supernatural. But an angel is merely

---

[1] Martin Buber, *Moses* (Oxford & London: East-West Library, 1946), p. 55.

a messenger, not God himself; and it suffices to understand that this fire which attracts Moses' attention strikes him as a revelatory sign. The fire is like that of ritual sacrifice; but here it serves no economic purpose. It can therefore appear as a revelation of the divinity divorced from the redistributive functions of the sacrifice that characterize tribal religions, and presumably the tribal religion of Israel as Moses had found it. Moses approaches the bush, and hears himself called by the voice of his ancestral God, whereupon he hides his face. His relation to God, now that it has been instigated by the visual sign, will remain purely linguistic.

God informs him that he has seen the affliction of his people in Egypt. There is here no new information, no gnostic or mystical revelation of hidden truth. Nothing, in other words, in this call that Moses could not have heard in his own conscience. God's promise to grant the Exodus at this point refers to no earlier covenant with Abraham; the promised conquest of a new land and its inhabitants would merely reverse the dominance-relation currently prevailing between the Hebrews and their Egyptian masters.

But Moses hesitates. "Who am I," he exclaims, "that I should bring the sons of Israel out of Egypt?" Here begins the dialectic that will open out upon the ultimate revelation. There is nothing here that is foreign to the mind of Moses as we understand him. He grasps his responsibility for leading his people to freedom, yet is unsure of his qualifications. God replies that he will be with him — the word for "will be" the same as that for "is," is *ehyeh*. Then Moses asks *in whose name* he should present himself to the Hebrew people. This is a curious development. Surely Moses must have known the name of his own tribal divinity. But, as Buber points out, his question is not framed as a mere request for a name. The "what" (*ma*) of the question seeks not the mere phonetic substance, but the essence. The name of God is sought here as a verbal emblem of his being. The question, in other words, is a request for a revelation in language. That Moses asks the question implies that he has grasped that the old tribal God, with his old tribal name, is insufficient to do the job. Something new is required.

The name of the divinity is, according to our hypothesis, the first human word. The emergent distinction between the significant and the nonsignificant is marked by the sign that distinguishes the sole significant object. Now the name, which we think of as a proper noun, a constituent of a sentence, is actually not primarily a "part of speech" at all, but an independent utterance. It is used either as an ostensive, to designate someone present, or as an imperative, to call for someone absent. It takes no effort of the imagination to conceive how a name, like "Moses!" for example, may be used as either form of utterance. Calling God's name, then, is a way either of summoning him up or of responding to his visible presence: the "before" and "after" of ritual (and magical) practice. Moses' hesitation here would then appear to express a dissatisfaction with such practices. The sort of God that one can call up, and who appears, is not sufficient to lead the Hebrews out of Egypt. Why should this be the case?

At this point we should note that the archaic hierarchical/ hieratic monarchies, which Wittfogel called "hydraulic" empires because of their strict dependence on river irrigation, monarchies of which Egypt, along with China in the East, was the most highly developed exemplar, were characterized by complex and sophisticated religious practices that nevertheless never advanced beyond figural—we might say, idolatrous—polytheism. The chief difference between Egyptian and primitive, tribal religions was in its sacralization of the social hierarchy. The pharaoh was the chief god's representative on earth, his "eldest son," and thus something of a god himself. In this context we can understand that Moses' attempt at liberation would have to base itself on a new theology. A god like those of the Egyptians, who would come when called, could only reign over a society like that of the Egyptians. The enterprise of Israel's liberation, as we read of it in the Bible, although it did eventually lead to the establishment of a Hebrew monarchy, did not have this as its original aim. This is demonstrated most simply by the persistence of the antimonarchical tradition of the prophets, whose writings were preserved as sacred texts—something totally inconceivable in monarchies like those of Egypt or of Mesopotamia. The sort of nonhierarchical, or more accurately, "weakly hierarchical" society that was, in Israel as well as in Greece, the heir to the henceforth stagnant and decadent civilization of the archaic monarchies, could not be founded upon a simple return to the primitive nomadism of the distant past. The sort of ex-nomads that one leads to freedom after what were probably several centuries of contact with a higher civilization could not be expected to return to their pristine state. Their social organization would require a new ethic—one most of the remainder of the five books of Moses is concerned with elaborating in considerable detail. But prior to the legislative elaboration of this ethic, a new theology was required. This is what Moses understood in posing his question, and what we must explain in our interpretation of its answer.

We already know God's answer to Moses' question: *ehyeh asher ehyeh*—"I am what I am," to give but the most usual translation of this most-discussed of all biblical phrases. We shall return shortly to the question of the meaning of this sentence. But its most significant aspect from a linguistic standpoint is, precisely, that *it is a sentence*. When asked what is his name, God replies with a declarative sentence. Whatever the meaning of these words, this fact alone would constitute a theological revolution.

A declarative sentence has a "subject," like the ostensive or the imperative; but this subject neither appears nor can be called. It remains a purely *grammatical*, or in other words, a purely linguistic subject. If I call out "Moses!" I must have some reason to count on his appearance, but if I say "Moses was born in Egypt" his name becomes merely a proper noun, and his "appearance" takes place wholly on the scene of linguistic representation. The God whose "name" is a sentence is a God who no longer appears, except in language: a God who as the foundation of being can be present to us only in thought. Which brings us to the after all not unimportant matter of interpreting the sentence *ehyeh asher ehyeh*.

The most striking feature of this sentence is a gnomic symmetry that hides as much as it reveals, or rather that reveals by hiding. This is a being that depends only on itself, or a presence that is only such insofar as it chooses to be present. We should here take seriously the notion of language "speaking through" the human subject. It is probably fair to say that this sentence did not formulate for Moses a preconceived idea, but rather appeared to him before its meaning became clear. This is the very heart of the experience of revelation. The "I shall be" of "I shall be with you" has, so to speak, been probed for its significance. *Who* is this "I"? And Moses discovers that the "name" of this I is simply its self-subsistence as the predicate of its own being. The being whose presence is to guarantee his liberating mission cannot be namable, evokable, except through the recognition, in the sentence, of his inaccessibility.

Thus this self-subsistent being is both a wholly personal one who decides when and where he shall be present, and a wholly abstract object of thought, the Being of Parmenides or of Heidegger. At this point in the Mosaic revelation there is no need to distinguish the two: they are but alternate readings of the sentence. And we need accept nothing else of the biblical text as authentic than this sentence to understand its liberating force. We may call this force "theological" in that the words are presented as emerging from the inaccessible center of the scene of representation. But the words themselves designate, or "recuperate," this inaccessibility. We may choose to deny the existence of God in the usual sense, but these words which come to Moses reveal an intuition of the structure of signification that is beyond the ken of metaphysics, although not, I think, beyond that of anthropology. For the less "anthropomorphically" we describe the source of these words, the closer we come to the intuition from which they spring. The "word of God" is never, after all, a voice external to the subject. We are never expected to ask whether it is high or deep, or what kind of regional accent it has. Yet neither is it simply "impersonal," as our reading of the sentence as a statement of the self-substantiality of Being — of the Kantian "noumenon" — would imply. The abstract reading is incomplete without the other, personal reading. For the force of the words would be lost if we disregarded the fact that they come to Moses *from without*, and that this "without" is not some mysterious cosmic space but the center of the scene of representation upon which language originally emerged. To speak of the human person as a substantial entity that can decide on the mere abstractness of "Being" is to forget that human personality did not "always already" exist, that it is derived from the scene of language, and that the attribution of personhood to God merely expresses this debt in theological terms. We can only get rid of theology once we can be certain that we have absorbed its truth into our anthropology. So long as we remain tempted by metaphysical analyses of language and being that deny the specificity of their origin in human experience, we would do well to retain the memory of a Being that addresses us in the first person.

It might be objected that this analysis has failed to explain precisely how this particular sentence came into the mind of Moses. Is this but an implicit avowal of a "mystery" that only faith can explain? Not at all, because what we have found in this sentence is not something mysterious and inexplicable, but a true intuition concerning man's being and language. This truth requires interpretation in order to be acceptable in our more articulated anthropological discourse, but it is nonetheless true in its own terms. Nor does it need to be "demythologized," as certain existential theologies would have it. The only mystery that we must go beyond is the mystery that arises, not from the sentence itself, but from inadequate interpretations of it that must seek refuge from their abstractness in the transcendental.

Since this present analysis does not claim to be exhaustive, we need only remark in passing that the sentence *ehyeh asher ehyeh*, while it represents the summit of the Mosaic revolution, is not its end. The revelation of the self-substantiality of God and the concomitant liberation of the scenic center from all forms of figural being—including, incidentally, the "monotheistic" figurality of the religion of Akhenaton, whose religious intuition is sometimes compared, somewhat ludicrously, with that of Moses—this revelation is not for Moses an end in itself. He must return to his people with something more than a God of pure thought. Thus once the sentence is pronounced, it undergoes a process of compaction into what finally becomes a name, even if this name—for some thousands of years considered unpronounceable—is an emblem, or more precisely a *memorial*, of the sentence. Without interruption by Moses, God follows the *ehyeh asher ehyeh* by the command to tell the Hebrews "I am [*ehyeh*] sent me to you." This *ehyeh* appears as so to speak an abbreviation of the tripartite sentence. And finally, God reformulates his name as the famous tetragrammaton, to relation of which to the ancestral God of the Hebrews can be no more than a subject of speculation. Buber's explanation of it as not so much a name as a cry—as what I have here called an "ostensive"—would, if true, provide a persuasive confirmation, from a wholly independent source, of my anthropological hypothesis. The meaning of the name as "He who is," that is, as a sentence rather than a word, is thus integrated into an old ostensive expression, as a synthesis of the primitive level of linguistic—and religious—development into the mature declarative form.

III

We see on the basis of this example that the religious text contains a kernel of revelation the authenticity of which is inherent in the very language in which it is expressed. The Mosaic sentence both expresses an anthropological truth and demonstrates itself to have been the actual vehicle of that truth: such sentences are not "composed"—they *appear*. The anthropological truth of this auto-demonstrative kernel radiates from it to the symbolic and narrative elements of the surrounding text, so that even at their most mythical, or their most literary, they cannot be read as texts of myth or literature. The notion of "the Bible as literature" is the sort of "tolerant" liberal assimilation of distinct entities that results in the degradation of both. But what of the literary text itself? What truths does *it* reveal?

The language of the literary text refers, as we have said, to a fictional universe. This is what distinguishes literature from all other varieties of discourse. But what precisely makes it "fictional"? No distinguishing marks of fictionality need be found in the text. What makes a text fictional is nothing more or less than its independence from any criteria of verification. The language of the work may refer to things of the real world, but we gain no right thereby to test this language in the world for truth or falsity. It remains wholly bound within the fictional scene of representation, as the revelation of the creative Subject who stands at its center. This Subject is not identical with the author, and even less with the "implied author" whose views may be expressed directly or indirectly in the work. The Subject is a function of the work, the original source of the language that flows through the mouth or the pen of the "inspired" literary creator. The reader constructs his imaginary version of the fictional context as submitted at every moment to the affirmation of the Subject. The latter, wholly transcendental, stands in a relation to the work analogous to that of the God who speaks to Moses at the high point of his revelatory experience on Mount Sinai—the God whose being is wholly in himself, who can only be named, and thereby "evoked," through the sentence by which he affirms his self-substantiality, who is thus as abstract as Being itself and yet who speaks to us as a person. But the literary Subject is a fictional God who never reveals himself openly in the world of his creation. What is revealed to us through his words is not the Subject himself, but the figures whose existence he affirms, and which we experience solely through his affirmation.

It is now possible to understand how the contemporary tendency to substitute the hermeneutics of the literary text for the interpretation of the literary work reflects the decline of traditional religious belief that we referred to earlier. The fictional world emerges for the reader as he constructs it on his own imaginary scene of representation. This construction is not creative but recreative; the reader's understanding of the text presupposes the preexistent intention of its creative Subject, the source of the dormant language reactivated by his reading. Contrary to what one might think, contemporary criticism, "deconstructive" or otherwise, does not really challenge the existence of the intentional Subject. Its existence, indeed, can never be explicitly challenged, for it stands at the horizon of every experience of language, and no reading of a literary text, or even of a single sentence, would be possible without it. What has changed is the nature of our relation to this Subject. This change parallels the change in modern man's, or in any rate the modern intellectual's relation to the central source of religious revelation, and rightly understood, both changes involve an openness to anthropological understanding that belies the nihilistic terms in which they are most often expressed.

Traditional literary criticism, and most recently the so-called "new" criticism, conceived of its task as the understanding of the literary work as a totality. This does not imply an exhaustive understanding, but merely one which grasps the whole in its main outlines. Once this is done, the details of the "well-wrought" work can be understood as filling in these outlines. Now the possibility of such an understanding is dependent on the anthropomorphism of the literary Subject, which traditional criticism assimilates unproblematically to the author. Such refinements as the "intentional fallacy" do not so much challenge this traditional concept of the Subject as plaster over its most obvious deficiencies. We cannot indeed fathom the intentionality of the literary Subject by examining the correspondence or the diaries of the author to find out what he "meant." He may have meant something else without quite realizing it. Thus the everyday human subject is expanded through the adjunction of a literary unconscious which, like the Freudian—if not quite the Lacanian, and certainly not the Jungian—unconscious, still remains wholly individualized.

The search for totality on the part of critics, however, has in the modern era tended to encourage the refusal of any obvious totality on the part of authors. To attempt to "recuperate" avant-garde literary texts is both to suffer extreme intellectual tension and to incur the terroristic scorn of the writers themselves, who react to interpretation of their "meaning" by remarks of the tenor that if they had meant X, Y or Z, then that is what they would have written. And, terroristic or not, modernism in literature, as in all the arts, constitutes an exploration of the limits of discourse that puts into question the naive anthropomorphism of the intentional Subject, whose creation no longer appears bound by the sincerity-conditions of everyday communication.

But just when the critic despairs of ever attaining a clear sense of the literary whole, the unbearable weight of this task is lifted from his shoulders; he realizes that the work is really a text, and that the totality he seeks, even when elements of this text — the plot, or a sequence of symbols — appear to point indubitably toward it, is itself a fiction, a secondary construction that his task is not to elucidate but to deconstruct. Like Saint Paul relieved of the burden of the Law, the contemporary reader has been relieved of that of the anthropomorphic Subject. And this relief, although most strongly felt in the case of modernist works, is extended to all literary texts, indeed, to all texts. The overall intention of the whole, however strongly marked, and, indeed, particularly when strongly marked, is rejected in favor of the fragmentary intentions revealed in specific elements and sequences of the text, intentions graspable as conscious or unconscious poetic or rhetorical tropes none of which deserves to be privileged over any other as the armature of a literary or discursive totality.

Thus the intentional Subject appears to dissolve in an interweaving of innumerable partial intentions. But the Subject is not thereby denied, but transformed. Textual criticism becomes the *via negativa* of a theology of language — however insistently its practitioners may claim the contrary. If the notion of text as the product not of a specific human subject but of language itself has any meaning, this meaning is founded in the common dependency of all human subjects on the revelations of the scene of linguistic representation, without which neither language nor texts would exist.

I began by referring to the necessity of distinguishing religious from literary texts. The contemporary intuition of the essentially fragmentary, untotalizable nature of the literary text offers the missing key to both the understanding and the transcendence of this distinction. As we have seen, the religious text contains a kernel of revelatory experience around which the whole can be reconstructed. But a detailed reading of any part of the Bible, and no doubt of any other sacred text, would reveal innumerable corollaries of this founding revelation, some of which indeed appear to present nearly equally valid credentials for centrality. The biblical text, in other words, appears to us as a series of interconnected fragments. But this calls up in us no anxiety, only the duty, to the extent we are believers or serious scholars of the Judeo-Christian tradition, to ferret out all the possible meanings contained in every element and pattern of the text. This is, indeed, the traditional task of biblical exegesis, from which anthropological exegesis differs less in its aims than in its rigor. The fragments of the sacred text all reflect an order whose divine Subject, by no means "anthropomorphic," is in anthropological terms the central locus of the scene of representation. This center reveals itself directly in the work, speaking in its own name even when this name, as we have seen, is a sentence that refuses to name. Such a Subject has, if not a historical existence, a place in the historical experience of men. Such is not the case for the literary Subject. The Subject of fiction cannot reveal itself directly in its own name. Or, what is the same thing, no "I" that may speak in the literary text can be construed as the original source of its language. Thus the text may be decomposed into a set of interwoven fragments that belie any definitive reconstruction as an intentional totality; no single fragment can reveal the sense of the work more definitively than any other.

The lesson that should be drawn from this comparison is not the infinite deferral of the logocentric basis or origin of human culture, but the impossibility of defining this origin in terms of a purely *literary* culture. Our culture, like all culture, is based on faith. If the relative historicity of religious faith no longer satisfies us, this is a sign that we are now ready for the more rigorously historical faith, always subject to revision, that we can place in an anthropological hypothesis of origin. Such a faith is the principal prerequisite of an authentic science of man — *la science humaine.* And the waning of literary and artistic modernism is a further sign that our culture is in the process of realizing that the flight from traditional forms of human intentionality cannot lead, as the avant-garde was wont to think, beyond the potential limits of human understanding. Nor is the post-modernist return to the traditional forms of artistic communication a denial of the openness discovered by modernism in the intentional Subject. It is rather a tempering of this openness by a wisdom which is, like religious wisdom, a recognition of the essential historicity of man. And the originary hypothesis, adherence to which is our substitute for faith, provides a vantage point from which the literary and religious texts that this wisdom informs can both be understood as revelations of anthropological truth upon the scene of language.

Le Parfum d'Isaac

CLAUDE VIGÉE

> Abraham étendit la main et prit le couteau pour
> égorger son fils.
>
> (Gen. 22:1)
>
> Car c'est la tendresse que je désire, et non l'immola-
> tion, la connaissance d'Elohim plutôt que les
> holocaustes.
>
> (Osée 6:5)

Il est évident que ce thème est scabreux: un père va tuer son enfant!
Du dehors, cette histoire semble être celle du renoncement au sacrifice
humain remplacé par le sacrifice animal, la substitution constituant
peut-être un progrès moral. Je n'explorerai pas cette perspective. Il
suffit, en effet, d'ouvrir n'importe quel livre d'anthropologie traitant
des cultures archaïques, des rites primitifs et de leur évolution pour
trouver là-dessus des détails que je ne pourrais vous donner. N'étant
ni ethnologue ni historien, je ne vais pas vous expliquer comment
le méchant Abraham primitif devient tout à coup un brave Abraham
civilisé qui, par l'effet d'une brusque illumination morale, au lieu de
trancher la gorge de son propre fils, la coupe gentiment à son meilleur agneau de lait...
Sans tenir compte ici de la critique biblique de Wellhausen, ni de
sa triple distinction pseudo-scientifique entre écriture Yahviste, Elo-
histe, et Texte Sacerdotal, je veux décrire sommairement une intuition fondamentale qui informe la tradition spirituelle juive, et détermine sa lecture de toute la Bible hébraïque.

C'est l'intuition de l'unité *bipolaire* de Dieu. Présentant à notre conscience l'un de ses deux pôles magnétiques, la puissance de Dieu se manifeste parfois aux hommes à travers l'Ecriture comme Elohim ou El Shadday, le créateur du monde, celui qui pose des limites aux créatures, le juge rigoureux qui dit: assez, Day! L'ordonnateur du monde arrête le flux informe des choses, pour qu'elles acquièrent une figure et ne retournent pas au chaos toujours menaçant. Parfois cette unité bipolaire transparaît sous les espèces du Tétragramme. Comme le mot YHWH est ineffable dans la tradition juive, on le remplace par l'expression Le Nom, qui se dit *Hashem* en hébreu. La deuxième manifestation de l'unité bipolaire de Dieu est en acte dans le Tétragramme désigné par Hashem, Le Nom improférable. Ici Dieu est saisi sous l'aspect de la charité infinie, de la miséricorde, de la tendresse, de l'amour sans mesure. Ce visage est très différent de celui du roi rigoureux qui met une borne à son empire et qui nous en indique les frontières. Enfin l'unité bipolaire de Dieu s'exprime souvent dans le jumelage de ces deux noms, ou de ces deux faces divines. En hébreu, nous lisons alors Hashem Elohim, en substituant toujours Hashem à YHWH, le Nom imprononçable. On traduit cette expression en français par "le Seigneur Dieu", "le Seigneur" désignant le Tétragramme et "Dieu" remplaçant Elohim. Ces deux moments de l'unité divine déterminent évidemment, selon qu'ils se manifestent séparément ou simultanément, les rapports que Dieu entretient avec les hommes, et avec le monde créé. Pour nous, créatures mortelles, il y a nécessairement paradoxe et contradiction entre les deux moments ou polarités de l'unité de Dieu: il est, du même souffle, infini et fini; à la fois limite, choix, imposant une forme durable au monde, ordonnant au présent le temps et l'espace d'ici-bas, sans quoi la Création si fragile retomberait dans le chaos qui ne cesse de la guetter; et générosité sans bornes, ouvrant à la conscience comme à l'univers matériel un avenir sans frontières. Le danger inhérent à la limite, à la forme, c'est le culte de l'idole; le risque inverse du *hésèd* illimité, de la tendresse viscérale non réglée par la loi, c'est le retour au tohu-bohu d'avant la Création. Hashem-Elohim intègre et transcende cette contradiction intime de sa personne divine dans le temps de l'histoire humaine: "YHWH, c'est lui Elohim". Seule la tendresse est le coeur vivant du monde et le futur de Dieu, le noyau d'amour de la loi. Quand c'est Elohim qui se manifeste, son rapport à nous diffère de celui que nous entretenons avec YHWH, Le Nom. Sans cette clé, la compréhension du texte de la Bible est impossible, et en particulier notre fragment du chapitre 21 de la Genèse, qui relate la "ligature d'Isaac".

Voici un exemple de la différence et de l'association significative de ces deux termes complémentaires, qui ne se trouve pas dans notre passage. Deux textes décrivent la création d'Adam dans la Genèse. En fait, c'est une création en deux temps. D'abord l'Adam primordial est créé par Elohim avec le limon de la terre, puis il est complété et humanisé, au sens propre de ce verbe. Au cours de la seconde phase (Gen. 2:7) "Dieu souffle dans les narines d'Adam un souffle de vie" et en fait ce qu'on appelle en hébreu "nefesh 'hayah". Dieu métamorphose ainsi l'Adam premier, ce bloc d'argile animée, qui est déjà un être vivant, mais pas encore vraiment homme dans la pleine acception du terme. Que signifie alors l'expression "nefesh 'hayah"? Selon la traduction araméenne du Targoum d'Onqelos, qui fait autorité en Israël, Dieu a fait alors de cet Adam tiré du limon primitif "un souffle qui parle". Or, pour transformer l'Adam encore imparfait de la première phase de la création en "un souffle (ou un vivant) qui parle", c'est la conjonction nécessaire de Hashem et d'Elohim qui est effectivement à l'oeuvre dans le texte hébreu, où cette expression jumelée apparaît ainsi pour la seconde fois. Dans ces circonstances décisives pour notre destin humain, la tendresse et la charité de Hashem s'allient à la rigueur, au déterminisme, à la loi et à la forme, issus du vouloir d'Elohim. YHWH et Elohim, dans l'exercice de leur unité essentielle, font ensemble surgir de l'argile ce "souffle qui parle" et qui a nom Adam.

Comme dans la Création et comme dans chaque homme, il y a évidemment en Dieu un rapport juste et équilibré entre les deux moments de l'unité bipolaire de Dieu, un lien profond se tisse continuellement entre Hashem et Elohim. Compromettre la symétrie agissante entre la tendresse (*hèsèd*), et la rigueur (*Dine*), rompre cet équilibre délicat en Dieu, dans la Création, et dans notre propre âme, entraîne toujours une réaction de la polarité divine qui est lésée. Lorsqu'on exagère du côté de la rigueur, c'est le *hèsèd*, l'amour-charité qui réagit. Or, chez Abraham, en accord avec sa nature profonde, la balance n'est pas égale. Elle penche excessivement du côté du *hèsèd*, l'amour gratuit et infini. Sa passion risque d'engendrer le chaos si on la laisse s'égarer de ce côté-là, si Elohim en s'interposant pour sauver l'ordre de son univers, ne dit pas *daÿ* (assez)! Abraham est l'homme de la charité excessive, mais c'est aux dépens du jugement et de la rigueur. En effet, la rigueur est aussi juste mesure, limite, forme, compromis indispensable entre les divers éléments, pour que la Création continue à évoluer dans l'espace et dans le temps. Voilà donc un homme qui se montre tendre et compatissant même pour les péchés de Sodome! Il intercède pour elle et se dispute avec Dieu, qui est à la fois Hashem et Elohim. Souvent il est charitable à propos, mais dans la perspective biblique, il est parfois miséricordieux hors de propos. Avec son neveu Lot par exemple, ce personnage douteux qui a librement choisi de vivre parmi les gens pervers de Sodome, et s'arrange pour coucher ivre-mort avec ses propres filles. Comme l'ont écrit nos Sages, "celui qui est miséricordieux avec l'assassin finira par être l'assassin du miséricordieux!"

A la fin du chapitre 31 de la Genèse, on nous dit qu'Abraham séjourna dans la terre des Philistins des jours multiples: c'est déjà un peu bizarre. Il vit parfois en terre de Canaan, et plus souvent encore dans celle des Philistins impies. Ça l'arrange bien. Il ne fait pas grande différence, semble-t-il, entre les Philistins et les autres Goïm. Les limites, les frontières ne l'intéressent pas outre mesure.

Or, (1) ce fut après ces choses qu'Elohim éprouva (tenta) Abraham et lui dit: -Abraham! Il dit: -Me voici. Et il lui dit: -Prends ton fils, ton unique, celui que tu aimes, Isaac, et va-t-en vers la terre du Moriah et fais-le monter là en montée d'offrande, sur une des montagnes que je te dirai. Abraham se leva tôt matin, sangla son âne, prit deux de ses jeunes serviteurs avec lui, et Isaac son fils. Il fendit des bois de montée d'offrande, et il se leva, et alla vers le lieu que Dieu lui disait. Au troisième jour, Abraham éleva ses yeux et vit, de loin, le lieu. Abraham dit à ses jeunes serviteurs: -Pour vous, asseyez-vous ici avec l'âne; moi, et l'enfant, nous irons jusque là-bas. Nous nous prosternerons, et nous retournerons vers vous. Abraham prit les bois de la montée d'offrande, les mit sur Isaac son fils; il prit dans sa main le feu et le couteau, et ils allèrent, eux deux, comme un.

Isaac dit vers Abraham son père; il dit: -Mon père. Et lui dit: -Me voici, mon fils. Et il dit: -Voici le feu et les bois. Mais où est l'agneau pour la montée d'offrande? Et Abraham dit: -Elohim, pour lui, verra à l'agneau, mon fils, pour la montée d'offrande. Et ils allèrent, eux deux, comme un. Et ils vinrent vers le lieu que Dieu lui dit. Abraham bâtit là l'immoloir; il rangea les bois; il ligota son fils; il le mit sur l'immoloir, par-dessus les bois; et Abraham envoya sa main et prit le couteau, pour égorger son fils. Alors, un mandé du Seigneur (YHWH) appela, des cieux, vers lui, et dit: -Abraham! Abraham! Et il dit: -Me voici. Et il dit: -N'envoie pas ta main sur l'enfant, et ne lui fais rien. Car j'ai connu maintenant que tu es craignant Elohim, et tu n'as point empêché (retenu) de moi ton fils, ton unique. Abraham éleva ses yeux et il vit. Et voici un bélier, en arrière, saisi dans le buisson par les cornes. Abraham alla, il prit le bélier et le fit monter, en montée d'offrande, en place de son fils. [Littéralement: dessous son fils.] Et Abraham prononça: YHWH (Hashem) verra, le nom de ce lieu, dont on dit jusqu'en ce jour: "Dans la montagne, YHWH sera vu."[1]

En ce lieu Hashem verra, et Hashem sera vu: c'est le sens même du mot "Moriah", interprété sur-le-champ par Abraham. "L'ange (l'envoyé) de YHWH appela du ciel vers Abraham une seconde fois, et lui dit: -Par moi, j'ai juré, annonce de YHWH, qu'en suite de ce que tu as fait cette chose-ci, et que tu n'as pas empêché (épargné) de moi ton fils, ton unique, je te bénirai, je multiplierai ta semence comme les étoiles du ciel et comme le sable qui est sur la lèvre de la mer; ta semence héritera la porte de ceux qui la haïssent, et se béniront en ta semence toutes les nations de la terre, en suite de ce que tu as entendu à ma voix." Laquelle? La seconde voix, évidemment celle de Hashem qui sauve Isaac. "Puis Abraham retourna vers ses jeunes serviteurs. Ils se levèrent. Ils allèrent à Beer-Shéva ensemble. Et après ces choses-là, on raconta à Abraham, disant: Voilà que Milka, elle aussi, a enfanté des fils à Nahor, ton frère." Ici recommencent les enfantements, le cours normal de la vie retrouvée se déroule tout naturellement devant nos yeux étonnés.

Reprenons le premier verset du chapitre 22: "Or, ce fut après ces choses (ces paroles) que Dieu tenta (éprouva) Abraham." Quelles choses? Le Talmud nous dit que lorsqu'un chapitre biblique commence par "Vayehi a'har ha-devarim ha-éléh", c'est un signe annonciateur de difficultés ou de malheurs. Notre texte ne va pas faillir à la règle. Pourquoi Dieu veut-il maintenant tenter ou éprouver Abraham? Dans Genèse 21:28-33, on nous raconte que pour le sevrage d'Isaac, Abraham, résidant au pays des Philistins, avait fait un grand festin en l'honneur du roi de Guérar. Ce monarque philistin s'appelait Abimelekh. Non content de festoyer avec son hôte, Abraham conclut une alliance avec lui. Voilà un des signes de l'excès de tendresse humaine, de la démesure dans l'exercice de la bonté, ou *Hésèd*, chez Abraham.

Emmanuel Lévinas, évoquant plusieurs paraboles talmudiques consacrées à la mission d'Abraham, a signalé les trois fautes du patriarche qui entraînèrent l'exil d'Israël en Egypte pendant 400 ans. Mais il existe une autre faille dans le caractère même d'Abraham, que souligne la tradition orale: c'est ce déséquilibre dangereux entre la grâce et la rigueur—entre la générosité sans frontières, ou *hésèd*, et la vertu

[1] D'après la traduction d'Edmond Fleg.

de jugement, ou *Dîne*. L'amitié fidèle pour Loth, l'intercession pour Sodome en sont les premiers exemples. "Et après ces choses-là, dit le verset, Dieu éprouva Abraham." Mais auparavant, il y a eu l'alliance cordiale avec Abimelekh. Abusant de la vertu de charité et de tendresse, Abraham non seulement se commet sans nécessité aucune avec l'idolâtre Abimelekh, le roi philistin de Guérar, mais il va jusqu'à trancher une alliance solennelle avec lui (Gen. 21:28). Emporté par l'enthousiasme à l'occasion du sevrage tardif d'Isaac, l'enfant du miracle, il dépasse, dans son exaltation, les limites de l'amour fraternel vraiment possible en ce bas-monde. Est-ce que l'alliance d'Abraham avec Dieu ne lui avait pas suffi? Fallait-il en plus, celle des Philistins?

Voilà une de "ces choses" qui provoquent l'intervention compensatoire de la rigueur divine dès qu'elle se sent négligée par les créatures irréfléchies. La foi ne protège pas l'homme des contraintes et des contingences de ce bas-monde: c'est bien pourquoi Abraham conclut une alliance avec le païen Abimelekh, et fait passer sa femme Sarah pour sa soeur aux yeux de Pharaon. La générosité, indice de l'amour gratuit et sans mesure d'Abraham, est mise à l'épreuve par Elohim, le Créateur, juge, roi du ciel et de la terre. Alors vient, comme en contre-point, l'exigence terrible de la "ligature" ou du sacrifice d'Isaac: "Ah, tu es tellement généreux du côté des hommes; montre-moi maintenant comment tu te comportes à mon égard", lui dit le Dieu jumelé Hashem-Elohim. A l'heure du règlement des comptes, on lui demandera de donner son fils Isaac "celui que tu aimes, ton unique", comme Dieu est unique et seul objet d'amour. Dans l'amour excessif qu'Abraham porte à Isaac, n'y avait-il pas une concurrence à l'égard du seul, de l'autre aimé et jaloux, du Dieu UN? Isaac ne rivalisait-il pas avec Dieu dans l'âme trop aimante d'Abraham? Là se situe pour lui le plus grand des périls. Cette unité amoureuse d'Abraham et d'Isaac sera relevée trois fois dans le texte. Trois fois ils vont ensemble "comme un". Trois fois le texte souligne l'unicité d'Isaac dans le coeur d'Abraham. C'est trop pour un seul homme!

Comment comprendre cette histoire atroce? Voici un midrash: Abraham sait ce qui va se passer. Il a déjà reçu l'ordre divin. Mais il y a sa femme Sarah. Abraham dit en son coeur: "Comment ferai-je pour séparer Isaac de Sarah, afin de le faire monter devant Dieu en sacrifice de brûlement entier?" Il use d'un subterfuge. Il parle à Sarah en ces termes: "Notre fils est devenu grand. Il n'a pas encore appris à servir Dieu en son temps. Maintenant, j'irai demain et je le conduirai à l'école chez le vieil Héber. Là il apprendra correctement l'hébreu; il connaîtra la voie de Dieu." Bref on l'envoie à la Yechiva, à l'Université talmudique sise sur le Mont Moriah. Héber est l'ancêtre des Hébreux, l'aïeul d'Abraham. Auprès de lui, Isaac commencera enfin l'étude de la Tora orale. On lui enseignera comment prier Dieu; il y découvrira les voies du culte. Mais Sarah est une mère juive: elle devine tout de suite que tout cela est trop beau pour être vrai. Elle discerne d'instinct que la montée d'Isaac à la Yechiva du Mont Moriah—à la maison d'études juives—c'est le premier pas de chaque jeune Juif bien né vers le bûcher. La connaissance de la Bible et de la loi orale en l'initiant aux voies de la sainteté, entraîne sa séparation des nations profanes et l'introduit ainsi au martyre, au Kiddoush-Hashem. La maison d'études juive, c'est l'antichambre spirituelle de tous les Auschwitz de l'histoire! Elle le comprend, elle pleure, mais elle cède.

Au moment du départ, "ils s'arrachent l'un à l'autre et Sarah s'accrocha à Isaac, son fils, le saisit entre ses bras et elle serra son cou, elle l'embrassa et pleura avec lui et Sarah dit: 'Qui sait si je te verrai encore un jour, mon fils, à partir de ce jour?' Et ils pleurèrent encore un grand pleurement, Abraham, Sarah et Isaac et ceux qui allaient avec eux sur la route pour les mettre en chemin. Puis Sarah s'en retourna dans sa tente avec un gémissement très fort".

Que signifie cette immolation? Chaque homme est attaché à la vie. Le père veut que son fils vive. Le père et le fils veulent vivre tous deux. Soudain, Abraham est séduit par la mort parlant par la voix d'Elohim; c'est une tentation irrésistible, la ruse diabolique par excellence. Certains midrashim montrent le rôle secret de Satan dans cette affaire. Avant que notre drame ne commence, il incite Dieu à "essayer" Abraham, comme ailleurs il poussera Elohim à "essayer" Job. Pour Abraham, la mort d'Isaac son unique, celui qu'il aime, c'est finalement le suicide. Avec l'extinction de sa postérité, c'est l'avenir d'Abraham qui est anéanti. Quel espoir demeurerait-il pour ce vieillard déjà centenaire? N'est-ce pas aussi la fin prématurée de sa brève mission religieuse dans le temps et dans l'espace réels du monde? Dieu demande à Abraham de mourir à travers Isaac son unique; habilement poussé par Satan, c'est en tentateur qu'il lui parle ainsi. Que faire? L'obéissance aveugle et sans recours à cet ordre suicidaire est l'occasion de la chute d'Abraham. L'épreuve consiste justement en ceci, qu'elle enferme Abraham dans un dilemme auquel il ne peut pas échapper. La seule alternative à l'infidélité, au refus d'obéissance à Dieu, serait l'auto-destruction. Il y a une autre issue: c'est la tentation d'agir par excès d'obéissance, celle d'en finir vite, en consentant trop humblement à la mort, saluée comme la libératrice du souci humain devenu intolérable. Quelle sera sa décision? "Abraham se leva tôt le matin... et alla vers le lieu que Dieu lui avait dit" (Gen. 21:3). Une petite parenthèse sur la conduite d'Abraham: Abraham est le fils de Térah, l'idolâtre d'Ur en Chaldée. Selon le Coran, Abraham, révolté, avait brisé les idoles de son père. Cette histoire se trouvait d'abord recensée, un demi-millénaire auparavant, dans les midrashim du Talmud. Abraham, le fils rebelle, est parti vivre en Canaan après avoir répudié l'héritage impur de sa propre civilisation. Iconoclaste, il plonge dans le désert d'une existence solitaire, errante. L'acte de briser les idoles du père — un parricide idéologique — c'est déjà une tentative de suicide d'Abraham. En tant qu'héritier légitime, il se nie en quelque sorte lui-même, dès lors qu'il anéantit à coups de marteau les dieux de Térah, les valeurs suprêmes du père. Ensuite, devenu partout étranger, il s'exile dans la profondeur vacante du désert.

Dans le schéma déterministe d'un Spengler, d'un Freud ou d'un Hegel, le meurtre d'Isaac est inévitable, car il résulte des complexes inconscients d'agression et de culpabilité noués dans l'âme de son père. Il s'enracine dans les conflits insolubles opposant jadis Abraham à sa propre famille, que ce crime ultime sanctionne. Dans la perspective du "Déclin de l'Occident" de Spengler, l'épisode de la mort d'Isaac est une vérification de la loi d'airain du Temps. "N'as-tu pas renié ton père? Tu paieras ton crime en supprimant successivement tes deux fils (Ismaël, puis Isaac) et en te suicidant." C'est le cycle infernal de l'Oedipe freudien.

Il n'y a pas donc lieu de s'extasier, comme on le fait toujours, devant l'obéissance d'Abraham, courant au Mont Moriah avec un grand coutelas d'égorger en main, prêt à immoler son fils bien-aimé sur l'autel. Cette soumission est suspecte, elle entre trop dans le plan de la Nécessité historique, cette horrible mécanique du meurtre universel. Elle se situe tout entière dans la seule perspective d'Elohim, dont elle accomplit aveuglément le décret rigoureux, la volonté de jugement implacable, arbitrairement divorcée de la charité graciante de YHWH. Elle est l'effet fatal de circonstances déclenchées dans un lointain passé par des aïeux criminels, ou victimes de leurs propres iniquités.

C'est ainsi qu'on peut lire cette histoire dans notre optique méca-niste du Fatum, en l'interprétant à la mode occidentale. Mais cette grille de lecture partielle, tronquée, ne saurait s'appliquer ici. L'ex-traordinaire n'est pas le consentement du père à ce double sacrifice monstrueux, qui est à la fois un meurtre et un suicide. L'inattendu, c'est l'arrêt du sacrifice assassin. Le meurtre du fils est prédéterminé par les origines très difficiles, les drames de jeunesse d'Abraham. "On ne quitte pas", dit le texte coranique, "son père à jamais". Le répu-dier ainsi, c'est se damner soi-même, s'aliéner à la racine de son pro-pre être; et le fils unique de la vieillesse d'Abraham héritera de ce malheur. Dans la perspective tragique grecque, rien de plus normal. C'est un automatisme monté par la fatalité, auquel nul ne peut échapper.

Si, malgré tout, l'obéissance inconditionnelle à Elohim pose ques-tion, le vrai miracle réside dans la suspension du sacrifice. Celle-ci va à l'encontre de la logique destructive enracinée dans le passé, elle arrête le destin spenglerien, la dictée de la nécessité historique. Il y a un commencement imprévisible, quelque chose de neuf se produit dans la monotone généalogie humaine.

Ce nouveau départ, ancré dans l'agonie du héros qui s'arrache au passé, nous rappelle le premier ordre que Dieu (sous sa forme rigou-reuse d'Elohim) adresse à Abraham: " 'Lekh lekha', va-t-en vers toi-même, loin de ton pays, loin de ta ville natale, loin de la maison de ton père" (Gen. 12:1). C'était pour lui le déchirement initial, le pre-mier pas vers son supplice. Et ici, sur le Mont Moriah, l'épreuve n'est plus seulement l'arrachement au passé, mais l'oblitération certaine de tout avenir. Désormais, il n'y a plus d'Histoire Sainte... Elle finit ici avec Isaac, égorgé sur le bûcher en flammes par la main de son père.

Or, au lieu de subir les conséquences d'un mécanisme monté et déclenché une fois pour toutes dans le passé, cet enfant toujours à naître, si tard venu dans la vie d'Abraham, cet enfant du miracle, sera risqué sur le bûcher et sauvé. Au plus profond du déclin, de l'usure, du remords, de la culpabilité, de la corruption mortelles, du dégoût de vivre, il y a eu tout à coup au désert la naissance improba-ble de cet enfant Isaac, fils d'un femme nonagénaire et d'un homme de cent ans. Ensuite, il est arraché aux bois du sacrifice dont rien ne semblait devoir le soustraire. Parce qu'il a tué son père Taré, en détruisant ses idoles à coups de marteau, Abraham est poussé à s'anéantir et à nier son fils unique, son propre avenir. Voilà pour lui le purgatoire perpétuel, le piège diabolique qu'il convient d'éviter.

Lorsqu'il exigea le sacrifice d'Isaac, Dieu n'a pas seulement éprouvé Abraham, il l'a tenté, et le mot est bel et bien écrit au premier verset de notre chapitre: "Après ces choses-là, Elohim *tenta* (nissah) Abraham." C'est en partie pour apaiser son père, et tout ce passé déchu qui pourrissait encore en lui parce qu'il est un simple mortel, qu'Abraham gravit avec tant d'obéissance le Mont Moriah avec son fils Isaac, l'unique fruit de l'errance, l'espoir de sa vieillesse longtemps stérile. Tous les deux marchent ensemble, silencieusement, "comme Un". Un de trop, pourtant, Elohim est un Dieu jaloux: "deux comme un" sont ses concurrents, c'est évident. Alors, défié par Satan, Dieu met en marche l'épouvantable machine sacrificielle.

Lors de la première phase de la montée, c'est l'âne qui porte les bois de l'holocauste. L'âne (*'hamor*, en hébreu) symbolise ici la matière physique du monde (*'homer*). La substance concrète du cosmos reste au bas du Mont Moriah. Un autre midrash nous dit que lorsque le Messie viendra, contrairement à Abraham, il amènera l'âne jusqu'au faîte du Mont Moriah, parce qu'alors la matière opaque du monde sera sauvée elle aussi. Le père et le fils montent seuls au Mont Moriah, d'abord dans le silence. Imaginons cette longue marche au supplice. Abraham sait bien où il va. Isaac s'en doute peut-être. Il demande: "Où est l'agneau, mon père?" De quel père s'agit-il ici? Abraham répond à Isaac comme il avait répondu auparavant à l'appel de Dieu: "Me voici, *Hinéni*." Je suis là avec toi, dans la plénitude de mon moi humain. Ce mot est répété trois fois dans le texte, comme le sont les deux autres expressions désignant l'un et l'unique. Lorsque Isaac s'enquiert de l'agneau, Abraham lui dit: "Elohim y pourvoira, cette fois-ci." Littéralement: "Dieu verra pour lui-même à l'agneau, mon fils" (v. 8). C'est encore le nom du Mont Moriah qui est impliqué ici dans le verbe voir. On peut comprendre qu'Isaac a déjà saisi de quoi il s'agit: de sa propre oblation. Malgré cela, dit le midrash, il reste avec son père et ils continuent à marcher comme Un, "ya'hdav". La menace de la mort ne suffit pas pour les séparer. L'amour excessif du père et du fils demeure intact et vainc la peur du néant. L'approche du lieu dernier produit un *suspense* terrifiant qui s'exprime à travers leur double silence. La victime désignée par Elohim porte sur son dos les bois du sacrifice sanglant. Voilà maintenant Isaac ligoté sur "l'immoloir" selon la forte traduction d'Edmond Fleg: "Abraham envoya sa main et prit le couteau pour égorger son fils" (v. 10). Dans la tradition d'Israël, pour abattre rituellement une victime animale, il existe un instrument spécial, dont le nom technique est mentionné dans notre texte: "maakhélèt" (le couteau de dévoration). Abraham tient ce couteau en main pour trancher d'un seul coup la gorge de son fils. "Et sur l'autel, ajoute le midrash, Isaac tendit le cou devant son père." Les termes hébraïques employés ici expriment par leur détachement et leur précision mêmes toute l'horreur de la situation. Abraham n'est pas un bourreau, c'est le père. Mais dans quelles circonstances! Voilà Isaac ligoté sur l'autel, "afin qu'il ne bouge pas, et ne profane pas le sacrifice du brûlement entier"; le couteau de dévoration d'Abraham se lève lentement sur le coeur de l'enfant et les flammes sont déjà prêtes à jaillir du bûcher. C'est un moment qui dure une éternité; pour chacun d'entre nous, dans toutes les générations, cet instant n'en finit pas de devenir actuel: c'est le Lieu mental d'Auschwitz. Abraham haletant, paralysé, ne peut se résoudre à frapper. Dans cette attente, il a déjà frappé mille fois. En pensée, il s'est déjà poignardé à mort avec ce couteau d'abattage sacramentel. Dans la transe, Dieu non plus ne peut se résoudre à l'arrêter. Ils sont là, tous les trois, fascinés, retenant leur souffle: cette tentation suspendue, c'est elle qui va sauver Abraham. Comment faire durer une attente pareille? Ne pas aller trop vite? Mourir est plus facile que subir le temps crucifiant. Se tuer est plus simple que vivre l'agonie, brûlant sans fin dans le creuset d'une vie impossible. Un midrash interprète de façon mi-ironique, mi-tragique, l'horreur de cette situation.

Selon ce texte très ancien, Abraham, le couteau levé, se remémore les mille détails de la minutieuse législation talmudique concernant l'abattage rituel des animaux de boucherie. Si le sacrificateur viole une seule de ces règles, la viande n'est pas "cachère" et demeure interdite à la consommation. Ainsi l'animal doit être lavé, il ne saurait avoir aucun défaut, le fil de couteau ne présentera pas la moindre entaille, etc... Abraham, nous dit ce midrash saugrenu — dont l'ironie même décuple l'atmosphère d'angoisse — se récite à voix basse un traité entier du Talmud, pour s'assurer de ne faire aucune erreur technique, de ne commettre nulle transgression en égorgeant son fils... C'est ainsi qu'il peut prolonger l'intolérable attente. Repassant dans la tête la jurisprudence juive complexe qui s'appliquera un millénaire plus tard au sacrifice des animaux sur l'autel du futur temple de Jérusalem, Abraham réussit à patienter sans devenir fou de douleur. Humour de potence juif, d'une profondeur abyssale... Qu'est-ce que le peuple d'Israël a fait pendant les millénaires de persécution et d'exil? Comment s'y est-il pris dans les ghettos pour durer, ne pas crever de misère, résister au désespoir, ne pas se suicider sur place, comme les Gentils l'y conviaient? Qu'avons-nous fait sinon nous répéter par coeur dans les écoles talmudiques tous les chapitres inutiles ou périmés du Talmud, y compris ceux touchant aux sacrifices du Temple détruit, ou aux cérémonies expiatoires liées à la cendre de la vache rousse? Depuis deux mille ans, il n'existe ni Temple, ni rituel de purification, avec les cendres de la vache rousse... Israël, pour durer dans l'exil, survivre aux goulags de l'histoire, s'est, comme Abraham au bûcher, remémoré les gloses et les dispositions juridiques du Talmud. C'est ainsi qu'on fait passer, sans trahir l'essentiel, les millénaires du bannissement et qu'on résiste sans défaillir au suspens mortel!

Au prix d'une telle patience, la salvation peut avoir lieu. Grâce à elle, le père et le fils vont devenir ce qu'ils sont: "Ils allèrent eux deux, comme un." L'ange de Hashem dit: "Tu n'as pas épargné ton fils, ton unique." Il n'a pas offert l'enfant de quelqu'un d'autre, mais bien son propre fils. L'offrande n'a pas eu lieu par procuration: voilà surtout ce que Hashem trouve à louer dans la conduite d'Abraham. Et pourtant il y a l'holocauste d'un bélier. N'est-ce pas une substitution pure et simple pour Isaac? Non, le bélier ne remplace pas Isaac pour l'holocauste car le bélier est donné après coup, il vient en plus. "Vehinéh aÿil!" Voici un bélier! On n'a pas placé le bélier sur l'autel avant le fils, mais "sous lui". Il est venu ensuite. C'est Dieu, et non Abraham, qui a fait la substitution des victimes. L'échange entre le bélier et le fils de l'homme ne s'est pas fait selon les termes trop humains d'Abraham. Au contraire, nous, en Occident, nous décidons nous-mêmes de la procuration: c'est pourquoi nous échouons. Nous disons carrément: "Mettons un agneau bien gras sur l'autel, et ça ira mieux ainsi!" Une telle intention s'oppose à celle de notre texte. Elle ne va guère dans le sens de l'expérience juive, car si nous cachons et "empêchons" de devant Dieu — qui s'est enfoui en nous comme le bélier s'est pris les cornes dans le buisson — notre fils unique, c'est-à-dire nous-mêmes, alors nous remplaçons notre être et celui de notre fils par un succédané. Nous réservons notre lendemain. Il y a tricherie, et ce geste-là ne serait pas efficace, puisque faussé dans ses intentions. L'offrance du bélier devra donc venir en excédent d'Isaac. Elle restera hors de notre pouvoir. Si cette montée du bélier à l'autel ne se produit pas après l'oblation inconditionnelle du fils, elle sera privée de signification et de vérité.

Selon un autre midrash, Isaac sur le bûcher dit à son père: "Mon père, quand tu m'auras égorgé et brûlé en brûlement entier, tu prendras avec toi le restant de ma cendre. Tu la porteras à Sarah ma mère, et tu lui diras: 'Voici le parfum d'Isaac.' Toutefois, tu ne lui diras pas cette chose-là quand ma mère se trouvera près d'un puits ou sur un toit, de peur qu'elle ne précipite sa vie à cause de moi, et de peur qu'elle ne meure." Quand Abraham entendit sur le bûcher les paroles d'Isaac, il éleva sa voix et il pleura. Pendant qu'Isaac disait ces paroles, les larmes d'Abraham descendirent sur Isaac son fils, et Isaac aussi pleura beaucoup, et il dit à son père: "Vite, hâte-toi mon père, accomplis la volonté de Dieu ainsi qu'il te l'a ordonné."

A l'instant du couteau levé et de la flamme, Abraham muet, le souffle arrêté dans la gorge, reconnaît tout à coup son fils Isaac. Malgré le passé, malgré son père Taré, le marchand d'idoles renié, il découvre en lui l'être humain intangible, l'enfant nouveau-né, sans tache, issu de sa chair mortelle, et il pleure. Alors, souligne le *Zohar*, les larmes d'Abraham mêlées à celles des anges, qui descendent soudain du ciel, dissolvent le couteau du sacrifice. L'ange de yhwh dit à Abraham: "Je sais maintenant que tu es *craignant-Dieu*", tu as le respect du visage humain souffrant — celui de ton fils Isaac, le tien également. Penché, en larmes, sur le corps d'Isaac, Abraham s'est reconnu dans les traits de la victime, et il y a discerné ceux de la Présence, car Adam a été fait le sixième jour à la ressemblance d'Elohim. La "crainte de Dieu" judaïque n'est autre que la reconnaissance de la Présence divine dans le visage unique de l'autre homme, du fils, de soi-même aussi.

Abraham est bouleversé par le surgissement de son fils, de l'enfant éternel auquel fait pendant l'apparition soudaine du bélier. Celui-ci était caché dans le buisson, derrière lui, et jusqu'à cet instant décisif il ne l'a pas encore vu. C'est ici la rencontre de l'homme par lui-même, dans le compagnonnage de l'agneau, du Vivant éternel, par-delà l'horreur de l'histoire, malgré la menace du passé, la guerre entre les générations, la double culpabilité à l'égard des pères et des fils.

Il y a là une manifestation absolue de la compassion. Le mot "Ra'hamim", qui est masculin en hébreu, s'écrit au pluriel, et veut dire "les matrices". On dit de Dieu miséricordieux qu'Il est plein de Ra'hamim. Certes, Hashem est débordant de "matrices", mais il est aussi Elohim, ne l'oublions pas! Il y a ceux qui disent: assez! et ceux qui proclament: jamais assez! La matrice est le lieu de la générosité sans limite. Mais El Shadday pose une frontière autour de chaque créature. De cet équilibre fragile naît la compréhension sympathique et passionnelle de l'être pour l'être, et celle du Créateur pour ses créatures. Cette sympathie prévaut ici, en dépit du temps, de l'histoire, du péché originel de la race humaine, de l'idolâtrie du père, de la méchanceté de l'homme tourné vers le passé, fasciné par l'impuissance et la mort. L'être nouveau-né émerge, triomphant et souffrant, du sacrifice prédéterminé par l'histoire. C'est dans l'instant même où la flamme jaillit sur son propre bûcher que l'homme parfois resurgit vivant, transfiguré, surmontant son agonie. Le couple Abraham-Isaac est vraiment à l'image du prince des origines: celui qui est pur don de soi, à lui seul la promesse de vie sera donnée. En accord avec elle, Abraham a attendu. Tout à coup (verset 11), un envoyé de yhwh l'appelle deux fois: "Abraham, Abraham." La difficulté était d'espérer, contre toute espérance, l'avènement de la seconde voix. Cette fois-ci, c'est bien l'ange de Hashem qui parle; c'est le messager du Dieu de la tendresse et de l'amour infini, qui interpelle deux fois Abraham. D'abord il avait été éprouvé par Elohim. Et maintenant le voilà secouru par l'Autre de miséricorde qui est pourtant le Même: "Abraham, Abraham!" A ce double appel correspondent deux interlocuteurs qui sont un, et deux Abraham qui sont un: l'Abraham rigoureux qui obéit et agit, l'Abraham de compassion qui suspend le geste fatal. Mais c'est le même coeur aimant et déchiré qui souffre dans l'intervalle terrifiant de l'attente. L'ange de yhwh crie vers Abraham "depuis les cieux", sa voix lui parvient d'au-delà du monde créé. L'amour de Dieu s'origine dans le lieu de nulle part qui est situé au-delà des étoiles, il descend vers nous du haut des cieux. Abraham, percevant cette voix céleste, répond une fois de plus, comme au début de notre texte: "Hinéni", me voici. Sa fidélité aux deux voix du Dieu Un est la même. Il répond présent à la rigueur d'Elohim, aussi bien qu'à la charité de yhwh. L'important, c'est qu'Abraham, à force d'attention, ait été capable de déjouer la ruse satanique et d'entrer ainsi dans le dessein salvateur ultime de son Dieu secret. Il a surmonté la tentation démoniaque pour accéder à l'épreuve d'amour qui, à travers les embûches de Satan, rejoint le projet rédempteur réel de Dieu. Par-dessous la voix tentatrice d'Elohim qui commande: "Tue et meurs", à laquelle se mêle son propre désir de mourir, son intime souhait d'en finir avec le cauchemar de la vie humaine, il a su discerner la voix seconde, à la fois la plus haute et la plus profonde, celle qui vient vraiment du plus loin des cieux. Il a capté l'ordre qui suspend le sacrifice. Cette seconde voix interdit l'obéissance aveugle au Fatum. Il fallait qu'Abraham retrouve l'intention première et dernière de Dieu contre l'ordre de Dieu-même: échappant au triple piège divin, satanique et trop humain, il s'arrache *in extremis* au vertige du suicide, auquel il s'était d'abord livré.

Abraham a su résister à la tentation de mourir et de faire mourir.
S'il est un impératif catégorique, parmi les dix commandements du
Sinaï, qu'on oublie obstinément, qui est pourtant repris quatre fois
dans les Evangiles par Jésus, c'est: "Tu ne tueras pas." Il définit Satan,
le père du mensonge, comme "le meurtrier depuis le début", qui ment
pour dissimuler son crime de sang. Le meurtre est le plus grand péché,
non seulement contre l'esprit, mais contre la création elle-même, la
négation de l'oeuvre divine et de l'existence des hommes sur la terre.
Assassiner, c'est couper le courant du temps aux autres, comme
à soi-même. Voilà la tentation ténébreuse qu'Abraham a su vaincre.
On lui a demandé une chose épouvantable: égorger son fils. Chaque
fils est unique; chaque fils est aimé par ses parents, s'ils sont vraiment père et mère. Il a su par une extraordinaire puissance de suspens et de dévouement retarder le moment fatal. Il lui aurait été plus
facile d'y aller, et d'en finir. Mais lui, il a réussi à ne pas tuer, à ne
pas mourir. Il a osé jeter son filet de pêcheur d'hommes sur tout l'avenir
humain, qu'il a sauvé. Grâce à lui, on a bel et bien pu écrire l'Histoire Sainte.

Par l'action salvatrice d'un seul homme, la rédemption de l'espèce
hors de l'animalité, de la cruauté et du meurtre peut s'opérer. A la
suite du geste d'Abraham, l'homicide rituel devient impossible. Voilà
ce que j'ai appris. C'est une leçon que nous ferions bien de propager
autour de nous, et d'appliquer strictement à notre propre conduite,
avec toute la rigueur imaginable.

On affirme communément qu'Abraham avait foi en Dieu. Le texte
hébreu dit: "Hou héémine ba-Shem." Quel est le sens véritable de
ce passage? Alors que le mot "foi" est chargé de connotations péjora-
tives dans notre monde, où il évoque la croyance aveugle, la superstition, le verset biblique dit simplement qu'Abraham avait confiance
en YHWH. Il a fait crédit aux intentions de Hashem sans en exiger
des garanties préalables. Tout en obéissant à la loi d'Elohim, il a donné
sa fiance à la bonté de YHWH. Confiant en l'unité bipolaire de Dieu,
il a attendu que vienne sur lui, comme une rosée salvifique, la
deuxième voix qui est celle de Hashem. Il n'a pas écouté seulement
Elohim. Il a espéré en la deuxième voix, et elle est venue. C'est pour
cela que l'épreuve a été réussie. Seule cette seconde voix permet de
surmonter la tentation homicide et suicidaire, d'éviter le piège tendu
par Satan. Abraham n'a pas obéi trop vite. Il n'est pas allé s'abîmer
automatiquement, comme en transe, dans le néant final. Il ne s'est
pas jeté en avant sous prétexte de piété. Cet acte irréparable aurait

détruit tout l'avenir temporel, et brisé le dessein rédempteur de Dieu dans l'histoire du monde. Aller jusqu'au bout, pour Abraham, c'eût été ne pas se donner le temps de capter la seconde voix, alors que l'épreuve initiatique exigeait d'être traversée, soufferte, dépassée. Il est un autre passage biblique qui ressemble à cette histoire terrifiante, c'est l'épisode du jugement de Salomon, dans le premier Livre des Rois (III, 16-28). Le parallèle s'impose entre les deux voix divines contradictoires du non-sacrifice d'Isaac, et les deux voix opposées qui se font entendre lors du jugement royal. L'épée justicière qui doit trancher à la fois le litige pénal et son objet, l'enfant survivant — selon l'ordre premier du roi — désigne évidemment la parole du souverain juge, du Seigneur qui pénètre la vérité et prononce la sentence. C'est la voix d'Elohim qui s'exprime ici, par l'effet d'une ruse géniale du roi, qui fera sortir ensuite des ténèbres de l'âme pécheresse la vérité d'amour cachée. L'organe de cette dernière, c'est la supplication de la mère de l'enfant encore en vie, le cri de ses entrailles, la voix de sa matrice: l'élan de bonté gratuite, qu'on appelle en hébreu "ra'hamim", la compassion du ventre. La voix de yhwh résonne ici, à travers celle de la mère compatissante, attachée à la vie de son enfant, même si elle doit le perdre pour toujours: "Ah, mon Seigneur, donnez-lui (à l'autre femme) l'enfant qui vit, et ne le faites point mourir" (v. 26). A ce moment précis, le roi prononce sa sentence de vérité et d'amour: "Donnez à la première l'enfant qui vit, et qu'on ne le tue pas: c'est elle qui est la mère!" (v. 27). Mais les deux voix, celle de l'épée et celle de la mère, trouvent leur origine dans un même lieu spirituel: Elohim et yhwh s'y expriment tour à tour. A travers le verdict du roi Salomon, Hashem-Elohim fait éclater la justice, en même temps que l'amour sauveur du monde, rédempteur de "l'enfant qui vit".

Au moment où Abraham entend la voix du messager qui lui enjoint d'arrêter le meurtre de son fils, le texte dit qu'il élève, ou plus exactement "porte" ses yeux, d'abord baissés vers le sol, rivés au bûcher de sa douleur; il exalte son regard figé dans l'attente horrible, en se retournant sur soi-même, et cherche issue "en arrière". "Et voici un bélier", après lui se mouvant, pris par les cornes dans le buisson. "Abraham alla; il prit le bélier et le fit monter, en montée d'offrande, en place de son fils" (v. 13).

Maintenant qu'Abraham suspend le meurtre d'Isaac et porte son regard en arrière, quêtant après l'inattendu qui, déjà, l'attendait dans le buisson, et voyait Abraham debout devant lui, cet être invisible est enfin aperçu à son tour: c'est le bélier. "Aÿil" (Aleph, Yod, Lamed), procède des mêmes lettres hébraïques que le mot "El", Dieu—la forme singulière d'Elohim. Le Yod intercalé dans le vocable "El" entre l'Aleph et le Lamed est l'initiale du tétragramme imprononçable de YHWH, en même temps que celle d'Israël, de Jacob, de Juda et de Joseph; le Yod est aussi le signe du futur hébraïque à la troisième personne, l'indice de l'avènement imminent du troisième, ou de la troisième personne—en hébreu: "nistar", celui qui est caché. En araméen, un terme presque identique désigne le mot de la révélation divine (Memrah) et l'agneau (Memar). Le bélier d'Abraham est l'étincelle du Verbe égarée dans les ténèbres le premier jour de la création du monde selon le récit du Zohar. Il est récupéré, rédimé, hors des "écorces" matérielles impures, par l'acte sacrificiel d'Abraham qui rapproche, unifie l'obscur et le visible dans le feu de la manifestation, à laquelle sa main participe sur l'autel où fut ligoté d'abord Isaac son fils. Rashi, dans son commentaire, souligne la parenté entre la scène du bélier et celle de l'apparition de YHWH au sein du Buisson Ardent dans Exode III, 2, 3.

Aleph et Lamed, la première et la dernière lettres du mot "Aÿil", constituent le nom de Dieu sous l'aspect de la rigueur. El, c'est Dieu créateur, source de la loi, garant de la limite, responsable de l'ordre qui régit le monde. Entre ces deux lettres s'intercale le Yod, qui est comme le devenir de Dieu. Dieu est futurible sous les espèces de la grâce, de la tendresse et de l'amour. Dans le nom du bélier se manifeste donc l'unité bipolaire du Dieu d'Israël; à travers l'"Aÿil" d'Abraham, Hashem-Elohim lui-même est élevé sur le bûcher, offert à la place d'Isaac, mais "sous lui", après lui seulement. Dieu ne veut pas la mort de l'homme, il exige de lui son amour et sa fiance. Il est nécessaire que le Dieu qui verra, et pourvoira (au sacrifice), devienne le Dieu qui sera vu de près par l'homme à la montagne de YHWH. Alors seulement Dieu pourvoira à lui-même, se pourvoira de soi comme de l'unique victime possible et efficace pour le sacrifice d'Abraham: "Agnus Dei". Il ne s'agit nullement ici d'un acte symbolique, d'un théâtre du sacré, ni de la simple préfiguration de la passion sanglante de Jésus sur le Golgotha, comme le voudrait une certaine tradition allégorisante chrétienne. Le bélier, "Aÿil", est dès l'abord, non seulement l'objet mais le véritable sujet du sacrifice au Mont Moriah. Le suspens du meurtre d'Isaac et l'offrande de l'"Aÿil" inaugurent le temps abrahamique. Désormais tout nouveau "sacrifice d'Isaac" sera superflu, et par conséquent interdit pour toujours en Israël: "Tu ne porteras pas la main sur cet enfant!"

Je crois que ce qui nous relie, ce qui nous motive, c'est la parole de Dieu dans Isaïe: Jérusalem sera un jour la maison de prières pour toutes les nations. Une seule maison de prières pour les prières diverses de tous les peuples. C'est cela qui donne un sens à l'histoire du monde et à notre vie. Je sais que c'est dans les pays de la "dispersion" qu'il faudra en poser les premiers jalons. Les relais de cette future maison, c'est ici que nous devons en jeter les fondations. N'est-ce pas ce que nous sommes en train de faire? Nous avons ce privilège. Dans notre propre génération, les Juifs européens ont côtoyé le pire. Car la montée d'Isaac sur le Mont Moriah, c'est aussi la procession d'Israël assassiné vers Auschwitz. Mais nous avons vu de nos yeux la restauration, la résurrection d'Israël sur la terre de Sion: d'ores et déjà nous devinons, dans son germe, le surgissement de cette maison de prières de toutes les nations. La prière quotidienne juive dit: "En ce jour-là, le Seigneur sera Un et son nom sera Un" sur toute la terre. N'est-ce pas cette unité que nous voyons émerger, malgré les différences, malgré les conflits effrayants, les meurtres quotidiens? Peu à peu, le visage humain de l'Un se dessine.

Dans la vision tragique d'Elie Wiesel, survivant d'Auschwitz où il a vu tourmenter à mort son propre père, Isaac n'est jamais redescendu du Mont Moriah, sa "ligature" sur le bûcher reste perpétuelle. Que pense Isaac là-haut? (Sinon là-bas, au plus profond de l'abîme qui a nom Auschwitz?) Quelle parole muette Isaac ébauche-t-il, à travers tant de silence, dans le non-dit écrasant de la "montée d'offrande"? N'a-t-il pas goûté *vraiment* l'amertume de la mort, le parfum des cendres de l'holocauste? Un midrash terrifiant répond à sa façon. Mais encore? Une chose est sûre: après l'épreuve du Moriah, Isaac le taciturne demeure marqué à jamais par la griffe du feu d'Elohim. Il est le porteur de sa rigueur (Gvourah) qu'il a éprouvée à l'extrême, dans son âme comme dans sa chair. Là est enfouie la semence du désespoir qui s'exprimera ouvertement chez son fils aîné Esaü: "Je suis un homme qui marche vers la mort, et que m'importe à moi le droit d'aînesse?" Loi, limite, obéissance, mutisme, résignation à la mortalité: telles sont les normes spirituelles d'Isaac après la ligature sacrificielle qui a brisé son être intime. Mais en même temps, il est l'héritier de la confiance d'Abraham, il se souvient du crédit fait par son père à la seconde voix, celle de YHWH, qui l'a sauvé in extremis de la mort inéluctable. Voilà ce qui le distingue de son fils Esaü, entièrement voué à la fin (Qétz), alors que son jumeau Jacob recueille de son père ce qui, en lui, demeure éternellement vivant ('Haÿ), par-delà l'agonie, et efface le goût de cendres du "parfum d'Isaac".

Selon le midrash, si Isaac sort apparemment indemne de la double épreuve, il y a pourtant une victime humaine qui va payer de sa vie le miracle du Mont Moriah. C'est Sarah, sa mère, qui meurt le coeur brisé, foudroyée par l'excès de l'angoisse, de l'amour et de la joie. C'est un récit bouleversant de vérité et de tendresse, où triomphe la fidélité des êtres qui s'aiment au sein même de la mort.

D'abord Satan le trompeur s'approche de Sarah assise solitaire dans sa tente, à Beer-Shéva, à l'heure même où Abraham est en train de sacrifier le bélier à la place de son fils. "Et le Satan dit à Sarah: 'Certes, tu sais la chose qu'Abraham a faite à Isaac, ton fils, aujourd'hui? Qu'il a pris Isaac, qu'il a élevé un autel et qu'il l'a égorgé, qu'il l'a sacrifié sur l'autel? Isaac criait et pleurait devant son père; mais il n'y avait personne pour le voir, personne pour le prendre en pitié!'"

Et le Satan redit ces paroles à Sarah deux fois encore et il s'en fut d'auprès d'elle. Et Sarah éleva sa voix et elle pleura, et elle cria un cri grand et amer, à cause de son fils. Et elle se fit tomber à terre, elle jeta de la poussière sur sa tête et elle dit: "Mon fils! Qui me donnera de mourir à ta place en ce jour?"

Et elle continua de pleurer et elle dit: "Quelle est mon angoisse à cause de toi! Je t'ai élevé, je t'ai choyé, et ma joie de toi s'est tournée en deuil! Pourtant, mon désir de toi n'a été qu'un cri et qu'une prière jusqu'à ce que je t'aie enfanté, à quatre-vingt-dix ans! Et maintenant, en ce jour, tu es devenu la possession du couteau et du feu."

Elle alla jusqu'à Hébron, et elle interrogea tous les passants qu'elle rencontrait sur la route; mais il n'y eut personne pour lui dire ce qui avait été fait de son fils.

Et elle arriva avec ses servantes et ses esclaves à Kyriat-Arba, c'est-à-dire Hébron, et elle questionna au sujet de son fils.

Or, le Satan vint auprès de Sarah, ayant l'apparence d'un homme. Il vint, il se tint devant elle et lui dit: "Ce sont des faussetés que je t'ai dites! Abraham n'a pas égorgé Isaac, ton fils; Isaac n'est pas mort." Quand elle entendit cette chose, elle se réjouit beaucoup au sujet de son fils, et, de joie son âme sortit. Elle mourut et se joignit à son peuple.

Abraham retourna avec Isaac son fils à Beer-Shéva, en leur maison. Ils cherchèrent Sarah et ne la trouvèrent pas. Alors ils questionnèrent à son sujet et on leur dit: "Elle est allée jusqu'à Hébron pour vous chercher. Où êtes-vous allés? Car on lui a raconté ceci et cela..."

Abraham et Isaac allèrent auprès d'elle à Hébron, et ils la trouvèrent morte. Alors tous ils élevèrent la voix, et ils pleurèrent sur elle un grand pleurement. Isaac tomba sur le visage de sa mère, et il pleura sur elle, disant: "Ma mère! ma mère! Comment m'as-tu abandonné? Comment t'en es-tu allée? Oui, comment m'as-tu abandonné?" Et Abraham et Isaac pleurèrent un grand pleurement" (*Sefer Hayaschar, parascha Vayera*)[2].

En même temps que l'Aÿil—l'agneau de la miséricorde de yhwh— Sarah meurt par amour pour son fils unique, offert et sauvé en ce jour-là sur le bûcher en flammes, au sommet de la montagne de l'apparition. C'est elle, la mère de toute compassion, la matrice de la tendresse déchirée, qui est la seule et véritable victime humaine du sacrifice surmonté d'Isaac et d'Abraham. "Et Isaac conduisit Rebecca dans la tente de Sarah, sa mère. Il prit Rebecca, qui devint sa femme, et il l'aima; et Isaac se consola de la mort de sa mère" (Gen. 24:67)— Ainsi soit-il! Alleluia...

---

[2] Voir *Contes du Talmud*, éd. J. C. Lattès (1980), pp. 163-66, et Claude Vigée, "L'Objet du sacrifice", *Moisson de Canaan* (Flammarion, 1967), pp. 297-313.

"I Am Joseph":
René Girard and the Prophetic Law[*]

SANDOR GOODHART

> Il est juif et donc, dans son milieu et sa culture, il
> entend ce qu'il doit entendre, qu'il faut arrêter le
> sacrifice, qu'il faut un substitut...
>
> Michel Serres[1]

In 1973, Eric Gans wrote that René Girard's research in anthropology
seemed to offer an "Archimedian point" from which the human sciences
could one day be rethought.[2] Gans may have underestimated the case.
For what has occurred since Girard began writing in the early sixties
is a veritable explosion of interest in his work in all major fields of
Western inquiry. By the end of the seventies, Girardian thinking had
gained a foothold in literary studies, in classical studies, in anthropology, in psychoanalysis, and in religious studies.[3] But in the
past two or three years, the "mimetic hypothesis" has begun to be extended to fields less commonly associated with the human sciences,

---

[*] The essay that follows was first presented in a somewhat abbreviated form at a
conference on the work of René Girard held at Cerisy-la-Salle in Normandy, France,
in June 1983.

[1] "He is a Jew, and thus he understands what he must understand in his milieu and
his culture, that the sacrifice must be stopped, that there must be a substitute..."
(Michel Serres, *Le Parasite* [Grasset, 1980], p. 219; English translation: *The Parasite*
[Baltimore: Johns Hopkins University Press, 1982], p. 164).

[2] Eric Gans, "Pour une esthétique triangulaire," *Esprit*, 429 (November 1973), 581.

[3] For a bibliography of Girard's writings and the critical response, see M. Deguy
and J.-P. Dupuy, *René Girard et le problème du mal* (Grasset, 1982), pp. 315-33. The

85

fields like economics and political science, and most recently the hard sciences of physics and biology.[4] If both the number and the kind of conferences that have been held recently (both in this country and abroad) can be taken as an index to this growing interest, then it may not be much longer before we discover in Girard's thought a model for talking responsibly about the conditions for both the humanities and the sciences, a basis, that is, for understanding in the most fundamental way, the order of behavior and of knowledge in human communities.[5]

My own contribution to this ongoing project—both in the present paper and in some forthcoming work—will be less to summarize Girard's ideas (there are already excellent accounts of his work) or to "apply" them within my own field (which is literary criticism) than to highlight certain aspects of Girard's thinking that I think have been insufficiently emphasized—aspects that I call the "prophetic," in the second place, to undertake what I deem to be the next step of this research: to begin to uncover the roots of the Gospel revelation in that source of all prophetic thinking in our culture which is the Hebrew *Torah*. For that part of my presentation I will turn to certain texts at the conclusion of *Genesis*, texts concerning the story of Joseph and his brothers.

book in which this bibliography appears is itself an excellent sampling of some of the critical response to Girard's work in France. For recent applications of Girard's ideas in psychoanalysis and in psychiatry, see Mikkel Borch-Jacobsen, *Le Sujet freudien* (Flammarion, 1982), and Jean-Michel Oughourlian, *Un Mime nommé desir* (Grasset, 1982). For recent readings of Girard's work in context of the Christian Bible and theology, see Raymund Schwager, *Brauchen wir einen Sündenbock?* (Munich: Kösel, 1972), and Norbert Lohfink, *Gewalt und Gewaltlosigkeit im Alten Testament* (Freiburg: Herder, 1983).

[4] See P. Dumouchel and J.-P. Dupuy, *L'Enfer des choses* (Seuil, 1979), I. Prigogine and I. Stengers, *La Nouvelle Alliance* (Gallimard, 1979), and J.-P. Dupuy, *Ordres et désordres* (Seuil, 1982).

[5] The proceedings from the conference at Cerisy were published by Grasset (1985). A conference on the work of René Girard, Michel Serres, and Ilya Prigogine was held at the University of Texas at Austin in 1980. Another conference on "Disorder and Order," centered more focally around the work of Girard and the "mimetic hypothesis," was held at Stanford University in 1981. The proceedings have been published (see P. Livingston, ed., *Disorder/Order*, Stanford Literature Studies, 1 [Saratoga, Ca.: Anma Libri, 1984]). Finally a conference on "auto-organisation" in the human and natural sciences took place in 1981 and its proceedings appeared last summer (see P. Dumouchel and J.P. Dupuy, *L'Auto-organisation*, colloque de Cerisy [Seuil, 1983]).

I

What René Girard's work offers us is neither more nor less than a theory of order and disorder in human communities. Emerging as it did from the intellectual context of structuralism and post-structuralism in the late sixties and early seventies, Girard undertook to deal with the one problem evaded by the proponents both of textuality and of power — the problem of the sacred, a problem which, I suggest, comprehends each of these other two and goes beyond them.

In 1961, in *Mensonge romantique et vérité romanesque*, Girard proposed that desire is rooted neither in objects nor in subjects but in the deliberate appropriation by subjects of the objects of others.[6] The simplicity and elegance of this theory should not blind us to the enormity of its explanatory power. In a series of reading of five major European novelists (Cervantes, Stendhal, Flaubert, Dostoevsky, and Proust), Girard was able to show that the discovery of the imitative or mimetic nature of desire (in contrast to the romantic belief that desire is original or originary) structures the major fiction of these writers and makes available to us, if we would but read that fiction in context of the writer's total output, an autocriticism of his own emergence from the underground prison of romantic belief.

In *La Violence et le sacré*, Girard generalized his theory of mediated desire to the level of cultural order at large.[7] What is the function of religion at the level of real human relations? If we have always had available to us imaginary theories of sacrifice — such as the kind Frazer and others in the nineteenth century proposed — or, more recently, with the advent of structural linguistics and structural anthropology, if we have tried to explain religion from within a network of social differences or symbolic exchanges — à la Marcel Mauss and Claude Lévi-Strauss — then what Girard suggests in their place is a theory that would account for behavior at the level of the real. Religion, Girard suggests, has the function of keeping violence out, of transcendentalizing it, of making it sacred. Thus, the first equation toward this end of understanding the foundations for human community is the identity between violence and the sacred. The sacred

---

[6] René Girard, *Mensonge romantique et vérité romanesque* (Grasset, 1961).
[7] René Girard, *La Violence et le sacré* (Grasset, 1972).

is violence efficaciously removed from human communities and violence is the sacred deviated from its divine position and creating havoc in the city. But what is violence from a human perspective? Human beings argue, Girard asserts, not because they are different but because they are the same, because in their mutual differential accusations they have become enemy twins, human doubles, mirror images of each other in their reciprocal enmity and violence. Thus, violence is none other than difference itself, asserted in the extreme, no longer efficaciously guaranteeing its own propagation. It is difference gone wrong, as it were, the poison for which difference is the medicine. Such is the nature of the sacrificial crisis.

How do these identities offer us a theory of the origin of culture? In the midst of a sacrificial crisis which verges upon a war of all against all, an extraordinary thing can occur: the war of all against all can suddenly turn into the war of all against one. Since within the sacrificial crisis all approach a state of being identical to all, anyone approaches being identical to everyone and can, therefore, substitute for all those that each dreams of sacrificing. Thus, the most arbitrary differences— hair color, skin color—can come to count absolutely. And in the wake of the successful expulsion of an enemy twin or double, peace is restored. Since the trouble was never any other than human violence to begin with, the successful completion of the sacrificial project of each in the collective expulsion of an arbitrary scapegoat can restore difference to the human community. A complex network of ritual interactions can now be elaborated to prevent the reoccurrence of such a crisis, a prevention which can paradoxically take the form of its encouragement (in mock or commemorative form—and only up to a point) in order to reacquire its beneficial effects.

In *Des Choses cachées depuis la fondation du monde* and *Le Bouc émissaire*, Girard carries this development to its natural conclusion.[8] How has our knowledge of these sacrificial dynamics been made possible? Why is this very theory not just another sacrificial theory, protective of our own cultural ethnocentrism? The demystification of the sacrificial genesis of cultural order first makes its appearance in the Hebrew Bible and reaches its zenith, Girard argues, in the texts of the Christian Gospel, and in particular in the texts of the Passion. Texts like

---

[8] René Girard, *Des Choses cachées depuis la fondation du monde* (Grasset, 1978) and *Le Bouc émissaire* (Grasset, 1982).

those of Cain and Abel or Jacob and Esau begin already to make available to us within the text this identicality of the sacred and human violence but the full revelation comes only in the victimage of Christ. Christ, Girard argues, is the first innocent victim, a victim, that is, whose innocence renders visible for the first time the arbitrariness of the victims of primitive sacrificial behavior and shows us where our violence is going.

For example, in the curses against the Pharisees, Christ tells the Pharisees: "You say that, had you been there, you would not have stoned the prophets. Don't you see that in differentiating yourself from 'those who stoned the prophets,' you do the same thing? You put yourself at a sacred remove from them which is neither more nor less than what they already were doing in 'stoning' their adversaries. Moreover, for telling you this truth of your own violence, you will differentiate yourself from or 'stone' me. What's more, those who come after you, will repeat your very gestures. Believing they are different from you, they will in my name stone you, calling you Jews and themselves Christians." The history of Christianity for Girard is permeated with such sacrificial misunderstandings, misunderstandings ironically of the demystification of sacrificial understanding itself.[9]

What does it mean, then, for me to call Girard's thinking prophetic? If we understand the notion of the prophetic as the recognition of the dramas in which human beings are engaged and the seeing in advance to the end of those dramas, then Girard's thought, which identifies itself with the Gospel reading, is prophetic in the same way. Both elaborate for us the total picture of our implication in human violence, showing us where it has come from and where it is leading us, in order that we may give it up.

But where does such a notion of the prophetic itself come from? To ask this question is to necessitate an inquiry of a different sort.

The notion of the prophetic has particular meaning for us in the modern world, one which is associated for us with religiosity or a kind of false theologism as, for example, in the phrase "nouveau prophétisme."[10] I would argue that if we have never recognized the

---

[9] For further discussion of Girard's views on the Christian Gospel, see "Discussion avec René Girard," *Esprit*, 429 (November 1973), pp. 528-63, and René Girard, "Les Malédictions contre les pharisiens et la révélation évangélique," *Bulletin du Centre Protestant d'Etudes* (Geneva, 1975), pp. 5-29.

[10] "Nouveau prophétisme" is a phrase that was used, for example, a few years ago by commentators in France to characterize the work of the "nouveaux philosophes."

true explanatory power of the prophetic, it is because we have lived within the confines of a Platonic essentialism which has barred that knowledge from us.[11] And yet what I want to argue is that the prophetic is more comprehensive than Platonism, that it is, if we understand the notion in its largest sense, the logic of ritual organization itself, a logic, moreover, that we share with every other culture on the planet and yet to which we remain indefatiguably blind by virtue of our idolatry of Platonic reason. Therefore, it is a logic which raises as a stake our very ethnocentrism.

In what way? We live in a culture dominated by the thought of the logos, by discourse, by reason, by difference or decision-making, a thinking, in short, dominated by Plato. Within Platonic thinking there have been only two ways that we have been able to conceive of the possibility of knowledge outside of reason. On the one hand, we have imagined it coming to us as the result of divine or providential intercesssion. Thus, for example, we have imagined poetic inspiration among the Greeks or the language of the Judaic prophets. On the other hand, we have imagined knowledge as possible for us through fantasies, illusion, dreams, in short, all those experiences of our lives that we feel to be the product of fiction or of desire. Thus Freud's discoveries, for example, far from unveiling for us a realm which is genuinely new, a knowledge which is other than conscious knowledge, only display for us a region which, from within Platonism, was, as it were, mapped out in advance. It is not coincidental that the two theories of dreams with which we are left after Freud is that they are either prophetic in the strictly literal sense of fortune-telling or the remnants of unconscious desire.

We have never, in short, been able to imagine the prophetic as a reading of the course of the dramas of human relations in front of us, a reading of what Michel Serres might call "the excluded middle."[12]

---

[11] On the shift away from essentialistic conceptualizations in philosophy and in literary criticism, see Emmanuel Lévinas, *Autrement qu'être, ou au-delà de l'essence* (La Haye: Martinus Nijhoff, 1974), and Paul De Man, *Blindness and Insight* (New York: Oxford University Press, 1971).

[12] The theme of the "tiers exclu" is persistent throughout Serres's work. See, for example, his early book on communication, *Hermès ou la communication* (Minuit, 1968), p. 41, and his recent book on the foundations of Rome, *Rome, le livre des fondations* (Grasset, 1983), p. 169. It is interesting that in English we say "excluded middle" where in French one says "tiers exlcu." It is as if in each linguistic context we have domesticated the notion to read either as a middle or as a third, excluding commonly their conjunction--that the "tiers exclu" is at once between the communicants (a middle) and outside of them (a third).

And yet what I want to suggest is that there is such a conceptualization within our culture, one, moreover, that has been misunderstood precisely to the extent that we have felt it to be accessible to us within Platonism. I am thinking, of course, of Greek tragedy and the Judeo-Christian Bible.

There is no time in the present context to specify how the prophetic makes its appearance within these two domains. Suffice it to say that I do not want to suggest that the Judaic Prophetic in the 6th century B.C. or Greek tragedy in the 5th century B.C. are simply extensions of Assyrio-Babylonian or other Mesopotamian rituals (for example, the mantic enthusiasm of the pre-Socratic philosophers), even a more profound version of those ritual traditions.[13] Rather what I would propose is that Greek tragedy and the prophetic tradition in Judaism appeared at a moment that Girard would identify as a sacrificial crisis of the possibility of religion itself, a moment when no sacrificial system seems to work, when all sacrifices lead only to more violence and all victimage leads only to more victimage and therefore to the need for more sacrifice. Without trying to pinpoint such a moment historically or culturally, in the present forum, I will say that Judaism and to a lesser extent Greek tragedy formulate a response to the following question: How can I live in a world in which there are no longer any Gods of the sacrificial kind? How is it possible to be prophetic in the face of the collapse of the prophetic?

Apart from the answer that Greek tragedy would offer us, the response that Judaism poses to this question is one that has always been understood from within Judaism as an orthodox reading, although the path by which I will come to this reading may seem somewhat unorthodox; the response is, of course, the law of anti-idolatry.[14] At the heart of Judaism is the Torah, the Pentateuch, the five books of Moses, the Law, and all the remaining books of biblical scripture, the Midrashic, Talmudic, and rabbinic commentaries as well as the mystical and spiritual traditions of the Kaballah and

[13] I know of very little that has been done on this very interesting aspect of Girardian thinking concerning the inefficacy of sacrficial structuration at the moment of the appearance of Greek humanism, Judaism, and in general, modern cultural forms.
[14] On the centrality on the notion of anti-idolatry to Hebraic religion, see Yehezkel Kaufmann, *The Religion of Israel*, tr. Moshe Greenberg (New York: Schocken, 1972). On the centrality of the notion of the prophetic, see also Martin Buber, *On the Bible*, introd. Harold Bloom (New York: Schocken , 1982). For a penetrating account of the criticism of idolatry in non-Jewish writing, see John Freccero, "The Fig Tree and the Laurel: Petrarch's Poetics," *Diacritics*, 5 (1975), 34-40.

Hasidism are centered upon it and extend it.[15] And at the heart of the Law is the Decalogue, the *aseret hadibrot*, the ten commandments. And at the heart of the Decalogue, the Law of the Law, as it were, is the first commandment, the commandment for which all of the other commandments are themselves extensions, the law against substituting any other God for God, for the prophetic God, for the God of anti-idolatry: *anochi Adonai eloheycha asher hotzeitiycha meieretz mitzrayim mivayt avadiym* ("I am the Lord, your God, who delivered you from the land of Egypt, from the house of slavery").[16]

The Judaic genius, as readers of Maurice Blanchot and Emmanuel Lévinas will immediately recognize, is to have imagined a God completely external to the world, a God for which nothing in the world is finally sacred.[17] Judaism is "la pensée du dehors," a thought of the

---

[15] For a discussion of the way in which the "secondary" or interpretative texts of Jewish tradition extend Torah, see Susan Handelman, *The Slayers of Moses* (Albany, N.Y.: SUNY Press, 1982), p. 38, and Emmanuel Lévinas, *L'Au-delà du verset* (Minuit, 1982), p. 7. The standard authority, in the English-speaking world, for discussions of Jewish spirituality and mysticism, is, of course, Gershom Scholem. See, for example, his *Major Trends in Jewish Mysticism* (New York: Schocken, 1972).

[16] The specific commandment against idolatry has often been taken to be the second: "Thou shalt make unto thyself no graven images." The first commandment has been taken, on the other hand, as the statement of Hebraic monotheism. It may be, however, that by virtue of the second commandment we may understand the first as the law of anti-idolatry ("Thou shalt have only an external God, no internal Gods"). The reading, then, of the first as a statement of monotheism would reflect already an exclusion of the second and in general of the diachronic or prophetic context in which the first appears, the only context, in fact, in which such a list of commandents can be read as a text or narrative. For the biblical text see A.C. Feuer and N. Scherman, *Aseres Hadibros / The Ten Commandments* (Brooklyn: Mesorah, 1981). On the shift away from viewing Hebraic monotheism as opposed to polytheism and toward viewing it as opposed to paganism, see Bernard-Henri Lévy, *Le Testament de Dieu* (Grasset, 1979).

[17] The importance of the work of Emmanuel Lévinas to this discussion — and in general to the notion of the exteriority of trancendence — cannot be overestimated. See, for example, his *Totalité et infini* (La Haye: Martinus Nijhoff, 1961), and *Autrement qu'être, ou au-delà de l'essence* (1974). For Lévinas' work on Judaism, see his *Difficile Liberté* (Albin Michel, 1976), *Du Sacré au saint: Cinq Nouvelles Lectures talmudiques* (Minuit, 1977), and *Quatre Lectures talmudiques* (Minuit, 1968). The work of Maurice Blanchot in this connection is also important (see his *Le Livre à venir* [Gallimard, 1959]). For an applications of these ideas within a political context, see Bernard-Henri Lévy, *La Barbarie à visage humain* (Grasset, 1977). For other important accounts of Judaism, see André Neher, *L'Existence juive* (Seuil, 1962), and André Chouraqui, *Histoire de Judaisme* (Presses Universitaires de France, 1957); English translation: *A History of Judaism* (New York: Walker, 1964).

desert, a thought of exile and of exodus.[18] It is a thought of not confusing anything that is in the world for God, a thought of seeing to the end of the dramas in which human beings are engaged and learning when to stop, a thought therefore of learning to recognize yourself in the other.

Thus, for example, the story that Exodus 3 tells of the name of God.[19] Moses is a shrewd and uncanny dealer. He is willing to be a little cagey even with God. God says to him: go back to Egypt and take the Hebrews out of slavery (3:10). And Moses responds: Okay, no problem. Only, who shall I say sent me? (3:13) He tries to trap God into revealing Himself. But God is as cagey as Moses, even cagier. He says: when they ask you tell them *ehyeh* sent you (3:14). That is, He does not necessarily reveal His name. He simply says: this is what you say when they ask you that. The Hasidic tradition which substitutes the word *Hashem* (meaning "the name") in place of this word is, in this regard at least, as traditional as the mainstream since they too assume that this is God's name which is their very reason for not pronouncing it (in accordance with the third commandment).

What does *ehyeh* (or *jehovah* which is the third person form of the same word) mean? And here I turn to an insight offered to me by my colleague at Cornell University, Jonathan Bishop. It is clearly a form of the verb "to be", a future form, and when it first occurs it does so in the first person in the form: *ehyeh asher ehyeh* (3:14).[20]

---

[18] The phrase "la pensée du dehors," of course, belongs to Blanchot. But Foucault uses it as the title of a little known but important essay on Blanchot ("La Pensée du dehors,"*Critique*, 229 [1966] 523-46). For a profound meditation on the themes of exodus and the desert in Dante, see Giuseppe Mazzotta, *Dante, Poet of the Desert* (Princeton: Princeton University Press, 1979).

[19] The text of Exodus is from A. Cohen, *The Soncino Chumash* (London: The Soncino Press, 1979). For other important editions of Torah and its commentaries, see J.H. Hertz, *The Pentateuch and Haftorahs* (London: The Soncino Press, 1978), and A.B. Isaiah and B. Sharfman, *The Pentateuch and Rashi's Commentary* (Brooklyn: S.S. & R., 1949). On Genesis alone, see also the monumental Artscroll edition of M. Zlotowitz and N. Scherman, *Bereishis/Genesis*, 6 vols. (New York: Mesorah, 1977-1981). This edition, if completed in the manner in which it has been projected, promises to become one of the most important sourcebooks for biblical study in English. The aim of the project is to produce the Torah in its entirety (in English and Hebrew) with representative samplings in English of Talmudic, Midrashic, and rabbinic commentary on every line. Thus far, only Genesis has been completed. In six volumes of mostly small print, it runs to two thousand pages.

[20] For a similar account of the name of God, see Buber, *On the Bible*, pp. 80-92. For further commentary, see Lévinas, *L'Au-delà du verset*, pp. 143-57, and Jacques Derrida, *La Carte postale* (Flammarion, 1980), p. 179.

Volumes, of course, have been written on this sentence. In fact, the Kabbalistic tradition takes it as a matter of principle that the unraveling of the name of God is the only important task in Judaism, the one which achieves for us what the Kabbalists take as the primary aim of exegesis, that of relating the heavens to the earth.

The task continues. For here again it may turn out that God is being a little bit cagey with us. Just a moment before Moses asks God His name, God has remarked to him: go down to Egypt and bring the Israelites out of bondage. And when you do, "I will be with you" (3:12). The word employed by Torah is the same employed by God a moment later in the place of the name: *ehyeh*. The word slips by Moses, who of course has no reason to fix upon it. But in retrospect of God's next declaration we can return to it with renewed interest.

The phrase *ehyeh asher ehyeh* must in context come to mean: "I will be with you in order that I will be with you." Or, inserting the name itself within the name: "I-will-be-with-you will be with you in order that I-will-be-with-you will be with you." And one could go on in this fashion indefinitely. In other words, in the place of the name of God is a promise, the promise of a promise, a promise which is in the first place one of future being or presence. To be intimate with God, to know God's name as it were, is simply to follow the Law in order that God will be there so that you can announce that name, that promise. The Law of the Torah, the Law which is the Torah, the Law of God, is, thus, the law of survival.

And that is precisely the meaning of the covenant. The covenant is the deal, the bargain, that God makes with man. You do this and I will do this. You follow my Law—which is the law of anti-idolatry—and you will survive, you will be there to testify to the power of this arrangement. Neither more nor less. Man's part is the law of anti-idolatry, learning when to stop, learning to recognize yourself in the other, and God's part is a guarantee of survival—if there is any survival to be had, which is not itself guaranteed.[21]

[21] It may be just such a notion—that the Torah itself may be understood as a covenant—that has led non-Jewish historical critics of the Bible to see the "Old Testament" as structured around the notion of covenant. See, for example, Walther Eichrodt, *Theology of the Old Testament*, 2 vols., tr. J.A. Baker (Philadelphia: Westminster Press, 1961-). For a more personal account of covenant in the "Old Testament" and the Christian Gospel, see J. Bishop, *The Covenant: A Reading* (Springfield, Ill.: Templegate, 1982).

The Judaic God, who promises a future by virtue of this law, who reveals the way to go on in a world in which there are no Gods, who reveals a way to go on in a world defined by the collapse of all possibilities of going on, is, therefore, by definition, as it were, the prophetic God, is, in fact, the prophetic itself. The notion of the Judaic God and the notion of the prophetic are, in this connection at least, one and the same.

To say, then, that Girard's thought is prophetic, is to say that it is a reading from within the Judaic or Hebrew Torah which is the source of all prophetic thinking in our culture and the source in particular of the evangelical revelation. The Hebrew Bible, the Jewish Law, the Torah, is the first veritable text of demystification in our culture. And it is to the project of understanding this text as fully anti-sacrificial (in all of the implications of that notion that Girard has made clear to us) that I see the future of Girardian research necessarily devoted.

But what, more precisely, is the Hebraic prophetic? What is the principle of anti-idolatry, of learning when to stop or of recognizing yourself in the other? And to what extent is Girard's anti-sacrificial reading of the Gospels a Jewish reading? It is in the name of answering these questions—answers which will constitute the next step of Girardian research—that I turn now to the texts of Joseph and his brothers.

II

The Joseph story is something of an odd tale for Genesis to end with. It seems curiously misplaced in the Book of the Creation, the fall of man, the generations from Adam to Noah to Abraham, and the history of Patriarchs. It lacks the monumentalism of the *akeidah*, the story of the binding of Isaac, or of Jacob's wrestling with the angel. It comes, so far as we are able to tell, from the wisdom literature of the Solomanic courts and seems distinctly prosaic both in subject matter and in style. It seems, in short, little more than a domestic tale of the dotage of old age and the jealousy and naïveté of youth, on the whole, a story little capable of sustaining the weight that its position within the biblical canon would confer upon it.

Moreover, the rabbinical commentary would seem to bear out this assessment. The Rabbis speak of the story as recounting how Israel came to sojourn in Egypt and point out that Joseph's dream at the center of the first part of that tale when he imagines that his sheaves of grain stood up and those of the brothers bowed down to his is literally prophetic of the end of the story when Joseph will dispense grain as vice-roy in Egypt.

What I want to argue is that within the confines of this marginal transitional piece is a veritable deconstruction of sacrificial thinking, all the more powerful for the quotidian and transitory context in which it is offered to us. For if we have traditionally read this story in function of the first part — where Joseph is expelled by his brothers, sold to the passing bands of Ishmaelite or Midianite traders — the most important part is really Part Two where Joseph has become the right-hand man of Pharaoh in Egypt and in which the sacrificial actions of Part One are restaged (in the figures of Simeon and Benjamin) and the victim and his executioners are revealed as doubles. "This is because of what we did to our brother Joseph," Judah remarks when things begin to go badly for them (42:21). And at the key moment when Joseph would take Benjamin from them, Judah steps forward and says, "Take me for him," an offer which prompts Joseph, of course, to disclose himself with the words, "I am Joseph," *aniy yoseif* (45:4).

Joseph's identification of himself as their brother, the identification, that is, of the Egyptian vice-roy (who is currently their potential victimizer) and their sacrificial victim as one and the same, is indeed the fulfillment, then, of the prophecies of Part One as the Rabbis suggested but precisely as the complete demystification of sacrificial thinking itself, a demystification which has now become available to us within the text itself. Thus Part Two comes to serve as something of a model for an anti-sacrificial position for its readers, a model which highlights for us the sacrificial actions of Part One in order precisely that they may be rejected. And the Joseph story itself, as it comes at the conclusion of Genesis, can serve as something of a "Part Two" to Genesis at large (a "Part Two," thus, whose very transitory quality has been no less apparent than that of the Part Two within the tale), a book for which sacrifice or expulsion defines for us its major themes. Even the Torah itself in this regard may be taken as a Part Two to the sacrificial cultures of Cannan and Mesopotamia from which it has come and from which it has taken its own exilic distance.

There is a story, a midrash, told by the Hasidic Rabbis (and told to me by Rabbi Aharon Goldstein of Ann Arbor, Michigan) which captures, it seems to me, this idea. A woman is sitting upstairs in an orthodox synagogue while the story of Joseph is being recited.[22] And when they come to the section in Part One where Jacob sends Joseph to Shechem to find his brothers and Joseph ends up "blundering in the field" as the Torah tells us, before someone directs him to Dothan, the woman cries out, "Don't go down there! Don't you remember what they did to you last year there! They are going to sell you!" The joke, the misunderstanding of the story, presumably revolves around what the woman has failed to recognize, which is in the first place, that it is only a story (so that Joseph could not "hear her") and, in the second place, that for Joseph this has not happened before, that for him this is a first time and he has not the hindsight the woman has.

But it may turn out that in laughing at her we unwittingly include ourselves in this very misunderstanding. For what if we consider the story of Joseph itself already in some fundamental way a "Part Two" to both Genesis and to the sacrificial practices of the culture from which it has emerged? Then, is it not this story, the Book of Genesis as a whole, the Torah itself, that says to us finally: "Don't go down there! Didn't you learn from last year? They are going to sell you!" And in laughing at the woman, in asserting that it is only a fiction, and only after all a first time, do we not belie our own implication in the ignorance of such wisdom, a wisdom all the more powerful for its being presented to us within the context of a joke, concerning someone who has been compelled to sit "upstairs" and who has "misunderstood"?

Nor has the power, it seems, of this "Part Two" been lost on the many generations of Christian exegetes on the Old Testament who have found in it, from within the context of medieval typology, the prefiguration of the Passion. The betrayal of Joseph, his sale for twenty pieces of silver, the twelve brothers (the most pivotal of whom is named Judah), all have drawn the attention of the Church Fathers (and one need only check the *Patria Logia* or, more accessibly, the Douay Bible to confirm the acknowledgment of these parallels). Even the death and resurrection of Jesus finds its counterpart in the ascension of Joseph from the pit and his rise in Egypt to become the right-hand man of the Pharaoh, the dispenser of Israel's daily grain. The question I would raise is whether in opposing the Old Testament to the

---

[22] It is customary, of course, within orthodox synagogues, for women to sit segregated from the men.

New, in reading the old God as the sacrificial God of vengeance or anger and the new as the anti-sacrificial God of love (a reading which, of course, is central to a certain Christian understanding of the two books), we have not unwittingly already slipped into the very structure we have wished to displace, believing in a new law or "part two" which it has already been, by definition, as it were, the goal of the Old Testament itself to reveal to us, an Old Testament which is thus that much richer by virtue of its having forseen our sacrificial misunderstanding of it.

To understand the power of Part Two, and in particular of Joseph's demystificatory disclosure, let us place the sequence in the context of Part One in which it occurs.

III

Jacob settles where his father sojourned, Torah tells us (a distinction which leads a number of rabbinical commentators to wonder whether here is not the source of his later misfortunes) and, moreover, that what follows are the chronicles of Jacob. The fact that the Torah then proceeds to tell us only the story of Joseph leads the Rabbis to suggest that this story is the most important in the chronicles of Jacob from this point on.

At seventeen, Joseph was a shepherd with his brothers (the sons of Leah) but a youth with the sons of Billah and Zilpah (the slaves of Joseph), and again the Rabbis wonder whether there is some distinction to be made in this regard (keeping in mind that Joseph is a son of Rachel, who was Jacob's favored wife, and whose only other son was Benjamin). The distinction between the sons of Rachel and the sons of Leah will become important later in Egypt when Judah proposes exchanging himself for his half-brother Benjamin.

The Torah tells us that Joseph "brought evil report" of his brothers and Rashi, the foremost medieval French exegete, undertakes to tell us what these reports were — eating meat torn from living animals, treating maid servants as slaves, engaging in immoral behavior, etc., all the charges, in short, that will later be brought against Joseph in the house of Potiphar. Ramban, who represents another great exegetical tradition, suggests that we cannot even be sure it is the sons of Leah the Torah is talking about at this point; it may be the sons of Bilhah and Zilpah.

The Torah then goes on to note that Jacob loved Joseph more than any of the other children because he was a "child of his old age" and that he made for him an aristocratic tunic. What is the meaning of the phrase "child of his old age" (*ben z'kuneem*)? The rabbis are undecided. Is it the child of Rachel (Benjamin being too young to attend Jacob), or simply one who attends Jacob in his old age (as opposed to the others), or some special distinction that we are to confer upon Joseph from this privilege? Moreover, the words for fine woolen tunic are *k'tonet pasim*, which means a tunic suitable for royalty rather than specifically the famed "coat of many colors." The brothers saw the tunic, Torah tells us, recognized that it was Joseph whom their father loved most, and they hated Joseph all the more for it.

All of these details of the first few sentences of Part One are about to become important in the second part of this sequence. Joseph dreams a dream and says to his brothers: "Behold, we were binding sheaves in the middle of the field when, behold, my sheaf rose up and remained standing and then, behold, your sheaves gathered round and bowed down to my sheaf." And the brothers answer: "Would you then reign over us?" and they hated him, Torah tells us, all the more.

Now, there are traditionally two interpretations of this sequence, although I would like to argue that they are in fact two versions of the same interpretation, one, moreover, which is decidedly partial. The brothers say to him: "So you would reign over us!" They see his dream as a sign of arrogance, that he would feel himself superior to them. What do the Rabbis say? Rashi, among others, says: "Look, this dream is prophetic of the future—all dreams in the Jewish exegetical tradition have something prophetic about them—since Joseph's history will involve grain when he is vice-roy in Egypt. Moreover, they will bow down to him since he will be the right-hand man of the Pharaoh and dispenser of that grain and so in the long run they will have Joseph to thank for saving them."

In other words, each identically take the dream as Joseph's assertion of his own superiority, the brothers simply translating that assertion into concealed arrogance or desire on Joseph's part while the Rabbis find in it a sign of providential intercession and read the anger of the brothers toward Joseph as reflective of their own jealousy of that status.

Neither reading, however, relates it to the real dramatic or social context in which it appears. There may be, however, another way to read this sequence, one that places it clearly within the ongoing contextual dynamics and therefore encompasses both of the earlier views.

And here I turn to an insight offered to me by my friend and colleague, Professor Walter Gern, in New York City. The dream is prophetic, Gern suggests, but less of the very end of the history (although it may be of that as well) than of the more immediate situation to follow: in particular, of his expulsion by the brothers in the very next scene. The key, Gern suggests, is the reference in the dream to the sheaves "rising up." The action of making something into an uplifted thing, of course, is not foreign to students of Torah since it is the action which defines the very word used in the sacred context for sacrifice itself, for the burnt offering, the word *alah*, to cause to ascend, to rise up. It is the word used commonly in the Abraham and Isaac story, for example, when God asks Abraham to prepare Isaac as a "burnt offering," an *olah*.

What is the significance of this connection? The word *alah* (or *olah* which is the noun form) is not, in fact, used in the language of Joseph's dream. Rather the Torah offers us the much more prosaic and common everyday words of *koom* (for rise up) and *naw-tsab* (for remained standing). In fact, for a story as clearly about an expulsion as the Joseph story is, the word *alah* would seem surprisingly absent. It is used only once in the story and then in an anti-sacrificial sense, at the moment when the sacrifice is to be aborted and the sale substituted when the brothers are lifting Joseph out of the pit, drawn up to be given to the passing bands of traders.

How then is this reference within Joseph's dream to an uplifted thing the key? If we had only the two final sequences of Part One—the dream sequence and the expulsion—I would have to argue that it was not, that Professor Gern's suggestion was only another reading of the traditional prophetic kind, finding a literalizing linkage not only to Egypt but to the action at Dothan as well, and not a very strong linkage at that. And yet I am going to argue that it is the very weakness of the linkage, the very dearth of references to sacrificial language, the very anti-sacrificial and quotidian quality to the story that gives it its greatest power. But to do that I have to introduce another aspect of the dream, the context of Jacob's favoritism.

We recognize immediately, of course, that Jacob's view of the situation is important because the Torah tells us that when Joseph repeats essentially the same dream, involving this time the sun, the moon, and the eleven stars bowing down to him, Jacob at first joins in the chorus of the brothers ("Would you have your father and your mother bow down to you as well?" he asks), but when the brothers "hated Joseph all the more," the Torah tells us, Jacob "kept this in mind."

Moreover, we know that Joseph made clear his dream to both his brothers and to Jacob for in both tellings he repeats emphatically words meaning "listen to what I say," "behold" (*v'henay*, for example).

Why does Joseph do this? Joseph has seen that he is the apple of his father's eye, that he is the object of his father's desire. How do we know that? The Torah tells us specifically that Jacob loved Joseph more than all the other brothers, that he was the child of his old age, but also because he was the recipient of the special coat that his father had given him. Joseph recognizes, in short, that his father sees him as aristocratic, as special, and wanting to please his father (he is, we recall, seventeen years old), he begins acting the way his father thinks of him. He puts on his father's "coat of many colors" as it were, he thinks of himself as special just as his father thinks of him, he mimes or imitates his father's view of him.

Thus we come to understand his giving of "evil report" to Jacob about the brothers. It is less important that we determine what precisely the brothers may or may not have been doing to deserve such report than that we recognize that the action of giving it is a mimetic appropriation of his father's view of the situation. His father indirectly has already given evil report of the brothers by favoring Joseph to begin with and Joseph is simply enacting Jacob's desire.

Thus in the same way we come to understand Joseph's dream as similarly Joseph's dramatic representation of what Jacob's desire has been all along—which is to have the brothers bow down to him as one would before royalty. It is a prophetic representation, a going to the end of the road, of Jacob's desire. It is what Freud might call a rebus, a figuration of the total dramatic context in which Joseph, Jacob, and the brothers all identically find themselves.

Thus we also understand Jacob's hesitation when Joseph tells his second dream, his sense that there is something uncannily familiar about Joseph's narrative. Jacob is moved to "keep it in mind." Thus we also come to understand the limitations of both the view of the Rabbis who see only the literal representation of the dream, the end of the line, as it were (ignoring totally the social situation in which it was produced and which it figures), and as well the view of the brothers who recognize accurately that desire is behind the dream but see it uniquely as Joseph's desire rather than Jacob's and equally ignore the implication of their own actions in the situation, that it is their very jealousy which will render that "end of the road" possible. Neither, that is, has taken into account the "excluded middle" sequence which is the mimetic appropriation of Jacob's desire by

Joseph and the substitution—by Joseph first and later by the brothers—of Jacob's desire for their own.

And this excluded middle—these dynamics of mimetic appropriation and substitution—may now explain for us how the final sequence of Part One is linked to Joseph's dream and why Joseph's reference to an "uplifted thing" is so powerful. In formulating his insights in the form of a dream Joseph has substituted for Jacob's favoritism against the brothers his own. Rather than saying Jacob is the author of this desire, he says that I, Joseph, am the author of this desire. Similarly, rather than condemn Jacob for what Joseph has said, the brothers condemn Joseph. Their condemnation of Joseph for what they perceive to be his arrogance is, moreover, but another substitution of the same kind as Joseph's. The dream sequence, in other words, enables us to read the first sequence by highlighting its structure through a controlled repetition of it. If there were no dream sequence, and we proceeded directly to the expulsion (Jacob singles out Joseph for favoritism; the brothers become jealous and take action against him), the tale would be little more than the story of jealousy and dotage we have popularly taken it to be.

By the same kind of displacement we can now understand the relation of the dream to what follows. In the face of Joseph's sheaves which "rise up and remain standing," those of the brothers now "gather round and bow down." What is "bowing down"? It is, of course, sacralization—differentiation and exaltation. But in this context it is a repetition of the action of the sheaves of Joseph. It is, that is to say, by an inverse action, a gesture that makes Joseph's sheaves into an uplifted thing. In his dream, that is, Joseph imagines not only Jacob's desire but his brother's response. In good rabbinical fashion he imagines the end of the drama—that the brothers will sacralize him. But he does so in the specific way in which the Torah has imagined for us making something into an uplifted thing—and here is perhaps another example of the Hebraic demystificatory genius—we come to understand that action as an act of radical separation, of destruction, of violence, of sacrifice: a burnt offering.

And in the connection that the Torah has offered us between the action of the sheaves within the dream and the action at Dothan that immediately follows (and which is linked in the text for us directly: the brothers see Joseph approaching and say "here comes that dreamer. Let us kill him and then see what becomes of his dreams!"), we can now perceive how the final sequence links up with the first. The action of expelling Joseph is but a duplication of the same kind already imagined within the dream. Substituting Joseph's dream for his sheaves and Joseph himself for his dreams, they will simply intensify the same kinds of displacements to which we have already been witness. Joseph will himself be made into an uplifted thing—literally drawn out of the well—as a mimetic imitation of the dream language itself. Far from opposing Joseph's dreams (which are, after all, Jacob's dreams), the brothers (in expelling Joseph) violently enact them.

The notion of "uplifting," that is, within the dream, draws our attention less to the dispensing of grain at the end of the tale—as we have traditionally read it—than to the sacrificial victimage immediately to follow. Or, rather, it draws our attention to the dispensing of grain but only as the result of that victimage. And the dream sequence as a whole links for us the beginning and the end, mimetic appropriation with sacrificial victimage. It deconstructs for us the sacrificial thinking which constitutes Part One in its entirety. The final sacrificial substitution is but the violent culminating intensification of the mimetic displacements that have taken place throughout and of which the dream sequence itself is already a primary example. What the dream has revealed to us above all is that mimesis, sacrifice, and substitution are continuous with each other. The dream is prophetic, which is to say, it offers us an account of the total dramatic context in which all are implicated. Just as the Joseph story does of Genesis that precedes it and Exodus that follows. Just as the Hebrew Torah does of the sacrificial cultures from which it has come and the Platonic culture to follow.

To answer, then, the questions with which we began, and to bring our discussion to a close, let us turn quickly to the end of Part One—to the sale of Joseph—and then briefly to Part Two of the story in which Part One gains its greates power.

IV

Joseph is sent by his father Jacob to Shechem to check on the welfare of his brothers. Does Jacob already perceive their intentions and is he sending Joseph as a lamb to the slaughter? Joseph, of course, does not find them at Shechem and is spotted by another man, the Torah tells us, "blundering in the field," and sent instead to Dothan. Why has the Torah substituted Dothan for Shechem? Is there a textual corruption here as even the greatest of traditional biblical scholars have imagined? Or is there a principle of textual coherence, an editorial perspective, which sees fit to include these sequences within the "story of Joseph," a perspective whose criteria of selectivity we can unravel?[23] In what follows we may perhaps begin to discern the answers to these and other such questions.

For what follows is in fact a series of extraordinary substitutions which constitute the entire fabric of the end of Part One. The sequence in which Joseph is sold may veritably be described as substitution gone wild. They see him and conspire to kill him. "Here comes the dreamer," they say. "Let us kill him for his dreams and say a wild animal devoured him. And then we shall see what becomes of his dreams." They would substitute, in other words, Joseph for his dreams, and murder for his language. Moreover, they would then substitute another story— that he was killed by a wild animal— for what they contemplate. Keep in mind that later when they bring the bloodied tunic to Jacob he will imagine that Joseph has been devoured by a wild animal. It is as if the brothers are already cognizant of what would count as a plausible explanation for Jacob of the fate of Joseph. Jacob and the brothers are in harmony on the topic of Joseph's death.

Reuben objects and tells them to "shed no blood." Let us "throw him into the pit but lay no hand upon him." Reuben had the intention, the Torah tells us, to save Joseph and return him to his father. How are we to understand this remark? Is Reuben suggesting that they not kill him or only that they not shed any blood in killing him? Later when they cast him into the pit and sit down to eat, Judah will

---

[23] E.A. Speiser, for example, in his prestigious edition of Genesis in the Anchor Bible series, summarizes this long and persistent tradition of biblical criticism in which scholars have divided up the text into distinctive compositional sources— a "J" document, an "E" document and so on— in accordance with the various words employed for the naming of divinity. My own interest— as I hope will be clear in this essay— is not to challenge this important work, but to ask a different question: namely, by what principle of coherence can these admittedly diverse and heterogenous materials be seen as "going together," a principle to whose unifying power the very fervor with which we pursue an interest in heterogeneity in the text may offer ample testimony? On the shift away from traditional historical concerns to a closer reading of narrative and poetic detail, the ground-breaking book, of course, is Robert Alter's *The Art of Biblical Narrative* (New York: Basic Books, 1981). It is Alter, for example, who takes Speiser to task over just such issues. Whatever the potential pitfalls of an organicist approach— namely, that it be developed at the expense of historicism— Alter's book is profoundly exciting. He allows us to envision a new biblical criticism as yet in its infancy, one which would cull the insights of both formalism and historicism (eschewing the limitations of each) into a critical position which is something like that of the Bible itself.

say let us not kill him, as if their intention were still to do so. In any case, we recognize that Reuben would substitute another solution for the one proposed. To suggest that the Torah may already begin to dissociate Reuben—or Judah—from the sacrificial behavior of the others in Part One, a dissociation which will reach its culmination in Part Two when an anti-sacrificial position (the substitution to end all substitutions) comes to be substituted for the earlier one, is not to weaken our thesis, I would suggest, but to strengthen it. It is as if the kind of rabbinical commentary which looks forward prophetically to the end of the story (and reads from that perspective) has come to be inserted in advance and in a fragmentary form within the text itself.

Joseph arrives, and the brothers take his tunic and cast him into the pit. Then they sit down for a meal. That is, having substituted the suggestion of Reuben for their own, they make another. They substitute eating for dismemberment. What, after all, is eating itself but the substitution of food for the victim (sometimes they are one and the same) and ingestion for expulsion?

Then the Ishmaelistes arrive and Judah suggests they they "shed no blood" (has the Torah substituted Judah for Reuben?), but instead sell Joseph to the Ishmaelite traders, a sale that would thus substitute commercial transaction for murder, commercial transaction itself already being founded upon the possibility of equivalency or substitution. The brothers agree and suddenly there are Midianite traders rather than Ishmaelites, the Torah having substituted the former for the latter. And then, the Torah tells us, they drew Joseph out of the well and sold him to the Ishmaelites for twenty pieces of silver. Who drew him out of the well? The brothers? The Midianites? The Ishmaelites? And who sold him to the Ishmaelites? The Ishmaelites, it seems, have been substituted for the Midianites (who were substituted for the Ishmaelites to begin with). The text leaves the matter undecided as if what were important were less who was substituted for whom, who the specific agencies of action were, than that substitution itself were on display. The long traditions of biblical scholarship that have read in this passage an example of textual corruption, may reflect this situation more than resolve it for us, substituting in turn the notion of textual "corruption" for the sacrificial substitutions the text may already be revealing to us.

In any case, Joseph is handed over in exchange for twenty pieces of silver and comes to be brought to Egypt. But the sequence does not end there. The chain of substitutions will return unto Jacob where it all began. Reuben returns to the pit and notices that Joseph is not there (a moment which echoes Joseph's earlier trip to Shechem), and tears his garments. He substitutes self-mutilation for mutilation of the other and garments for himself. He says "He is gone! Where can I go now?" as if in some fundamental way the fate of Joseph were a stand-in or substitute for his own.

The brothers then proceed to kill a goat (in place of killing Joseph). They smear the blood of the goat (which substitutes for the goat itself) upon Joseph's tunic (as a substitute for smearing it upon Joseph) and then return this same tunic to Jacob (in place of returning Joseph). And they ask him, "Do you recognize this tunic? Is it Joseph's?" Just as Judah will be asked later by Tamar with whom he consorted ("Do you recognize whose pledge this is?"), just as Joseph will recognize the brothers later in Egypt but they will not recognize him, and similarly disclose himself to them: "Do you recognize me? I am Joseph." Do you recognize, in other words, the brothers say to Jacob, Joseph through this series of substitutions? Do you recognize your coat, your aristocratic tunic, the object of your desires as the origin of this substitutive violence?

The bloodied tunic, in other words, is the return unto Jacob of his own violence, of their violence against Joseph, of their violence against Jacob. Do you recognize your own violence? Here it is. This the end of the road of sacrificial violence on which you are traveling, the death of your favored son. The Joseph story is a counterpart in Genesis to the story of Abraham and Isaac.

And Jacob's response to this prophetic presentation? "A savage beast must have devoured him." Far from recognizing himself in the other, his own violence in the violence of the other, he externalizes it, he dehumanizes it. A savage beast did it. He repeats the explanation the brothers imagined originally. Like father, like sons. And then he tears his clothes (as Judah did) as if he would rather go on with the traditional substitutions than demystify them, even at the cost of his own son.

The conclusion of Part One of the Joseph story, in short, brings us back to the beginning. It demystifies for us sacrifice. It reveals the substitutive nature of the mimetic displacements with which the story began and the sacrificial violence in which it concludes. It shows us the end of the road we are traveling in order that we may give it up.

It says to us "Do you recognize yourself, your own violence, in this tale?" in order that we may put an end to sacrificial substitution, that we may give up idolizing sacrifice.

Why, then, is Part One insufficient? Why does there need to be a Part Two? Is Part Two just a repetititon of what is already available to us in Part One?

In a sense, yes. In the sense that all of the Hebraic biblical narrative is structured as a replaying of the same drama. The whole was already contained in the first sequence of Part One when Jacob favored Joseph, Joseph gave evil report of his brothers, and they acted against him, they hated him all the more. All of traditional Jewish writing, I would suggest, is so structured, which is why, in a sense, we can begin anywhere.

At the same time, Part Two is necessary. For, to this point in the story, the anti-sacrificial position that we have suggested the text presents for us, the demystification of sacrificial thinking, has occurred to virtually no one within the text. There are hints of it in the words of Reuben and Judah but no more than that.

And yet the Hebrew biblical text exists — and here is perhaps my main point — to make it available to the characters themselves within the text (which is what makes it what I have called a text of demystification). It has, of necessity, to do this since what it asks of us primarily is whether or not we recognize ourselves in the text, whether we recognize, in other words that the text is already the world in which we live. We have never been outside of the text. Rather than parallel to our lives (which is analogous, perhaps, but never contiguous with it), the text is a veritable extension of our experience. The inside of the text is to the outside as the two apparent "sides" of a Moëbius strip which are really extensions of the same side. The text is the prophetic future of the dramas in which we ourselves are already engaged. In watching characters come to find themselves implicated in their own sacrificial gestures, their own texts, so the text is demystified for us. And it is this gesture of demystification which offers us a way out of the crisis. Part One deconstructs sacrificial violence for us. It enables us to recognize ourselves in the other, to recognize that the other is only the future or the past of the same, of where we are. Part Two will offer us a model for what to do about it, namely, to fictionalize it, to regard our sacrificial violence from a distance in order that we might abandon it.

V

There is, unfortunately, no time left in the present forum to pursue this inquiry very much further, certainly no time to pursue the intricacies of Part Two by which the knowledge of the identification of sacrifice with violence becomes available to each of the major characters. Judah learns it when he consorts with Tamar (after denying her his third son by the rites of Levirate marriage), and she identifies the man with whom she has played the harlot as Judah himself. He says, "She is right. She is more righteous than I. This is because I denied her Shelah, my youngest son." Joseph learns it in the house of Potiphar where he is subjected to the same kinds of unjust accusations concerning morality to which he presummably subjected the brothers initially (he is treated "measure for measure" the Rabbis note). And the brothers as a group learn it, of course, in the sequence in Egypt when they come to ask for grain.

What happens in this final scene of Part Two? There is a famine in Israel and Jacob sends the brothers to find grain in Egypt, where Joseph has, of course, become the chief dispenser of that grain and the right-hand man of the Pharaoh. Joseph recognizes them but they do not recognize him. It is as if Joseph has become himself the text in which they must learn to recognize themselves, their own brother. He takes Simeon as hostage and demands Benjamin—Jacob's youngest and only other remaining son of Rachel—before he will give them grain. On their way home they discover that the money they paid Joseph has been returned to them, that they too now are potential victims of the unjust accusations.

They relate to Jacob what has happened and he says: "First I lost Joseph; then I lose Simeon; and now you tell me you want me to send with you Benjamin!" But Judah intercedes: "If I don't return with the boy, let the lives of my two sons go as ransom for him." Finally Jacob agrees and they return to Egypt.

Joseph now prepares for them a huge meal with Benjamin getting the largest portions and sends them away for a second time. Now he has guards intercept them, accuse them of thievery, and when they look in their sacks the money is back and this time so is the cup Joseph gave to Benjamin. They return and Joseph asks them for Benjamin. At this point Judah steps up and says: "If we return to Israel without Benjamin, it will kill my father. Take me for him." At which point, of course, Joseph discloses his own identity to them, all rejoice in the discovery, and Jacob comes to Egypt with the remainder of his family and blesses the two twin sons of Joseph.[24]

In short, what has happened is that Joseph, from his positon as Egyptian vice-roy, has restaged the sacrificial activity of the earlier sequence in its entirety. The unjust accusation, the money in the sack, recall the silver for which he himself was sold. The taking of Simeon and the threatened appropriation of Benjamin recall the sale of Joseph. And this time the demonstration is not lost on the brothers. For they say, when things begin to go badly, "This is because we sacrificed our brother Joseph." They link the troubles into which they have fallen to human behavior, to their own violence.

And at the key moment everything converges upon Joseph's disclosure: "I am Joseph," *aniy yoseif.* The Egyptian vice-roy who is their lord, who controls the stage as it were, turns out to be the same as their victim. "I am Joseph," he says to them, "who you would sacrifice." Moreover, their victim (who is also their lord) is also their brother, identical to them by family origins, and identical to Benjamin for whom Judah would now exchange himself, the other son of Rachel. The disclosure of Joseph's identity is a demystification, in short, of sacrifice, the identity of victim, master, and sacrificers, all as doubles, all as brothers. And in context of Judah's offer it shows us the way out: to acknowledge our identity, which is to say, our identicality with the other, that the other is the same, that the other is us.

---

[24] Jacob's blessing of the sons of Joseph is itself an interesting moment in context of our presentation. Instead of blessing Manassah (who is Joseph's first-born) with his right hand, and Ephraim with his left, Jacob crosses his hands and blesses Manassah with his left hand and Ephraim with his right. He does this, he tells Joseph, because Manassah's younger brother "shall become greater than he." Is Jacob continuing the sacrficial reading of earlier, favoring the younger son, the gesture which set the whole drama into motion (and, perhaps, recalls his own position as second-born)? Or does he reflect an anti-sacrificial position, perhaps one that he has learned from the events that have transpired, recognizing at once that Manassah is first-born and that Ephraim must not be slighted, a view which contrasts with the rigid distinction between Cain and Abel at the other end of the Torah? Malbim suggests that Jacob placed his left hand above the right, thereby blessing Manassah with the hand that was on top and Ephraim with the right, refusing to some extent, that is, to distinguish between them. What seems clear is that the text of Jacob's blessing of the sons, like the Joseph story proper, and like Jacob's hands within that text, superimposes one view upon the other. Jacob has "wisely directed his hands" Rashi tells us in his interpretation of this passage. I thank Holli Levitsky, of the University of California, Irvine, for drawing my attention to this passage in context of the above argument.

Does Joseph recognize this dynamic? Has he staged this earlier sacrificial activity deliberately? Not necessarily, I would argue. I would even suggest that there must not be total recognition if Joseph is to be fully like us. Joseph's disclosure is still to some extent an echo of his new masters (we recall that the Pharaoh said earlier in calling Joseph from the prison "I am Pharaoh"). Even in the act of disclosing himself, he takes away their responsibility for the sacrificial gesture. "I am Joseph your brother— it is me, whom you sold into Egypt. And now, be not distressed... for... God has sent me ahead of you to insure your survival in the land and to sustain you for a momentous deliverance... It was not you who sent me here but God" (45:4-8). Demystifying the text for us, and perhaps for Judah, Joseph remains to some extent still within it, as he must. What is important is that the possibility of a demystification of sacrifice has become available within the text, which is, thus, a perfect mirror of our own world in which the possibility of a demystification of sacrifice has become available to us by the same process in the form of the Hebrew Bible.

Joseph, that is, in the last account, is not dissimilar to the Torah itself, the Hebrew Law, the very biblical text. And in that Law we must come to recognize ourselves. The text says to us: here is the bloodied tunic which is the end of the road that you are on. Do you recognize yourself in it? Do you recognize this as your own violence so that you may give it up? Joseph, the Torah, Jewish culture itself, asks no less of us.

Let me conclude, as I began, with a midrash. There is a story, told by Gershom Scholem, of the medieval Jewish prophet Abulafia who describes the culminating moment of the prophetic ecstasy in the following way.[25] He says that the Talmudic scholar is sitting in his study reading Talmud and he suddenly sees himself sitting in his study reading Talmud. He comes, in other words, to see his own double, to recognize himself in the other, to recognize the other as himself. Moreover, he understands that other as his own past or his own future, the road he is already traveling. And having had this vision, he comes finally — at the critical moment— to distance himself from it. He fictionalizes it. He tells a story about it, a midrash. The substitution to end all substitutitons, as Michel Serres has said.

The Judaic Law, the law of anti-idolatry, the prophetic law, is nothing else. And if today the thought of René Girard strikes us as

[25] Scholem, *Major Trends in Jewish Mysticism*, pp. 141-42.

trenchant, it is because it functions in the same way as the Joseph story does, as a Part Two to the sacrificial qualities of our own critical thinking, as the text which says to us "I am Joseph."

Fragile Désacralisation

BERNARD CAZES

Je crois pouvoir discerner dans l'oeuvre de René Girard la coexistence de deux pôles que, par déformation d'économiste, j'appellerai macro-social et micro-social. Le pôle macro-social renvoie à tout ce qui rend compte du passage du règne animal à l'hominisation, puis de la construction d'un ordre social et culturel proprement humain fondé sur la violence sacrificielle, et enfin de l'érosion de cet ordre sous l'influence de la raison scientifique, qui permettrait à terme une vie en commun où cette violence n'aurait plus de justification. Le pôle micro-social traite, lui, de l'imprégnation des rapports humains par le désir mimétique et des effets pervers qui en résultent. Lorsque j'ai sérieusement pris connaissance des travaux de René Girard, j'étais enclin à considérer que le plus important des deux pôles était le premier, et j'avais même eu l'imprudence d'écrire que le pôle "micro" entretenait avec son homologue le type de relation qui peut exister entre une explication monétariste de l'inflation et une théorie de l'émergence du capitalisme, l'infirmation de la première ne conduisant pas nécessairement à remettre en cause la seconde.[1]

Est-ce la lecture du *Bouc émissaire* qui m'a fait changer d'avis?[2] Je suis en tout cas enclin maintenant, non à inverser l'order des priori-

[1] Voir mon article, "Violence et désir, même combat", *Futuribles* (janvier 1979).
[2] René Girard, *Le Bouc émissaire* (Grasset, 1982).

tés, mais à considérer que les deux pôles sont également nécessaires.
Je voudrais dans ce qui suit réfléchir, sans prétendre être exhaustif,
à quelques-unes des articulations que l'on peut discerner entre ces
deux pôles, en faisant l'hypothèse que le macro-social n'est jamais dura-
blement à l'abri des effets déstabilisants du micro-social, et que les
progrès qu'il a accomplis au cours de l'histoire sont périodiquement
remis en question.

De quels progrès s'agit-il? A cette question préliminaire, je répon-
drai dans un langage non girardien (mais congruent toutefois avec
la théorie de René Girard) en me servant d'une terminologie emprun-
tée à Sir Karl Popper. Il s'agit, on l'a sans doute deviné, du passage
de la société close ou tribale à la société ouverte. Formidable bond
en avant sans guère d'équivalent dans l'histoire humaine, et qui correspond à mon avis à ce que Girard appelle la *désacralisation*[3], c'est-à-
dire une prise de conscience graduelle du caractère arbitraire de la
violence collective tournée vers la victime émissaire, qui aura pour
corollaire une impuissance grandissante des sociétés en voie de modernisation à tirer parti des "lynchages fondateurs" sous la forme d'une
réconciliation de tous autour du bouc émissaire. Impuissance qui est
à l'origine d'un "dilemme redoutable" (*Des Choses cachées*, p. 160),
puisqu'elle oblige l'humanité à choisir entre la réconciliation durable
"sans intermédiaires sacrificiels" ou la résignation à l'extinction prochaine par la destruction nucléaire.

Du même coup, on peut dire qu'il s'agit d'une impuissance féconde,
puis-qu'elle a crée les conditions de possibilité de la science et de l'économie de marché. Le premier point, à ma connaissance, n'a été abordé
par Girard que dans *Le Bouc émissaire*, où il écrit: "Ce n'est pas parce
que les hommes ont inventé la science qu'ils ont cessé de chasser les
sorcières, c'est parce qu'ils ont cessé de chasser les sorcières qu'ils ont
inventé la science", car la démarche scientifique, "l'exploration patiente
des causes naturelles", ne peut s'épanouir que si l'esprit humain se
détourne de la "vieille causalité magico-persécutrice" (284-85). Girard
suggère même, sans s'y attarder, que "l'esprit d'entreprise en économie" a sans doute la même origine.

Il s'agit d'une hypothèse que l'on trouve énoncée dans *Des Choses
cachées* (82-84). Mais son auteur donnait alors l'impression de ratta-

---

[3] René Girard (recherches avec J.-M. Oughourlian et G. Lefort) *Des Choses cachées
depuis la fondation du monde* (Grasset, 1978).

cher la genèse de l'échange économique à la phase où le mécanisme de la victime émissaire fonctionnait encore de manière satisfaisante.

Il faisait en effet valoir que les interdits (sexuels ou alimentaires), qui ont "un contenu antimimétique" (27) et visent à "écarter la crise en prohibant les conduites qui la suscitent" (37), portent finalement "non sur les objets rares, lointains, inaccessibles, mais sur les objets les plus proches et les plus abondants, du fait même que le groupe exerce sur leur production une espèce de monopole" (83). Dans la mesure où "les objets interdits sont toujours les plus proches et les plus accessibles", ils sont aussi ceux où le risque de "rivalités mimétiques entre les membres du groupe" est le plus élevé. Il s'ensuit que les interdits visant à conjurer un tel risque ont pour contre-partie économique l'*obligation d'échanger* ou, pour le dire autrement, l'*interdiction de l'auto-suffisance*—et sous cet angle, on peut considérer l'inceste comme un cas limite de *self-reliance*...

J'ai le sentiment que dans *Le Bouc émissaire* René Girard a rectifié son hypothèse en faisant plutôt de l'émergence du marché le corollaire du déclin du mécanisme victimaire, ce qui paraît plus conforme à la logique car sinon, les pratiques libre-échangistes auraient dû pâtir de ce déclin, alors qu'elles en ont au contraire visiblement profité, et se trouvent en tout cas en parfaite concordance avec lui. N'est-ce pas l'économiste F. A. Hayek qui a proposé le néologisme de *catallaxie*—du grec *catallattein*, dont il rappelle qu'il signifiait originellement, non seulement "échanger", mais aussi "admettre dans la communauté" et "faire d'un ennemi un ami", pour désigner "l'ordre engendré par l'ajustement mutuel de nombreuses économies individuelles sur un marché"[4]?

J'ajouterai qu'une fois les mécanismes de l'échange marchand mis en place, une sorte de rétroaction négative s'est opérée, qui n'a pas peu contribué à modérer l'ardeur du désir mimétique, ce qui peut paraître paradoxal de la part d'un type de société qualifié péjorativement de "société de consommation". Ce paradoxe s'explique si l'on fait appel à la distinction entre biens non ou peu reproductibles et biens à la fois reproductibles et divisibles. Les premiers correspondent à ce que l'économiste britannique Fred Hirsch a analysé dans

[4] F. A. Hayek, *Le Mythe de la justice sociale*, vol. II de *Droit, législation et liberté*, tr. fr. (PUF, 1981), pp. 130-31.

The Social Limits of Growth sous le nom de "positional goods"[5], dont la valeur est en grande partie ordinale, ce qui veut dire que leur attrait tient moins à des caractéristiques quantitatives (cardinales) spécifiques qu'au fait d'être positionnés en "haut de gamme" (par exemple le fait de résider dans un quartier à haut standing). Dans ce cas, il est clair que les effets pervers du désir mimétique jouent à plein, sauf intervention d'un changement dans l'échelle des préférences qui détournerait la vague des désirs vers des territoires moins "encombrés" (la saturation de l'espace urbain dans les centres-villes a pu ainsi susciter par rétroaction négative un mouvement compensateur de "rurbanisation" vers les zones périurbaines à la périphérie lointaine des grandes agglomérations).

En revanche, pour les biens reproductibles et divisibles, le partage par voie d'échange monétaire peut créer, et entraîne effectivement, un jeu à somme positive, ne serait-ce que grâce au mécanisme des prix relatifs qui instaure sans violence une discipline des désirs en réorientant du même mouvement la demande et l'offre. Même dans les cas de figure les plus défavorables, ceux où le conflit des désirs ne peut pas être arbitré de manière satisfaisante en raison de la rigidité de l'offre, on peut penser que le marché joue un rôle globalement stabilisant dans la mesure où, comme dit Hayek, "ce fut le grand mérite de l'ordre du marché, tel qu'il s'est répandu au cours des deux derniers siècles, que d'enlever à quiconque tout pouvoir dont l'usage est par nature arbitraire"[6]. Comme le note très justement B. Manin à ce propos[7], "Le marché barre la route au désir humain de toute puissance sur la société" ce qui, on l'imagine aisément, n'est pas sans rapport avec l'inimitié que lui vouent certains.

Des conquêtes fragiles

La démarche scientifique, l'échange marchand généralisé: ces attributs de la société ouverte (que Hayek appelle la "grande société", reprenant une formule déjà utilisée, je crois, par Adam Smith et Rousseau) ont connu un essor spectaculaire. Ce sont néanmoins des conquêtes fragiles, et l'on aurait tort de croire tout retour en arrière exclu.

[5] Fred Hirsch, *The Social Limits of Growth* (London: Routledge and Kegan Paul, 1977).
[6] Hirsch, p. 120.
[7] B. Manin, "Hayek et la question du libéralisme", *Revue Française de Science Politique*, no. 1 (1983), p. 56.

On pense tout de suite aux totalitarismes contemporains, évoqués par René Girard dans *Des Choses cachées* (151), lorsqu'il parle de la tentative de "restaurer les mécanismes sacrificiels en cours de désagrégation", qui caractérise à son avis "tous les mouvements totalitaires, toutes les idéologies virulentes qui se sont succédées et combattues, toujours fondées sur une espèce de rationalisation monstrueuse des mécanismes victimaires". Sur ce point, une question mériterait d'être posée à René Girard: n'est-ce pas précisément pour éviter les effets déstabilisants que le désir mimétique comporte pour une société "close" que les processus de "lynchage fondateur" ont été réactivés? Quant à la partie non communiste et non occidentale de l'univers, elle n'est pas elle non plus dépourvue de boucs émissaires, encore que la fabrication en soit restée partiellement artisanale, et une étude attentive montrerait probablement qu'il s'agit d'un mélange hétéroclite de préjugés anti-occidentaux[8] et de phobies visant d'autres pays également peu développés appartenant à la même aire géo-culturelle (on en trouve maints exemples dans les essais de V. S. Naipaul).

Dans le monde occidental, la fragilité des conquêtes de la sécularisation me paraît attestée par la poussée d'activisme "environnementaliste" qui vient d'être étudiée de façon originale par l'anthropologue Mary Douglas et le politologue Aaron Wildawsky[9]. On constate en effet, particulièrement aux Etats-Unis, qu'il se passe quelque chose qui contredit cette "orientation résolue vers les causes naturelles" qui, pour Girard, avait tendance à l'emporter sur la "préférence immémoriale des hommes pour les causes significatives sur le plan des rapports sociaux, qui sont aussi les causes susceptibles d'intervention corrective, autrement dit les victimes"[10]. Ce que montrent sans ambiguïté Douglas et Wildawsky, c'est par exemple le recul du concept de *mort naturelle*, acquisition de l'esprit moderne qui ne fait pas partie de l'outillage mental des primitifs[11]. En témoignent la montée forte et subite des procès pour faute professionnelle intentés aux médecins,

---

[8] C. Rangel, *L'Occident et le Tiers Monde* (Laffont, 1982).
[9] M. Douglas et A. Wildawsky, *Risk and Culture* (Berkeley: University of California Press, 1982).
[10] Douglas et Wildawsky, p. 140.
[11] Nos deux auteurs invoquent à cet égard les travaux de l'ethnologue Lévy-Bruhl. Celui-ci notait en effet que pour le primitif, "même en ce monde, la mort n'est pas toujours conçue par lui-même comme nécessaire… Aucune mort ou presque n'est naturelle, au sens que nous donnons à ce mot" (L. Lévy-Bruhl, *Morceaux choisis* [Gallimard, 1936], pp. 137, 218).

et l'acharnement avec lequel un certain nombre de chercheurs s'ingénient à découvrir des substances cancérigènes dans les endroits les plus inattendus, voire à démontrer que les cas de cancer sont en croissance anormalement élevée aux Etats-Unis. Un certain Ernest Sternglass, professeur de radiologie, a même prétendu que la baisse des résultats obtenus par les élèves américains aux tests scolaires d'aptitude s'expliquait par les retombées des expériences nucléaires. Pour peu que ce courant d'attitudes technophobes dure suffisamment longtemps, on peut prédire que la notion de "mort naturelle" deviendra une espèce en voie d'extinction...

Le phénomène intéressant est que les boucs émissaires—car il y en a évidemment, ne correspondent pas cette fois à un groupe humain concret, ces "catégories entières [qui] sont distinguées du reste de l'humanité et vouées à l'anéantissement, les juifs, les aristocrates, les bourgeois, les fidèles de telle ou telle religion, les mal pensants de toute espèce" (*Des Choses cachées*, p. 151), mais se réfère à des entités abstraites comme les technologies "dures" (les technologies dites "douces" comme la bicyclette, l'énergie solaire décentralisée et la microinformatique étant au contraire parées de toutes les vertus), les firmes multinationales, ou, mieux, car leur caractère non tribal ressort davantage, transnationales, les bureaucraties militaires et même civiles (sauf si celles-ci font appliquer des réglementations anti-discriminatoires ou environnementales).

Ne serait-ce pas là l'utime avatar de cette modernité culturelle qui, après avoir, sous la plume de Baudelaire, Nietzsche et Dostoïevski dénoncé une certaine forme d'universalisme[12], celui de l'industrialisme, de la science et... de la démocratie, s'est ensuite attaquée au tribalisme des interdits sociaux pour promouvoir en fait un autre tribalisme, celui du groupe restreint égalitariste et frugal organisé sur une base volontaire. Cette "culture de la secte", comme l'appelle Wildawsky, rejette les deux attributs de la société ouverte: la science, parce qu'elle a été détournée par l'industrialisme de sa véritable finalité, la recherche de la vérité, pour être mise au service du profit, et parce qu'elle a contribué à un style d'action gouvernementale jugé néfaste dans lequel les problèmes sociaux sont présumés relever de solutions purement techniques et "sectorielles", qui ne font qu'aggraver les

---

[12] Tout en étant en même temps très conscient de la toute puissance du désir mimétique, comme René Girard l'a bien montré à propos de Dostoïevski dans *Mensonge romantique et vérité romanesque* (Grasset, 1961).

difficultés[13]; le marché, parce qu'il est créateur d'inégalités et défigure l'environnement naturel.

D'où un curieux contraste entre la résurgence du processus victimaire en Occident et la manière dont les choses se passent à l'Est et au "Sud": alors que ces deux derniers restent— sauf exceptions fondamentalistes du genre khomeynisme— attachés à une certaine forme de modernisation indétachable de la rationalité scientifique et économique, le "sectarianisme" d'Occident les rejette purement et simplement, ou ne les conserve que sous la forme abâtardie de la science et de la technologie "socialement maîtrisées" et de l'économie autosuffisante— bref la société tribale où les comportements individuels sont régulés en permanence par le "collectif".

[13] C'est la thèse que l'on trouve développée chez le militant écologiste américain Byron Kennard, qui ne manque naturellement pas de citer l'exemple de la santé, qui n'est pas dit-il, une affaire de médecins, mais relève d'interventions sur le système productif dans la mesure où, selon lui, "la pollution automobile et les accidents de la route sont une des principales causes des problèmes de santé dans le pays" (*Nothing Can Be Done, Everything Is Possible* [Andover, Mass: Brick House, 1982], p. 49)— illustration supplémentaire du rejet du concept de mort naturelle.

La Théorie mimétique
face aux phénomènes économiques

ANDRÉ ORLÉAN

L'utilisation des hypothèses de René Girard à l'Economie Politique peut sembler de prime abord suspecte. Cette discipline est effectivement fort éloignée des espaces de réflexion où ces hypothèses se sont peu à peu constituées; les problèmes économiques n'ont que des relations extrêmement lointaines avec ceux que pose la critique littéraire ou l'histoire des religions. Dans cette conjoncture théorique le risque majeur est que les liens entre ces domaines séparés se forment autour d'analogies d'autant plus évocatrices qu'elles sont vagues. Si une telle impasse peut être évitée c'est parce qu'existe entre l'Economie Politique et la pensée girardienne un terrain naturel de confrontation: l'analyse des besoins. Celle-ci n'est pas un enjeu périphérique pour ces deux discours, mais en constitue le dispositif central. La valeur-utilité et la mimésis d'appropriation forment le socle de deux architectures théoriques aux propriétés contrastées; elles donnent du comportement individuel comme de la rivalité des analyses sensiblement distinctes. Ce texte voudrait montrer comment la problématique girardienne renouvelle alors notre compréhension de la société marchande. L'hypothèse mimétique apparaît extrêmement féconde: nombre de concepts fondamentaux, comme ceux de concurrence, d'incertitude ou de richesse s'y trouvent réinterprétés dans un sens qui intègre certaines des critiques traditionnellement adressées à l'orthodoxie néoclassique. On insistera particulièrement sur la cohérence logique du

cadre d'analyse ainsi engendré, sur la manière dont s'articulent entre
eux les concepts.

Incomplétude girardienne et séparation marchande

La société marchande désigne un univers où la production matérielle
est prise en charge, non pas par un organisme centralisé de
planification, mais par une multitude d'agents, indépendants les uns
des autres, les producteurs-échangistes. Du fait de leur statut de propriétaire privé, ces producteurs-échangistes jouissent a priori d'une
autonomie de décision absolue. Cette société est "fondamentalement
caractérisée par la séparation des unités qui la composent"[1]. Le problème fondamental s'en déduit: comment les décisions autonomes de
cette infinité d'agents séparés sont-elles rendues cohérentes entre elles?
Comment se forme le lien social? Rien n'assure que la quantité de
blé produite par les agriculteurs sera suffisante; rien n'assure que les
choix de technologie faits par tel producteur se révèleront pertinents,
ni que la couleur adoptée par tel marchand de vêtements s'avèra être
celle retenue par la mode. La complémentarité des stratégies privées
n'est nullement acquise: la logique de la séparation marchande conduit à l'engendrement perpétuel de contradictions au sein du tissu
social, conséquences directes de la liberté de gestion des unités décen-
tralisées. Les caractéristiques de la demande sociale comme les conditions moyennes de production ne se révèlent aux agents qu'a posteriori. Elles le font au travers de l'émergence d'une structure d'excé-
dents/déficits qui vient sanctionner la qualité des prévisions formées
par les divers producteurs privés. Le concept *d'incertitude* s'en déduit.
Il désigne l'opacité dans laquelle baigne une organisation sociale où
aucune instance ne vient régler les modes de consommation et de production. Cette incertitude influence fortement les comportements individuels puisqu'elle conditionne l'exercice même du droit de propriété,
la faillite étant la sanction ultime de mauvaises anticipations. Il faut
noter que cet effet est d'autant plus puissant que le rapport de séparation implique la destruction de tous les liens antérieurs de réciprocité, tels que les connaissent les sociétés pré-marchandes, liens qui
assuraient certaines formes de "secours mutuel". L'incertitude est donc
l'expression d'une réalité sociale où l'errance des désirs individuels n'est

[1] Carlo Benetti et Jean Cartelier, *Marchands, salariat et capitalistes*, Intervention en
Economie Politique (Maspéro, 1980).

plus neutralisée par l'existence de normes coutumières définissant les modes de subsistance, où aucun lien organique de réciprocité ne vient réguler les relations au sein de la communauté. La théorie économique néo-classique aborde ces problèmes en postulant la naturalité des désirs individuels: ceux-ci seraient définissables objectivement pour chaque agent, indépendamment de ses relations avec les autres sociétaires. Les échelles subjectives de préférence s'expriment formellement au travers d'une fonction d'utilité qui indique la valeur relative qu'attribue un consommateur donné aux divers biens disponibles. Ce postulat conduit alors à restreindre fondamentalement le champ de l'incertitude marchande. Certes les besoins n'y apparaissent pas, comme dans certaines sociétés primitives, dans un réseau visible de règles coutumières; néanmoins ils constituent une réalité, première par rapport à toute considération sur les positions respectives des agents, qui contraint l'espace permis d'extension du jeu social. Il faut alors souligner qu'il importe peu que l'expression des besoins soit manifeste ou non. Effectivement la seule cohérence méthodologique implique qu'on puisse exhiber des procédures d'investigation qui, à partir des informations disponibles, nous fassent connaître ces besoins. Le contraire signifierait l'impossibilité de tester les postulats afférents. A ce point du raisonnement la naturalité des choix individuels est cruciale; sinon on ne pourrait rejeter la possibilité d'une transformation des besoins sous l'effet de la procédure elle-même. Dans ces conditions la "visibilité" des besoins est toujours acquise puisque, comme l'école des anticipations rationnelles l'a bien compris, ces méthodes de divulgation sont aussi bien à la disposition des agents privés que des théoriciens: rien n'indique clairement pourquoi les modélisateurs en sauraient plus que les praticiens. L'incertitude est alors réduite à un effet apprentissage et à l'action de variables exogènes, du type météorologique. Une deuxième hypothèse est nécessaire pour donner toute son ampleur à cette perspective d'analyse: le principe de l'utilité marginale décroissante. On en déduit que la demande d'une marchandise décroit quand son prix croît. Cette contrainte sur la forme des utilités individuelles a pour conséquence de rendre l'expression égoïste des besoins "universalisable sans contradiction". Elle assure que les conditions sociales de la cohérence n'entravent pas la formation individuelle des choix subjectifs. Cette démarche nous semble prêter le flanc à une critique d'ordre logique: la valeur-utilité évacue la question de la séparation marchande plus qu'elle ne la résout. Il est clair que cette critique ne suffit nullement à infirmer la théorie néo-classique; mais le présent texte se bornera à cette question en montrant qu'on peut construire une problématique alternative tout aussi rigoureuse mais plus satisfaisante dans ses présupposés.

Analyser pleinement la séparation marchande c'est prendre au sérieux que les caractéristiques de la cohérence d'ensemble ne sont dévoilées aux agents qu'a posteriori, c'est souligner que l'émergence du lien social se déroule au sein d'une temporalité de la rupture. Entre la multitude des anticipations privées ex-ante et leurs effets sociaux ex-post il y a une distance qu'on ne peut jamais supprimer. Nous sommes face à une incertitude qu'on peut qualifier avec J. M. Keynes de radicale. Cette radicalité signifie en particulier qu'il n'existe pas de règle abstraite qui puisse totaliser l'ensemble des subjectivités, qui puisse résoudre l'éparpillement des volontés. Cette circonstance a pour conséquence de nier l'existence d'une règle d'optimalité sociale à laquelle les agents pourraient faire référence a priori pour ordonner leurs stratégies. Il s'agit alors d'analyser les effets d'une telle situation sur les comportements privés et sur la nature des relations économiques. A contrario postuler, comme le fait la théorie orthodoxe, des ordres de préférence individuels revient à supprimer le problème; c'est supposer les sujets déjà constitués avant tout processus d'échange. Il apparaît d'ailleurs que le comportement des agents décrit par cette théorie ne doit alors presque rien à la spécificité des rapports marchands. Il s'ensuit une tentation constante pour ce discours à étendre ses résultats à toutes les circonstances historiques, même non-marchandes. Il faut au contraire considérer que la définition des besoins est liée intimement au processus d'échange; ils n'ont aucune extériorité par rapport à lui. Il s'agit donc de renverser la problématique orthodoxe: le sujet marchand se constitue au travers du rapport concurrentiel; la totalité sociale se définit dans le mouvement de son engendrement, elle ne domine pas les événements du haut de sa présence ontologique.

Quel est le mode d'expression de la séparation marchande et de son corollaire, l'incertitude? Comment façonnent-elles les comportements individuels? Si l'analyse girardienne nous est utile pour répondre à ces questions c'est qu'existe une étroite homologie entre l'incomplétude du sujet telle qu'elle est définie dans *La Violence et le sacré* et la situation d'incertitude où se trouve plongé le producteur-échangiste. Toutes deux font face à la même scène primordiale: un désir qui ne se résout pas en une liste plus ou moins longue d'objets, un désir opaque à lui-même dont la définition est soumise à de perpétuelles réinterprétations. Il s'agit, comme nous y invite Albert Hirschman[2], de prendre au sérieux la déception: "Dans le monde que j'essaie de comprendre…, les hommes peuvent désirer telle ou telle chose, puis, l'ayant obtenue, découvrent qu'ils sont loin de la désirer autant qu'ils l'avaient cru, ou même qu'ils ne la désirent pas du tout, et que c'est autre chose, à quoi ils ne pensaient pour ainsi dire pas, qu'ils désirent réellement" (43). Il est important de souligner que cette circonstance est spécifique d'une certaine organisation sociale dans laquelle le mode de consommation n'est pas l'objet d'une codification rigoureuse. Nous pouvons lui opposer le mode de production domestique tel que le décrit Marshall Sahlins[3]. Dans celui-ci les normes de subsistance font l'objet d'un contrôle social qui en détermine le niveau et la composition en termes de produits spécifiques. Les objectifs économiques sont donc limités et définis qualitativement de telle manière que leurs variations ne mettent pas en péril la stabilité des relations dominantes, telles que les liens de parenté: "…les normes coutumières du bien-vivre doivent être fixées à un niveau susceptible d'être atteint par le plus grand nombre, laissant sous-exploités les pouvoirs de la minorité la plus active" (132). "Le mode de production domestique est un système forcément hostile à la formation de surplus" (126). Il s'agit d'éviter toute disparité excessive qui viendrait aviver les rivalités entre maisonnées. Dans la société marchande, au contraire, "la consommation est, à double titre, une tragédie: ce qui commence dans l'insuffisance se termine dans la privation… le marché a rendu accessible une foule de produits, une quantité inouïe de Bonnes Choses étalées devant l'homme, à portée de sa main, mais qu'il ne pourra jamais saisir toutes à la fois. Et pire encore, dans ce jeu du libre choix, toute acquisition est simultanément privation, car dans le même temps qu'il achète un objet donné, le consommateur renonce à un autre qu'il aurait pu se procurer en lieu et place, lequel n'est généralement moins désirable que par certains aspects et l'est plus par d'autres" (41). Cette déception potentielle à l'influence de laquelle le consommateur ne peut jamais se soustraire prend dans le cas du producteur une forme particulièrement virulente: le spectre de la faillite. Il est tout aussi irréductible: aucune réglementation ne peut garantir qu'une production sera

---

[2] A. Hirschman, *Bonheur privé, action publique* (Fayard, 1983).
[3] Marshall Sahlins, *Age de pierre, âge d'abondance* (Bibliothèque des Sciences Humaines, Gallimard, 1976).

validée socialement. Les niveaux de productivité, la nature des produits demandés ou les formes dominantes d'organisation ne se révèlent au producteur qu'ex-post. Un écart trop important entre celles-ci et ses choix privés est sanctionné par la destruction de ses capacités de produire.

Pour résumer *le sujet marchand comme l'individu girardien est caractérisé par un manque*: l'impossibilité de faire référence à une loi transcendante pour déterminer sans ambiguïté leurs actions. Leur expérience première est celle de la déception, de la versatilité du désir toujours opaque à lui-même, de l'inconstance des règles coutumières; autrement dit celle de l'incertitude. La seule permanence que postule cette théorie est celle d'une question toujours ouverte et non celle d'une réponse. Pour penser cette situation on doit introduire une nouvelle catégorie: ce que René Girard appelle le désirable absolu et qui, en économie, a pour nom la richesse.

Richesse et concurrence mimétique

L'insatisfaction latente, l'incertitude qui règne sur la définition des relations économiques s'extériorisent au travers de l'émergence d'un désir *sui generis*, le désir de richesse. Il est proportionnel au manque d'être des sujets marchands, à leur incapacité à contrôler les conditions générales d'échange et de production qui s'imposent à eux avec l'inflexibilité des forces naturelles. La richesse est ce principe dont la possession permettrait de se préserver de l'imprévu des conjonctures; elle exprime un besoin spécifique qui distingue radicalement la société marchande de toutes les autres formes d'organisation économique. S'approprier la richesse c'est accaparer la substance sociale elle-même. L'Economie Politique quasi unanime cherche les fondements de ce principe dans une substance naturelle, la valeur, qui peut être, soit l'Utilité soit le Travail. La complémentarité des activités, qui est inscrite dans le postulat de la valeur, apparaît alors comme une dimension objective qui préexiste au jeu marchand proprement dit et contraint à leur insu les agents économiques. Ce faisant ces théories présupposent le lien social plus qu'elles ne l'engendrent. La problématique girardienne est toute autre. Elle échappe au fétichisme de la valeur. Pour elle la richesse n'est que l'envers de la séparation; aucun cadre a priori ne vient en contraindre la définition. A l'opposé la détermination concrète de la richesse, son extériorisation sous forme de monnaie, est le lieu dont procèdent toutes les significations économiques. L'émergence de la monnaie est une invention sociale à partir de laquelle peuvent se constituer des liens de coopération. Mais ils en ont la précarité, car ils n'ont d'autre objectivité que celle concédée par le rapport monétaire. Nous sommes alors face à un processus d'une nature particulière: une *morphogénèse*. A l'indétermination du principe de richesse succède la monnaie. La puissance de la démarche girardienne est de ne rien postuler quant à la définition de la richesse et de faire surgir du sens à partir d'une structure amorphe. Cette économie d'hypothèses la rend particulièrement séduisante. Examinons les caractéristiques de cette dynamique morphogénétique.

Cette théorie peut prétendre rendre intelligible l'émergence du sens dans la mesure où elle part d'une situation qui a fait table rase de toute représentation économique: on n'y connaît aucune marchandise, aucune monnaie, aucun Etat. Les agents ne peuvent donc s'y prévaloir d'aucune distinction particulière; ils sont indifférenciés, réduits à leur définition minimale d'êtres séparés donc incomplets. Dans cette scène initiale l'incertitude nous est livrée sous sa forme la plus absolue; aucun savoir, aucun lien implicite ne sont postulés qui viennent en limiter l'étendue. A l'origine il n'y a que de la séparation. Elle fait peser sur les sujets une contrainte sociale puissante qui s'extériorise en désir de richesse. Mais celle-ci est par nature indéterminée; nul ne sait sous quel masque elle se cache. René Girard souligne qu'en situation d'incertitude le comportement d'imitation est le comportement rationnel par excellence: si l'autre, que je copie, sait quelque chose, en l'imitant j'améliore mes performances; s'il ne sait rien, ma situation reste inchangée. Telle est donc la stratégie qu'adoptent les sociétaires. Elle débouche immédiatement sur la rivalité. La rivalité mimétique est le mode fondamental d'expression de ce besoin de richesse qui ne cesse de tourmenter les producteurs-échangistes. C'est la forme essentielle de ce qu'on appelle communément "la concurrence".

La concurrence ainsi définie a des propriétés qui la distinguent fortement des relations concurrentielles telles que la théorie économique orthodoxe les analyse. Elle engendre des mouvements de contagion et de polarisation des anticipations de nature fondamentalement "anti-walrasienne". Le fait que le prix d'un bien augmente apparaît dans la dynamique mimétique comme un signal attestant la qualité du bien; loin de déprimer la demande, comme le voudrait le schéma walrasien, elle l'exacerbe. La désirabilité d'un objet ne dépend pas de ses qualités intrinsèques, mais de l'ampleur des rivalités qu'il suscite. Le prix en est l'expression directe; il traduit l'intensité du rapport entre demande et offre. Ces processus sont observables sur les marchés conformes à nos hypothèses: les marchés à forte incertitude,

comme celui des changes où ce qui est négocié est fondamentalement la définition de la richesse sociale. Sur des marchés fortement
différenciés, comme ceux des valeurs d'usage, l'activité mimétique se
transforme; elle s'identifie essentiellement à la répétition. Cette carac-
térisation de la concurrence nous permet maintenant de comprendre
comment la généralisation, l'extension des rivalités conduit, de par
sa propre logique, à un retournement de la violence anarchique en
violence fondatrice; autrement dit fournit une réponse à ce que nous
avons appelé le problème économique fondamental: la formation du
lien social marchand. Il ne s'agit de rien d'autre que de la logique
victimaire.

La monnaie

Dans la situation inaugurale d'indifférenciation généralisée tous les
opérateurs sont des doubles en quête de richesse; ils voient dans l'autre un modèle pour orienter cette singulière recherche. Chacun essaie
d'accaparer le bien possédé par son voisin. On est face à une dynamique paradoxale dont l'aboutissement est une polarisation cumulative sur un objet aléatoire. Ce résultat se déduit des propriétés de la
concurrence mimétique. L'unanimité qui se forme ainsi conduit à
l'élection d'un signe; autrement dit à la formation d'une monnaie. Cet
événement transforme radicalement le paysage social. Par la grâce
de la convergence mimétique la richesse échappe pour un temps à
son indétermination; elle s'identifie à la monnaie. Cette extériorisation du principe de richesse permet à la société marchande de se constituer. Elle institue un espace central de représentation, l'espace des
prix; elle fait de l'exigibilité des règlements sous forme monétaire la
loi fondatrice. Dans cette analyse l'objet monétaire ne préexiste pas
aux conflits; au contraire la mimésis est ce qui le fait émerger du
magma des différences naturelles. Ce qui importe n'est pas l'objet lui-
même mais le processus par lequel une unanimité se forme au sein
d'un groupe divisé. Si un signe accède au statut de monnaie c'est par
le jeu de cette adhésion collective. Le fétichisme, qui prévaut largement en Economie Politique, consiste à chercher les causes de l'élection monétaire dans certaines propriétés intrinsèques du bien élu. Mais
en réalité la polarisation mimétique est précisément cette dynamique
qui fait de certaines différences naturelles des différences sociales, qui
structure la variabilité infinie des objets, et ainsi qui transforme la
relation des individus à la totalité sociale en la médiatisant par des

représentations institutionnelles. Si le fétichisme a une telle importance c'est parce qu'il est au plus près de la subjectivité immédiate des agents. Ceux-ci ne peuvent manquer de voir dans l'élection monétaire, et plus particulièrement dans sa forme la plus commune, la spéculation, l'agissement de forces naturelles qui transcendent le groupe. Ils recherchent l'origine de cette puissance dans une substance sociale quasi-divine qui les manie à leur insu; par exemple des contraintes naturelles, extérieures, comme la rareté des ressources disponibles.

En analysant la genèse de l'institution comme métamorphose de la communauté produite par l'exacerbation des rivalités concurrentielles, la pensée girardienne rompt radicalement avec le fétichisme. Elle fait très clairement du groupe lui-même le lieu d'émergence des significations collectives. En matière financière le marché est l'espace spécifique où se structurent par agrégations mimétiques des stratégies sociales. La maturation de ces forces s'opère au cours de mouvements lents et profonds qui aboutissent à un renversement spectaculaire des anticipations dominantes. La période contemporaine a été le théâtre de tels événements. Après une période d'endettement généralisé, d'un certain laxisme bancaire, on a assisté à partir de 1979 à un retour en force des évaluations déflationnistes qui ont remodelé en profondeur la médiation monétaire. Mais si derrière l'institution monétaire il y a la victoire d'un clan, on ne doit pas pour autant considérer la monnaie comme un instrument servile aux mains de groupes d'intérêt. Deux raisons principales s'opposent à une telle réduction. Premièrement le processus mimétique recompose constamment les contours de la coalition en gestation. Si au départ certains intérêts spécifiques étaient directement en cause et pouvaient être facilement circonscrits, par la suite le développement endogène de la crise étend par contagion les oppositions à des groupes périphériques en réavivant toute une série de conflits larvés, fort éloignés de l'épicentre du phénomène. Aucune puissance privée ne peut contrôler cette dynamique de coagulation dont dépendent les formes finales de l'institution. Secondement, une fois celle-ci établie, rien ne peut en assurer la pérennité. La victoire est fragile: ce que la convergence mimétique a engendré, elle peut de la même manière le défaire. Ce danger n'est pas une clause de style; c'est le risque central qui pèse sur la régulation monétaire. Si, pour satisfaire certains intérêts privés, la gestion des règles monétaires s'écarte trop des normes coutumières, elle active un certain nombre de conflits. Cette circonstance peut alors initialiser une dynamique de contagion remettant en cause la souveraineté prévalente. La spéculation est la forme dominante que prend un tel processus. On y voit des groupes d'agents s'écarter de la monnaie dominante devenue suspecte à leurs yeux. Le désir de richesse à nouveau libéré peut se polariser sur une multiplicité d'objets: valeurs d'usages, créances diverses, monnaies étrangères,... Ce phénomène de convergence des comportements répond à la logique mimétique; on doit l'analyser comme l'émergence spontanée d'une nouvelle monnaie, rivale de l'ancienne. L'objet élu acquiert de facto certaines qualités de la monnaie centrale. Il joue le rôle d'unité de compte partielle dans la mesure où il sert de base d'indexation des prix. Il est aussi moyen de réserve puisque il est employé comme garantie contre l'émission de certaines créances. Dans la perspective girardienne la monnaie n'est ni consensus communautaire, ni instrument d'une puissance privée. Cette double négation exprime son ambivalence.

L'élection d'un bien ou d'un signe comme monnaie permet de comprendre la genèse de l'institution. Elle permet aussi d'analyser la quête spéculative qui répond à la même logique de polarisation mimétique. Mais, dans le cours normal des événements économiques, de tels phénomènes ne sont pas fréquents. Ils caractérisent les périodes de crise. L'institution a précisément pour finalité de contenir l'activité mimétique qui fait toujours peser un danger potentiel sur la stabilité des relations économiques. Il faut maintenant analyser à quelle logique répondent les rapports institutionnels. Ce faisant nous aurons un instrument pour comprendre les systèmes monétaires concrets et leurs capacités régulatrices.

Pour réduire les effets dévastateurs de la mimésis d'appropriation il faut circonscrire à des espaces bien délimités l'apparition des rapports de doubles. Il faut donc engendrer des formes sociales qui bloquent l'extension des relations concurrentielles, qui cessent de faire de la comparaison systématique des prix et des rendements le seul comportement. Le sens de la logique institutionnelle est donc de médiatiser et de différencier. La possibilité de telles différences est inscrite dans la dynamique d'élection elle-même. Effectivement celle-ci fait émerger de la foule indifférenciée des sociétaires un objet absolument différent, la monnaie. De cette hétérogénéité primordiale procèdent toutes les hétérogénéités concrètes par lesquelles se structure l'espace social. En ce qui concerne l'univers économique on peut distinguer deux ordres de différence: la valeur d'usage et la créance privée. Ainsi, là où la relation d'échange simple fait apparaître deux doubles polariquement opposés parce que semblables, le rapport monétaire les transforme en un vendeur (celui qui détient la marchandise) et un acheteur (celui qui détient de l'argent). La médiation par la monnaie rend l'échange possible. De la même manière le système des créances rend possible un compromis entre créanciers et débiteurs. Ceux-ci n'apparaissent plus immédiatement comme deux rivaux s'affrontant pour s'approprier la richesse; ils sont positionnés au sein d'un jeu social qui met en avant leur complémentarité. Le rapport de différenciation diffère le désir de richesse, le travestit en lui donnant des proies profanes que ce soient les marchandises ou les créances privées. Il crée des normes sociales, des règles du jeu, en un mot tout un espace de représentation qui réduit les effets corrosifs de l'incertitude, et ainsi la lutte immédiate pour la richesse. Il bloque le recours systématique à la comparaison dans la définition des comportements: un producteur de chaises ne modifie pas nécessairement ses prix quand le producteur d'acier augmente les siens; un détenteur de livret de caisse d'épargne est très peu influencé dans sa stratégie financière par la variation des taux du marché monétaire. Les comportements qu'induit la différenciation sont essentiellement répétitifs. La flexibilité de l'organisation marchande est conditionnée par cette structure de différenciations. Effectivement son existence signifie une certaine tolérance du corps social aux innovations. Celles-ci peuvent apparaître sans qu'immédiatement elles induisent une modification stratégique des comportements pour en bloquer les effets. Cette théorie de la différenciation permet ainsi de définir rigoureusement ce qu'on appelle les capacités régulatrices d'un système monétaire: c'est la marge de manoeuvre dont disposent les autorités centrales dans la définition de leurs objectifs au-delà de laquelle se font jour des réponses spéculatives. Elle dépend donc étroitement de la diversité et de l'imbrication des circuits financiers privés.

La différenciation comme rapport distinct de la concurrence immédiate apparaît donc comme fondamentale dans la constitution du lien social. Cette proposition s'oppose à l'idée traditionnellement défendue par l'orthodoxie libérale selon laquelle seul le développement généralisé des pratiques de marché permettrait une meilleure gestion des ressources. Certes, nous sommes conscients que les cloisonnements engendrés par les différenciations peuvent entraîner un certain gaspillage, mais simultanément ils conditionnent la flexibilité du système

marchand. Ce dilemme entre optimalité statique et capacité d'innovation nous semble irréductible. La croyance de la théorie orthodoxe
en l'automatisme des marchés ne fait qu'une avec sa sous-estimation
du rôle de l'incertitude dans la définition des comportements. La théorie girardienne permet une analyse féconde des différenciations, des
hétérogénéités, des cloisonnements qu'elle n'assimile pas à des sco-
ries, à des imperfections vouées à une problématique disparition dès
lors que la logique marchande se serait pleinement développée. Pour
elle la logique marchande ne peut se développer qu'en les engendrant.

Le système monétaire que nous propose la théorie girardienne est
donc, à l'instar de son analyse des phénomènes religieux, ambivalent. Il s'y superpose des espaces de concurrence et des espaces de
contrôle. Dans le processus d'élection la monnaie apparaît d'abord
comme ce qui homogénéise les sujets. Chaque activité voit dans le prix
son résumé le plus succinct en même temps que le plus complet. Mais
cette homogénéité nécessaire, sans laquelle l'espace des échanges ne
pourrait s'unifier, est dangereuse. Elle est le vecteur des comparai-
sons (prix relatifs, rendements relatifs des créances); elle est ce qui
rend semblable, ce qui provoque des rapports de doubles. Aussi simultanément la monnaie est productrice d'hétérogénéités: elle institue un
enchevêtrement de circuits différenciés (caisses d'épargne, banques
diverses, marchés financiers, etc.) auxquels sont associées des règles
particulières. Elle est une organisation où se fait jour une hiérarchie
de modes d'évaluation (taux d'intérêt, durée des créances, conditions
de garantie, etc.). Ce dualisme du système monétaire est imposé par
la nécessité de réaliser deux objectifs contradictoires. La monnaie doit
être suffisamment éloignée des rivalités privées pour pouvoir les ordonner; elle doit être impartiale, sourde aux supplications humaines, faute
de quoi elle risque de devenir elle-même objet des litiges. Simultanément elle doit être suffisamment proche de ces rivalités, à travers la
flexibilité des conditions de financement, sinon sa pureté écraserait
les producteurs en engendrant un désir immodéré de liquidité. L'ambivalence de la monnaie apparaît ainsi d'une manière spectaculaire
dans le fait que la crise mimétique connaît deux modalités opposées:
rejet de la monnaie dominante à travers l'émergence d'une monnaie
spéculative, *la crise inflationniste*; ou fascination excessive pour la monnaie dominante entraînant une pénurie de liquidité, *la crise déflation-
niste*. Le système monétaire oscille toujours entre deux excès, entre
le trop et le trop peu de financement central. La politique monétaire
apparaît alors comme un art des limites.

En tant qu'économiste nous n'avons retenu de la pensée de René Girard que sa logique centrale: la théorie mimétique. Comme ce texte a voulu le montrer[4], elle est tout à fait adaptée à la réalité des phénomènes économiques. Cette pertinence offrirait au système girardien, s'il en était besoin, un supplément de légitimité. Dans la mesure où la monnaie n'est pas une institution périphérique mais bien un des pivots de la régulation sociale contemporaine, c'est la capacité de cette théorie à rendre intelligibles les rapports sociaux primordiaux qui s'affirme à nouveau, après l'analyse des institutions religieuses ou monarchiques. Cette pensée est alors d'autant plus séduisante qu'elle part d'une hypothèse extrêmement simple, la mimésis, celle-ci étant développée au sein d'une architecture logique d'une très grande rigueur. On est ainsi confronté à un discours qui n'a rien à envier, du point de vue de sa cohérence formelle, à la théorie économique orthodoxe. Cette circonstance est importante à souligner car il nous semble que jusqu'à maintenant l'hétérodoxie économique a toujours buté sur son incapacité à systématiser dans un cadre théorique rigoureux les justes critiques qu'elle formulait à l'encontre de l'édifice néoclassique. En contre-partie, l'application à la théorie girardienne des outils traditionnellement utilisés dans le champ économique, comme par exemple le recours au formalisme mathématique, pourra l'enrichir et la préciser. Ainsi les travaux de René Girard ont dans le domaine économique un large avenir.

---

[4] Les thèses exposées schématiquement dans cet article ont été développées dans un livre écrit en collaboration avec M. Aglietta, *La Violence de la monnaie* (Presses Universitaires de France, 1982).

John Rawls et la question du sacrifice

JEAN-PIERRE DUPUY

Cette étude s'inscrit dans un ensemble plus vaste, une enquête sur les fondements de l'économie et ses rapports avec la philosophie morale et politique. J'y analyse, tant dans les textes fondateurs que dans les travaux contemporains, la prétention de l'économie à se constituer en "éthique scientifique"[1]. Je dédie cette recherche à René Girard, parce que c'est sa pensée qui m'a permis de comprendre la signification des trois refus qui structurent toute la littérature que j'examine: celui de l'arbitraire de la différenciation sociale, celui de l'envie, celui du sacrifice.

Le texte que l'on va lire n'est qu'une petite partie de l'étude que, dans ce cadre, j'ai consacrée à l'oeuvre de John Rawls, *A Theory of Justice*[2]. On n'y trouvera pas en particulier la critique de la fonction singulière attribuée par Rawls aux concepts de mérite, d'arbitraire et d'envie, bien que ce soit là, à mon sens, que réside la faille qui

---

[1] Voir J.-P. Dupuy, "L'Economie: Une Ethique scientifique?" CREA, Ecole Polytechnique, Paris; "Shaking the Invisible Hand", *Ordres et Désordres* (Seuil, 1982); "L'Auto-organisation du social dans la pensée libérale et économique", *L'Auto-organisation: de la physique au politique*, éd. P. Dumouchel et J.-P. Dupuy (Seuil, 1983); "De l'économie considérée comme théorie de la foule" in *Stanford French Review* 7, no. 2 (été 1983), 245-63.

[2] John Rawls, *A Theory of Justice* (Fair Lawn, N.J.: Oxford University Press [livre de poche], 1973). Les numéros de page renvoient à cette édition.

mine cet imposant édifice néolibéral[3]. C'est uniquement le débat entre Rawls et les utilitaristes sur la question du sacrifice qui constitue la matière des lignes qui suivent.

L'ouvrage de John Rawls, *A Theory of Justice*, ne fait pas mystère de son intention première. "L'objectif qui me guide [explique l'auteur d'entrée de jeu] est d'élaborer une théorie de la justice qui constitue une contre-proposition viable à ces doctrines—l'utilitarisme classique et les conceptions intuitionnistes—dont notre tradition philosophique subit depuis longtemps la domination" (p. 3). Non moins promptement, nous sommes avertis de ce qui vaut à l'utilitarisme d'être condamné sans appel. C'est la question du *sacrifice* qui constitue le chef principal d'accusation. "Chaque personne possède une inviolabilité fondée en justice [écrit Rawls] sur laquelle même le bien de la société considérée comme un tout ne peut prévaloir. Pour cette raison, il est exclu que la privation de liberté de certains puisse être justifiée par un plus grand bien que d'autres recevraient en partage. Il est incompatible avec la justice d'admettre que les sacrifices imposés à quelques-uns puissent être compensés par l'accroissement des avantages qu'un grand nombre en retireraient" (p. 3).

L'histoire de la philosophie économique et libérale est tout sauf linéaire. Les diverses traditions qui la constituent tantôt s'opposent, tantôt s'unissent et parfois se fondent, comme en une fugue dont les voix se poursuivent l'une l'autre, chacune occupant tour à tour le premier plan. On jugera des risques de cacophonie en apprenant que les utilitaristes d'aujourd'hui, malgré l'énergie déployée par Rawls pour se distinguer d'eux, considèrent ce dernier comme l'un des leurs[4].

Afin de mettre en scène le débat, je m'attacherai ici à une justification de l'utilitarisme qui n'est pas celle de ses pères fondateurs, mais qui me paraît à la fois plus conforme à ses présupposés et plus propre à éclairer la question du sacrifice. C'est dans l'oeuvre tardive de Henry Sidgwick, *The Methods of Ethics*, qu'on la trouve[5]. En opposition à Bentham et à John Stuart Mill, Sidgwick conteste qu'il soit possible de fonder le principe d'utilité, c'est-à-dire le principe éthique selon lequel chacun doit s'efforcer de contribuer au bonheur de tous, sur une théorie

---

[3] Voir J.-P. Dupuy, "L'Instabilité de la justice sociale", *Cahier du CREA*, Ecole Polytechnique, Paris (septembre 1984).

[4] C'est le cas, entre autres, des économistes Arrow, Alexander, Musgrave, etc.

[5] Henry Sidgwick, *The Methods of Ethics* (1874; rpt. New York: Macmillan, 1907), 7è éd. Un extrait important en est repris dans E. Phelps, éd., *Economic Justice* (Londres: Penguin Books, 1973).

psychologique d'après laquelle les comportements individuels procèdent d'un hédonisme égoïste. La tâche qu'il se fixe est tout autre: c'est de trouver un fondement purement rationnel à nos jugements moraux. Rawls n'aura d'ailleurs pas d'autre ambition. L'un comme l'autre appartiennent à la classe de ces moralistes qui n'ont de cesse de prouver qu'une société juste est une société rationnelle. Car s'il n'en était pas ainsi, on retomberait dans le relativisme des sceptiques: tout se vaut, et il y a autant d'univers moraux que de sociétaires, sans qu'il soit concevable de les faire communiquer l'un avec l'autre. Sidgwick et Rawls sont des libéraux, mais ils se situent à l'opposé de l'indifférentisme libéral. Ils ont retenu de Kant que la raison qui est également en chaque être, quels que soient sa condition sociale, ses intérêts ou ses capacités, est capable de créer un espace de communication, un espace commun et de garantir l'objectivité du ciment social. Or, la rationalité de Sidgwick et celle de Rawls s'opposent radicalement. C'est leur affrontement dramatique que je vais m'efforcer de relater.

Sidgwick est en quête de principes moraux dont l'évidence soit manifeste et qui ne se réduisent pas à des propositions vides d'être trop abstraites. Soit la maxime suivante: "Si une certaine conduite qui est juste (respectivement: injuste) s'il s'agit de moi est injuste (respectivement: juste) s'il s'agit de quelqu'un d'autre, la raison doit en tenir à une différence entre les deux cas qui ne soit pas le simple fait que l'autre et moi sommes des personnes différentes." Pour Sidgwick, voilà le prototype des maximes en lesquelles les jugements du sens moral commun aussi bien que ceux de la logique la moins récusable ne peuvent que se reconnaître.

L'égalité abstraite des hommes, au-delà ou en deçà de leurs différences manifestes de conditions, de positions, de richesses, de statut ou de capacité, est donc le terrain le plus solide, parce que le plus conforme à la raison universelle, sur lequel on puisse espérer bâtir une éthique qui ne se prête pas à la contestation sans fin de ceux pour qui la morale est toujours conditionnée par un lieu et une époque.

Mais poursuivons le raisonnement. Soit une totalité de type logique, mathématique ou éthique, dont tous les éléments sont parfaitement identiques les uns aux autres. Vu de la totalité, la seule règle qui se justifie d'elle-même est l'impartialité dans le traitement des différents éléments. Soit par exemple ce tout qu'est le "bien" d'une vie considérée dans sa globalité. La règle qui s'impose est que "*après* ne saurait en tant que tel être doté d'un poids supérieur ou inférieur à *maintenant*". Cela ne veut pas dire qu'il n'y ait pas des raisons spécifiques qui puissent faire préférer un bien maintenant au même bien dans un avenir éloigné: la différence de certitude quant à l'occurrence effective de ce bien peut faire pencher la balance en faveur du présent. Mais, à considérer la seule succession temporelle, la maxime que tout homme raisonnable se doit de respecter est qu'"il ne faut pas préférer un petit bien maintenant à un grand bien demain"; dont le corollaire est: "le plaisir ou le bonheur d'aujourd'hui doivent avec raison être sacrifiés si ce sacrifice est plus que compensé par l'accroissement du plaisir ou du bonheur du lendemain"[6].

Il n'y a plus qu'un pas à franchir, et le voici. De même que l'on considère le bien d'un individu dans sa totalité, on doit donner sens à cette autre totalité qu'est le "bien universel", obtenu par comparaison et intégration des biens de tous les êtres humains — ou même: de tous les êtres capables de sensations. Le principe *self-evident* d'impartialité donne dans ce cas: du point de vue universel, et sauf s'il y a des raisons spécifiques qui en font juger autrement, le bien d'un individu quelconque n'a pas plus d'importance que celui de tout autre. Or, en tant qu'être rationnel, c'est au bien universel que je dois viser, et non pas simplement à l'une de ses parties. Il s'ensuit la "maxime de bienveillance sous sa forme abstraite": sauf raisons spécifiques qui amènent à conclure différemment, chacun est moralement tenu d'accorder autant de poids au bien de chacun de ses congénères qu'au sien propre. Sidgwick est persuadé qu'il a établi là une proposition aussi évidente que l'axiome mathématique que des égaux ajoutés à des égaux donnent des égaux: l'intuition abstraite y reconnaît, sans médiation d'aucune sorte, une vérité qui ne se démontre pas.

Le principe du sacrifice en découle non moins automatiquement, par la même déduction que dans le cas d'un individu unique:

> Si j'agis rationnellement en choisissant la douleur d'une visite chez le dentiste de façon à prévenir une rage de dents, pourquoi n'agirais-je pas rationnellement en choisissant une douleur qui affecte Jones, similaire à celle de ma visite chez le dentiste, si c'est le seul moyen dont je dispose pour prévenir une douleur, égale à celle de ma rage de dents, que pourrait éprouver Robinson?[7]

Le lecteur, à ce stade, peut m'accuser de jouer sur les mots. Dans une société qui a remisé définitivement toute divinité au musée des

---

[6] *The Methods of Ethics*, repris in *Economic Justice*, p. 224.
[7] J. J. C. Smart, *An Outline of a System of Utilitarian Ethics*, cité par J. Rawls, *A Theory of Justice*, p. 188, n. 37.

mythologies antiques, et surtout sous la plume de philosophes ratio-
nalistes ou d'économistes pragmatiques, le recours aux mots du sacré
ne dépasse pas la simple métaphore. Lorsque l'on définit l'investisse-
ment d'une nation comme le "sacrifice" de sa consommation présente
en vue d'un bien-être futur; lorsque la publicité parle de marchandises "sacrifiées" pour dire qu'elles sont soldées à très bas prix, le lien
est extrêmement lâche avec la définition originelle du sacrifice comme
immolation d'une victime pour apaiser le courroux d'un dieu. Comment expliquer alors que les auteurs de mon enquête soient littéralement obsédés par la question du sacrifice humain et, plus précisément encore, par celle du "bouc émissaire"? Voyez Mishan:

> Il existe beaucoup d'actions susceptibles d'accroître l'utilité générale qui,
> néanmoins, sont absolument inacceptables par une société civilisée et,
> en conséquence, doivent être exclues de son programme. Quelque excé-
> dent de plaisir que prenne globalement une foule hystérique en train
> de frapper un homme à mort sur la "désutilité" de la victime, la société
> se sent justifiée à intervenir pour l'en empêcher.[8]

Voyez Nozick, qui consacre un passage important de son *Anarchy, State
and Utopia* à ce problème:

> On considère généralement que l'erreur de l'utilitarisme réside dans sa
> conception trop étroite du bien. Il ne prend pas correctement en compte,
> affirme-t-on, les droits et le principe de leur non-violation; il leur laisse
> plutôt un statut subordonné. Beaucoup de contre-exemples avancés
> comme critiques de l'utilitarisme relèvent de cette objection: par exem-
> ple, le fait de châtier un innocent pour empêcher le déchaînement d'une
> vendetta menaçant de détruire la communauté.[9]

Le "péché originel" de l'utilitarisme est effectivement de pouvoir
légitimer toute violation des droits de l'homme, dès lors qu'elle est
jugée nécessaire à l'accomplissement du bien commun. Dans le mécanisme victimaire, l'unanimité qui se réalise dans la haine commune
contre une même victime émissaire n'est à proprement parler qu'unanimité *moins un*: mais l'exclu est si radicalement *autre* qu'il ne compte
pas, et n'a jamais compté, parmi les membres de la communauté.
L'utilitarisme, lui, réintègre l'exclu, sinon dans la communauté, du

---

[8] Mishan, "The Futility of Pareto-Efficient Distributions", *The American Economic Review* (décembre 1972).
[9] R. Nozick, *Anarchy, State and Utopia* (New York: Basic Books, 1974), p. 28.

moins dans sa comptabilité macabre, où son malheur vient en déduction du bonheur commun. Progrès apparent qui, paradoxalement, se retourne aussitôt en son contraire: la victime n'est plus autre, mais fondamentalement égale, et c'est cela même qui légitime son expulsion. L'utilitarisme, c'est donc la transparence du mécanisme victimaire, nimbé de la lumière crue du calcul rationnel, et cette clarté même est insupportable. Le principe d'utilité est miné par une contradiction interne, *mais cette contradiction n'est pas d'ordre logique*: elle est au coeur de la conscience éthique de ceux que Mishan appelle les "civilisés". Comment, si l'on reconnaît dans l'autre le visage du même, continuer longtemps à l'exclure? A moins que ce ne soit: comment arriver à reconnaître dans l'autre, que l'on est en train d'immoler, le visage du même?

Poursuivons un instant avec Nozick sa lecture critique de l'utilitarisme. L'originalité de l'approche de Rawls en ressortira d'autant mieux. Parler des droits de l'homme n'est pas suffisant, dit l'auteur de *Anarchy, State and Utopia*, car on peut continuer à en parler en termes utilitaristes. Supposons que l'on se donne comme maxime: minimiser la quantité totale des violations de droits de l'homme. Cela pourrait encore nous amener à consentir à de telles violations, s'il en résultait une diminution de leur nombre global. Ainsi,

une populace en furie, saccageant, brûlant et tuant tout sur son passage, violera évidemment les droits de ses victimes. En conséquence, je pourrais être tenté de justifier le châtiment de quelqu'un que *je* sais étranger au crime qui a déchaîné la foule, en arguant que cette punition d'un innocent permettrait d'éviter d'encore plus grandes violations des droits de l'homme, et rapprocherait la communauté de l'optimum défini par la minimisation de ces violations.[10]

Admirons ce savoir sur la violence: savoir cependant non réfléchi, car si nos auteurs le prenaient vraiment au sérieux, ils verraient qu'il mine les présupposés anthropologiques et éthiques de leur démarche. Car de quoi s'agit-il? Nous ne sommes pas sur un navire à la dérive, nous préparant à tirer à la courte paille le nom de celui qui sera mangé. Quel que soit le tragique de cette situation et du recours au hasard qui la dénoue, elle reste empreinte de suffisamment de clarté pour que le rationaliste s'y reconnaisse. L'histoire que nous conte Nozick,

---

[10] Nozick, pp. 28-29.

au contraire, n'a de sens que si l'on suppose: 1. que la violence est *contagieuse*—ce qui mine le postulat d'autonomie des choix; et 2. que, de ce fait, elle peut se satisfaire de victimes de substitution, que tous jugeront coupables par le spectacle même de la haine des autres—ce qui mine l'exigence de publicité des choix. *Substitution*: le mot clé est lâché. C'est bien parce que les éléments du tout social sont substituables les uns aux autres que certains peuvent être sacrifiés à ce tout. C'est bien parce que la violence est substituable à la violence que l'on peut contenir la violence par la violence.

Nozick élabore une théorie des droits qui prétend constituer un rempart contre ces infortunes de la raison. Nul ne doit agir, affirme sa maxime, en violation des droits fondamentaux de ses pairs. La non-violation des droits de tout être humain est une *contrainte* qui limite absolument les actions de chacun. Or, les humains étant ce qu'ils sont, c'est-à-dire toujours enclins à transgresser les lois les mieux établies, le respect d'une telle maxime peut accroître le nombre total et la gravité des violations des droits de l'homme: puisqu'elle interdit les actions qui, violant les droits de certains, empêcheraient de plus importantes violations encore. La mise hors la loi morale du recours à la violence a toutes chances d'augmenter la violence globale: cette conclusion, peut-être paradoxale, est inévitable, puisqu'elle est le prix que l'on paye à s'écarter de la doctrine utilitariste. Mais sur quelles bases rationnelles peut-on s'appuyer pour refuser cette dernière? La réponse de Nozick a au moins le mérite de la simplicité. C'est que le bien commun n'existe pas. Il n'y a que des individus séparés, menant leur vie propre: si l'un d'entre eux souffre pour le bénéfice d'un second, il y a une souffrance d'un côté, une jouissance de l'autre, et rien de plus. Aucune entité sociale, collective, dont on puisse dire, comme on le fait d'un individu, qu'elle a accepté un sacrifice en vue d'un plus grand bien net. Or cet argument, qui se veut rationnel, est parfaitement circulaire. Car tout le problème est justement de savoir si l'on peut légitimer en raison le sacrifice au bien commun. Le sacrifice et le bien commun, le tout social et son lot de victimes, se légitiment l'un l'autre, se définissent l'un l'autre, se prouvent l'un l'autre. S'ils n'existent pas, ils n'existent pas: voilà tout l'enseignement de Nozick. S'ils existent, ils existent: voilà tout l'apport de Sidgwick. Deux cercles qui s'affrontent au nom de la Raison dont chacun se dit le détenteur, deux univers fermés sur eux-mêmes qui prétendent communiquer: une vraie guerre de religions.

C'est sur ce fond, et sur ce fond seulement, que l'on peut comprendre la tentative grandiose mais désespérée de John Rawls. Désespérée, car il lui faut démontrer l'irrationalité du sacrifice sans renoncer pour autant à parler au nom de la volonté collective. S'en tenir si strictement au principe d'unanimité que d'en faire, non plus seulement un principe suffisant, mais un principe *nécessaire* du contrat social. Dépasser le conflit et la violence de telle sorte qu'il n'y ait plus jamais de victimes. Beaucoup de commentateurs de Rawls n'ont pas compris cela. Ils ont bien vu qu'il n'avait pas tenu son pari, et qu'aucun de ses arguments en faveur de la conception de la justice qu'il défend n'était absolument décisif. C'est plus, à vrai dire, l'impressionnante architecture de l'oeuvre entière qui en impose qu'aucun de ses éléments pris individuellement. Ces commentateurs en ont déduit que Rawls aurait mieux fait de poser comme axiome, ou de prendre comme point de départ, cela même qu'il prétend démontrer: le caractère inacceptable de tout principe victimaire. Cette conclusion méconnaît totalement l'enjeu du combat que mène Rawls. L'imagine-t-on argumenter ainsi?: l'utilitarisme fonde en raison le sacrifice de quelques-uns au bien collectif. Or cette déduction est irrecevable pour des motifs éthiques posés "par ailleurs". Donc la raison doit être contrainte par nos jugements moraux. Ce serait pour le philosophe rationaliste une dérobade et une démission. La tâche qu'il se fixe n'est pas d'éclairer la raison par l'éthique, mais au contraire de montrer que nos jugements éthiques sont fondamentalement raisonnables. C'est donc sur son propre terrain que Rawls se doit de défier la philosophie utilitariste: il lui faut montrer que la "raison" de cette dernière n'est pas raisonnable et lui opposer une raison plus fondamentale.

Imaginons que les membres d'une société débattent le ou les principes de justice auxquels doit satisfaire la structure fondamentale de l'ordre social. Si, comme cela est le cas dans toutes les instances délibératives d'une société démocratique, chacun se présente avec ses conditionnements d'être social et historique, mu par des intérêts de classe ou de statut, et prêt à jouer de la ruse ou de la force pour être le mieux placé possible dans le marchandage collectif, il est évident que l'accord unanime est impossible. Mais, dit Rawls en bon kantien, des êtres ainsi motivés et soumis à l'hétéronomie de leurs déterminations spécifiques, n'agissent pas en tant qu'individus libres et rationnels, mais comme des créatures appartenant à un ordre inférieur. Leur délibération n'a donc aucune valeur éthique, étant soumise à la contingence des faits naturels et sociaux.

Or, la solution imaginée par Rawls pour faire du contrat social un acte collectif *équitable* est fort peu kantienne. Il ne s'agit pas du tout comme chez l'auteur de la *Critique de la raison pratique*, de soustraire définitivement le domaine éthique à l'ordre de la finalité et aux intérêts pour les choses de ce monde. Pour Kant, il suffit que la motivation d'un acte ait à voir avec le plaisir ou le bonheur qu'il procure, pour que, si nobles et si élevés soient-ils, cette souillure par l'univers sensible des inclinations naturelles nous fasse déchoir de l'ordre moral. Le "désintéressement" rawlsien n'a pas cette sainteté et ce caractère absolu. Il tient beaucoup plus des ruses d'ici-bas que des édits de la Raison pure. Les sociétaires délibèreront dans des conditions équitables, suppose Rawls, s'ils sont dépourvus des informations qui les amèneraient, s'ils les possédaient, à influencer les débats dans un sens favorable à leurs intérêts particuliers. Il imagine donc une situation originelle hypothétique, dans laquelle chacun ignore tant sa place dans la société, son statut social et son appartenance de classe, que ses capacités intellectuelles et physiques, aussi bien que ses inclinations de toutes sortes et que ses caractéristiques psychologiques. Placés sous ce "voile d'ignorance", les sociétaires jugent en tant que personnes libres et rationnelles, en situation d'égalité. Mais leurs motivations restent purement intéressées. Ils ne connaissent certes pas la forme particulière que prendront dans le monde réel leur conception du bien et leurs intérêts personnels, mais ils disposent de suffisamment de connaissances sur la nature de l'homme et des sociétés pour savoir qu'ils se trouveront d'autant mieux, quelles que soient les circonstances, qu'ils auront accès à certains biens fondamentaux. Parmi ceux-ci, Rawls inclut les droits et les libertés, les chances de promotion sociale et le pouvoir, la richesse matérielle (revenus et fortune), et ce qu'il nomme les "bases sociales du respect de soi-même".

Les utilitaristes qui présentent *A Theory of Justice* comme un nouveau chapitre de leur doctrine ne se leurrent pas moins que son auteur lorsqu'il se croit kantien. Si ce dernier trahit son modèle en échouant à définir le juste *indépendamment* de toute notion téléologique du bien, il n'en reste pas moins que sa théorie est "déontologique", en ce qu'elle donne la *priorité* au juste sur le bien. Dans la situation originelle, ce n'est pas le bien commun que sont chargés de dire les sociétaires délibérant, mais la justice. Or celle-ci n'est en aucune façon une affaire d'intérêts, de désirs ou de préférences à satisfaire. Ce sont au contraire les désirs, les intérêts et les préférences qui, une fois définie la justice, doivent se mouler sur elle. Alexander suggère qu'il s'agit d'un "utilitarisme rationaliste", dans la tradition de John Stuart Mill, pour lequel le juste n'est pas ce qui satisfait les préférences exprimées par les acteurs sociaux, mais leurs intérêts fondamentaux d'êtres libres et rationnels. Le contresens n'en subsiste pas moins, puisque c'est l'articulation entre le juste et le bien qui est ainsi totalement inversée.

La situation originelle joue chez Rawls le rôle que joue l'état de nature dans les théories classiques du contrat social. C'est un état hypothétique que l'on peut interpréter comme suit. Aucune société ne résulte évidemment d'un accord de coopération passé effectivement et volontairement entre ses membres. Il y a trop de faits naturels et sociaux qui conditionnent les existences individuelles et que personne n'a choisis. On peut cependant *simuler* par la pensée ce que serait la délibération des sociétaires placés dans les conditions fictives de la situation originelle. La simulation consiste en ce qu'ils n'usent comme arguments que ceux qui leur sont accessibles compte tenu des informations limitées dont ils sont censés disposer. L'équité (*fairness*) des conditions de la délibération rejaillit sur les principes de justice qui en résultent. Supposons alors que les structures fondamentales d'une société réelle satisfassent ces principes de justice. Il est légitime de dire que cette société est aussi près qu'il est possible de l'être d'une situation où les hommes ont décidé librement et rationnellement, par un accord volontaire, de leur sort. C'est une société autonome, voulue par des sociétaires autonomes.

A lui seul, le "voile d'ignorance" n'est pas suffisant pour caractériser la situation originelle et déterminer univoquement les principes équitables de la justice. Rawls y ajoute les traits de ce qu'il appelle une "société bien ordonnée". Viennent d'abord, comme chez Kant, les conditions de *publicité* des principes de justice. Chaque sociétaire accepte publiquement, et sait que les autres acceptent, les mêmes principes. Tous ont de bonnes raisons de croire que la structure de base de la société satisfait ces principes. Tout se fait donc dans la clarté de l'espace public, et les ruses et dissimulations auxquelles la recherche utilitariste d'une finalité collective peut donner lieu sont exclues. Rawls pose ensuite que les membres d'une société bien ordonnée sont, et se voient mutuellement comme des personnes libres et égales, dotées d'un sens de la justice, et mues par des intérêts et des objectifs fondamentaux qui les amènent légitimement à former certaines attentes et exigences par rapport aux autres. Une dernière condition porte sur la stabilité du contrat social. Si les structures fondamentales d'une société se conforment à une conception de la justice publiquement reconnue, la société, considérée comme milieu humain façonnant les désirs, les préférences et les intérêts de ses membres doit être stable par rapport à cette conception: en ce que les individus qui y développent leur personnalité y acquièrent un sens de la justice suffisamment exigeant pour leur permettre de résister aux tentations et aux pressions de la vie collective.

La situation originelle combine donc les traits d'une société bien ordonnée aux conditions de l'équité, c'est-à-dire au "voile d'ignorance".

Puisque chaque sociétaire se trouve exactement dans la même position par rapport aux autres que chacun de ceux-ci par rapport à lui, l'accord sur les principes de justice qui doivent gouverner les structures de base de la société ne peut être qu'unanime. L'unanimité est donc ici une nécessité logique, qui découle des conditions de l'équité. Châtrés des désirs et des intérêts qui les dresseraient les uns contre les autres, les sociétaires se déterminent tous comme un seul homme. Sans doute égarés par les prémisses singulières de la théorie de "l'équilibre général", les économistes en ont conclu — unanimement — qu'ils étaient en terrain connu: il s'agit d'un problème de décision classique, ont-ils pensé, celui du choix rationnel d'un individu isolé en situation d'incertitude. Parfait contresens, comme Rawls s'est escrimé à le montrer et à le remontrer, avec une patience remarquable. Car il est question ici d'un contrat social et non d'un mécanisme type "main invisible": les sociétaires se parlent, et s'engagent les uns vis-à-vis des autres. La promesse, l'engagement, le pacte sont des régulateurs éthiques et politiques totalement étrangers à l'univers de l'*homo oeconomicus*, et ils jouent un rôle de premier plan dans la problématique de *A Theory of Justice*. L'unanimité rawlsienne n'est donc pas de celles auxquelles arrivent, comme par hasard, des individus séparés et sans relations, ni encore moins la contagion violente de la haine contre un ennemi commun: c'est le consentement partagé d'êtres autonomes et rationnels aux implications nécessaires de l'équité.

La tâche à laquelle Rawls s'astreint pendant près de six cents pages parfois laborieuses, est de montrer que dans ces conditions, l'accord des sociétaires se fera sur deux principes de justice particuliers, soigneusement formulés et hiérarchisés. A vrai dire, Rawls ne prétend pas démontrer que c'est là l'*optimum optimorum*. Il se contente plus modestement de prouver que, placés devant une liste très réduite de conceptions bien distinctes de la justice, parmi lesquelles on trouve les deux principes en question, les sociétaires tomberont d'accord sur ces derniers. Les concurrents principaux, nul ne s'en étonnera, sont diverses variantes de l'utilitarisme.

Avant de dire quels sont ces deux principes, je dois introduire un concept d'ordre logico-mathématique, au risque d'effrayer certains de mes lecteurs, ceux qui ont décidé une fois pour toutes que leur allergie à ce type de créature était définitivement incurable. Je puis les rassurer et, peut-être, les allécher, en précisant d'emblée qu'il s'agit d'un concept tout à la fois banal et subtil, et que c'est l'outil *antisacrificiel* par excellence. Rawls ne pouvait donc pas manquer d'en faire usage. Nous nous en servons quotidiennement, puisque c'est l'ordre des mots dans un dictionnaire. Considérez pour simplifier les mots de deux lettres: sans effort, nous classons AS avant DE et DU, mais après AH. Qu'est-ce à dire? Que le classement des mots est indépendant de l'ordre relatif des secondes lettres, tant que les premières sont distinctes; c'est alors l'ordre de celles-ci qui détermine l'ordre des mots: voilà pourquoi AS est avant DE, alors même que S vient après E. Cela n'implique cependant pas que l'ordre des secondes lettres n'ait aucune incidence, car si les premières sont identiques, alors, mais alors seulement, cet ordre est déterminant: de là que AH vient avant AS. Ce mode de classement est appelé, tout naturellement, ordre "lexical", mais il peut sans peine être généralisé à d'autres objets, et en particulier à des objets continus (et non pas discrets, comme les lettres de l'alphabet). Soit l'exemple suivant, qui nous ramène à Rawls. Caractérisons par le couple (a, b) l'état d'une société de deux membres, où a représente la position du premier, appréciée à l'aune d'une échelle sociale continue, et b la position du second. Le principe d'unanimité (dit encore "critère de Pareto"), qui est à la base de la *Welfare Economics*, ne nous permet de comparer deux états distincts de la société, notés (a, b) et (a', b'), que dans un seul cas: celui où a' et b' sont *tous les deux*, soit supérieurs (ou égaux), soit inférieurs (ou égaux) à a et b respectivement. L'unanimité n'est donc capable que de produire un ordre de classement *partiel*. Or, posons que l'ordre des couples (a, b) est un ordre lexical, donnant la priorité au premier sociétaire: nous obtenons un ordre complet: tous les couples peuvent être classés les uns par rapport aux autres, suivant le même principe que l'ordre des mots. Il est clair que cet ordre lexical est compatible avec le principe d'unanimité: lorsque ce dernier se prononce, l'ordre lexical ne se prononce pas différemment. Mais l'ordre lexical se prononce là même où le principe d'unanimité reste muet.

La continuité révèle un aspect étrange de ce critère. Soit en effet à comparer deux situations: S, définie par (0, 100), et T, caractérisée par (ε, 1). Les nombres qui figurent ici n'ont pas de signification particulière, autre que celle de fixer les idées, et l'unité de mesure est laissée indéterminée. Le symbole ε représente un nombre positif, choisi aussi près de 0 que l'on veut. L'ordre étant supposé lexical en faveur du premier sociétaire, T doit être classé au-dessus de S, *si petit soit* ε. En d'autres termes, une différence aussi ineffable soit-elle portant sur la position du sociétaire privilégié suffit à faire incliner le fléau de la balance collective dans le sens qu'elle désigne. Que la situation de ce dernier se dégrade insensiblement (passage de ε à 0), et l'intérêt général s'en trouve pâtir, quelle que soit par ailleurs l'amélioration, fût-elle considérable, du sort de ses associés (passage de 1 à 100). Il n'y a pas de compensation possible, ni de substitution concevable: jamais on ne pourra sacrifier, ne serait-ce qu'un cheveu, de l'intouchable au nom du bien commun. Tout se passe comme si son sort était affecté d'un poids infini. Et pourtant celui des autres ne l'est pas d'un poids nul. Car imaginons un mouvement déclinant de ε vers la valeur nulle. T domine S tant que le but n'est pas atteint, mais, dès lors qu'on y touche, c'est brusquement S qui vient dominer T. Cette discontinuité dans la continuité est la marque paradoxale d'une justice pour qui tous les hommes comptent sans que cela signifie, comme dans l'utilitarisme, qu'ils sont substituables les uns aux autres.

Les deux principes rawlsiens de la justice peuvent alors s'exprimer ainsi[11]: (a) la liberté est lexicalement première par rapport au bien-être et à la richesse; et: (b) le plus mal loti au regard de ces derniers critères est lexicalement premier par rapport à ses associés. Soit encore: (a) une perte de liberté, si minime soit-elle, ne peut être compensée par aucun gain en efficacité économique: on n'achète pas le bien-être au prix de la liberté; et: (b) celui qui *pourrait* être la victime ne sera pas sacrifié au nom du bien commun.

Le premier principe exige que les hommes aient tous droits aux mêmes libertés fondamentales et tient que cette égalité "formelle", "abstraite" est prioritaire par rapport à la distribution des fortunes ou des statuts. Cette dernière proposition s'entend de deux façons. Les inégalités "réelles", économiques ne doivent en aucune façon être telles qu'elles compromettent le droit égal aux libertés de base, même si le second principe les justifiait: aucune considération de type économique, pas même le bien-être des plus défavorisés, ne peut justifier

[11] Etant donné mon style de présentation de l'ouvrage de Rawls, et la focalisation exclusive sur la question du sacrifice que j'ai adoptée ici, j'ai choisi d'être quelque peu infidèle à la lettre de ces principes. Je pense être fidèle à leur esprit.

une restriction des libertés. On ne peut restreindre la liberté qu'au bénéfice de la liberté. Mais le revers de cette proposition est le suivant. Dès lors que les inégalités concrètes ne menacent pas les libertés, une société est d'autant plus juste que l'égalité des droits est satisfaite, et ce, quelle que soit l'ampleur des inégalités de fortune ou de statut, et en particulier, qu'elles violent ou non le second principe. Bien qu'elles n'en fassent qu'une, ces deux interprétations duales de la priorité de la liberté sur la justice économique sont de saveur bien contrastée: la première contraint les inégalités réelles, la seconde leur témoigne une indifférence qui ne peut que choquer des esprits critiques habitués à dénoncer l'idéalisme abstrait des discours sur l'égalité formelle. Or, on est pourtant ici en un point fort du libéralisme politique, qui le distingue absolument de ce que l'économie a fait de lui. Dans les sociétés traditionnelles, une inégalité de richesses en sens inverse de la hiérarchie sociale n'eût rien changé à la différence d'essence que marquait celle-ci. L'esclave pouvait être plus fortuné que son maître, il n'en restait pas moins esclave. C'est cet ordre *déjà lexical* que l'avènement des sociétés démocratiques conserve pour mieux l'inverser. De "les inégalités visibles ne changent rien aux différences d'essence entre les hommes", on passe à: "les inégalités visibles ne changent rien au fait qu'ils sont identiques en droit". Comme le dit Claude Bruaire, cette justice politique est une "espèce de défi de l'esprit à la nature", qui consiste à voir le semblable là où pourtant le monde sensible ne présente que du différent; à garantir l'égalité là où il n'y a que de l'inégalité.

C'est le second principe qui, chez Rawls, est chargé de dire la justice économique et sociale: donc de dire ce que sont les inégalités justes et les inégalités injustes. Le point de vue à adopter est prioritairement, "lexicalement", celui du plus défavorisé. Convenons de caractériser chaque état d'une société donnée par la suite des positions de chacun des sociétaires sur une même échelle synthétique. Permutons ensuite les éléments de cette suite de façon à en faire une suite croissante (ou, tout au moins, non décroissante). Le premier élément de la suite permutée désigne donc la position du sociétaire le plus mal loti. Il n'y a évidemment aucune raison pour que l'identité de ce sociétaire soit la même lorsque l'on passe d'un état à un autre. Le second principe de justice affirme qu'il suffit que, dans ce passage, la position du plus mal loti s'améliore pour que l'état final soit considéré comme plus juste que l'état initial. L'état le plus juste, du point de vue économique et social, est donc celui qui, de tous les états possibles, rend maximale la position du sociétaire le plus défavorisé. On nomme en général "maximin" l'ordre lexical particulier que le second principe définit (puisqu'il s'agit de *max*imiser la position *min*imale). Rawls formule ce second principe de la façon suivante: les inégalités économiques et sociales doivent rendre aussi favorable que possible la situation du sociétaire le plus défavorisé, et être attachées à des postes et des offices ouverts à tous dans des conditions équitables d'égalité des chances.

Si le problème économique et social se réduisait au partage d'un gâteau de taille fixe, le second principe conduirait au partage égal entre tous les sociétaires, comme on s'en convaincra aisément[12]. Mais la dynamique sociale, dit Rawls, est une entreprise coopérative visant à l'avantage mutuel, dans laquelle les intérêts sont aussi bien en accord qu'en opposition. Dans ces conditions, l'égalité n'est certainement pas l'état social le plus juste. Pour voir cela, il faut comprendre que la métaphore pâtissière, cette tarte à la crème des économistes vulgaires, est tout à fait trompeuse et que si gâteau économique il y a, c'est un bien curieux gâteau en vérité, puisque sa taille dépend de la façon dont il est partagé. De telle sorte que si, dans une plage donnée, la taille grandit à proportion que l'inégalité s'accroît, il se peut que la part du plus mal loti s'améliore parallèlement. Quel degré d'inégalité la justice sociale au sens de Rawls implique-t-elle? C'est la question entre toutes qui a fasciné les économistes. Nous n'en dirons rien ici[13].

Pourquoi les sociétaires choisiraient-ils d'un commun accord ces deux principes de justice? Pourquoi, plus modestement, les préféreraient-ils unanimement aux diverses variantes de la doctrine utilitariste? Il n'est pas question de commenter les centaines de pages que Rawls consacre à nous convaincre qu'ils agiraient bien ainsi. Chacun de ses arguments a déjà été soupesé, disséqué et critiqué par une légion d'exégètes dont je me garderai de grossir les rangs. Il suffit à mon propos de noter que l'essentiel du raisonnement se focalise autour de deux pôles: la publicité du contrat et des principes de justice, et l'obligation rationnelle où se trouvent les sociétaires dans la position originelle de juger du point de vue de celui qui, dans le monde réel, sera le plus défavorisé.

Ce dernier trait a retenu l'attention de tous les commentateurs, et beaucoup (surtout les économistes) ont critiqué Rawls d'avoir doté ses sociétaires d'une "aversion infinie pour le risque". Un joueur de

---

[12] Si le partage est inégal, il y a une plus petite part de taille inférieure à la part égale. Donc le partage égal est plus juste.
[13] Voir Dupuy, "L'Instabilité de la justice sociale".

poker ne courrait-il pas le risque d'être esclave si cela lui donnait une chance d'être roi? C'est un contresens de plus qu'il faut cataloguer au volumineux registre des bévues que l'oeuvre du philosophe a suscitées chez ses lecteurs. Les raisons de Rawls n'ont rien à voir avec une caractéristique psychologique dont seraient dotés ses personnages et que de toute façon, rappelons-le, ils ignorent dans la situation originelle. Ce sont des associés qui s'engagent les uns par rapport aux autres à respecter un contrat selon des principes définis publiquement et acceptés unanimement. Une situation totalement différente serait celle d'individus isolés arrivant séparément au même choix, dans un contexte d'incertitude absolue: rien ne les empêcherait de revenir sur leur décision une fois le "voile d'ignorance" levé. Le contrat, en revanche, crée des liens et l'engagement, des contraintes. Nul ne se liera s'il est dans le doute au sujet de sa capacité d'honorer sa promesse. D'autant que celle-ci est définitive et que son objet n'est rien de moins que la structure de base de la société. Si deux conceptions de la justice sont en concurrence, et que l'une rend possibles, ou a fortiori nécessaires, des positions inacceptables par quiconque, alors que l'autre exclut une telle éventualité, c'est cette dernière qui prévaudra. Tout l'effort de Rawls consiste alors à prouver que le détenteur de la position la moins favorable est, dans l'utilitarisme, une victime sacrificielle, mais que la conception de la justice qu'il défend en fait un sociétaire à part entière. Ce qui suffit à prouver la supérorité de cette dernière sur son concurrent le plus tenace.

Dans une société qui affiche publiquement son attachement aux principes rawlsiens, le plus mal loti sait que sa position bénéficie au maximum des inégalités qu'il perçoit. Ces inégalités seraient-elles moins marquées qu'il serait le premier à en pâtir. S'il y a ici une difficulté, elle porte plutôt sur le sort des plus favorisés, qui le sont évidemment moins que si d'autres conceptions de la justice prévalaient. Mais ils ne sauraient ignorer que leur bonne fortune étant entièrement mise au service de leurs associés moins heureux, la coopération de ceux-ci leur est acquise, sans laquelle ils ne pourraient prétendre à leurs relatifs privilèges. Les relations entre groupes inégaux sont donc placées sous le signe du respect mutuel et de la réciprocité. Les plus défavorisés d'une société qui se proclame publiquement utilitariste se trouvent dans une situation radicalement différente. On leur demande de considérer que le plus grand bien-être de ceux qui les entourent est une raison suffisante qui légitime leur plus grand dénuement. Ils doivent donc accepter de se voir et d'être vus comme de simples moyens au service d'une fin qui les dépasse. Nul ne peut conserver le respect de soi-même dans ces conditions, car ce respect s'alimente du respect que vous portent les autres—et qui est ici inexistant. La condition de *publicité* est dans tout ceci fondamentale. Car supposons que l'on montre que la conception rawlsienne de la justice maximise l'utilité collective. L'utilitariste pourrait finasser ainsi: je sais que je ne puis afficher publiquement mon éthique, car la situation de certains en deviendrait, de ce seul fait, inacceptable. Mais qu'à cela ne tienne, seuls comptent les résultats: dissimulons-nous donc sous le masque des principes rawlsiens. La société pourrait-elle être dite utilitariste pour autant? Non, car pour l'être dans les conditions du choix qui sont celles du contrat rawlsien, il lui faudrait le reconnaître publiquement.

Je n'insiste pas plus sur ces arguments qui peuvent être raffinés et dévoloppés à loisir. Si Rawls ne convainc pas toujours, on ne l'y prend jamais en défaut d'incohérence. C'est en réalité dans un autre ensemble de raisons qu'il avance à l'appui de sa thèse, et qu'il juge d'ailleurs décisives, qu'une ambivalence redoutable se glisse, mettant en péril l'équilibre de la construction tout entière. J'ai nommé le rapport à l'arbitraire. Nous y consacrons une autre étude[14].

Il me paraît beaucoup plus important à ce stade de suspecter fortement la virginité de la Raison qu'il invoque. La déduction des principes de justice de la situation originelle ne peut nous convaincre que si l'on n'a pas posé au départ cela même que l'on veut démontrer. Or, sur la question du sacrifice, l'innocence présumée des hommes dans l'état de nature rawlsien est très sujette à caution. Ils en savent trop pour qu'on ne les soupçonne pas de se livrer à une procédure truquée, dont l'issue est jouée d'avance. L'idée même du contrat; la publicité des débats et des conclusions; la propension de se mettre à la place de celui qui pourrait être une victime, et de voir le monde de son point de vue; et ce savoir que l'autre, malgré toutes ses différences, est bien semblable à soi—et donc, comme dirait Nozick, qu'il est "innocent": tout cela exclut dès le départ le sacrifice. Car le sacrifice planifié par un contrat social, pas plus finalement que le sacrifice "utilitariste", ne sont concevables dans la clarté d'un espace public où l'éthique prend le pas sur le politique. Non parce qu'ils seraient contraires à la raison, mais parce que le principe même du sacrifice implique le non-accès au savoir qui préside aux conditions du contrat. La Raison

[14] Dupuy, "L'Instabilité de la justice sociale".

de Rawls est tout entière informée par l'éthique qu'il prétend fonder sur elle. C'est dire en un sens que l'entreprise est finalement un échec—mais cet échec est grandiose.

Hobbes: La Course à la Souveraineté

PAUL DUMOUCHEL

> Well, the law is costly, and I am for an accommodation: that
> M. Thomas Hobbes should have the sole privilege of setting up
> his form of government in America, as being calculated and fitted
> for that Meridian... And if it prosper there, then have the liberty
> to transplant it hither; who knoweth (if there could but be some
> means devised to make them understand his language) whether
> the Americans might not choose him for their Sovereign? But
> the fear is that if he should put his principles into practice as
> magesterially as he doth dictate them, his supposed subjects might
> chance to tear their Mortal God to pieces with their teeth and
> entomb his sovereignty in their bowels.
>
> John Bramhall, *Catching of the Leviathan* (London, 1658)[1]

L'évêque Bramhall soupçonnait au seuil du contrat hobbesien quelque triste histoire de meurtre. Rhétorique ou intuition, quoi qu'il en
soit, Hobbes est certes de tous les penseurs du contrat social celui
qui s'apparente le plus à Girard. Un des rares philosophes qui n'a
pas sous-estimé le rôle de la violence dans les affaires humaines. Il
fait sortir la société d'un état de nature qui est un état de guerre de
chacun contre chacun. Et cet état de guerre, dans la mesure où il
sert de révélateur de certaines des caractéristiques de la nature
humaine, détermine la nature, la forme et l'étendue du gouvernement politique. Il n'y a pas chez Hobbes de société civile antérieure

---

[1] Cité par John Bowle, *Hobbes and His Critics* (London: Franc Cas, 1969), p. 130.

au gouvernement politique. La violence est première et l'institution de la souveraineté, censée résoudre le problème de la violence, est fondatrice de l'association civile. De plus, Hobbes sait que les hommes ne trouvent la paix qu'à l'ombre de leur propre violence sacralisée; le Souverain est un dieu mortel, dit-il, à l'abri de la violence la plus extrême, d'un pouvoir si grand "qu'on ne saurait imaginer que les hommes en édifient un plus grand"[2].

Ceci dit, Hobbes ne songe pas à des hommes ivres de mort et de furie se réconciliant sur leur victime commune. Le contrat ne se déroule pas dans une atmosphère d'hallucination collective. Au contraire, il résulte du calme raisonnement solitaire d'acteurs rationnels, d'individus intéressés à promouvoir leur propre intérêt. Lequel en l'occurence se limite à leur sécurité. Hobbes veut que les hommes s'engagent en faveur du Souverain et de l'état de société, pour leur plus grand bien, volontairement et en toute connaissance de causes. Il n'y a donc pas chez lui de méconnaissance originelle indispensable à la réconciliation, ou du moins il ne devrait pas y en avoir. Les hommes choisissent la paix. Dès qu'ils prennent conscience des causes qui président à l'état de guerre il leur devient possible d'en sortir, ils ne vivent plus l'état de nature comme un destin irrémédiable. Dès qu'ils imaginent l'artifice du contrat et du Souverain, ils peuvent effectivement en sortir. Il devient rationnel pour chacun, en vue de son propre intérêt, d'opter pour l'état de société. Les hommes ne sont pas méchants, ils sont simplement ignorants et sans imagination.

Ce caractère rationnel du passage de l'état de nature à l'état de société est important. Le contrat n'est pas la soudaine découverte, par une horde de barbares sanguinaires, des vertus bénéfiques de la rationalité. Il découle plutôt d'une réflexion sur les conditions de possibilités et de fonctionnement de l'état de nature. Les hommes s'avisent alors que l'état de nature n'est que le résultat non-intentionel de leur comportement rationnel dans une situation d'égalité et d'insécurité. Situation d'égalité et d'insécurité qui est elle-même le résultat de leur propre activité. L'adjectif non-intentionel fait pourtant problème ici, car tant que les hommes n'ont pas imaginé l'artifice du contrat, il demeure rationnel pour chacun de persévérer dans son comportement caractéristique de l'état de nature. Le résultat est alors la guerre de chacun

---

[2] Hobbes, *Léviathan* (London: Penguin Books, 1968), p. 260. L'édition est conforme à celle de 1651. Toutes les citations du *Léviathan* renvoient à cette édition, dorénavant je citerai: *Lév.* J'utilise parfois la traduction F. Tricaud du *Léviathan* (Sirey, 1971); lorsque c'est le cas, j'indique: FT.

contre chacun, et il est intentionel, même si tous la détestent. Mais qu'ils inventent le contrat, et le tour est joué, rationnellement. Reste cependant un problème: de tous ces hommes qui vont bientôt s'assembler en société, lequel deviendra le Souverain? Qui sera le Souverain? Qui détiendra le trône, la puissance, et la gloire? Voici enfin un emplacement convenable, un prix de grande valeur pour lequel tous les envieux et les orgueilleux s'entre-déchireront joyeusement. Voici enfin un objet de conflit qui en vaut la peine... Mais j'oubliais, c'est vrai, qu'ils sont rationnels, qu'ils renoncent à la guerre pour leur sécurité. Pourront-ils se mettre rationnellement d'accord sur un Souverain? A qui abandonneront-ils tous leurs droits? Et comment les abandonneront-ils s'ils ne savent à qui et s'ils ne peuvent se mettre d'accord à ce sujet? Le contrat a-t-il un sens s'il est impossible de désigner rationnellement le Souverain? Qui sera-t-il?[3]

Hobbes est étrangement laconique à ce sujet. Il laisse entendre que la désignation du Souverain est arbitraire. Les hommes étant naturellement égaux, peu importe qui sera le Souverain, tant qu'il y a un Souverain. Le premier venu ou le pire de tous fera tout aussi bien l'affaire. L'important.c'est qu'il y ait un Souverain.

En un sens on peut accuser Hobbes d'occulter la question, de faire comme si elle ne se posait pas. D'en faire une question dépourvue de sens et d'intérêt pour des hommes rationnels et naturellement égaux, une question qui ne devrait pas poser de problèmes.

Il est bon d'invoquer les raisons qui expliquent ce refus hobbesien de la question du "qui" du Souverain. Elles renvoient à deux articles fondamentaux de sa doctrine politique. La première raison tient à la visée d'universalité. Hobbes n'écrit pas un recueil de conseils et de préceptes à l'intention du Prince, il établit la science politique comme un savoir universel. Il est donc hors de question d'exiger du Souverain des qualités morales, intellectuelles, ou humaines particulières, de lier la science universelle à la personne du Souverain et d'assujetir ainsi sa validité à des événements historiques contingents.

La seconde raison renvoit à l'absolutisme de Hobbes, au caractère absolu, illimité et incontrôlé de la Souveraineté telle qu'il la conçoit. Dans *La Société ouverte et ses ennemis*, Popper affirme que ceux qui pensent que la question "Qui doit régner?" est fondamentale, "admettent

---

[3] Hobbes définit le Souverain comme, un seul, l'assemblée de tout le peuple, l'assemblée d'une partie du peuple. On sait que sa sympathie allait à la monarchie et qu'il regrettait de ne pas avoir véritablement démontré sa supériorité sur les autres formes de gouvernement. Dans ce qui va suivre il sera question de la seule monarchie.

tacitement que le pouvoir politique est essentiellement incontrôlé...
Ils admettent que le pouvoir politique est essentiellement souverain.
Une fois cela admis, la question 'Qui sera le Souverain?' devient évidemment la seule question importante"[4].

Mais Hobbes au contraire sait que la question du "Qui" du Souverain ne se pose que chez ceux qui n'ont pas une conception véritablement absolue et illimitée du pouvoir politique. Demander, "Qui sera le Souverain?" "Qui doit régner?" c'est déjà soumettre le pouvoir politique à la censure tatillonne des philosophes. C'est surtout abandonner bientôt la question de la légitimité du Souverain à l'opinion changeante de chacun. Car demander "Qui doit régner?" c'est bien sûr demander si celui qui règne est bien celui qui doit. Et tout pouvoir qui est soumis à cette interrogation n'est pas absolu et ne peut pas l'être. Une conception cohérente de la souveraineté absolue exclut que l'on s'interroge sur la légitimité du *détenteur* du pouvoir politique, tout en prenant à sa charge de démontrer la légitimité du pouvoir lui-même. Du moins lorsqu'on pense comme Hobbes que l'autorité politique *"n'existe que par le consensus de ceux qui y sont soumis"*[5].

Ces deux préoccupations, universalité du discours, absoluité de la Souveraineté, permettent de comprendre le statut du contrat et de l'état de nature chez Hobbes. Ce ne sont pas des événements historiques inaugurant une légitimité transmissible, mais des fictions logiques. Fictions destinées à convaincre les hommes qu'en tout état de causes, il est rationnel d'opter pour la Souveraineté et contre toutes formes de contestations. C'est-à-dire d'opter pour un Souverain quel qu'il soit. Hobbes vise à un engagement sur le fait de la Souveraineté, engagement qui doit être indépendant de la question du choix du Souverain.

La question "Qui sera le Souverain?" n'est donc jamais entreprise parce que l'histoire a toujours déjà répondu à cette question. Parce que même à quelques siècles de distance les lecteurs de Hobbes savent généralement qui est leur souverain. La décision rationnelle en faveur du fait de la Souveraineté devrait suffire.

Au pays des rêves des philosophes les acteurs rationnels de l'état de nature n'ont malheureusement pas tant de facilités. On voit mal comment ils peuvent abandonner leurs droits s'ils ne savent pas à qui, ni se décider rationnellement pour la Souveraineté s'ils échouent à

---

[4] Karl Popper, *The Open Society and Its Enemies*, I (London: Routledge & Kegan Paul, 1980), 121.

[5] R. Derathé, *Jean-Jacques Rousseau et la science politique de son temps* (PUF, 1950), p. 218.

désigner rationnellement celui qui sera le Souverain. Les fictions logiques, dans la mesure où elles veulent convaincre rationnellement, sont soumises à certaines obligations de cohérence. Les hommes de l'état de nature doivent choisir ou persister à la guerre. A supposer que l'on puisse répondre à cette question: "Qui sera le Souverain?" la réponse ne sera véritablement hobbesienne que si elle se révèle conforme à la double exigence d'universalité et d'absoluité. Que si le lecteur de Hobbes s'interrogeant sur la rationalité du choix du Souverain arrive à une réponse qui s'accommode de toutes les Souverains existants, de tous les Souverains historiques possibles. Mais comment répondre à cette question? Comment mener à bien notre enquête? Nous voulons savoir lequel d'entre eux les hommes hobbesiens vont rationnellement choisir comme Souverain au moment où ils s'engageront en faveur de l'état de société. Il importe donc de bien comprendre comment et pourquoi les acteurs de l'état de nature renoncent à la guerre de chacun contre chacun, pour quelles raisons ils conviennent de s'associer.

Comme Hobbes prétend qu'il s'agit d'une décision d'individus rationnels cherchant à promouvoir leur intérêt dans une situation donnée, la première chose à faire, semble-t-il, consiste à analyser la situation dans laquelle ils se trouvent, la guerre de chacun contre chacun.

Or la rationalité de la décision impose que l'on donne une description de l'état de nature en termes de purs comportements rationnels d'acteurs rationnels. C'est-à-dire: il faut montrer qu'au cours de la guerre de chacun contre chacun, le comportement de tous est rationnel. Effet pervers ou résultat non-intentionnel d'initiatives individuelles rationnelles, peu importe, l'état de nature dans sa déraison guerrière doit pouvoir être réduit à un modèle de comportements rationnels, conforme au texte de Hobbes—faute de quoi, l'on n'aurait pas affaire à une décision mais à une transformation des acteurs. Envieux et vaniteux qu'ils étaient, voici qu'il leur échoit la raison. Ils délaissent la guerre.

Ce modèle doit de plus être d'un type assez particulier. Il doit être le modèle de ce que je nomme un ordre rationnel. Un ordre rationnel est un système de comportements humains tel qu'il n'exclut ni n'exige chez ceux qui l'agissent la connaissance de ses conditions de possibilité et de fonctionnement. Il est simplement indifférent à cette connaissance. Il est plus facile pour bien saisir ce qu'est un ordre rationnel de le comparer aux deux situations extrêmes entre lesquelles il s'insère.

On trouve d'un côté les ordres irrationnels. C'est-à-dire, tout système de comportements humains tel qu'il exclut chez ceux qui l'agissent la connaissance de ses conditions de possibilité et de fonctionnement. L'exemple le plus parfait que l'on puisse donner d'un ordre irrationnel est celui du système sacrificiel chez René Girard. Le mécanisme victimaire en effet repose sur une certaine méconnaissance. Il ne peut fonctionner et produire ses effets que si ceux qui le réalisent ignorent son fonctionnement. Le système sacrificiel surgit du mécanisme victimaire et est structuré par cette méconnaissance. La révélation du fait que le dieu n'est qu'une victime, arbitrairement choisie, et sans pouvoir particulier suffit à détruire le système. Cet ordre est irrationnel parce que manifestement il n'existe qu'aussi longtemps que les hommes ne savent pas ce qu'ils font.

De l'autre côté on trouve les ordres raisonnés. Les systèmes de comportements humains qui exigent chez ceux qui les agissent la connaissance de leurs conditions de possibilité et de fonctionnement. L'état de société chez Hobbes est un ordre de ce type. La paix civile ne peut exister que si les citoyens savent qu'ils doivent abandonner au Souverain tous leurs droits et que son pouvoir doit être absolu. De ces choses, l'épée du Souverain ne peut convaincre aucun homme. Au contraire si les hommes ne sont pas convaincus du bien fondé des droits essentiels du Souverain, il n'y a plus d'épée du Souverain (*Lév.*, 337).

Les ordres rationnels se situent à mi-chemin entre les ordres irrationnels et les ordres raisonnés. Ils sont indifférents à la connaissance que ceux qui les agissent peuvent acquérir au sujet de leurs conditions de possibilité et de fonctionnement. Cette connaissance n'est ni exigée, ni exclue par le fonctionnement du système.

Les ordres irrationnels et les ordres rationnels sont les uns et les autres des ordres spontanés. La mise en place d'un ordre raisonné exige au contraire une décision consciente de la part de ceux qui l'agissent. Mais si les ordres rationnels ne s'écroulent pas lorsque les sociétaires prennent conscience de leurs conditions de possibilité et de fonctionnement, il ne s'ensuit pas pour autant que cette prise de conscience soit sans effets, qu'elle n'ouvre pas aux sociétaires et au système de nouvelles perspectives.

S'il faut supposer que l'état de nature est un ordre rationnel, c'est parce que l'état de société chez Hobbes est un ordre raisonné. Si l'état de nature était un ordre irrationnel, il n'y aurait pas de décision consciente en faveur de l'état de société. Parce qu'en l'absence d'une autre alternative à l'état de guerre que la Souveraineté absolue, la prise de conscience des mécanismes de fonctionnement de l'état de guerre suffit, sans exiger une décision volontaire de la part des acteurs. Peu importe comment les hommes prennent conscience des mécanismes de fonctionnement de l'état de nature, en réfléchissant sur leur triste condition, ou par une intervention divine qui les leur révèle, si l'état de guerre est un ordre irrationnel la décision de l'abandonner ne leur appartient plus. Car c'est une chose que de comprendre, de découvrir, ou de se faire expliquer les causes et les conséquences d'un comportement donné, c'en est une autre que de décider d'en changer. (On ne peut, contrairement à ce que pensent certains, faire le même raisonnement au sujet du passage du système sacrificiel au christianisme tel que le définit Girard, et croire que Dieu piège les hommes en les privant de tout mécanisme de défense contre la violence. Car si le système sacrificiel est un ordre irrationnel et le christianisme un ordre raisonné, il est faux de croire qu'il n'y a pas d'autre alternative au système sacrificiel que le christianisme. Il y a au moins ce dans quoi nous vivons.)

Mais on n'a généralement pas l'habitude de concevoir l'état de nature hobbesien comme un ordre, plutôt comme un désordre humain, comme un chaos des relations. Ni de concevoir la guerre de tous contre tous comme un système d'actions, mais comme l'absence de société. Il convient donc de montrer dans un premier moment que ce désordre humain est logiquement un ordre, un ensemble de relations clairement déterminées, que cette absence de société est un système d'actions. Un système stable, incapable d'évoluer "naturellement" vers autre chose que lui-même, que la guerre de chacun contre chacun. Evoluer "naturellement", c'est-à-dire par le simple déploiement temporel du système, sans faire appel à une décision volontaire de la part des sociétaires.

La première caractéristique de l'état de nature chez Hobbes est l'égalité entre les hommes. Elle comporte deux versants, physique et intellectuel, à la fois distincts et complémentaires. Mais cette égalité à y regarder de près a quelque chose d'étrange. Elle ne correspond pas à une quantité réelle ou à une qualité substantielle, au fait que la mesure des capacités intellectuelles et physiques des différents individus livre des résultats identiques pour tous. Au contraire, l'égalité renvoit à une situation où les relations entre les individus annulent les différences réelles qui existent entre leurs capacités.

La nature a fait les hommes si égaux quant aux facultés du corps et de l'esprit, que, bien qu'on puisse parfois trouver un homme manifestement plus fort, corporellement, ou d'un esprit plus prompt qu'un autre, néanmoins, tout bien considéré, la différence d'un homme à un autre n'est pas si considérable qu'un homme puisse de ce chef réclamer pour lui-même un avantage auquel un autre ne puisse prétendre aussi bien que lui. En effet, pour ce qui est de la force corporelle, l'homme le plus faible en a assez pour tuer l'homme le plus fort, soit par machination secrète, soit en s'alliant à d'autres... (*Lév.*, 183; FT, 121)

De l'égalité physique c'est l'épreuve de la mort qui nous assure. Mais l'égale capacité de détruire n'est physique que parce qu'elle se dessine sur le fond de la fragilité ultime des corps. La rivalité mortelle qui la révèle fait appel à tous les pouvoirs, physiques ou intellectuels, des individus, par machination secrète ou par alliance, par ruse ou par intelligence avec d'autres. L'égalité physique n'est que la révélation que l'éventualité d'un combat à mort suffit à annuler les différences entre les hommes, ou tout au moins à les rendre incertaines.

Hobbes commence par présupposer l'égalité intellectuelle. "La prudence, dit-il, n'est que l'expérience, laquelle en des intervalles de temps égaux, est également dispensée à tous les hommes pour les choses auxquelles ils s'appliquent également" (*Lév.*, 183; FT, 121). Et si la prudence est en un temps égal dispensée également à tous les hommes pour les choses auxquelles ils s'appliquent également, c'est bien sûr parce que leurs facultés sont dès l'origine égales. Puis il déduit l'égalité intellectuelle de la prétention de chacun à la supériorité intellectuelle. "Ce qui risque d'empêcher de croire à une telle égalité, c'est seulement la vaine conception que chacun se fait de sa propre sagesse" (*Lév.*, 183; FT, 122). Cette prétention, Hobbes l'interprète comme l'expression de la satisfaction de chacun quant à la part d'esprit qu'il a reçu; et de conclure: "d'ordinaire il n'y a pas de meilleur signe d'une distribution égale de quoi que ce soit, que le fait que chacun soit satisfait de sa part" (*Lév.*, 184; FT, 122).

Hobbes semble déduire l'égalité intellectuelle de l'affrontement des prétentions. C'est à nouveau sur fond de rivalité que surgit l'égalité. Mais son ironie évidente laisse penser qu'il ne faut pas tant conclure à l'égalité de fait des capacités intellectuelles, qu'à l'identité des revendications.

Ce qui engendre le conflit et la rivalité, ce n'est ni le contenu de la revendication — la supériorité individuelle — ni le fait de son universalité — chacun la revendique — mais, en l'absence de tout critère, l'impossibilité de trancher de la légitimité de ces prétentions. S'il est exclu qu'elles soient toutes vraies, il n'est pas nécessaire qu'elles soient toutes fausses. L'ironie de Hobbes suggère qu'elles ne le sont pas. Si le conflit annule les différences entre les hommes, si dans l'éventualité d'un conflit à mort la différence du plus faible au plus fort s'estompe face à la capacité du plus faible à tuer le plus fort, en l'absence de différences entre les hommes, seul le conflit peut trancher des prétentions affrontées. En l'absence de tout critère le combat seul peut décider des différences entre les hommes. L'éventualité du combat, la possibilité d'une rivalité permet de percevoir l'égalité entre les hommes. L'égalité possible, manifestée par l'identité des prétentions en l'absence d'un critère permettant de distinguer entre elles conduit au conflit. D'une rivalité possible Hobbes déduit l'égalité, de l'égalité possible il déduit la rivalité. La rivalité est l'état stable de l'égalité et l'égalité l'état stable de la rivalité.

L'état de nature est une situation étrange marquée par l'incertitude. Si deux hommes en viennent à désirer la même chose, l'égalité de leurs droits, c'est-à-dire l'incertitude qui s'attache à la définition de leurs droits réciproques, les pousse au combat. L'incertitude du combat, le fait que le plus faible puisse tuer le plus fort, affirme en retour l'égalité des adversaires, annule les différences entre eux. Pour mettre un terme à cette incertitude, il ne reste qu'à passer du combat possible à l'affrontement actuel, d'abandonner à la lutte le soin de départager les prétentions opposées.

Cette structure circulaire courte, ramassée sur elle-même, où l'égalité présuppose la rivalité et la rivalité l'égalité, Hobbes va maintenant la déployer en exposant les causes de la guerre de chacun contre chacun dans l'état de nature, état d'égalité et d'insécurité, état d'incertitude.

> De cette égalité des capacités vient l'égal espoir d'atteindre nos fins. Et si deux hommes désirent une même chose dont ils ne peuvent cependant jouir tous les deux, ils deviennent ennemis... Et ainsi en arrive-t-il que lorsqu'un envahisseur n'a pas plus à craindre que le seul pouvoir d'un autre homme, si l'un plante, sème, construit ou possède un emplacement convenable, on peut s'attendre à ce que d'autres viennent préparés, en unissant leurs forces, pour le déposséder et le priver non seulement des fruits de son travail mais aussi de sa vie et de sa liberté. Et l'envahisseur est à nouveau soumis au même danger de la part d'un autre. (*ibid.*)

Il n'est pas inutile de remarquer le caractère incertain de ce démarrage de l'état de nature. Contrairement à Girard, Hobbes ne possède pas d'opérateur qui fasse nécessairement converger les désirs vers

un même objet. L'indication est floue, "si", c'est-à-dire, il se peut, ima-
ginez, cela n'a pas besoin de se produire souvent, ou régulièrement,
mais cela est possible, cela peut arriver. Et plus loin, "on peut s'at-
tendre à ce que d'autres viennent préparés...", c'est raisonnablement
possible, ce n'est pas certain, cela pourrait arriver, cela risque fort
d'arriver au moins une fois. L'édifice est incertain. Hobbes n'a pas
besoin de plus. On pourrait supposer à la limite que rien de tout cela
n'a encore eu lieu, car ces conflits n'ont pas besoin d'avoir eu lieu pour
apparaître maintenant. De l'incertitude procède la peur et l'incertitude suffit à la crainte rationnelle.

De cette peur il n'est pour un homme de moyen plus raisonnable
de se protéger que l'anticipation. C'est-à-dire que "par force ou par
ruse il maîtrise la personne des autres hommes jusqu'à ce qu'il ne voit
plus de pouvoir assez grand pour le menacer" (*ibid.*). Décision raisonnable pour un homme hobbesien qui ne cherche qu'à promouvoir son
propre intérêt, et en l'occurence le minimum de son intérêt, sa survie. Mais le traitement rationnel des données de l'incertitude a pour
résultat de rendre certain ce qui n'était que probable, et amène les
acteurs à poser les gestes d'invasions dont la possibilité motivait leur
décision. Résultat paradoxal qui assure que les conditions incertaines du conflit seront remplies. Résultat contradictoire malgré sa rationalité individuelle, puisque c'est justement par leur comportement
rationnel que les acteurs poussent les autres à poser les gestes mêmes
que chacun redoute le plus et cherche à prévenir. Résultat circulaire
enfin, chacun agissant rationnellement initie les conditions qui moti-
vent son action.

Le plus craintif peut très bien être le détonateur de l'état de guerre.
Il en découle une première équivalence entre l'envieux et l'homme
raisonnablement craintif, entre celui qui envahit l'autre pour le dépos-
séder et celui qui envahit l'autre pour se défendre. Equivalence qui
n'est qu'une autre façon d'exprimer l'égalité et l'incertitude caractéristiques de l'état de nature.

Ces conquêtes préventives risquent de pacifier peu à peu l'état
de nature semble-t-il, de permettre l'émergence naturelle de seigneuries
assez importantes pour que les hommes ne voient plus de pouvoir
suffisamment grand pour les menaçer. Hobbes va maintenant rui-
ner cette possibilité, parce que certains "prennent plaisir à contempler leur propre pouvoir dans des actes de conquêtes qu'ils poursuivent plus avant que ne le requiert leur sécurité" (*Lév.*, 184-85). D'autres qui seraient satisfaits de vivre à l'aise dans des limites modestes

doivent s'ils veulent subsister accroître leur pouvoir. Ce droit de conquête doit donc leur être accordé.

Ce mécanisme de fuite en avant fait que les domaines qui s'esquissent ici n'ont pas de termes assignables. Toutes les trèves précaires qui peuvent exister dépendent d'un équilibre des rapports de force reproduisant avec des quantités plus grandes l'égalité fondamentale de l'état de nature. Tout écart à l'équilibre entraîne une reprise des combats destinée à rétablir l'équilibre, c'est-à-dire, à rétablir les conditions qui assurent que tout écart à l'équilibre entraîne une reprise des combats. L'état de guerre par la guerre ne retourne qu'à l'égalité, condition de la guerre.

Les acteurs rationnels hobbesiens à nouveau déterminent ce mécanisme. Pour chacun il est rationnel de maintenir par la guerre l'incertain équilibre des forces, et chacun est rationnellement conduit à imiter le vaniteux qui "prend plaisir à contempler son pouvoir dans des actes de conquêtes". Seconde équivalence, entre le vaniteux et l'homme raisonnablement craintif, qui repose elle aussi sur l'incertitude caractéristique de l'état de nature. Où chaque homme est seul juge de ce qui est indispensable à sa sécurité, où l'un appelle cruauté ce que l'autre nomme justice. Et il devient impossible de distinguer celui qui pousse ses conquêtes plus avant que ne le requiert sa sécurité, de celui qui s'inquiète raisonnablement de l'accroissement excessif du domaine de son ennemi.

Fort de cette seconde équivalence, nous pouvons comprendre comment l'état de nature retourne à la case départ. Au début les hommes divisés par la peur s'envahissent mutuellement, puis cette même peur a tendance à les rassembler en des domaines plus vastes. Hobbes va maintenant montrer pourquoi en l'absence d'un pouvoir Souverain ces associations ne peuvent tenir. Pourquoi les hommes doivent nécessairement revenir à leur solitude conflictuelle première.

Car chacun attend que son campagnon l'estime aussi haut qu'il s'apprécie lui-même, et à chaque signe de dédain, ou de mésestime il s'efforce naturellement, dans toute la mesure où il l'ose (ce qui suffit largement, parmi des hommes qui n'ont pas de commun pouvoir qui les tienne en repos, pour les conduire à se détruire mutuellement), d'arracher la reconnaissance d'une valeur plus haute: à ceux qui le dédaignent, en leur nuisant; aux autres, par de tels exemples. (*Lév.*, 185; FT, 123)

Confrontés au soin de ce qu'ils nomment leur honneur, les hommes sont renvoyés à leur solitude originelle. L'orgueil qui pousse les hommes à recourir à la violence pour des "bagatelles comme un mot, un sourire, une opinion différente" (*Lév.*, 185; FT, 123) est certes insensible à la peur de la mort. La vanité dissocie ce que la crainte rationnelle tend à rassembler. Mais en l'absence d'un pouvoir souverain, le calculateur hobbesien qui ne demande pas aujourd'hui réparation d'une bagatelle ne s'expose-t-il pas demain à des assauts plus redoutables? L'état de nature est un chaos stable, un désordre bien structuré, doté de mécanismes qui maintiennent sa stabilité. La discorde humaine est un ordre spontané, un système auto-organisé, circulaire, bouclé, qui n'évolue jamais vers autre chose que lui-même, la guerre de chacun contre chacun.

Ordre spontané, l'état de nature est-il rationnel? Continuera-t-il de fonctionner comme un état de guerre de chacun contre chacun si tous les acteurs de l'état de nature savent que tous se comportent comme des individus rationnels dans une situation d'égalité et d'insécurité. C'est-à-dire si tous savent qu'il n'y a parmi eux ni envieux, ni vaniteux, puisque nous savons déjà qu'il y a parmi eux des acteurs rationnels. La situation d'égalité et d'insécurité, d'incertitude, est supposée connue.

Cette question est susceptible de recevoir chez Hobbes deux réponses à première vue contradictoires. Mais ces deux réponses en dernière analyse n'en font qu'une seule. Tout repose sur le sens que l'on attache à cette expression: la situation d'égalité et d'incertitude est supposée connue. La première réponse est oui. Oui, même si tous les acteurs de l'état de nature sont des acteurs rationnels hobbesiens et savent que tous le sont et le savent, cet état va continuer à fonctionner comme un état de guerre de chacun contre chacun. Pourquoi?

Que signifie la rationalité hobbesienne appliquée aux comportements des acteurs? Elle part du principe que dans une situation donnée chacun agit de façon appropriée en fonction d'un bien pour lui-même, et sur la base des informations qu'il possède, ou, si l'on préfère, selon sa propre appréciation de la situation. Appréciation dont il est par définition le seul juge[6]. Pour des raisons épistémologiques

[6] Il s'agit là d'un principe de rationalité qui s'apparente assez à ce que J. Watkins nomme "imperfect rationality". Voir J. Watkins, "Imperfect Rationality", in *Explanation in the Behavioural Sciences*, éd. R. Brager et F. Cioffi (Cambridge, Mass.: Cambridge University Press, 1970), pp. 167-230.

internes à l'oeuvre de Hobbes il est relativement difficile de définir
ce qu'est un bien pour quelqu'un, et partant une échelle de préférences. On peut néanmoins affirmer sans risque de se tromper que pour
tout calculateur hobbesien sa survie est un bien pour lui, ainsi que
sa sécurité. Et qu'il préfère sa survie à sa sécurité. Dès lors chacun
est rationnellement contraint, en toute situation, d'agir de façon adé-
quate au moins à la conservation de sa vie.

Il y a là critère qui permet de distinguer en principe les actions
rationnelles de celles qui ne le sont pas. Il est vrai que ce critère est
très faible, puisque dans une même situation de très nombreux comportements pourront être considérés rationnels. Il n'est cependant pas
nul, puisqu'il permet tout de même d'exclure certains comportements[7].

Dans l'état de nature il est donc interdit à un acteur rationnel, qui
vise un bien pour soi, d'accepter une modification du rapport de force
à son désavantage. Il a comme impératif catégorique l'obligation de
maintenir l'égalité. Et il n'est pas irrationnel pour lui de chercher à
transformer le rapport de force en sa faveur. Dans la mesure où une
situation d'égalité et d'insécurité signifie que toute modification du
rapport de force peut jouer en ma défaveur, il semble que je sois rationnellement contraint de ne jamais initier aucune tentative de transformation des rapports de force. Pourtant dans la mesure où une situation d'égalité et d'insécurité signifie que des transformations, ou des
tentatives de transformation des rapports de force peuvent avoir lieu
à tout moment, il est évident que cette contrainte ne tient pas. Il est
tout à fait rationnel pour moi de prendre les devants, comme dit Hobbes, si je puis en tirer quelque avantage, ou éviter par là un échec
possible. En ce sens, les gestes que le vaniteux ou l'envieux posent
par ignorance ou par mépris de la situation d'égalité et d'insécurité,
l'acteur rationnel les pose parce qu'il sait qu'il est dans une situation
d'égalité et d'insécurité.

Si tous les acteurs sont rationnels et savent que tous le sont, que
se passera-t-il dans l'état de nature? La rationalité hobbesienne dit
que chacun est maître entièrement de décider quelles actions sont
indispensables à sa survie. Le problème est le suivant: rien ne m'assure que ce que je vais considérer comme étant indispensable à ma

---

[7] Si par exemple un matin je suis réveillé par un bruit de pas dans la caverne où
je dors, et que j'aperçoive dix hommes en armes qui en ferment l'unique issue, il
est rationnel pour moi de tenter de négocier avec eux, plutôt que de me ruer contre
eux, ainsi que me le suggère mon "impératif territorial".

survie ne sera pas perçu par un autre comme étant dangereux pour la sienne. Le fait qu'il sache que je ne nourris pas de mauvaises intentions à son égard ne change rien à l'affaire. Il peut très bien considérer que ce geste est dangereux pour lui, et cela suffit pour qu'il soit rationnellement contraint d'intervenir. C'est dire à nouveau que l'état de nature est un état d'incertitude. Incertitude que l'on peut concevoir comme un déficit d'information. Déficit qui ne porte pas sur les intentions d'autrui, je sais qu'il n'est ni vaniteux ni envieux, mais sur l'interprétation de mon comportement par autrui. Je ne puis savoir si les gestes que je pose seront interprétés par autrui comme étant dangereux pour lui, et donc s'il m'attaquera ou non.

Nous arrivons au fondement de l'équivalence entre l'homme rationnel et le vaniteux. Hobbes déduit l'égalité intellectuelle de l'égale prétention à la supérorité intellectuelle. On peut interpréter cette prétention comme une expression de la vanité. Mais l'universelle prétention intellectuelle signifie simplement que chacun préfère sa propre interprétation et appréciation d'une situation, et à juste titre selon Hobbes, à celle de n'importe qui d'autre.

Il s'ensuit qu'il n'est pas rationnel pour moi de renoncer à mon appréciation de la situation selon laquelle ce geste est indispensable à ma survie, ni l'autre à son interprétation selon laquelle ce geste est dangereux pour lui. Comment éviter le combat?

Ce qui revient à dire, en un sens, que dans l'état de nature on ne peut pas savoir s'il y a ou s'il n'y a pas de vaniteux. La question est indécidable. C'est pourquoi la question de tout à l'heure peut recevoir une double réponse.

Même s'il n'y a pas de vaniteux dans l'état de nature cet état va fonctionner comme guerre de chacun contre chacun. Si dire qu'il n'y a pas de vaniteux c'est lever l'incertitude, alors il n'y aura plus de guerre de chacun contre chacun. Mais nous ne sommes plus dans l'état de nature hobbesien, et ce ne sont pas les conditions de possibilité et de fonctionnement de cet état que les sociétaires connaissent. Car les conditions de cet état sont l'égalité et l'insécurité.

Etant donné le rôle déterminant de l'incertitude dans le fonctionnement de l'état de nature nous pouvons reposer notre question de la façon suivante: est-ce que la connaissance de d'égalité est suffisante pour faire disparaître l'incertitude? Si l'égalité est conçue comme l'égalité des droits de chacun sur les divers objets, ou comme l'égale prétention de chacun à sa propre interprétation de la situation tout le problème est de savoir si oui ou non il est rationnel d'abandonner la décision à un événement aléatoire, comme par exemple, c'est le premier arrivé qui gagne, ou tirons au sort, afin d'éviter le combat. Même si cette attitude est adoptée, elle est formellement indistinguable du recours à l'aventure incertaine de la lutte. La rationalité hobbesienne, en principe, malgré cette équivalence formelle permet de distinguer les occasions où il est rationnel de recourir au combat. Si ma vie n'est pas menacée par le différend, compte tenu de l'objet en jeu et de la stratégie de l'adversaire, il m'est interdit de mettre ma vie en danger en choisissant l'affrontement plutôt que la décision arbitraire du sort. Mais comme la détermination de ce qui est dangereux est abandonnée à l'entière responsabilité de chacun, il m'est impossible de savoir avec certitude ce que l'autre considère comme dangereux pour lui. Le recours au combat est toujours légitime.

Nous voici arrivés à un point assez délicat. En quoi cette incertitude, ce déficit d'information sur l'interprétation d'autrui, diffère-t-il de la méconnaissance, au sens où Girard parle de méconnaissance au sujet du mécanisme victimaire? Il me semble que l'idée de méconnaissance comprend celle d'erreur ou de fausseté, au sens propre, et le plus courant du terme. Je pensais que la table était au fond de la pièce, à gauche, près de la fenêtre; elle est devant, à droite, près de la porte. Les doubles pensent que la victime/dieu est entièrement responsable de tout leurs maux. Ils se trompent, c'est faux.

Les acteurs hobbesiens de l'état de nature sont dans une toute autre situation. Ils sont dans une situation d'égalité et d'incertitude qu'ils connaissent. La préférence qu'ils accordent à leur propre définition de la situation n'est pas une erreur. Ils connaissent les mécanismes rationnels de la guerre de chacun contre chacun. Ils ne se font aucune illusion sur le rôle de leur propre comportement rationnel dans la perpétuation de l'état de guerre qu'ils exècrent. Mais tant que l'incertitude n'est pas levée, il est rationnel pour chacun d'eux de persévérer à la guerre.

L'état de nature est un ordre rationnel. Il ne nécessite pas chez ceux qui l'agissent la connaissance des mécanismes de son fonctionnement. Il peut comporter un très grand nombre de vaniteux et d'envieux. Mais si tous les participants se découvrent et découvrent tous, des acteurs rationnels en situation d'égalité et d'insécurité, le système ne s'écroule pas pour autant. Encore il fonctione comme guerre de chacun contre chacun.

Cette prise de conscience n'est pas sans effets pour autant. Elle offre aux participants de l'état de guerre la possibilité de devenir les sociétaires d'un état pacifié. Il leur suffit pour cela de lever l'incertitude qui les piège. Or, pour les acteurs de l'état de nature tout état sera "plus" rationnel qui leur offre en plus de la survie, la sécurité. C'est ce à quoi vise le contrat. Comment se déroule-t-il?

On trouve chez Hobbes deux contrats. Un contrat social ou d'institution et un contrat que l'on peut qualifier de naturel, dans la mesure où Hobbes dit qu'il correspond à l'acquisition de la Souveraineté par force naturelle. Lorsqu'un père contraint ses enfants à se soumettre à son gouvernement, ou un vainqueur les vaincus. Par opposition, l'autre contrat est artificiel, il est un artifice de la raison pour sortir de l'état de guerre. Ce contrat naturel semble poser problème à notre thèse. Pacte entre un vainqueur et un vaincu, résultant de l'exercise de la force naturelle, il paraît aller à l'encontre de notre description de la stabilité de l'état de nature. Elle mettait en évidence les mécanismes destinés à prévenir le surgissement naturel d'un plus fort, destinés à maintenir l'égalité et partant la guerre. Destinés à convaincre les hommes qu'il fallait choisir la Souveraineté parce que la violence ne mène qu'à elle-même. Voici qu'on nous parle d'une Souveraineté par force naturelle!

Mais le contrat naturel, est aussi un contrat. Il suppose de la part des parties contractantes le même engagement rationnel que le contrat social. Même la Souveraineté naturelle exige l'artifice du contrat, ce n'est jamais tout à fait "naturellement" que le plus fort surgit.

Du contrat social, le *Léviathan* donne deux versions. Voici la première:

> Il y a là plus que consentement ou concorde, c'est une réelle unité de tous en une seule et même personne, faite par convention de chaque homme avec chaque homme, de la façon suivante, comme si chaque homme disait à chaque homme, *J'autorise et j'abandonne mon droit de me gouverner moi-même à cet Homme, ou à cette assemblée d'hommes, à cette condition, que tu lui abandonnes ton droit aussi et que tu autorises toutes ses actions de même manière.* (*Lév.*, 227)

Or, étant les termes du contrat: j'abandonne mon droit à *cet* homme à condition que tu *lui* abandonnes ton droit de même manière, il semble que le futur Souverain doit être déjà connu. Etant donné que le contrat est de chaque homme avec chaque homme, il exige en toute rigueur l'universalité, ou du moins l'unanimité moins un, le Souverain qui reste extérieur à toute l'affaire. Les hommes doivent savoir qui est le Souverain et ils conviennent de *lui* abandonner leur droit.

La seconde version du contrat social est légèrement différente:

> Une République est dite être instituée lorsqu'une multitude d'hommes s'accordent et conviennent, chaque homme avec chaque homme, que quel que soit l'homme ou l'assemblée d'hommes, à qui sera donné par la majeure partie le Droit de Présenter leur Personne à tous (c'est-à-dire d'être leur Représentant) chacun, aussi bien celui qui a voté pour que celui qui a voté contre, autorisera... (*Lév.*, 228-29)

Nous voici donc face à une seconde version ou les hommes ne conviennent plus à l'unanimité moins un, mais à la majorité simple. Ce second contrat semble de plus se dérouler en deux étapes. Une première étape où les hommes conviennent de convenir, se mettent d'accord pour abandonner leurs droits à celui qui sera choisi par la majorité. Et une seconde étape où on désigne le Souverain[8]. Mais on trouve plus loin dans le même chapitre 18 du *Léviathan* un autre texte qui à la fois soutient et transforme cette interprétation.

> Parce que la majorité par voix consentantes a déclaré un Souverain celui qui n'était pas d'accord, doit maintenant consentir avec les autres, c'est-à-dire être satisfait d'avouer toutes les actions qu'Il (le Souverain) fera, ou bien être justement détruit par les autres. Car il est volontairement entré en congrégation avec ceux qui étaient assemblés, par là il a suffisamment déclaré son intention (et il a donc convenu tacitement) de se tenir à ce qu'ordonerait la majorité; et si donc il refuse de s'y tenir maintenant, et élève des protestations contre un de leurs décrets, il agit contrairement à ce à quoi il a convenu et donc injustement. Et qu'il soit ou non un de la congrégation, et que son consentement lui soit demandé ou non, il doit se soumettre à leurs décrets ou rester dans l'état de guerre où il était apparavant, où sans injustice il peut être détruit par quiconque. (*Lév.*, 231-32)

Il semble cette fois que la structure logique du contrat soit celle de l'unanimité entre ceux que Hobbes nomme maintenant la majorité. Les membres de la minorité, qu'ils aient convenu tacitement ou non, s'exposent à être exterminés ou conquis, c'est-à-dire, à signer le contrat naturel. Le véritable contrat social ou d'institution est celui qui se déroule à l'unanimité entre les membres de la dite majorité.

Dès lors que faut-il pour que le contrat aie lieu et que la décision soit rationnelle? Je pense qu'il suffit qu'un des acteurs de l'état de nature aie l'idée du contrat et qu'il la propose aux autres. L'idée du contrat est rationnelle pour chacun d'eux. Ils s'engagent à abandonner tous

---

[8] Interprétation qui rapprocherait Hobbes des tenants du double contrat: un contrat d'association et un contrat de gouvernement.

leurs droits au Souverain afin qu'il assure leur sécurité, et l'abandon de tous leurs droits les assure que le Souverain aura une puissance suffisante pour faire respecter les termes du contrat. De plus, la définition de l'insécurité des situations étant entièrement abandonnée au Souverain, l'incertitude caractéristique de l'état de nature est levée. Le contrat leur offre la survie et la sécurité, alors que l'état de nature ne leur propose qu'une survie sans sécurité. Le contrat est donc *grosso modo* rationnel.

Ceci dit, ce sont des acteurs rationnels qui se décident individuellement dans l'isoloir de leur rationalité. Comment vont-ils procéder? Le seul danger et la seule objection possible à la rationalité du contrat vient, semble-t-il, du pouvoir absolu du Souverain. Ils ne sont ni envieux, ni vaniteux. Ils sont naturellements égaux et savent qu'ils ne peuvent tous être le Souverain (nous sommes dans une situation de monarchie). Ils se poseront donc la question suivante: est-il plus avantageux pour moi qu'un autre soit le Souverain ou de rester dans l'état de nature? Dans l'état de nature chacun a à sa charge, à ses risques et périls, sa propre sécurité. Il est avantageux de remettre cette charge à quelqu'un d'autre. Quel danger vient du Souverain? C'est un acteur rationnel qui n'est pas animé de mauvaises intentions à mon égard, tout le mal vient de l'incertitude qui s'attache à la définition de l'insécurité des situations. Or le Souverain va lever cette incertitude. Il est donc avantageux d'opter pour la Souveraineté.

Mais si chaque acteur se décide individuellement, il sait aussi que les autres se décident. Il doit donc se demander si sa décision est rationnelle, compte tenu de la décision des autres. Le contrat a la structure logique de l'unanimité mais il peut de fait se dérouler à la majorité simple. Simplifions les choses, chacun procédera je crois au calcul suivant: Je vote pour. Je réponds oui au contrat. Soit les autres répondent plutôt oui, nous sortons de l'état de nature, fin de l'état de guerre de chacun contre chacun + 1. Soit les autres répondent plutôt non, nous restons dans l'état de guerre comme auparavant, O. Je vote contre, je réponds non. Soit les autres répondent plutôt non, nous restons dans l'état de guerre, O. Soit les autres répondent oui, je reste seul dans l'état de guerre, ennemi de tous les autres réunis, plutôt que de chacun, quiconque peut me tuer sans injustice − 1. Je vote oui, c'est le choix le plus rationnel, il livre la plus haute valeur absolue et il est la meilleure stratégie.

Or comme tous font le même raisonnement, et que tous savent que tous le font, ils sont contraints de voter oui. Le contrat aura lieu. C'est pourquoi il suffit que quelqu'un propose l'idée du contrat aux acteurs rationnelles de l'état de nature pour qu'il aie nécessairement lieu.

Dès que chacun arrive à la conclusion qu'il est préférable pour lui qu'un autre soit le Souverain, plutôt que de rester dans l'état de nature, dès qu'il comprend que jouer "non" est une stratégie irrationnelle; il semble que le problème de savoir qui sera le Souverain devienne effectivement négligeable, comme nous incite à le croire le silence de Hobbes. Chacun se décide en faveur du contrat à partir d'un raisonnement où il pose par hypothèse qu'il est exclu de la Souveraineté. On voit mal d'où peut venir le problème. Nul n'a d'objection à ce qu'un autre que lui soit le Souverain. Pourquoi ne pas tirer au sort en donnant à chacun une chance égale?

C'est ce que des acteurs rationnels hobbesiens ne feront pas, parce qu'ils sont prudents. Le recours au hasard n'est pas contraire à leur conception de la rationalité, il est dangereux. Voici pourquoi.

La réponse à la question: "est-il préférable qu'un autre que moi soit le Souverain ou de rester dans l'état de nature?" comporte un certain élément de comparaison. Chacun se demande si par le fait qu'un autre que lui soit le Souverain, quelqu'un peut acquérir contre lui un avantage particulier. Il répond non, puisque tous abandonnent pareillement leurs droits. Car nul n'a le droit d'accepter une transformation du rapport de force qui soit à son désavantage. Certes le Souverain va acquérir un pouvoir supérieur à celui de qui que ce soit, mais cette transformation n'est au désavantage d'aucun acteur particulier de l'état de nature, au contraire elle est à l'avantage de tous. Elle laisse inchangés les rapports de force existant entre les parties contractantes. Tous s'engagent également.

Mais à partir du moment où ils comprennent que le oui est non seulement la meilleure réponse mais aussi la meilleure stratégie, ils savent que le contrat aura lieu et ils doivent voter oui. Ils sont alors victimes d'un étrange piège.

Si j'ai intérêt à ce qu'un autre que moi soit le Souverain, il ne s'ensuit pas pour autant que j'ai intérêt à ce que n'importe qui soit le Souverain. Plus précisément, il existe dans l'état de nature une catégorie de gens tels que j'ai avantage à rester dans l'état de nature plutôt que de leur permettre de devenir le Souverain. Comment est-ce possible? Qui sont-ils?

Comment se fait-il que chacun peut à la fois dire qu'il préfère qu'un autre que lui soit le Souverain plutôt que de rester dans l'état de nature, et dire qu'il préfère rester dans l'état de nature plutôt que de laisser certains autres devenir le Souverain? N'y a-t-il pas là une contradiction qui grève tout l'édifice? Le problème ne pose aucune difficulté particulière. Le raisonnement à partir duquel chacun arrive à la conclusion: je préfère qu'un autre que moi soit le Souverain plutôt que de rester dans l'état de nature, est de la forme "il existe un X tel que" et non pas, "pour tout X". Quantificateur existentiel et non quantificateur universel. Il suffit que pour chacun il existe un X tel que je préfère qu'il soit Souverain plutôt que de rester dans l'état de nature pour que le contrat soit formellement possible. Il n'est pas nécessaire que cela soit vrai pour tout X. Il n'y a aucune contradiction à ce qu'il existe un X ou même plusieurs tels que je préfère rester dans l'état de nature plutôt que de les voir devenir le Souverain.

L'état de nature est un état de guerre de chacun contre chacun, défini par des conditions d'égalité et d'insécurité. Même si cet état de guerre est de chacun contre chacun, il ne s'ensuit pas pour autant que je sois en relation de conflit ouvert avec tous les membres de l'état de nature. Comme le dit Hobbes: "la guerre ne consiste pas seulement dans la bataille et dans des combats effectifs; mais dans un espace de temps où la volonté de s'affronter en des batailles est suffisamment avérée", ou encore, "la nature de la guerre ne consiste pas dans un combat effectif, mais dans une disposition avérée allant dans ce sens, aussi longtemps qu'il n'y a pas d'assurance du contraire" (*Lév.*, 185-86; FT, 124).

On peut donc définir pour chacun ceux pour qui il préfère rester dans l'état de nature plutôt que de les voir devenir le Souverain, comme l'ensemble de ceux avec qui il entretient des relations de conflit ouvert. La raison en est simple. S'il est avantageux pour moi d'abandonner à un autre la charge de ma sécurité et de lui laisser définir pour tous le danger des situations, ce n'est vrai que si cet autre n'est pas un de mes ennemis actuels. Si le Souverain potentiel est mon ennemi actuel, il est plus dangereux pour moi d'accepter sa Souveraineté que de rester dans l'état de nature. L'incertitude de la victoire contre un ennemi de force égale est préférable à la certitude de la défaite aux mains d'un Souverain absolu. Nul ne peut accepter de modification du rapport de force qui soit à son désavantage.

Mais, dira-t-on, pourquoi limiter l'ensemble de ceux qui me sont inacceptable à ceux avec qui je suis en conflit ouvert? En quoi cette limitation est-elle légitime? Pourquoi ne pas étendre l'ensemble à ceux avec qui j'ai été en conflit par le passé, ou même à tous les autres membres de l'état de nature, puisque c'est un état de guerre de chacun contre chacun? Or cela rendrait le contrat impossible.

En ce qui concerne les conflits passés, je pense qu'il faut effectivement étendre l'ensemble de ceux qui me sont inacceptables à ceux avec qui j'ai été en conflit ouvert par le passé. Pourquoi? Nous savons que les acteurs hobbesiens rationnels ne sont ni envieux, ni vaniteux, mais nous ne savons pas s'ils ne sont pas rancuniers, ou plutôt nous savons qu'en un sens ils le sont. La rationalité hobbesienne raisonne à partir du passé, "la prudence est une présomption du futur acquise par l'expérience du temps passé", dit Hobbes (*Lév.*, 98). Pourquoi ne pas l'étendre à l'ensemble des autres acteurs de l'état de nature? On peut aborder la question de façon détournée, en se demandant: que se passe-t-il si, au moment du contrat, pour tous les acteurs de l'état de nature l'ensemble de ceux avec qui chacun entretient ou a entretenu des relations de conflit ouvert est l'ensemble vide? Si personne n'a entretenu ou n'entretient de conflits ouverts avec qui que ce soit. Cela est impossible nous le savons par la première équivalence entre l'envie et la crainte rationnelle qui montre que dans l'état de nature il suffit que les conflits soient possibles pour qu'ils deviennent réels[9]. Rien ne nous empêche cependant d'analyser ce cas imaginaire. Or, si personne n'entretient ou n'a entretenu de relations de conflit ouvert avec qui que ce soit, le contrat n'aura pas lieu. Pour l'excellente raison que la probabilité, pour moi, d'entrer en conflit avec l'un quelconque des acteurs de l'état de nature n'est pas plus grande que la probabilité d'entrer en conflit avec le Souverain (qui est l'un des acteurs de l'état de nature). Comme entrer en conflit avec le Souverain, c'est perdre certainement et entrer en conflit avec un acteur de l'état de nature, c'est gagner peut-être, je dois m'abstenir du contrat.

Il ne faut pas imaginer pour autant que dans une situation où les acteurs entretiennent des relations de conflits ouverts avec certains autres, ils optent pour le contrat parce qu'ils pensent qu'ils ont moins de chances d'entrer en conflit avec ceux avec qui ils ne le sont pas encore qu'avec ceux contre qui ils luttent. Raisonnement que font tacitement ceux qui reprochent au contrat son peu de vraisemblance psychologique. Pourquoi le Souverain serait-il meilleur que les autres? Pourquoi le Dieu Mortel ne serait-il pas un loup pour l'homme? Pourquoi troquer des ennemis nombreux, mais épars et faibles, contre un ennemi unique mais tout puissant?

En effet, pourquoi? Les acteurs rationnels de l'état de nature raisonnent autrement. Dire qu'il n'y a pas et qu'il n'y a pas eu de conflit ouvert dans l'état de nature c'est faire une hypothèse sur le rapport

---

[9] Ici même pages 11 et 12.

entre l'incertitude qui s'attache à la définition des situations d'insécurité et le nombre de conflits. S'il n'y a pas et s'il n'y a pas eu de conflits ouverts cette influence est à peu près nulle. Mais dans l'état de nature hobbesien le contraire de cette hypothèse est une donnée à partir de laquelle chaque acteur réfléchit. Chacun sait que le nombre de conflits est en relation directe avec l'incertitude qui s'attache à la définition des situations d'insécurité. Le Souverain a pour fonction de lever cette incertitude. Ils ont donc tout à fait raison de penser que la probabilité d'entrer en conflit avec le Souverain est moindre que la probabilité d'entrer en conflit avec un acteur quelconque de l'état de nature, y compris ceux avec qui ils ne sont pas en conflit actuel. S'ils limitent à ces derniers l'ensemble des Souverains potentiels acceptables pour eux, c'est parce qu'ils ne peuvent agir autrement sans faire passer à 1 la probabilité pour eux d'être en conflit avec le Souverain. Il n'y a pas de raisons d'étendre l'ensemble des inacceptables à l'ensemble des autres membres de l'état de nature.

Rationnellement contraints de contracter, rationnellement contraints de voter oui, les acteurs de l'état de nature sont tout aussi contraints d'exclure de la liste des candidats éligibles à la Souveraineté un certain nombre de moins. Tous ayant également droit à tout, y compris à être le Souverain, ils sont tous sur cette liste. Ils sont aussi tenus à une clause d'égalité selon laquelle nul ne doit accepter de modification du rapport de force qui soit en sa défaveur. Nul n'a d'objection à être rayé de la liste car ils se décident en faveur de l'état de société par un raisonnement où par hypothèse ils s'excluent de la Souveraineté. S'ils veulent bien accepter d'être exclus de la liste, aucun ne renoncera à son droit d'en exclure d'autres.

Il faut donc supposer qu'ils recoivent tous un droit de véto qu'ils utilisent pour éliminer de la course à la Souveraineté, ceux avec qui ils sont, ou ont été, en conflit ouvert. Ils se mettent d'accord en éliminant ceux qui leur sont inacceptables.

Nous pouvons imaginer deux situations. Premièrement, tous ont ou ont eu au moins une relation de conflit ouvert. Secondement, certains n'ont pas eu et n'ont pas de relation de conflit ouvert. Commençons par la seconde. Quel intérêt ont à l'exercice du contrat ceux qui n'ont pas et n'ont pas eu de conflit ouvert avec qui que ce soit? Chacun d'eux a-t-il intérêt à ce qu'un autre que lui soit le Souverain? Non, pour chacun il n'y a pas plus forte probabilité d'entrer en conflit avec un acteur quelconque de l'état de nature plutôt qu'avec le Souverain.

Ils ne prendront pas part au contrat et nous convergeons vers la première situation. Soit ils ont intérêt au contrat en vertu du raisonnement stratégique selon lequel ils restent seuls contre tous, offert aux exactions de la multitude assemblée. Dans ce cas ils entreront en conflit pour la Souveraineté. Certes ce faisant ils passent de conflits possibles à des conflits actuels, mais s'ils ne le font pas, ils restent seuls dans l'état de nature, ce qui est pire. A nouveau nous convergeons vers la première situation. Ils ont tous au moins une relation de conflit ouvert. Ils ont tous un droit de veto qui leur permet d'éliminer ceux qui leurs sont inacceptables, qui vont-ils choisir? Comme les relations de conflit sont réciproques, il est évident que nul ne peut être inscrit sur la liste des candidats à la Souveraineté, tous sont éliminés. On pourrait certes imaginer de compter le nombre de vetos reçu par chaque candidat, afin de déterminer le moins inacceptable de tous. Mais la clause d'égalité qui les lie, interdit cette solution. Nul ne peut accepter de modification du rapport de force qui soit à son désavantage. Ce qui arriverait au seul ou aux quelques-uns qui ont refusé le candidat qui a reçu le moins de vetos.

Dès lors, le problème ne connaît, me semble-t-il, qu'une seule solution. Puisqu'il leur faut passer contrat et choisir un Souverain, le seul candidat possible, le seul qui respecte la clause d'égalité, est le seul qui apparaisse sur toutes les listes de candidats inacceptables, le seul qui entretienne des relations de conflit ouvert avec tous. L'ennemi de tous.

Ce candidat est-il véritablement hobbesien? Est-il vrai que les hommes historiques réfléchissant au choix rationnel des acteurs de l'état de nature ne trouveront rien à redire à leur Souverain actuel? Est-il exact que si le seul Souverain légitime est l'ennemi de tous, les hommes ne contesteront pas celui qui leur échoit en partage? Est-il vrai que la définition du Souverain comme ennemi de tous s'accommode de tous les Souverains historiques possibles? Ou est-ce la science politique hobbesienne qui est fausse?

Mais ce Souverain dira-t-on n'existe pas. Si les relations de conflits sont réciproques et qu'il est l'ennemi de tous, s'il est sur toutes les listes de ceux qui sont à éliminer de la Souveraineté, tous sont sur sa liste. Il ne peut trouver aucun autre tel qu'il préfère le voir Souverain plutôt que de rester dans l'état de nature. Celui-là ne prendra pas part au contrat. Est-ce un problème? Hobbes a toujours affirmé que le Souverain ne prenait pas part au contrat, qu'il n'était pas une des parties contractantes. Les commentateurs prétendent souvent qu'une fois le contrat passé, le Souverain reste seul dans l'état de nature. Je ne crois pas que Hobbes ne l'ait jamais pensé. Car il affirme que celui qui reste seul dans l'état de nature peut être tué par quiconque, sans injustice aucune. Il n'a jamais écrit que quiconque pouvait sans injustice tuer le Souverain.

Le Souverain n'est pas dans l'état de nature, il n'est pas au nombre des parties contractantes, il est absent, il est l'ennemi de tous et il est un dieu mortel. "But the fear is that… his supposed subjects might chance to tear their Mortal God to pieces with their teeth and entomb his sovereignty in their bowels"[10].

[10] Voir note 1.

On Law, Religion, and Custom

KONRAD THOMAS

René Girard is not extensively concerned about judicial questions; religion is of overwhelming concern to him. Questions concerning law are, however, discussed within the framework of his discussion of sacrifice. The arguments which Girard offers clearly show the direction of thought which must arise from his radical ideas about Man and Society. And those who are deeply affected by and involved in these ideas, created or—as Girard himself usually states—rediscovered, are relieved to find that René Girard does not provide a universal solution to all the questions which arise, but that there are some fields yet to plough, some fruitful work still to be done! Dupuy and Dumouchel have shown in their brilliant work[1] how Girard's basic theorems can be applied innovatively in the fields of economics—and elsewhere[2] in systems analysis. In the following pages, I intend to make a humble attempt to outline Girard's startling thoughts on the function of law and of judicial systems. For this purpose I will first give a short review of pages 15-27 of *Violence and the Sacred*, combine this with some elements of current discussions in the fields of social anthropology and of history of law, and finally come to some systematic conclusions.

[1] P. Dumouchel and J. P. Dupuy *L'Enfer des choses* (Seuil, 1979).
[2] P. Dumouchel and J. P. Dupuy, eds., *L'Auto-organisation: de la physique au politique*, Colloque de Cerisy (Seuil, 1983).

1. The fundamental problem, as we all know, is how to end violence or at least to "terminate the process," to "avert… the danger of escalation" of violence.[3] How sacrificial religion serves this purpose does not need to be proved here. But apart from religion, what other approach can be adopted to end violence, to restrict violence, to preclude it?

> Vengeance is a vicious circle whose effect on primitive societies can only be surmised. For us the circle has been broken. We owe our good fortune to one of our social institutions above all: our judicial system, which serves to deflect the menace of vengeance. The system does not suppress vengeance; it rather limits it to a single act of reprisal, enacted by a sovereign authority specializing in this particular function. The decisions of the judiciary are invariably presented as the final word on vengeance. (*VS*, 15)

Here, in these very few lines, we find in a nutshell the essentials of law, reflecting Girard's basic ideas. The end of violence, even in the form of vengeance, is the problem. It is dealt with by a similar act, which is violent and not even far from the spirit of vengeance. But it can work under the conditions of an existing "sovereign authority" only, which puts a decisive end to the given violence. To quote Girard once more, "the recognition of the sovereignty and independence of the judiciary, whose decision no group, not even the collectivity as a body, can challenge" (*VS*, 22, 23). The question of whether primitive societies also function by means of some kind of a judicial system is a matter of broad discussion, whereas the question of sacrifice in primitive societies needs no discussion at all.[4] Girard quotes Malinowski, Radcliffe-Brown and Lowie in order to show the denial of the existence of a judicial system on the one hand (with Malinowski and Radcliffe-Brown), and the awkward solution (of Lowie) (*VS*, 16) on the other hand: yes, there might be something similar to law, may it be called "to take the law into (ones) hands" (*VS*, 16) or the "jus talionis" ("an eye for an eye") (*VS*, 17). But even these examples show that the "function" of law, to restore peace or at least to keep violence

---

[3] See René Girard, *Violence and the Sacred* (Baltimore: The Johns Hopkins University Press, 1977). Hereafter abbreviated *VS* followed by page number(s).
[4] A complete branch of Social Anthropology of Law has been established during the last decades; see, e.g., R. Schott, *Die Funktion des Rechts in primitiven Gesellschaften, Jahrbuch für Rechtssoziologie und Rechtstheorie*, 1 (Bielefeld, 1970).

from escalation, is not fulfilled. If we conceive of law according to the habits of more modern societies, we have to differentiate whether or not any more or less independent authority is empowered to decide or not!

Quite contrary to modern thinking, Girard does not believe that law has anything in common with vengeance (*VS*, 21). So it is impossible to construct a simple antithesis with primitive vengeance on the one side and civilized judicial systems on the other. Though Girard affirms that all "modern" civilized societies depend on the existence of judicial procedures, he insists on the formal equation of vengeance and law, the latter being the abstract way of sovereign execution of the same principle and, hence, more effective. There is no need to argue with Girard as to whether we in modern society are more safe from violence than primitive societies[5] — a different opinion does no harm to the basic arguments. He himself knows that the existence of a powerful state — the precondition of exercising law — must be regarded as ambivalent[6] and, whether we call it "evolution" in a fuller sense or not,[7] as far as the conceivable historical processes are concerned, sacrificial peacemaking precedes judicial peacemaking.

To return to the parallel between sacrificial religion and jurisdiction: Girard tries to distinguish between preventive and curative procedures in a given society (*VS*, 17, 19, 20, 21), the sacrificial rites being regarded as the more preventive, the judicial procedures as curative. This distinction does not seem to me to be striking, if we, for example, take into consideration the long-standing debate on the preventive function of law. To me the preventive and the curative function appear as the two sides of one coin: what happens in any given society is of potential or actual mimetic character. The preventive acts demonstrate the consequences of a certain deed and should in a certain way function as abhorrescent; the curative acts function as precurative as well and thus as preventive. The mimetic effect of a violent act to solve a "problem" (for instance of ownership) is confronted by the mimetic effect of any punishing or sacrificial act of restoration.

---

[5] "Primitive societies do not have built in their structure an automatic brake against violence; but we do..." (*BS*, 20; see also p. 27).

[6] "...the judicial system... is a two-edged sword, which can be used to oppress as well as to liberate..." (*VS*, 23).

[7] "...particularly if indeed evolution is the proper term..." (*VS*, 21).

If, indeed, Girard takes a "functionalist" approach to religion as well as to law, not asking the question, What is religion? but asking the question, What is religion working for? What does religion aim at? and, comparing law and judicial systems on the same level, What is law meant to effect? and if in both cases restoration of peace is the only purpose, we should differentiate between the principles (*VS*, 16, 23) and the empirical reality. In principle, sacrificial religion means atonement. But working under the condition of "meconnaissance" the atonement benefits are not forever; the ritual acts have to be repeated again and again.

The judicial acts, whether in the proper sense or in a "similar" sense, are also meant to restore acceptance of human-fellows or to wipe them out in order to ensure good conditions of communal life. But, in fact, even this is never effective forever, misdeeds occurring again and again. So, in both cases, peace is achieved and lost, again and again. Is there any institution in which more hope can be invested? Before we try to answer this question we should first concentrate on the question of "primitive" law.

2. It is impossible to review in this article the full debate on primitive law in the fields of social anthropology. Instead, I will try to summarize an extensive article on these questions by R. Schott.[8] Leaving aside the problematic fact that most social anthropologists seem to be very uncertain about what they mean by "religion" or "religious" (with the tendency to regard it as some kind of "philosophy" or *Weltanschauung*, to relate it to the existence of some kind of gods in the way in which somebody like Dux may go so far as to conceive of religion as a cognitive system),[9] the functionalist approach shows the tendency to regard order as the symbolic status of society to which law, or what seems similar to law, has to be related.[10] In other words, without "law" there would be no order in society (no doubt, the modern idea of law and order is not far off). Misdeeds destabilize societal order whereas sanctions of law stabilize or restore the order. From this point of view we may draw the conclusion as to its function: any acts to restore order by sanction may be regarded as being equal to what we call a judicial system. Schott, as a true social anthropologist, is

---

[8] Schott, *Die Funktion des Rechts* (1970).

[9] See G. Dux, *Die Logik der Weltbilder* (Frankfurt: Suhrkamp, 1982).

[10] "Primär dient das Recht in primitiven Gesellschaften... der Ordnung des sozialen Verhaltens..." (Schott, pp. 122 ff).

determined not to compare, not to ask whether there is, in primitive societies, something similar to our law.[11] Instead, on a higher level of abstraction he creates a general term, "restoration of order by sanction," under which he subsumes modern as well as primitive "law." This tendency prevailing, he cannot, however, conceal the hint that in order to have sanctions working, something like an authority, a sovereign, is necessary (similar to Girard).[12] Though there is some reason to concede the similarity in function between primitive and modern law, not only the question of effectivity, which Girard mentions, remains open, but, more profoundly, the direct relation of law to order is highly questionable. It would indeed be necessary to produce a theory on how order is created and maintained. In this respect, modern social thought is inadequate, always seeing order as maintained by norms, i.e., the existence of a set of norms equals the existence of societal order.[13] This is, in fact, nothing but a theoretical duplication of little explanatory value, since the term "norms" is nothing but an abstract description of some aspects of what order in its full sense entails, just as temperature is an aspect of climate. It is not the place here to develop a theory of order, but it is indeed the place to draw attention to the basic theoretical contribution of René Girard to a theory of order in society; by his mimetic approach he fills a theoretical gap, which an earlier sociologist, Gabriel de Tarde,[14] had previously tried to fill, being excommunicated by his dominant antagonist Emile Durkheim.[15] Tarde already had insisted on the brute fact that there is no similarity of action in society which is not following the principle of imitation, preceding any institution of norms, imitation itself being a fact and an (abstract) norm in itself. The processual character of society cannot be appreciated unless we assume imitation as its basic rail. (In contrast, the *faits sociaux*, Durkheim's invention, cannot but regard society as an abstract static unity.) Girard, preferring the term "mimesis," enlarges and deepens Tarde's

[11] Schott, p. 114.
[12] Schott, p. 123.
[13] With Talcott Parsons and many other sociologists.
[14] *Les Lois de l'imitation*. Girard with reference to Tarde, see *Des Choses cachées depuis la fondation du monde* (Grasset, 1978).
[15] K. Thomas, *Von der Imitation zur Mimesis, Der vergessene Gabriel Tarde und der neu zu entdeckende René Girard*, in *Kasseler Philosophische Schriften*, ix (Gesamthochschule Kassel, 1983).

idea: Tarde did not yet have any idea of the "mimesis d'appropriation," lacking any approach to societal conflicts.[16] It seems plausible that the first and basic principle of order in society is imitation/mimesis, which, of course, has to be specified by factual and normative elements, which do not just reintroduce the norm, but let norms emanate from interactional conditions: Any person of authority irrespective of its mimetic quality and any mimesis by this very fact may become normative.

Order as a stabilized interaction in society through time(!) is in any case given if there is a stability of imitational processes. This means radically: unquestioned, undoubted imitation. The only terms for this can be "custom" (which Weber already mentions but discards according to his theoretical context)[17] or "habit." Custom is order in the special sense that it basically needs no special sanction in order to exist: the custom of marriage for example exists because it exists. And it intrinsically needs no sanction in order to exist. It is custom or habit to bind one's tie in a certain way: nobody ever asks whether he would be punished if he did it a different way. What we call traditional society is traditional not because innovation is punished, but because it is not necessary. What modern man does not seem to understand — though he is full of similar habits — is that some traditional societies are not willing to be "critical," not willing to change anything, which is just because they are not interested in endangering their mimetic stability.[18]

If this definition of order as given by and through custom holds true, the thesis of order given by law must be regarded as a shortcut.

---

[16] René König's attempt pro Durkheim contra Tarde must be regarded as misleading.

[17] M. Weber, *Wirtschaft und Gesellschaft* (Köln, Berlin: Kiepenheuer u. Witsch, 1964), pp. 16 ff. On how Girard refers to custom, see *VS*, 24 ff.

[18] Dumouchel demonstrates this way of stabilizing with special concern on scarcity (see Dumouchel and Dupuy, *L'Enfer des choses*). I should mention, meanwhile, that I am following an analytical approach insofar as there is no society without norms, without sanctions, without punishment, etc. But it seems to me important to make a distinction between the different qualities of the elements of societal life: Insofar as order is given by custom/habit, the social quality is different from any order given by command or sanction. Nobody would deny that in any society customs are rooted more or less consciously in commands or "laws" and, hence, are to be kept strictly. Nobody would deny that custom can itself be stabilized by law and sanction. But, if we do not forget that society is always primarily something in the fact of its members, and not for the spectator from outside, those elements have to be taken into account, which are "given," which members are or can be aware of, and not what the sociologists or social anthropologists invent for the sake of explanation.

If we, in an analytical sense, prefer a primary order as installed by and through custom, we concede that law (in the judicial sense) may come in whenever this primary order is endangered; we also could say that law, if there is any specific distinction between custom and law, functions as stabilizing in a second degree.

This again brings us to the crucial point, mentioned by social anthropologists but not taken into consideration sufficiently, that law needs special authority,[19] sovereignty. Law, in other words, needs decision. Hence, any lawlike action or "administering" (Lowie) which follows rules without doubt, without question, without decision, without special authority, without what we could call a "third" (in consequence of Sartre's Philosophy)[20] belongs to the realm of *custom*. Whereas any action, where there is doubt about who is guilty, in which sense he may be regarded as guilty, where there is the question as to which consequences should be drawn, which sanctions, punishments would have to follow, any action which is based on decision which itself follows consideration, and which is taken at relative distance from the parties concerned should be called, in the judicial sense, *law*. (From this point of view, it would be very fruitful to study primitive so-called law and modern law thoroughly.)

A traditional error seems to exist: since "judicial" has something to do with "justice," any appeal to justice should have to be called judicial. Nobody would deny that every society possesses a sense of justice; but this sense of justice needs not be linked with law in the judicial sense. It seems to be the sense of equivalence, demonstrated by Lévi-Strauss on one hand, by Kelsen on the other hand, and recently explained in particularly lucid fashion by Zimmermann as the equivalence of giving and taking which means justice. And this sense of equivalence may be set into action by law as well as by custom.

3. Vengeance and Law again: What is the "place" of vengeance then, if it, in its primitive and less primitive ways, cannot be regarded as just judicial? We have to regard vengeance as a special case of violence and try to locate the different types of violence according to the above-given decision: Though violence cannot be restricted to killing or physical immolation,[21] it may be permitted in the following arguments to restrict violence to this specific, most brutal form.

[19] See *VS*, 15.
[20] In J. P. Sartre, *Critique de la raison dialectique* (Gallimard, 1960).
[21] See P. Dumouchel, *Différences et paradoxes: réflexions sur l'amour et la violence dans l'oeuvre de Girard* in M. Degny, J. P. Dupuy, eds., *René Girard et le problème du mal* (Grasset, 1982).

Violence should then firstly be regarded as an individual act before and after all reflections on custom, duty, and law. Violence, as the first thorough research on revenge by Steinmetz (1928) shows, can be regarded as a psychological reaction under the condition of "Kränkung" which means violation of self-esteem. Though this early psychological explanation has to give way to more sophisticated theoretical arguments, as in particular given by Kohut, his basic recovery is important: in a premoral sense men are able and tend to this kind of specific "aggression."[22]

This first act of violence is usually followed by counteractions of violence, which we call vengeance or revenge. And it needs no confirmation to stick to Girard's basic thesis that this very violence is without end. Primary violence as well as reactive revenge still may be called a psychological act. Though we are unable to find societies without custom, we are permitted to explain this psychological fact from human experience being enacted even or just under conditions which prohibit this kind of reaction. We must, I think, without believing in psychology as the only explanatory method of human behavior, take seriously this violence — as emotional reaction — as a reality in itself.[23] Of course we have to assume mimetic effects of these kinds of reactions; theory would be able to give sufficient explanations, in particular if we add the Freudian theorem of "identification" and may follow that by educational interaction even this violent reaction may be a "learned" one. But I think we would raise doubts in the mimetic theory if we exaggerate its importance. It seems justifiable to leave this question open and risk the hypothesis that there may be "natural" violent psychic reactions. Girard seems to sum up the facts concerned by stating: "The procedures that keep men's violence in bounds have one thing in common: they are no strangers to the ways of violence" (*VS*, 23).

Secondly, we then find revenge as custom: in all cases in which violent acts are countered by obligatory violent acts called vengeance. This custom, as a duty and in no sense deliberately executed, may be called the "administration" not of law but of justice. Justice makes demands. The sociological essential of this custom has to be seen in the fact that justice is executed by the contrahents themselves (*VS*,

---

[22] I do not follow Hacker in his aggression-theory.

[23] See A. A. Ehrenzweig, *Psychoanalytische Rechtswissenschaft* (Berlin: Springer, 1973).

17, 21). It is not "taking the law into one's hands" (as Girard mentions), which stems from a later judicial system and is discarded consequently as illegitimate, but it is having the "(law) justice in one's hand" and nothing else. There is no "authority" and even the gods, believed to represent authority seem too involved in the ongoing process of vengeance to be able to decide! If, as Girard demands, law is to restore peace, we have to agree that vengeance-as-custom, being a necessity, may threaten people, and from this point of view functions as a preventive instrument. But this still seems of lesser importance, compared to the ongoing process of vengeance.

Still in the realm of custom we have to include, besides the unrestricted procedures of vengeance, those phenomena which clearly show restricted forms. This restriction has, as far as I see, two variations: The first restriction may be called territorial. In those cases the inner territory of a family is excluded from vengeance.[24] It is the tragic element demonstrated in ancient Greece where vengeance loses this very restriction, destroying the nucleus of the family. The second restriction may be called the numerical one: by this I mean those cases in which vengeance and countervengeance are to be followed up to the seventh (or similar) act. If the basic sense of justice is some idea of equivalence or equilibrium, this equilibrium itself is restricted to the condition of survival. Unrestricted vengeance destroys society in its nuclei. Restricted vengeance ends whenever this very existence is at stake.

After differentiation between violence and vengeance as societal custom, the *third* aspect can be said to be vengeance and violence in its judicial sense. As Girard has outlined in a more abstract way, the aspect of retribution remains detached from the interactive everyday process. The judge is abstract, he is neither the given "first" (ego) nor "second" (alter), he is, in his function as judge sovereign, the "third." The very existence of his "role" forbids the counteraction of the concerned "second." In this case, and in this case only, this person may not "take the law into his hands"! If we call this judicial institution "public," then it cannot be regarded as public in the sense of public custom, but in the sense of public institution.

Historically there are still some differences to be taken into consideration. Sometimes we find the "elder" as judging authority (as for

---

[24] See R. Thurnwald, *Werden, Wandel und Gestaltung des Rechtes im Lichte der Völkerforschung* (Berlin-Leipzig, 1934).

instance in the old Panchayat in India and elsewhere), sometimes the authority is regarded more as a supervisor of the regulations. If there is any reason to speak of "evolution" there seems to be some evolution from the supervisor to the judge in the strict sense. But this cannot be followed up here.

To end this analysis, I wish to quote two literal sources that show the difference and relatedness of customary and judicial justice.

First: The European History of Law quotes the "report" of a case given by Gregory of Tours (sixth century).[25] As an ecclesiastical authority he is requested to take peacemaking action in a violent quarrel. By paying some — in the traditional sense — due debt it seems as if he would have succeeded. But the quarrel, the violent actions, go on. The "psychological" element of a troublemaker cannot be obscured. Later on one party seeks help from the court, but even this is not highly successful. The person who is due to exercise vengeance is still under his fellow's obligation: he should not apply to a higher institution.

Second: Aischylos' Orestie is regarded as the appraisal of the birth of modern law.[26] The first two parts of this trilogy demonstrate the curse of vengeance which is to destroy the family. Orest would come to the same "end" as his father and his mother without the intervention of Apollo through Delphi. Athene is called for: she installs the court to make a decision. Whereas the two first parts of the drama show mankind under the reign of Erinys, these goddesses of revenge are renamed by being called Eumenidae. Vengeance gets tamed, not abolished. The members of society have to pay due reverence in order to be relieved from the traditional spirit of revenge!

4. Law and Religion: Our short excursion into the fields of law should not end before the relation of religion and law, mentioned above, is taken into consideration again. As to their respective functions within society, we agree that they are identical: to bring violence to an end. The differences are only partly clear: if judicial systems require a special authority, a "new institution," then religion does not? We have to make it clear that this "new" can pertain only to the fact that after a primary religious institution a secondary new institution,

---

[25] See G. Radbruch and H. Gwimer, *Geschichte des Verbrechens* (Stuttgart: Kohlhammer, 1951), pp. 17 ff.

[26] See Ch. Meier, *Die Entstehung des Politischen bei den Griechen* (Frankfurt: Suhrkamp, 1980).

independence of judiciary, has yet to develop. The difference, however, should be seen at a more profound level which is self-evident for Girard, but needs explanation. But before we continue this thought, one general quality of primitive societies in relation to modern ones should be taken into consideration: It is commonly acknowledged that, seen from the viewpoint of modern societies, primitive ones, lacking specialization, are characterized by what Durkheim would call "Division of Labor," division of functions: there are no special spheres of society as taken for granted in our analyses. For example, as Polanyi has clearly stated, primitive societies do not recognize "economy" as a separable societal unit; economy is one hardly distinguishable thread within the network of society. So, to call something within an early society "religious" and something "not religious," as a number of anthropologists try to argue, will always miss the point: everything is religious insofar as it depends on something more than human mind and action, more than an abstract notion of nature. There can be no economic function of a religious act, because it is—for the participants—the same. (Though our analytical mind has difficulties in taking proper approach to "primitive" situations, we should be careful even in our own society, which, by administrative schemes, is being split into thousands of sections that in reality might be more "one" than we perceive.) As far as religion in early societies is concerned, we may point out one difference, that between the "ordinary" and the "extraordinary," which R. Otto calls the "nouminous," and which Dodds shows in his lectures as "the Greek and the Irrational." Whereas on one side there is nothing that is not bound to the religious in its broader sense, there is something, on the other hand, that might in a special sense be called "religious," which is the extraordinary. So, for example, men are given power. But when this power exceeds the "regular" this must be given by some god.

Consequently, in the series of our arguments, neither customs nor law, as it develops, can be regarded as "not religious." As we know, not only with regard to the Greek tragedies and myths, each custom is related to the existence of a given society, and is never to be seen as "secular" in relation to the proper religious rituals. Religion finds its special meaning in primitive societies—this is the red thread of Girard's writings—in its sacrificial character only. To establish the real difference between religion and law we must concentrate our mind on whether there is a difference between the victim and the man accused and punished. It seems clear that with vengeance as custom, the idea seems to be more of justice than of peace: acts of vengeance have to be fulfilled, whether peace results or not. At least from the early sources of the Middle Ages with all its acts of vengeance and all its feuds, the function of religion and later of Roman Law make sense only if the appeal for peace is stronger than the appeal for justice. I think we must see a difference between the victim in its ordinary sense and the sacrificial victim, the latter as a religious ritual act regarded in its character as the fundamental principle of peace — systematically, even if in reality the difference may dwindle (as with the Aztecs for instance). Does Law, then, know victims? It should not, at least as long as the victim is conceived as the scapegoat. It seems to be the quality of the scapegoat that it lacks the specific characteristic, namely, the quality of the "guilty." There is only the more general distinction of groups from which the scapegoat may be chosen. Law is more related to order than to peace as a judging institution; order is created by custom. And whenever the judicial act falls under the suspicion of dealing with scapegoats instead of guilty persons, its character becomes at least promiscuous. Hence religion should always be seen as linked to the foundation of society, foundation of order, given by a violent act regarded as sacrificial, whereas law, in combination with the judicial institutions, will never be able to give foundation to society; its power pertains to order, and order only. This distinction makes clear that a society in crisis will look for peace as created by law (and order) in vain.

Works consulted

Arzt, G. *Der Ruf nach Recht und Ordnung*. Tübingen, 1976.

Bienen, H. *Violence and Social Change*. Chicago University Press, 1968.

Clastres, P. *Society against the State*. Oxford: Blackwell, 1977.

Clifford, W. *Vergleichende Kriminologie in Afrika, Asien und Australien, Psychologie des XX. Jahrhunderts*, Vol. 4.

Diamond, A. S. *Primitive Law, Past and Present*. London, 1971.

Dodds, E. R. *The Greeks and the Irrational*. Berkeley and Los Angeles, University of California Press, 1966.

Dumouchel, P. *Différences et paradoxes: Réflexions sur l'amour et la violence dans l'oeuvre de Girard*, in, Degny, M., and Dupuy, J. P., eds., *René Girard et le problème du Mal*. Paris: Grasset, 1982.

Dumouchel, P., and Dupuy, J. P., eds. *L'Auto-organisation: de la physique au politique*, Colloque de Cerisy. Paris: Seuil, 1983.

Dumouchel, P., and Dupuy, J. P., *L'Enfer des choses*. Paris: Seuil, 1979.

Dux, G. *Die Logik der Weltbilder*. Frankfurt: Suhrkamp, 1982.

Dux, G. *Rechtssoziologie*. Stuttgart: Kohlhammer, 1978.

Ehrenzweig, A. A. "Psychoanalytic Jurisprudence: A Common Language for Babylon." *Columbia Law Review* 64 (1965), 1331.

Ehrenzweig, A. A. *Psychoanalytische Rechtswissenschaft*. Berlin: Springer, 1973.

Faris, E. *The Origin of Punishment*, in, Kocurek/Wigmore, *Primitive and Ancient Legal Institutions*. Boston, 1915.

Girard, R. *Des Choses cachées depuis la fondation du monde*. Paris: Grasset, 1978.

Girard, R. *Violence and the Sacred (VS)*. Baltimore: The Johns Hopkins University Press, 1977.

Grazia, S. de. *Crime without Punishment*. Columbia: L. Dev., 1952.

Hacker, F. *Aggression*. Wien, 1971.

Hamnett, J., ed. *Social Anthropology and Law*. London, New York, San Francisco: Academic Press, 1977.

Kelsen, H. *Vergeltung und Kausalität*. The Hague, 1941.

König, R. *Die Mode in der menschlichen Gesellschaft*. Zürich, 1961.

Kohut, H. "Narzissmus und narzisstische Wut." *Psyche* 27, no. 6 (1973), 513-54.

Kohut, H. *Narzissmus [The Analysis of the Self]. Eine Theorie der psychoanalytischen Behandlung narzisstischer Persönlichkeitsstörungen*. Frankfurt, 1973.

Kwame, O. "Law and Social Order: On L. Pospisil's Anthropology of Law." *Archiv für Rechts und Sozialphilosophie* 60 (1974), 265-75.

Lampe, E. J. *Rechtsanthropologie*. Berlin: Durker and Humblot, 1979.

Lévi-Strauss, C. *Les Structures élémentaires de la parenté*. Paris: Gallimard, 1949.

Maine, H./Sumner. *Ancient Law*. London, 1887.

Malinowski, B. *Crime and Custom in Savage Society*. London, New York: Kegan Paul, 1932.

Meier, Ch. *Die Entstehung des Politischen bei den Griechen*. Frankfurt: Suhrkamp, 1980.

Nader, L., ed. *Law in Culture and Society*. Chicago: Aldine, 1969.

Polanyi, K. *The Great Transformation*. Frankfurt: Suhrkamp (1944), 1978.

Pospisil, L. *Anthropology of Law: A Comparative Theory*. New York, 1971.

Radbruch, G. *Der Ursprung des Strafrechts, Elegantiae Juris Criminalis*, 1950.

Radbruch, G., and H. Gwimer. *Geschichte des Verbrechens*. Stuttgart: Kohlhammer, 1951.

Sartre, J. P. *Critique de la raison dialectique*. Paris: Gallimard, 1960.

Schott, R. *Die Funktion des Rechts in primitiven Gesellschaften, Jahrbuch für Rechtssoziologie und Rechtstheorie*. Vol. i. Bielefeld, 1970.

Steinmetz, S. R. *Ethnologische Studien zur ersten Entwicklung der Strafe*, 1928.

Tarde, G. de. *Les Lois de l'imitation*. Paris, 1895.

Thomas, K. *Von der Imitation zur Mimesis, Der vergessene Gabriel Tarde und der neu zu entdeckende René Girard*, in, *Kasseler Philosophische Schriften*. Vol. 9. Gesamthochschule Kassel, 1983.

Thurnwald, R. *Werden, Wandel und Gestaltung des Rechtes im Lichte der Völkerforschung*. Berlin-Leipzig, 1934.

Weber, M. *Wirtschaft und Gesellschaft*. Kölh, Berlin: Kiepenheuer and Witsch, 1964.

Zimmermann, K. *Über einige Bedingungen alltäglichen Verhaltens in archaischen Gesellschaften*, in Baethge, M., and Essbach, W., eds., *Soziologie: Entdeckungen im Alltäglichen*. Frankfurt, New York: Campus, 1983.

Is God Dead?
"The Purloined Letter" of the Gospel*

PHILIPPE SOLLERS

On the question of religion, René Girard's book, *Des Choses cachées depuis la fondation du monde*,[1] is in my opinion decisive. What interests me in this book is the importance accorded, against an entire tired scientific tradition, to Judeo-Christian writings, that is, to the Bible and the Gospels. I read bemusedly a fine article by Michel Serres in the *Nouvel Observateur* which praises this book without mentioning once that on which the entirety of Girard's demonstration is based, namely, the person of Christ. What Girard says is that religious or mythological systems must be interpreted in light of what he calls the expelled victim, in light of the foundational murder. The cornerstone expelled from the religious or sacred question is the corporeal journey of Christ, a word cast out *a priori* from the social fact itself. Girard's interpretation begins to put on trial the interpretation of Christianity conceived as sacrificial. His interpretation reveals the connections between murder and the sacred, the sacred being maintained at all costs by murder. It seems irrefutable to me to say that "Christianity" is the imaginary construction which resists the Gospels' revelation itself

---

* The French version of this article entitled "Dieu, est-il mort? La 'lettre volée' de l'Evangile" has been published in *Art Press International* (June 1978). Translated here by Robert Postawko.

[1] René Girard, *Des Choses cachées depuis la fondation du monde* (Grasset, 1978).

insofar as this revelation terminates all violent, and consequently sacred, considerations. By interpreting passion as a sacrifice, Christianity nourishes a horizon of violence. There one finds the proof that Christianity is the "true" religion, since it exposes the truth dissimulated in every culture. Uncovering this foundation seems impossible, except by a withdrawal which appears to elude thought. It is thought that passionately maintains a dead man as re-dead. The unconscious is structured like a lynching.

Every culture is based on murder, but not only, as Freud held, the murder of a mythical father. Christ is the unveiling of the sacrificial mechanism by which the human group incessantly projects its crisis of duality and carries out a sacrifice in order to recompose its harmony. He unveils the crucial repetition. In the Bible it is already only a question of that: the Bible spends its time announcing that we must give up sacrifice. It is the prophetic dimension, the prophets urging the community to station itself no longer in the administration of divine violence. If Christ's death is a failed instance of what passes for the absolute law of death, the whole construction of denial in relation to this affair is impaired. It appears that every culture emerges through a tomb and that consequently every culture exposes and hides a cadavre. The series of evasions in relation to this question are successions of (neurotic) compromises regarding the signifier taken at the letter, which is the cadavre.

Something else is drawn from what Girard says about language. He shows that the johanine logos — from the Gospel according to St. John — has nothing in common with the logos of philosophers, such as it is found in the writings of Heraclitus (and Heidegger). For St. John it is humanity that spends its time rejecting the divine word (the opposite of Genesis). We find here the depth of Bataille's enigmatic formula according to which the truth of language is Christian. Humanity conspires to reject a word and the body speaks only on this condition. The rejection reaches its peak when a body claims to incarnate the word. This is what happens with Christ, who in sum defies the bodies that think they speak and that only speak in order to reject a word. The dimension of the crime greatly exceeds in this manner that of sacrifice, since sacrifice assumes between the victim and his assassins a community ordered by aphasia. Crime fails when someone demonstrates corporally, to the limit, that the word is unstoppable.

In the Gospels, as in "The Purloined Letter," the evidence is right there, at every moment, and is thus particularly invisible. I see in this purloined letter of the Gospel something that touches the matrix itself of humanity, in other words, hysteria, that is, the impossibility of catching hold of the symbolic dimension of the terms. When Christ says, "my words will not die away," he reverses the proposition that is the hysterical commonplace, "writings remain, words fly away." The fixation of the written word is that of the body as waste. On the other hand, if the body dies and the word does not die away, one enters a space that is other than mythological or religious space: the sacred is extinguished at its source.

It is difficult to explain what a mystical experience entails without having the appearance of giving a metaphor of madness. It is no accident if the fundamental literary experiments of the end of the nineteenth century and the twentieth century are in a position parallel to one of a mystical order: these writings place themselves precisely in the position of the sacrificial victim, of rejected language. This is clear in the writings of Dostoevsky, Kafka, and Artaud, among others. These experiments may have with Christianity an extremely ambivalent relationship, either an exacerbated adhesion, or an exacerbated refusal, but what is important is the position adopted and the question posed regarding the primordial violence. This is what Bataille calls the "torture." He constantly returns to this point. His entire work consisted in sketching a universal sacrificial thought, that is, in restoring the different experiences of expenditure, of excess, of loss, to the dimension of sacrifice. The obsession of a constant sacrificial interpretation in Bataille is revealing. He goes to this limit at which everything could topple over, not necessarily, by the way, in knowledge, since it can topple over, as in Nietzsche or Artaud, in the theater itself of the real, into impossibility lived as such. If the truth of language is Christian, Christianity does not permit us to "enlighten" the truth. Mysticism is a manner in which to probe it, even though it would be necessary to take the mystics one by one and analyze the different texts and contexts.

Many people believe now that mystical texts are erotic texts. The confusion which Bataille carried out between eroticism and mysticism proceeds in the sense of a sacrificial interpretation of Christianity. It is the same when Lacan speaks of the obscene dimension of Italian painting. The erotization of mystical experience underlines the anguish in which the sexed, speaking body finds itself, called by such an experience. The mystic finds himself with a loss of body and has no other way to defend himself than to imagine that it is erotic. The mystic leaves one language in order to find another. In Artaud it is only a question of this conflict between these two places in which the body changes meaning because language itself changes meaning. It is not possible to envision the horizon of the "body without organs" of Artaud without questioning whether it is *still* an affair of the body, and thus of eroticism. Bataille participated in this confusion, which, by the way, caused a scandal at the time. I am not sure it is so scandalous today. I think it is much more scandalous to say, for example, that the word never immerses itself twice in the same body—that is to say, that there is no speaking identity in the same body at different moments—and to present sexual agitation as something insignificant. Having said that, I subscribe entirely to Bataille's formula, which sees, at the origin of baseness, the inflated value given to the human species. He tries, with what he calls sovereignty, to go beyond this dimension of sacrifice indicating the summit of communication. Sovereignty, by definition, should be able to do without everything, and consequently, without a body. When Bataille says that he is a saint, or perhaps a madman, he repeats Nietzsche but approaches much closer to the truth that Nietzsche condemns in *The Anti-Christ*. The best definition of sovereignty is that to laugh is to think.

The psychotic subject, far from being able to spend himself, is constantly being spent by something else. Delirium says the truth is a histrionic form, but does not know its truth. I feel like saying that it is the question of the two Gods. One is caricatured as a human being and the other one is not there. For centuries, the question has been whether mystics were on the side of the hoped-for God, or on the side of the other, the Devil. One is never sure that a final check is put upon perversion or madness. The "divine" word has no rationality, but this does not mean that it is madness. To be mad is to hold on to the banister more than ever when one feels that reason is lacking; it is in essence to want to maintain a sacred link between God and man. Christ is not mad, that is why he renders others mad. In other words, he takes care of them. Analytical experience approaches something of the same order. For example, these affairs between Freud and Jung in which they both try to drive each other mad...

Psychotics never stop repeating that they are failed mystics. They fail because of their extreme valorization of sin. One cannot let oneself go, can one, when one has the impression of being a living debt. It fails because the body is the so-called source of infinite pleasures, and therefore the source of unending suffering. This suffering is undisclosable because it intensifies a fault, itself undisclosable in relation to the animal pretentions of the subject who goes straight to the sacrificial throat-slitting that he takes as required of himself by the great Other. On the contrary, the mystic takes as his point of departure that he is a shit, he tries to make do with that, and he experiences from this the greatest pleasures. This is completely incompatible with any valorization of sexuality, in other words, with human religion itself. Mystical experience is not self-evident because feminization is not self-evident. There is nothing more difficult than being a woman, either for a woman or for a man. As there are two Gods, there are two women: one, the archaic mother, is never a woman, and the other, which would be plausible, is not there. For mystics it is clear that their copulation with God is less and less a sexual question. Delight is that: delighting in the symbolic. Rationalists and religious fanatics have this in common, in that they limit God, positive or negative, to sex. I know of no author of stature who accepts this reduction, except for one who pushes it to the limit in an unsurpassable fashion: Sade. For the others, sexuality is the least important preoccupation with which they have to deal, which is also what makes them unreadable.

The day when we realize that all Christian art is there in order to avoid knowing what is in the Gospels, things will get interesting. To avoid knowing a word by means of such a prodigious artistic proliferation, is a remarkable demonstration. Malraux speaks of African or Oceanic art and says that it is curious that we are moved by these aesthetic forms without knowing to which magic ritual they correspond. That's true, but it doesn't require witchcraft to discover that these masks are there in order to incarnate the savage tension of the body-fetish of the phallic mother. These are perfectly sound arts, but Christians have imposed upon themselves an obsession with refinement all their own. The Old Testament says, "Thou shalt not make idols," in other words, "Thou shalt be suspicious of doubles, mimetisms, reproductions." Christ himself did not forbid painting the crucifix, that was to go without saying, while in the Bible, one is still in the neighborhood of fetishism which imposes itself very strongly, and thus it is necessary to forbid the matriarchal cult, fetishist rituals: the golden calf, the loaves of Astarte, etc. The Gospel does not lead to any legislation because the problem is, there, definitively solved. It is so well solved that it led contrarily to deluges of Nativities, Crucifixes, Flagellations, etc., that is, to a magnificent disavowal, which I have called an elaboration of perversion. This only works so well because the final truth is very strong. To touch it completely one really risks everything. If one touches it a little, one has a very great art. "Great art" is interested in the truth that resists the most; it is necessarily Christian. Of course, its themes are not necessarily Christian, but the question of the subject in relation to the evangelical subject is automatically posed. The more the truth resists, the more perversion and madness attach themselves to it, and occupy its periphery. The more the eyes show that they are not made for seeing and the ears that they are not made for hearing.

The idea that the Bible and the Gospels are that which one cannot see because they are too evident came to me while pursuing my own writing experience. It imposed itself on me, it was written in spite of myself while working on this business of language. It does not concern itself with a return of the repressed. It is the fact that something became clear which had been there all the time. It is the return of yourself as repressed. It is the return of a subject which is not "you," the return of the *name*, of the subject in the name. Bizarrely enough, this subject would not have been in the name, it is the whole question of the name of the father. This is not a small affair: as the space of experience, this place activates the effects of doubles, of doubling, of imitations. I do not say of plagiarism, because when Lautréamont says that plagiarism is necessary, it is precisely to undermine this crisis of the double. Knowledge of imitation is probably the most profound kind of knowledge. This return of a speaking subject in a name, letting fall in the same blow the body in which it speaks, is almost intolerable for the human species without a religious institution. The institution is there to channel this crisis of doubles, the access to the Other for everyone. But if the institution no longer holds, it is the murderous unleashing without pause of Egos, the great waltz of the equal sign taken to its climax. The sacrificial round becomes "infernal," our century knows this and is dying of it, essentially, everywhere.

De la croyance et du savoir

CHRISTIANE FRÉMONT

Le Bouc émissaire traite de la connaissance. Son titre, à première vue, semble en retard sur son contenu: est-ce, simplement, un nouvel échantillon de l'anthropologie fondamentale énoncée aux *Choses cachées depuis la fondation du monde?* Le titre en effet porte à croire que ce dernier livre revient sur l'une des hypothèses soutenues par les deux précédents, que le mécanisme (et non le rituel) du bouc émissaire est au fondement du sacré, ainsi que des collectifs humains. Qu'on accepte ou non cette thèse, il faut remarquer que les arguments ne lui font point défaut, et que les deux ouvrages précédents y suffisent; d'ailleurs, *Le Bouc émissaire* n'apporte aucun élément nouveau à sa démonstration. Or, cela précisément montre que son propos est différent, bien que son objet soit identique. Pourquoi René Girard réfléchit-il derechef sur le même objet?

A proprement parler, le contenu du livre est réflexif. Réflexif ne signifie pas rétrospectif; l'auteur ne se livre pas à un commentaire de ses propres découvertes, comme pour lever quelques malentendus. La réflexivité qui gouverne le livre est interne ou intrinsèque, propre à l'objet en question, essentielle à sa définition. Ce livre apprend que le bouc émissaire constitue, pour nous, un objet très particulier — le contre-sens majeur portant à croire que René Girard parle du rituel du bouc émissaire tel que le définit le Lévitique. Il s'agit, bien entendu,

197

de tout autre chose. Le bouc émissaire est un objet réflexif, une notion qui relève d'un savoir déjà constitué: nous ne pouvons parler de bouc émissaire sans dire du même coup l'état de notre savoir sur la question, nous ne pouvons penser le bouc émissaire sans comprendre en même temps les conditions de sa connaissance. Cela veut dire que le bouc émissaire ne se donne pas comme un objet, un référent repérable dans les textes mythologiques—René Girard, au contraire, insiste sur son absence: "le bouc émissaire au sens qui m'intéresse n'a aucune place dans les mythes" (173)—mais le terme d'une analyse. Le bouc émissaire n'est pas un objet direct d'ethnologie, mais très exactement un concept de la connaissance, qui permet de mesurer le degré de savoir qu'une culture a, ou non, d'elle-même. *Le Bouc émissaire* expose les conditions épistémologiques qui ont permis de construire ce concept: en cela le titre du livre devient parfaitement rigoureux, dès qu'on saisit cette chose toute simple, que le bouc émissaire est du côté du savoir, c'est-à-dire du sujet, et non de l'objet.

Ce déplacement permet de comprendre quelle opération René Girard effectue sur les textes. Il ne s'agit pas de transporter le rituel du bouc émissaire dans les récits mythologiques, pour le mettre au fondement des institutions religieuses et politiques. Le travail porte exclusivement sur les textes: ceux-ci, dans leur ordonnance, et non dans leur contenu, obéissent à un mécanisme de bouc émissaire. Le rituel hébreu est une pratique religieuse qui consiste à charger une victime du mal de la communauté; le mécanisme de bouc émissaire est précisément l'effacement de cette pratique, son recouvrement par la croyance en la culpabilité réelle du héros mythique. Le schéma idéal désordre-crise-sacrifice-ordre rend raison de l'organisation des représentations mythiques. Je dis ce schéma idéal parce qu'il ne prétend pas à la description fidèle des choses: nul besoin de supposer un état d'origine, ni une scène primitive de l'histoire. Ce schéma construit le fonctionnement le plus probable de la violence dans une collectivité quelconque, ou plutôt l'état le plus probable du multiple humain pris comme tel, toutes choses dissemblables d'ailleurs. Il propose une dynamique sous-jacente à la production de formes aussi variées qu'on veut, autant qu'on veut transformées, déterminées par les modalités originales de son fonctionnement; l'hypothèse sacrificielle n'interdit aucunement l'analyse fine des contenus de représentation. Le réductionnisme de René Girard se réduit à cette thèse modeste parce que trop évidente, que tout collectif humain est concerné par la violence.

L'auteur répète volontiers: il y a eu des victimes réelles; mais, là encore, il s'agit de notre connaissance du fonctionnement de la violence, le mot "victime" est un commentaire, car les héros en question ne sont jamais pensés ni décrits en victimes, encore moins en boucs émissaires, mais bel et bien en causes réelles ou coupables des désordres. *Le Bouc émissaire* explique ce qui fonde cette connaissance: il permet de comprendre comment et pourquoi la violence devient nécessairement persécutrice.

Le Bouc émissaire suit, dans l'ordre chronologique, *La Violence et le sacré* et *Des Choses cachées*, il faut cependant comprendre que, logiquement, il les précède, parce qu'il définit leurs conditions de possibilité. Ce dernier livre en effet montre clairement l'ordre épistémologique des hypothèses, et fait comprendre que la thèse sacrificielle n'est pas un postulat ni le principe de l'interprétation, mais le résultat d'un système de connaissance. Lequel se définit par la mise en rapport de trois types de textes, mythiques, évangéliques et historiques. La confrontation n'est pas une recherche de mythologie comparée — René Girard ne tente pas de découvrir des archétypes de la pensée humaine, ni d'inventer un inconscient culturel — elle consiste à classer les textes suivant le degré de savoir qu'ils produisent les uns sur les autres. L'auteur ose prendre, dans le champ des sciences humaines, une décision: il y a des textes qui permettent d'en expliquer d'autres, certains donnent le moyen de comprendre ce que d'autres cachent. Il en est ainsi de la tragédie grecque sur sa mythologie de référence, ainsi du texte évangélique sur le fonctionnement du sacré.

La méthode qui soutient la mise en rapport des textes mythiques et des textes historiques de persécution est proprement structurale: elle découvre des invariants dans la combinatoire des éléments qui composent les deux types de récits, et cherche la raison de cette invariance. Elle montre leur similitude, mais respecte parfaitement leur différence, puisqu'elle permet de saisir en quoi et pourquoi un texte mythique est défini comme tel. René Girard ne réduit pas le texte mythique au texte historique, puisqu'il explique comment, avec les mêmes stéréotypes, on obtient des résultats différents: le mythe met en scène le sacré, quand le texte de persécution révèle indiscutablement, à travers le travail de la représentation, son rapport à l'histoire. Ce qu'il faut comprendre est précisément l'originalité du travail de la représentation mythique. La confrontation des deux genres de récits propose un artifice pédagogique destiné à rendre possible, pensable pour nous, l'idée que les coupables mis en scène aux mythes sont innocents, que le texte mythique, donc, est gouverné, comme celui de persécution, par un mécanisme de bouc émissaire.

Cette dernière hypothèse suit de la décision dont je parlais plus haut, qu'on peut déconstruire un système d'explication des textes les uns par les autres: le texte évangélique donne le moyen de comprendre la représentation et le fonctionnement du sacré. Une telle décision n'est pas arbitraire, mais tirée du texte même. René Girard prend au sérieux la prétention du texte évangélique à constituer une révélation: il donne un sens théorique assignable au mot ainsi qu'à son contenu. D'où vient la confiance accordée aux Evangiles, d'où vient que leur prétention à énoncer une vérité n'est pas vaine? On ne parle pas ici de foi ni de prophétie, mais de savoir: il ne s'agit pas de croire en la vérité du texte évangélique, mais de chercher à discerner le type de vérité qu'ils contiennent, et sur quel objet précis. Or la vérité du texte est démontrable: il est possible d'analyser le contenu de vérité qu'il apporte et d'en démontrer la rigueur. René Girard montre que ce contenu n'est pas théologique, mais proprement anthropologique, n'ayant pas pour enjeu la définition du dieu du christianisme, mais bien la déconstruction du sacré comme tel. Le texte biblique est pris comme opérateur de connaissance, expressément monté pour déjouer l'efficace de représentations auxquelles, en apparence, il se conforme. Il effectue un processus de vérité, au sens grec du dévoilement, vérifiable parce que le texte l'opère sur lui-même, sur son objet propre, la passion du Christ. L'ambiguïté du texte évangélique fait sa force démonstrative et soutient son usage théorique: il est à la fois langage et métalangage, puisqu'il expose le récit de la mise à mort d'une victime que tous jugent coupable, et le désigne aussitôt comme texte de persécution, en dénonçant la fonction de la représentation. René Girard reconstruit le texte de la passion comme l'expérience cruciale de la théorie nouvelle inventée aux Evangiles: la mise à mort du Christ prouve la vérité du discours que celui-ci a tenu sur toutes les mises à mort, puisque la victime, ici, n'est coupable que d'avoir prononcé l'innocence de toutes les victimes. L'expérience nie la théorie—le Christ, innocent, est cependant crucifié—en raison même de sa vérité—le Christ, crucifié, est cependant innocent. Au lieu de lire la passion comme la scène inaugurale d'un meurtre indéfiniment réitérable, René Girard démontre que tous les éléments du drame sont agencés en fonction d'une exigence de connaissance; les acteurs réels en sont le savoir et la croyance. Les éléments les plus banals, psychologiques ou affectifs, la pitié, le ressentiment, l'hésitation, la haine et la trahison, se laissent interpréter, richement, en ce sens; la réhabilitation de la victime n'est pas le triomphe du ressentiment, mais l'indice du degré de connaissance que produit le texte. Cette lecture permet, dans la méthode, le rapprochement des mythes et des textes de persécution, et par conséquent, dans la théorie, la déduction de l'hypothèse sacrificielle. Le texte évangélique en effet se laisse lire comme mythe, en ce qu'il accomplit le même geste, et comme texte de persécution, en ce qu'il révèle — mais explicitement — le mécanisme de ce geste. Il s'effectue comme mythe tout en se désignant lui-même comme texte de persécution: ce pour quoi il est, dans la connaissance, et non dans les choses, un point de non-retour. Parce qu'il définit la culpabilité comme l'effet de la représentation persécutrice, et parce qu'il dit la fonction de celle-ci, il fait basculer notre lecture des mythes dans le sens de l'interprétation sacrificielle. Celle-ci n'est donc pas directement accessible, elle suppose la dénonciation de la représentation par où les hommes croient qu'il y a un responsable de la violence; et la médiation des textes de persécution, lesquels permettent de reconnaître des victimes sous les dieux et héros des mythologies. La conjonction de ces deux analyses soutient l'hypothèse de l'origine du sacré dans la violence collective. René Girard propose donc un usage non-théologique du texte évangélique: loin d'y chercher la définition d'un vrai dieu qui remplacerait les faux dieux des mythologies, il montre comment ce texte dénonce le mécanisme de la fabrication de tous les dieux. Il n'y a pas de dieu qui ne soit issu de la violence des hommes: ils renonceront à celle-ci en même temps qu'au sacré.

Language, Violence, and the Sacred: A Polemical Survey of Critical Theories

TOBIN SIEBERS

In the now classic *Natural Supernaturalism: Tradition and Revolution in Romantic Literature*, M. H. Abrams finds in the concept of supernaturalism the mediating term between history and literature.[1] Abrams' fundamental theme is Romanticism's secularization of inherited theological ideas and ways of thinking, in which the general tendency is to naturalize the supernatural and to humanize the divine. Yet Abrams ends by revealing that the so-called secularization of the sacred actually represents a further metaphorization of it, or in his words, a "translation." Without developing a rigorous theory, Abrams manages to provide compelling readings of a truly diverse collection of texts, in which literary and historical patterns are shown to follow metaphysical models. *Natural Supernaturalism* seems to emerge as a major attempt to uncover the influence of sacred ideas on the great literary, historical, and philosophical texts of the Romantic and post-Romantic eras. Yet Abrams does not pause to consider the theoretical significance of supernaturalism itself. Abrams argues that history and literature thematize the sacred, but he does not have a theory that accounts for its repetitious and revolutionary manifestations.

[1] M. H. Abrams, *Natural Supernaturalism: Tradition and Revolution in Romantic Literature* (New York: Norton, 1971).

203

That no critic has yet levied this charge against Abrams' book demonstrates the extent to which supernaturalism has become a dead issue today. Although every year brings increasing numbers of articles and books that treat fantastic, mystical, religious, folkloric, and magical patterns as *themes,* it is rare to find a study, outside the discipline of anthropology, that sets forth a serious *theory* of the sacred. This neglect has historical motivation. The association between violence and supernaturalism established during the Enlightenment and developed by Romanticism enforces current prohibitions against theories of supernaturalism. Since modern thinkers commonly consider religion and exclusionary attitudes in tandem, they have abandoned theories of the sacred in favor of formal theories of language, even though the most rigorous thinkers continue to hold that no theory of language is possible apart from metaphysical and supernatural assumptions.

J. Hillis Miller, one of Abrams' most energetic critics, finds fault with *Natural Supernaturalism* because it gives little space to theories of language, most notably those expounded by Jacques Derrida, Gilles Deleuze, Paul de Man, and Miller himself.[2] Miller's reading of Abrams involves a strategy well known in the most advanced circles of critical theory, and I would like to summarize it in order to set the stage for a limited survey of critical views of language, violence, and the sacred. Miller begins by attacking Abrams for the "clinging metaphysical presuppositions" that permeate his descriptions of ancestors and progeny, secularization, mimetic language, and history (6). He further argues that Abrams' theories "are themselves a version of Western metaphysics," which merely serve to exaggerate the inventiveness of writers and movements. Under the authority of Marx, Nietzsche, Freud, and Saussure, Miller introduces the idea of repetition, claiming that it radicalizes the issue of historical change because all differences must emerge through the repetition of the same. Yet Miller displays the awkward desire to preserve Marx, Nietzsche, Freud, and

---

[2] J. Hillis Miller, "Tradition and Difference," *Diacritics* (Winter 1972), pp. 6-13. An outburst of responses on the limits of pluralism proceeded from this review. See Wayne C. Booth, "M. H. Abrams: Historian as Critic, Critic as Pluralist," M. H. Abrams, "Rationality and Imagination in Cultural History, *Critical Inquiry* 2 (1976), 411-45 and 447-64; Wayne C. Booth, "'Preserving the Exemplar': or, How Not to Dig Our Own Graves," M. H. Abrams, "The Deconstructive Angel," J. Hillis Miller, "The Critic as Host," *Critical Inquiry* 3 (1977), 407-23, 425-38, 439-47, respectively.

Saussure as the "initiators of several modern revolutions" (8), despite the fact that their thought supposedly denies the possibility of revolution. When he tries to explain their contribution to the tradition, he discards the radical definition of repetition and produces a description that could easily be attributed to Abrams: "By resurrection, rearrangement, re-emphasis, or reversal of old materials, they have made a difference" (8). The attempt to detail the emergence of difference in tradition nevertheless presents some difficulties. On the one hand, Miller dislikes Abrams' use of the word "revolution" because it underestimates the force of repetition in history. On the other hand, Miller does want to maintain some possibility of radical shifts in the metaphysical tradition.

To resolve the contradiction, Miller makes the Parisian connection and embraces a theory of imitation that equates violence and language.[3] Invoking Derrida, Deleuze, Sarah Kofman, and Bernard Pautrat on Nietzsche, he announces that "all imitation is subversive" (9). Abrams, he criticizes, underestimates the corrosive power of representation, naively believing that "there can be a 'translation' without loss from 'source' to 'copy'" (9). But Miller's view of representation raises some doubts. First, if the relation between the signifier and signified is arbitrary, how do signifiers subvert signifieds? Second, if we recall that the object of this "loss" is precisely the presence *of* metaphysics, we may be surprised to find that Miller is attacking Abrams for saying that secularization preserves metaphysical assumptions. Exactly what does Miller mean by the "loss" in translation? Jacques Derrida claims that language involves the metaphysics of presence, in which a mythical plenitude is attributed to signs. Translation merely raises the issue of supplementarity, whereby signs acquire additional meaning as language engages in free play. If presence in

---

[3] On the issue of imitation and subversion, Miller cites Gilles Deleuze, *Différence et répétition* (PUF, 1968), *Logique du sens* (Minuit, 1969), with Félix Guattari, *L'Anti-Oedipe* (Minuit, 1972), Paul de Man, *Blindness and Insight* (New York: Oxford, 1971), "The Rhetoric of Temporality," *Interpretation: Theory and Practice*, ed. Charles S. Singleton (Baltimore: Johns Hopkins Press, 1969), Sarah Kofman, *Nietzsche et la métaphore* (Payot, 1972), Bernard Pautrat, *Versions du soleil: Figures et système de Nietzsche* (Seuil, 1971), and Jean-Michel Rey, *L'Enjeu des signes: Lecture de Nietzsche* (Seuil, 1971). More recently, see Gayatri Chakravorty Spivak, "The Letter as Cutting Edge," *Literature and Psychoanalysis*, *The Question of Reading: Otherwise*, ed. Shoshana Felman (Baltimore: Johns Hopkins Press, 1982) and Samuel Weber, "Closure and Exclusion," *Diacritics* (Summer 1980), pp. 35-46.

language is illusory, what does Miller think has been "lost" in translation? Derrida would probably respond that nothing is lost because nothing is there. In short, Miller engages Abrams in a German quarrel: against Abrams' view that the Romantic secularization of the Western theological tradition merely preserved theology, Miller asserts that "the humanizing of metaphysics is still metaphysical" (9). Even though he is the author of *The Disappearance of God,* Miller does not question Abrams' use of "supernaturalism," any more than Abrams considers defining it, because both critics share at base the same orientation.

The metaphysical patterns described in Abrams' book do demand serious attention, especially since Miller steeps them in great danger and dread. As Miller correctly poses the question, "Would it be possible, by any conceivable regimen, exercise, study, or violence, to free oneself from the scheme?" (10). This is the question that Abrams' Romantic authors asked themselves, and their response, implicit in their poetics, foreshadows Miller's conclusion: "our languages contain no terms, no concepts, and no metaphors which are not inextricably implicated in the patterns of metaphysical thinking" (10).

Nietzsche ruminated over such impasses until he went mad. He recognized that neither passiveness nor activeness could free him from metaphysical assumptions, and he decided that the least embarrassing alternative for a man of action was to affirm his instinctual side and make every attempt to act, even though the choice was not really his to make. The result was the will to power, which remains a will or desire for power that is necessarily frustrated because, as Nietzsche already knew, power cannot be possessed. Neither Abrams nor Miller really understands Nietzsche's dilemma because their theories of language exclude the one relation that inspired Nietzsche's dread of metaphysics. Although Abrams and Miller would undoubtedly acknowledge a vital association between violence and metaphysics, they do not admit, as Nietzsche did, that violence generates metaphysics. For Nietzsche, the question whether any conceivable violence can free one from metaphysics has only one response: violence used against metaphysics will generate metaphysics.

Nietzsche complained that men would believe in God as long as they believed in grammar, and modern critical theory plays out a variation of this theme. Critical thinkers today overlook the generative relation between violence and metaphysics because they focus their attention on the problem of language. The desire for demystification allows no space for metaphysical or religious thinking so the problem of language replaces the study of religion. Language becomes the last bastion of metaphysics. Indeed, language assumes responsibility for all violent and metaphysical thinking. Tzvetan Todorov, for instance, describes supernaturalism as merely a "symbol of language."[4] Miller also makes the association between metaphysics and language, expressly blaming the predominance of the former on the latter:

> man is a kind of sheep... able to impose only minor modifications on the cage of language within which he finds himself when he is born... If this is the case, then the continuity of the tradition is not determined by coercive "sources" which have imposed themselves century after century, but is a matter of concepts, metaphors, and myths, each generating the others, which are latently there in the lexicon, the grammar, and the syntax of our languages. (9-10)

The exchange between metaphysics and language may seem a minor modification of an old theme, but it has a radical impact on the logic, practice, and ethics of critical theory. The substitution makes possible Miller's "cage of language," and places our most enlightened and careful critics behind bars. More importantly, the generative relation between violence and metaphysics described by Nietzsche is altered. Nietzsche held that violence creates metaphysics, whereas modern critics hold language responsible for the spread of violence. Whether the situation is described as Miller's "cage of language," Fredric Jameson's "prison-house of language," or Derrida's "closure of representation," modern critics find themselves trapped within language and implicated in its violence.

Michel Foucault's sympathy for the criminal provides an excellent case in point. With the publication of "The Discourse on Language [L'Ordre du discours]" and *Discipline and Punish,* Foucault commits himself to identifying the rules of formation governing discursive practices.[5] Discursive formations, in his view, establish a regime of

---

[4] Tzvetan Todorov, *The Fantastic: A Structural Approach to a Literary Genre,* tr. Richard Howard (Ithaca: Cornell University Press, 1975), p. 82.

[5] Michel Foucault, "The Discourse on Language," *The Archaeology of Knowledge* (New York: Pantheon, 1972), pp. 215-37, *Discipline and Punish: The Birth of the Prison* (New York: Vintage Books, 1979), *Madness and Civilization* (New York: Vintage Books, 1965). On the relation between the critic and prisoner, see Jerry Aline Flieger's review of Fredric Jameson's work, "The Prison-House of Ideology: Critic as Inmate," *Diacritics* (Fall 1982), pp. 47-56.

truth that exercises power and violence, systematically excluding marginal elements such as criminals, madmen, minorities, and sexual deviants. Foucault's first step toward a critique of systems of exclusion and power requires one to admit the relation between violence and language. In "The Discourse on Language," he writes: "We must conceive discourse as a violence that we do to things, or, in all events, as a practice that we impose upon them; it is in this practice that the events of discourse find the principle of their regularity" (229). Foucault's project is admirable, but it remains trapped within a paradox established as early as *Madness and Civilization*. There he laments his inability to write about madmen without using the language that excludes them. Since Foucault argues that "madness" is reason's imprisonment of unreason and that all "madness" is expressed through the language of reason, he finds it impossible to let the madman speak. How is it possible to speak at all without exercising the violence of language against unreasonable men? In *Discipline and Punish* the paradox takes another form. Foucault clearly prefers the violence of torture to disciplinary tactics because torture at least gives the criminal a *fighting chance*, whereas disciplinary representations (language) make him his own jailer. Ritual torture liberates the libido, but confinement crushes the prisoner beneath an insidious network of beliefs, prejudices, and moralities. If the equation between language and violence has any consistency, however, we soon realize that our own predicament is hardly different from that of the prisoner. Foucault wishes to limit the effects of the cage of language to the real cages in our society, but the equation between language and violence subverts his gesture and makes prisoners of all men. Criminals are only doing their time in the pit. Finally and most importantly, given the equation between language and violence, it is impossible to conceive of the evolution of the position in language from which Foucault launches his critique of language, violence, and the sacred.

Jacques Derrida preserves the identity between violence and language, but expresses it more paradoxically than Foucault. His theory may be described as an attempt to deconstruct the various myths of presence and signification that have long held sway over Western philosophy. His style and concepts are fugitive because he believes that both style and concepts, at base aspects of language, perpetuate the very myths that he attacks. His theory of language pivots on the process of *differance*.[6] Differance is a neologism that combines both

---

[6] Jacques Derrida, "Differance," *Speech and Phenomena.* tr. David B. Allison (Evanston,

meanings of the French verb "différer," thereby expressing the idea of a difference that is infinitely deferred. According to Derrida, that difference may differ and be deferred provides a major insight into the process of representation. Following Saussure, he claims that language is a differential system of meaning, and the action of differance strives to describe how such a system of differences stabilizes itself. The gap between the signifier and signified emphasized by linguistic structuralists becomes for Derrida the space in which the action of differance generates meaning. Signification arises through the mythical stabilization of differance; it depends on an illusion of presence maintained by the network of false differences that we call language.

Even though Derrida attacks the tradition of Western metaphysics, his theories, especially the idea of differance, cannot escape it. He argues that differance is not a concept, most fundamentally because the notion of a concept relies on presence, and differance "makes the presentation of being-present possible," but "never presents itself as such" (134). This tactic is apparently a means of deconstructing the myth of presence, yet a less strategic and perhaps visceral abhorence of presence and concepts surfaces throughout Derrida's writings, especially when he discusses, almost metaphorically, the violence of difference.

In *Of Grammatology*, for example, Derrida examines Lévi-Strauss's Rousseauistic view of language, and concludes that there is anterior to the anthropologist's introduction of writing to the Nambikwara "the violence of arche-writing, the violence of difference, of classification, and of the system of appellations" (110).[7] Like Foucault, Derrida believes that writing is a violence done to things. Throughout the section entitled "The Violence of the Letter," he makes firm the association between difference and violence, although the violence remains metaphysical. His fundamental suspicion of language and its categories places deconstruction squarely within the Romantic tradition that upholds the relation between language and violence.

Derrida's association with Romanticism surfaces with amazing clarity in his reading of Rousseau. *Of Grammatology* focuses on Rousseau's belief that writing, opposed to speech, is an instrument of brutality

Ill.: Northwestern University Press, 1973). See also Derrida's remarks on differance in *Positions*, tr. Alan Bass (Chicago: Chicago University Press, 1971), *passim*.

[7] Jacques Derrida, *Of Grammatology*, tr. G. C. Spivak (Baltimore: Johns Hopkins Press, 1974).

and oppression. Derrida criticizes Rousseau's philosophical naïveté, insisting that speech is as violent as writing. Speech is violent, Derrida concludes, because it is always already writing. Derrida explains his affinity with Rousseau's project:

> Rousseau and Lévi-Strauss are not for a moment to be challenged when they relate the power of writing to the exercise of violence. But radicalizing this theme, no longer considering this violence as *derivative* with respect to a naturally innocent speech, one reverses the entire sense of a proposition — the unity of violence and writing — which one must therefore be careful not to abstract and isolate. (106)

In effect, Derrida radicalizes the terminology, but not the argument. Rousseau's idea of writing, now related by Derrida to all forms of symbol-making, retains its association with violence. In most of modern critical theory and its antecedents, the letter has a cutting edge.

The idea of differance is fundamental to Derrida's Rousseauism. Writing is violent, Rousseau asserted, because it creates differences among men. It supposedly introduces the false differences that make exclusionism, prejudice, and political oppression possible. Rousseau was perhaps the first one to name himself as the victim of such differences, thereby establishing the Romantic tradition of which Nerval's *Je suis l'autre* and Rimbaud's *Je est un autre* are natural developments. The Romantics identified themselves with marginal and excluded individuals in the spirit of social justice, with the hope of fighting against *l'inégalité parmi les hommes*, but their tactic marked them as different. The simultaneous desire for and dread of difference defines the essential Romantic characteristic, and Derrida's theory of differance represents a canny effort to escape this self-defeating desire. But Derrida fails because he continues to preserve the contradictory impulse to maintain and banish the idea of difference. Differance equals difference written *sous rature*. Similar to Hegel's *Aufhebung* and Freud's *Verdrängung*, differance describes a difference that is denied, preserved, and elevated.[8] Indeed, differance conceals the logic of religion, as

---

[8] In addition to the work of Nietzsche, Derrida's idea of differance depends on various formulation made by Hegel and Freud, especially the concepts of *Aufhebung* and *Verdrängung*.

In Hegel, the idea of *Aufhebung*, the tripart movement of negation, preservation, and elevation, unites all thought, history, and representation. It is essential to Hegel's attempt to bring together the development of individual consciousness and the history of mankind, for *The Phenomenology of Spirit* strives to write a universal (ethical) history

demonstrated by Derrida's inability to define it outside of a theological context:

> It belongs to no category of being, present or absent. And yet what is thus denoted as differance is not theological, not even in the most negative order of negative theology.... Not only is differance irreducible to every ontological or theological — onto-theological — reappropriation, but it opens up the very space in which onto-theology — philosophy — produces its system and its history. (134-35)

without excluding the individual. That Hegel makes the Stations of the Cross in the crucifixion of Christ analogous to the path of Spirit demonstrates his remarkable desire to represent the position of the excluded one.

The idea of *Aufhebung* remains such an influential theory of representation today because it accurately describes the logic implicit in the development and evolution of culture. In essence, *Aufhebung* describes the emergence of supernaturalism as a social and symbolic factor. The negation of a term leads to its preservation and elevation, reproducing the same logic characteristic of the sacred. The tendency to render *Aufhebung* as "sublation" is therefore a radical mistranslation, which may be attributed to the tendency to suppress supernaturalism. It changes the vector of *Aufhebung*, representing it as a *hypo*-thetical rather than *super*-stitious logic. Better translations are "supersession," or "sublimation," words that preserve the logic at the heart of Hegel's philosophy as well as expose its relation to the process of sacralization involved in the development of cultural forms. One inadequacy in Hegel's theory, however, is his view of violence. In Hegel, violence is subsumed under the notion of "negativity," thereby reducing it to nothingness and expelling it into the void of metaphysics. Hegel's idea of negativity is responsible in part for the view of violence elaborated today by the metaphysicians of presence, despite Alexandre Kojève's attempts to accentuate the terror implicit in it.

Freud's theories share with Hegel's phenomenology the Romantic desire to create a system based on marginal elements. By generating a general psychology from the study of neurotics, Freud established the pathological mind as the measure of mind, while trying to maintain the specificity of neurosis. His theory of representation is best explained through the idea of *Verdrängung* (repression), a process that exerts great influence over modern theorists of literature, although they rarely acknowledge their debt directly. The idea of repression in Freud is identical to the view of representation in modern critical theory today. Repression is a system that fails by definition, by which I mean that "the repressed" must always be seen as "the return of the repressed." Repression is therefore a theory of representation; it describes the process by which a term is denied, preserved, and repeated — in other words, re-presented to consciousness.

Freud also gave repression as a historical emphasis (like Hegel's *Aufhebung*) in order to explain the relation between individual development and human history. In *Moses and Monotheism*, Freud established repression as the dynamo of historical change, at least in the case of religious history. According to Freud, the return of the repressed accounts for the historical oscillation between monotheistic and polytheistic religions,

Differance permits neither guilt about nor desire for difference because the problem has been indefinitely postponed. But is this not merely another variation of the Romantic quest, which always places the object of its desire just beyond reach? *Italiam fugientem!*

Differance ultimately loses its explanatory value because it is more of a defense against violence than a theory of language.[9] By deferring the idea of difference, Derrida hopes to expel the reality of

for each system of belief represses the other, and their exchange occurs when the repressed system of belief returns with sufficient strength to surmount the dominant one. The once dominant religion, now repressed itself, begins in turn to undermine the system that contains it. It is worth noting that Freud's theory of repression, taken at the historical level, unites with remarkable power both Abrams' idea of tradition and revolution and Hillis Miller's idea of repetition. Freud claimed that the repressed is returned to the fore of consciousness and history in the guise of what he called "delusional wrappings," and the metaphor of "delusional wrappings" implies a correspondence between tradition and revolution and between representation and repetition that erases their customary differences.

Not surprisingly, the "delusional wrappings" of repression are inextricably bound to the idea of supernaturalism. In "The Uncanny," Freud explained that the sensation of uncanniness always accompanies the emergence of unconscious material from under repression. Yet Freud experienced a recurring problem with the relation between supernaturalism and the return of the repressed. Since he frequently described the repressed as individually determined, he had difficulty explaining the common emergence and influence of supernaturalism in group psychology. His last works, *The Future of an Illusion, Civilization and Its Discontents*, and *Moses and Monotheism*, were devoted to translating his views of individual psychology into a social theory, but he fell short of his goal because he could not abandon the desire to base his analyses on individual development. For Freud, individual psychology always eclipses group psychology, as when he concluded that religion is only a universal obsessional neurosis.

A final observation on Freud's theory of representation touches the complex issue of violence and sexuality. In psychoanalysis, sexual drives motivate the negation, preservation, and return of the repressed, and the idea of violence is always colored by sexual undertones. Yet it may be argued that Freud reversed the interpretive relation between violence and sexuality. In his view, for example, the primal scene responsible for the formation of various infantile complexes already has great impact not because the child views it as a sexual episode, but because he interprets his parent's act of love as an act of violence. Perhaps the true source of sexual neurosis is the retrospective interpretation (repression) of the perceived violence as sexual. Although the problem is too complicated to discuss here, the interpretive hierarchy that Freud established between sexuality and violence may well prove to be the failing of the theory of repression. If Freud had viewed violence, and not sexuality, as the object of repression, his theory may have had more success in mediating between psychology and anthropology.

[9] Derrida's desire to avoid violence and authority surfaces quite clearly in the following remarks from "Differance": "It commands nothing, rules over nothing, and nowhere

violence. He translates violence into representation, into a transcendental signifier, into metaphysics. Derrida's idea of violence can have no reality because it has no victim. It can have no victim because man is the champion and victim of violence, and the concept of man does not exist in Derrida's theory. Deconstruction replaces the idea of man with that of language, and within the cage of language, there can be no force other than language itself. For Derrida, violence is the product of language. Rarely is language the product of violence.

My title makes an oblique reference to René Girard's *Violence and the Sacred* not because he entirely solves the problems discussed here, but because his work occupies a unique position in critical theory today for at least two reasons.[10] Unlike Derrida, Girard argues that language evolves from reciprocal violence.[11] Moreover, Girard is one of the few thinkers today who refuses to ignore the problem of supernaturalism. In his view, the sacred represents an elaborate mimetic system that generates tradition and difference. He bases his theory in part on the relation between violence and the sacred, but not in a manner that the reader conversant in critical theory would anticipate. The two terms in the title, *Violence and the Sacred,* are hardly equivalent in Girard's view. Rather their bond involves a complex theory of religious and mimetic behavior.

Girard calls the desire to imitate the most powerful force in man, and mimetic desire, in his view, brings about the origin of cultural

does it exercise any authority. It is not marked by a capital letter. Not only is there no realm of differance, but differance is even the subversion of every realm. This is obviously what makes it threatening and necessarily dreaded by everything in us that desires a realm, the past or future of a realm" (153). Whenever Derrida confronts violence, his discourse becomes equivocal and increasingly philosophical. For a recent example, see Derrida's uneasy accord with Jean-François Lyotard's deconstruction of the proper name "Auschwitz," in *Les Fins de l'homme: A partir du travail de Jacques Derrida* (Editions Galilée, 1981), pp. 310-13.

[10] René Girard, *Violence and the Sacred,* tr. Patrick Gregory (Baltimore: Johns Hopkins Press, 1977), *Des Choses cachées depuis la fondation du monde* (Grasset, 1978), and *Le Bouc émissaire* (Grasset, 1982).

[11] On the relation between Derrida and Girard, see Eric Gans, *The Origin of Language* (Berkeley: University of California Press, 1981), "Differences," *Modern Language Notes* 96, no. 4 (1981), 792-808, "Le *Logos* de René Girard," *René Girard et le problème du mal,* ed. Michel Deguy and Jean-Pierre Dupuy (Grasset, 1982), Joel Fineman, "The Structure of Allegorical Desire," *Allegory and Representation,* ed. Stephen Greenblatt (Baltimore: Johns Hopkins Press, 1981), pp. 51, 59-60, and Philippe Lacoue-Labarthe, "Typographie," *Mimésis des articulations* (Aubier-Flammarion, 1975).

forms. Mimetic desire is both a structuring and destructuring principle. On the one hand, in hierarchical or highly differentiated societies, an excessive desire to imitate erases the very differences that maintain social order. Rampant or epidemic imitation in society ends in violence, and Girard hypothesizes that the many taboos against twins and iconic representation in archaic societies exist to control imitative impulses. On the other hand, in situations marked by chaos and reciprocal violence, the desire to imitate grows to a point where the mimetic gestures and desires of individuals focus on any difference, whether real or imagined. The result is Girard's controversial scapegoat mechanism, which describes the moment in a mimetic crisis when one individual emerges as different and becomes the object of everyone else's violence. The moment of paroxysm creates the impression of order because everyone is mimetically polarized around the victim.

To say that imitative gestures are mimetically polarized is to argue that they are organized collectively and symbolically. At first imitative behavior is random, but as the accusations begin to center on specific individuals, the arbitrariness of the imitation decreases. The only way to describe the beginning of this stratification is to say that it coincides with the emergence of a symbol. As the victim is re-presented, he becomes a representation, a symbol of the communal crisis, and all blame is placed on his head. The victim is set apart from his neighbors. He becomes a living metaphor, created as a byproduct of the stratification of the random imitative gestures of other individuals.

Symbols are created by agreement, and in order to have agreement, it would seem necessary to have a community. Girard's work, however, suggests that the agreement of a community over a symbol and the emergence of that symbol and that community occur simultaneously. Perhaps the error in previous theories of representation was to posit the existence of a community prior to the creation of symbols. The problem then became how to conceptualize a community that could exist without communication. Girard's hypothesis demonstrates the falseness of this paradox. It details the moment of crossing between mimetic behavior and representational forms in such a manner that we can conceptualize the existence of collective behavior on a rudimentary scale. The first collective action is composed of random imitative behavior. The moment when random imitation is stratified is the same moment when the emergence of a symbol unites the imitative gestures of those individuals in the process of forming a community. The emergence of representational forms from simple mimicry and the formation of a community are one and the same process.

Girard maintains, in the Durkheimian tradition, a strict identity between the social and sacred, but reveals in addition that the secret heart of the sacred is violence. To assume a direct equation between either the sacred and violence or between language and violence after Girard simply ignores their complex relations. The link between representation and violence always involves a strange twist. Paradoxically, representation *contains* violence. Representation and violence limit each other, and men always seek to conceal the violence at the heart of the sacred for fear that its discovery will beget more violence. According to Girard, myth and ritual exist to ensure the containment of violence. They maintain the false differences that motivated and rationalized originary acts of violence by creating narrative structures that obscure the role of the many in the victimization of the one. Myth and ritual distort the sequence of real events, making it impossible to return to any origin within the logic of the mythical narrative. Derrida possesses a peculiar talent for discovering such paradoxical turns of logic. His "toujours déjà" is an excellent example.[12] Mythical logic always creates a moment of "toujours déjà." Its paradox both forms the substance of divine power and serves to hinder the discovery of the violent origin. This is Girard's moment of Derridian differance, the essential difference being that Derrida's concept remains without content and must name itself as violent, whereas Girard's hypothesis exposes violence as the *content* of sacred representations. Derrida's idea of differance is a superb illustration of the mythical relation between representation and violence exposed by Girard's theories.

Girard's work represents the effort to erase the traditional boundaries between conflicting disciplines and to contribute to the science of man. His deliberate return to the study of the sacred during times when such interests attract only ridicule has made him a controversial figure. Although he is one of the most celebrated thinkers in France

---

[12] Girard makes the connection between his theory and Derrida's "toujours déjà" in *To Double Business Bound* (Baltimore: Johns Hopkins Press 1978): "for me, religion is 'always already' interpretative and its interpretations cannot fail to be diverse because by definition they must wander away from the truth of the scapegoat mechanism. This 'toujours déjà' is somewhat different from Derrida's but close enough, nevertheless, for me to place more hope in the readers of *Diacritics* at this early stage, in spite of the inevitable misunderstandings, than in professional anthropology" (209).

today, he has been overlooked in the United States, despite the rule that success abroad assures importance here.[13] On the other hand, there are reasons for his notoriety, the most spectacular being his views on history and religion. His second major work, *Violence and the Sacred,* has been called the first atheistic theory of religion, for it provides a powerful description of the historical and structural nature of religious forms. Representations of the sacred appear to change through the force of repetition and historical events. As mimetic desire reproduces and aggravates cultural signs, they disclose themselves to man, especially in the literary text. Consequently, literature remains a special source of inspiration for Girard, and he claims that the works of Proust and Shakespeare reveal the truth about desire, imitation, and violence. Greek tragedy also stands out as a genre that systematically uncovers the reciprocal nature of violence and the sublimation of this fact in mythical and religious representations. Tragedy represents a direct experience of violence tantamount to the experience of violence found in catastrophic events of history. Tragedy's intuition of violence thereby desymbolizes the symbols erected by myth to contain violence. The best literature, in Girard's view, always opens the possibility of a "tragedy of history," in which the reality of violence is revealed to human society.

The idea of history, in which the intuition of violence could be recorded and enlarged, would seem to be a significant factor in cultural evolution and man's present awareness of violence. With the appearance of Girard's third major work, however, religion swallows

---

[13] Two examples serve to demonstrate the extent to which Girard's presence in the current intellectual scene has been ignored. Claiming to be a general and critical survey of theories after the new criticism, Frank Lentricchia's recent book names a certain aspect of Foucault's work as the direction that criticism should now pursue. Lentricchia combines Foucault's theories of marginality and Derrida's critique of logocentrism, and identifies as the universal problem of criticism today the deconstruction of the constraints on thought roughly exemplified by Foucault's structure of exclusion. Despite the connection to Girard's theory of exclusion, Lentricchia does not mention Girard's name anywhere in the study. See *After the New Criticism* (Chicago: Chicago University Press, 1980), especially the discussion at the end of part one.

In *Criticism in the Wilderness: The Study of Literature Today* (New Haven, Ct.: Yale University Press, 1980), Geoffrey H. Hartman admits his interests to be religious purification and purgation, the relation between theology and art, the works of Kenneth Burke and Mary Douglas, and the study of literature today, but he passes over Girard's work without the slightest reference.

history as easily as the whale swallows Jonah. *Des Choses cachées depuis la fondation du monde* emphasizes that man alone is incapable of discovering the generative relation between violence and the sacred. The temptation to attribute violence to transcendental categories such as vengeful gods, fate, religion, or language remains too strong for man to overcome. Girard therefore argues that the word of Christ and its foreshadowing in the Old Testament make the revelation of violence possible. With a clarity far superior to that of tragedy, the Bible challenges the expulsion of violence into a transcendental sphere and insists that men, not gods, are the unique champions and victims of violence. The historical process does exist for Girard, but it takes as its object and beginning the message of the Son of Man.

Girard's personal beliefs should not blind us to the enormous power of his intuitions, especially within a community of scholars who advocate free thinking and pluralism. Perhaps it is a pedagogical advantage that Girard confesses his faith, for any understanding of his theory requires one to relinquish the desire to expel religion as the initial step toward recognizing the dynamic relation between acts of expulsion and the evolution of the sacred. As long as modern critics refuse to think about religion, it will continue to control their systems of thought.[14] It is no accident that the metaphysicians of presence, who quest to eradicate the last "survivals" of the sacred in language, place all language under the aegis of *écriture*, the word for Scripture.

No successful theory of language can exclude metaphysics because its exclusion will only give it a stronger hold over that theory. Derrida and Girard are in agreement over this central paradox of critical thinking, but here their agreement ends. For Derrida, the paradox *is* violent. For Girard, the paradox *represents* violence, and makes our awareness of violence a critical moment of decision. For Derrida, criticism is violent, and all decisions are better left in suspense. The moment of critical decision in Girard's view has an object that will decide man unless he decides it. The revelation of the role played by violence in human society requires that men act or fall passively into the bloody hands of their fellows. Girard's appeal at the conclusion of *Le Bouc émissaire* expresses his view of our modern crisis:

> All violence from now on reveals what the passion of Christ reveals,
> the idiotic birth of bloody idols, of all the false gods of religions, of

---

[14] See Pierre Klossowski's remark, "If we demystify, it is in order to mystify more thoroughly," in *Nietzsche et le cercle vicieux* (Mercure de France, 1969), p. 194.

politics, and of ideologies. The murderers nevertheless believe that their sacrifices are virtuous. They too know not what they do, and we must forgive them. The time has come for us to forgive one another. If we wait any longer, there will be no more time. (295)

The idea of language proposed by modern critical theory is a myth that allows us to ignore the awesome influence of violence in the world today. Language has become one more category that obscures the most pernicious aspects of the so-called metaphysical tradition. Most importantly, it translates the ideas of prejudice and superstition, which have remained actively associated with social violence, into the less offensive and less relevant concept of metaphysics. The best texts of modern critical theory abound with statements about the violence of language, but they define violence as unreal or metaphysical. They prefer to limit violence to academic arguments and disassociate it from the social world, in which prejudice and superstition continue to perpetuate exclusion and brutality. The so-called metaphysics of presence is a case in point. The metaphysics of presence evolves from the desire to take secularization to the greatest extremes; it embodies a desire to eliminate the supernatural that has grown to such an extent that it searches feverishly for targets in the deepest and darkest corners, without realizing that it is actually being driven into a corner. Great occasions exist to combat the ghost of metaphysics in the open. In every domain of human existence, prejudice and superstition create divisions of belief, race, sex, class, and nation between human beings by representing groups and individuals as subhuman or satanic.

To face this violence, it is not necessary to reject all forms of representation, as the structuralists and poststructuralists teach. Because modern critics know language to involve one in myths of presence and difference and rightly understand these myths to be dangerous, they superstitiously condemn all forms of representation, thereby forgetting that their own recognition that language has mythical aspects is the first step toward confronting the insidious cooperation between violence and language. The theoretical sophistication that modern criticism brings to the problem of the relation between language and violence is its greatest contribution to the science of man, but it will be a useless one, if criticism does not progress beyond it. The task of critical theory in the coming years will not be to rant against the philosophical violence and falseness of language, but to provide guidelines concerning those aspects of language that involve men in social violence and falsehoods, especially within cultural institutions, be they political, ethical, literary, or religious. Perhaps it is time to abandon the false perils attributed to language by modern critics and to realize that although language like everything else in human society may well become mixed up in violence, it conserves far more than it destroys.

Girard and Literary Knowledge

PAISLEY LIVINGSTON

Although an extensive and impressive corpus of Girardian literary criticism already exists, the status of literature within the general research program inspired by Girard remains somewhat unclear. This is the case for several reasons. First of all, Girard himself has not always been entirely consistent on this issue. He acknowledges his debt to those literary works which, as "agents of demystification," have contributed to his understanding of mimesis, yet he adds that literature does not interest him for its own sake: if literary texts cannot help us "not only esthetically but intellectually and ethically," literary culture is "an empty and dying cult." Girard has at times undercut the importance of literature to his work, remarking, for example, that some of his "early utterances" may have been "contaminated by the literary nature" of his analyses. More recently, his affirmation that the Judeo-Christian scriptures were the ultimate source of the revelation could lead one to doubt whether literature played an essential role in the "demystification"—that is, in making possible a real understanding of the mimetic processes of culture.[1] The status of literature within Girard's framework is further complicated by criticisms that are frequently levelled against research of this orientation. At least one of these charges should be acknowledged at the outset, for it is true that

[1] "Interview," *Diacritics*, 8 (Spring 1978), 31-54.

some of the literary studies that draw upon Girard's ideas have been "applications" in which the ultimate results are neither informed nor proved by their references to specific literary works.

In light of these considerations, it is crucial to confront the question of the place of literature and its study within Girardian research, particularly at a time when Girard's ideas are being extended into increasingly diverse fields, which could indeed suggest that literature has a subordinate role. Our question can be first approached by identifying the kinds of objections that are typically raised against Girardian literary analysis. These objections will be taken seriously here, even if they have not always been made in a rigorous or explicit manner, for they can enable us to specify the correct and incorrect ways of relating literature to the more general investigation of mimesis opened up by Girard. We will also attempt to provide here some sense of the broader context within which this debate is situated, for what is ultimately at stake is the institutional and epistemological status of literary studies in general, indeed, the very relation of literature to knowledge.

The criticisms that are typically raised against Girard's literary criticism can be reduced to three essential points:

1. Girard is said to be overly confident about the explanatory status of his critical metalanguage, which purports to speak the "truth of the text" instead of recognizing its own role in the constitution of meaning. A secondary issue here is the category of the "author" within Girard's criticism, for his insistence that his interpretations reveal the author's own understanding of mimesis is viewed as the most flagrant sign of a theoretical naïveté.

2. Girard is thought to reduce the literary text to its referential pole, taking as his primary topic the degree to which a work accurately depicts, represents, and analyzes "extra-literary" phenomena — ultimately, for Girard, the fundamental patterns of mimesis.

3. In Girard's approach, literature is deemed valuable only insofar as it can be granted an explanatory role, that is, insofar as it indeed serves as an "agent of demystification." The charge here is that this emphasis on the cognitive value of literature amounts to a betrayal of the specificity of literature which, if it is defined quite variously by Girard's critics, is commonly held by them not to consist of a "transparent" or faithful representation of nonliterary truths.

What is curious about the disagreement between Girard and his critics is that they are at least superficially in agreement on the above points. Girard is indeed confident about his metalanguage, that is, he believes in his hypothesis and in the evidence that supports it: his thesis, he notes, is "compelling through the sheer number and variety of examples that can be exhibited."[2] What is more, Girard *does* claim to have made explicit the understanding of mimesis held by such authors as Shakespeare. Secondly, he admits that "referentiality" should not be minimized, excluded, or reduced to the interrelationship of textual elements. Finally, Girard states that the distinction between "theoretical" and "literary" texts is spurious: "I am not really interested in a text unless I feel it understands something I cannot yet understand myself." His rejection of the specificity of literature, be it a matter of beauty, form, classification, or literariness, is explicit: these preoccupations, he contends, only hide a "secret contempt" for the literary text, which is deemed to be "incapable of truth."[3]

Given these agreements on certain major features of Girard's approach, it remains to be seen how some perceive them as basic theoretical errors while Girard himself defines them as strengths. We would remark, first of all, that the first two objections should be understood as arising from a single, more basic issue, for it is in both cases a matter of the more general problem of the status or validity of interpretive knowledge. Just as Girard's critics doubt that a text can accurately depict reality, so do they doubt the critic's ability to interpret a text accurately. Girard's response is, quite simply, that he refuses to share this sort of global doubt, which he terms a form of "intellectual nihilism." Now the debate between these two positions can be quite serious as long as it is indeed a question of a careful doubt opposed to Girard's confidence. This, however, is rarely the case, as is witnessed by the rather assertive tone in which modern textual theorists affirm certain impossibilities. It is easy to demonstrate that these "positions" involve a sterile paradox — in the same way that Socrates responds to the sophists that they cannot consistently prove the impossibility of proof. Wittgenstein makes the same point quite concisely when he states that "the game of doubting itself presupposes certainty."[4] Yet we have been distracted for almost a decade now by lengthy and elaborate rehearsals of the same paradox, as theorists confidently represent the crisis of representation and assert the truth

---

[2] "Interview," p. 37.
[3] "Interview," p. 51.
[4] Ludwig Wittgenstein, *On Certainty* (New York: Harper, 1972), p. 18.

of their opinion that no truth is possible. Girard's willingness to propose a hypothesis and attempt to test its validity is wholly refreshing in this context, even if his own epistemological reflections may seem to lack complexity.

If the study of literature is to be a form of serious inquiry at all, it will have to be closer in spirit to Girard's position than to that of the contemporary sophists, whose "demonstrations" are usually more clever than rigorous. For example, such theorists are fond of citing Charles Sanders Peirce's notion of "infinite semiosis" in their "arguments" for the complete indeterminacy of signification: Peirce's term is taken to be the equivalent of their axiom that because language always involves an endless determent, any determinate interpretation could only be the product of an arbitrary and distorting gesture.[5] In fact, Peirce defined the attainment of certitude as the very goal of thought and condemned the dilettanti "who have so perverted thought to the purposes of pleasure that it seems to vex them to think that the questions upon which they delight to exercise it may ever get finally settled; and a positive discovery which takes a favorite subject out of the arena of literary debate is met with ill-concealed dislike."[6]

Girard has supported his belief in the possibility of a valid description of a text's referentiality by making a distinction that is lost to many contemporary theorists. There is a difference, he claims, between a text that represents such entities as jaguar-women and unicorns, and those that represent such entities as trees and horses. The former may, following Frege's terms, have a sense, but not a referent — insofar as we grant that living unicorns, like the "utopie des signifiants purs," are not commonly observable. Or to move closer to Girard's specific use of this distinction, a lynching is a real social event whose actual occurrence can sometimes be verified (i.e., not seriously be placed in doubt). The existence of a monster or sphinx that causes a plague cannot reasonably be given the same status. This distinction may not be subtle, but it is the basis upon which Girard founds the possibility of a demystification of those myths which substitute the monster for the victim. Such a distinction indeed has "intellectual and ethical consequences" for us.[7]

---

[5] See, for example, Derrida's appropriation of Peirce, who is praised for having gone "very far" in the direction of de-construction. Jacques Derrida, *Of Grammatology*, tr. Gayatri Spivak (Baltimore: The Johns Hopkins University Press, 1974), p. 49.

[6] Charles Sanders Peirce, *The Collected Papers of Charles Sanders Peirce*, v (Cambridge, Mass.: The Belknap Press of Harvard University Press, 1934), pp. 254-55.

[7] René Girard, *Le Bouc émissaire* (Grasset, 1982).

The question of the status of an explanatory metalanguage is far more complex than the radical skeptics would have it. It is also true that some of Girard's formulations may lack complexity. It is perhaps quite reductive to hold that a hypothesis can be proven or made "compelling" simply on the grounds of the "sheer number and variety of examples" that can be read as supporting it. Girard's claim here is too strong insofar as he seems to believe that his hypothesis in no way orients his interpretation of the evidence, and also to the extent that he pretends to have "exhausted" his literary examples. Girard's recourse to a quantitative definition of sufficient evidence is, as every student of the early Popper knows, open to serious challenge. The idea of a "variety of examples" could be a more promising criterion, yet it remains to be shown how a finite variety of supporting cases could permit us to leap to a conclusive proof that the hypothesis expresses a universal and binding law. Literary interpretation remains inductive, and its inductive "proofs" are further complicated by the status of the individual example, which in many instances can be made to support widely divergent hypotheses. It is enough to study the literature on *Hamlet* to note that "one" example can seem to corroborate wholly contradictory hypotheses — which could be taken to mean that literary signification is indeed characterized by an important degree of indeterminacy. Even so, the "it is enough" of the last phrase itself reveals that the logic of determination is at work in the very thought that strives to define its limits.[8] A serious doubt would also tell us that we cannot prove that a definitive interpretation is in principle impossible, for this too would be a global certainty. Critical relativism should not be taken too far: there is a dumb show in *Hamlet* and any interpretation that calls it a unicorn or ignores it entirely cannot pretend to have exhausted the evidence.

Girard's approach can be defended more adequately by lessening the claims that are made for it. He does not, in fact, always pretend to have "exhausted" the evidence, for he does not deem every feature of a literary text to be essential. In the case of the dramatic and narrative forms towards which he gravitates, the structuring features are isolated by attending primarily to the characters and the patterns of their interactions; other levels of description are deemed pertinent only insofar as they significantly inflect this primary level. In other words, Girard believes that literary works are essentially about human beings and their interactions, and he is consequently uninterested in

---

[8] Cornelius Castoriadis, *L'Institution imaginaire de la société* (Seuil, 1975), pp. 303-04.

226 To Honor René Girard

approaches that ignore this topic in favor of other aspects of the text. The argument can then be focused on whether it is possible to arrive at well-determined or definitive analyses of works at this privileged level, and it is here that the Girardian schema reveals its real strengths. It is one thing to contend that a novel can be read in a thousand different ways (which is probably true), but another matter to deny that the triangular configurations toward which Girard points simply are not in the texts, or that they are somehow peripheral to the host of major novels in which the relations between the characters take this form. This truth may lack subtlety, but it is, once more, a basis for far more interesting work. We should be capable of affirming simultaneously that *all* of the problems of interpretation have not been solved, and that the basic patterns of mimetic desire and scapegoating are not pure fictions projected onto literary texts in an *a priori* manner by Girardian critics.

Although the dispute over the category of the author may not be fundamentally different from the issues raised by the first two objections, a few remarks on this topic could be appropriate. It should be pointed out that it is not always possible to discern exactly what claims are being made by the modern textual theorists who speak of the "death" of the author or subject. It is hard to imagine that they believe that no human being could ever validly be held responsible for the literal writing of a given corpus of works. It is another matter to question the extent to which this person was conscious, or wholly in control, of the meaning of the text — and this before, after, or during the act of writing. It is yet another issue to claim that there are never recurrent patterns of signification in an author's final corpus — or that these same patterns never emerge in the so-called secondary texts (letters, diaries, essays, etc.). Again, it is one thing to suggest that an author is never completely free and autonomous, but is on the contrary subject to both internal and external determinations (and hence is potentially a "function" of a larger system); it is another matter to ignore the degree to which a corpus can exhibit a unity of significations. Thus, if the debate over the category of the author seems to hinge upon the relation of the individual consciousness to conditions that are more or less mastered or understood, it also involves the degree to which the significations are invented or discovered by the critic — which returns us to the first objection. We would simply point out that the critic who argues that it is always impossible to know what the author understood or meant has placed himself in the rather paradoxical position of claiming to know what all other critics can and cannot understand. It should also be noted that Girard does not generally believe that the literary author is autonomous and in complete control of signification. On the contrary, the mimetic patterns are more frequently described by Girard as involving an unconscious determination of the subject. An author's "lucidity," then, is defined as a significant awareness of, if not freedom from, these same patterns. In both cases the author may be a "function," but not necessarily a mere function of a particular critic's "textual strategy."

The first two objections may not have been definitively "refuted" at this point, but it should be clear that they frequently arise from a form of radical skepticism which itself is a rather simple and uninteresting "position." The literary sophists oscillate between their fervent undermining of every form of epistemological confidence and their rather confident assertions of the validity of their own skeptical views.

The third typical objection to Girardian criticism is much more serious and indeed concerns the status of literature in a direct fashion. It can be restated as a series of interrelated questions: If literary works are to be approached primarily in terms of their explanatory value, why does this communication of truths take the form of literature at all? In other words, what specific contribution to the explanation is made by a literary, as opposed to a scientific or theoretical, text? To efface the differences between these types of texts would seem to beg at least one important question: If there is no difference between the literary and critical works, why is the critical explication of the text's truth even necessary at all? Finally, if explanation is to be the ultimate purpose of both literary and critical writing, why remain within the sphere of literature? Why not proceed, following Hegel, from the esthetic to the religious and the philosophical?

Girard's belief that literature and criticism should be forms of knowledge should be viewed within the larger institutional contexts where the debates over his approach take place. At a time when it is increasingly taken for granted that real knowledge is not typically produced within the faculty of the arts and humanities at all, but is the product of the sciences, an argument for the cognitive importance of literature takes on much wider implications. Such a stance promises to challenge not only the instituted division of knowledge into disciplines (which is the basis of the formalist's emphasis on the specificity of "his object"), but also of the hierarchical nature of this partitioning. And it is within this same context that literary fashions from formalism to skepticism and *préciosité* amount to a capitulation — ultimately, to the very betrayal of literature with which Girard is wrongly charged. Girard's approach is promising, then, insofar as it could free literary studies from the intellectual ghetto where they are today firmly positioned, or more precisely, allowed to subsist for all the wrong reasons. That Girard's ideas, having been developed initially through literary analyses, are now being taken up by various researchers in a number of disciplines, suggests that he is one of the few contemporary thinkers whose work has seriously challenged the established opposition between the "two cultures."[9]

Yet to point out that there is a lot at stake, institutionally, in Girard's approach does not guarantee that it can fulfill its promise; nor does it permit us to pass over the arguments supporting the third major objection to his critical work. For example, to say that a Girardian approach is noteworthy because it has been used and recognized by researchers in the "other" culture itself rests upon the same hierarchical division: literature and its critical analysis are now justified by reference to a nonliterary authority. On the other hand, given the extent of the present institutional bias in favor of the sciences, it is difficult to imagine other viable strategies for the "humanistic" disciplines, which can hardly pretend to be autonomous. The debate over the status of literary knowledge can only take place within the context of the actual institutions, and this context specifies terms that are epistemological as well as pragmatic. Hence the question of the specific contribution of literature to our understanding should be addressed first of all in relation to the very oppositions that have been drawn between the literary and the theoretical text, and more generally, between the arts and the sciences.

It would be useful to trace the history of the dissociation of literature and truth, to study in detail the emergence and institution of a polarity between humanistic and scientific cultures. This sort of historical analysis is badly needed, but is beyond the scope of these few pages. Even so, some remarks along these lines could provide a somewhat wider context for what could appear to be a rather insular debate between Girard and a few literary critics.

---

[9] A recent example is Michel Aglietta and André Orléan, *La Violence de la monnaie* (Presses Universitaires de France, 1982).

It seems clear that the idea of a sharp rift between letters and knowledge was foreign to classicism. If Pascal already distinguished between *l'esprit de géométrie* and *l'esprit de finesse*, he immediately added that only a more universal and mediating virtue— *l'honnêteté*— could fully please him. What is certain is that by the nineteenth century a distinction between two such spirits had been sharpened into a conflictual opposition and translated into a dominant and institutionalized condition of knowledge. The status of philosophy is wholly caught up in this development: once confident about its position as the founding discipline, one whose universal wisdom was capable of subsuming purely local oppositions (such as that between *techne* and *episteme*), philosophy confronted its own position as one more term *within* a larger polarity. It was, moreover, a devalued term, barred from the geometrical exactitude and instrumentality claimed by the sciences, and condemned to a purely speculative relation to truth. If the neo-Kantians could calmly describe a sharp opposition between the natural and cultural disciplines without troubling themselves over their own place within this schema, the problem would finally surface as the central issue of philosophy in Husserl's *The Crisis of the European Sciences*, where the distinction between the "naturalistic" and "humanistic" attitudes is recognized as a crippling polarity that threatens to draw both forms of knowledge into an unsolvable paradox.[10]

Although we do not believe that Husserl's transcendental philosophy was able to resolve the crisis of dualism, his analysis of the problem remains instructive and can serve here to situate the potential strengths and limitations of a literary form of knowledge. In Husserl's view, the dualism arose from the existence of two irreconciled attitudes toward reality, each of which claimed to offer a totalizing perspective: on the one hand, the natural sciences, characterized by the goal of exactly explaining the objective and lawlike conditions of both natural and subjective reality; on the other hand, the fullness of subjective experience within the life-world, which would include within its sphere even the abstractions of science.

What emerges from Husserl's description of this situation is that both of these attitudes define themselves through an exclusion of the

---

[10] Edmund Husserl, *The Crisis of the European Sciences and Transcendental Phenomenology*, tr. David Carr (Evanston, Ill.: Northwestern University Press, 1970).

other while claiming to embrace everything essential to it — the failure of these opposing claims to totality being precisely the source of the crisis of knowledge. Ultimately, for Husserl, what the scientific attitude must expel in order to constitute its precision is indeterminacy. The fullness of experience is replaced by the idealized identities and relations of mathematics, beginning with the perfectly determinate "limit-shapes" of geometry, which are not, according to Husserl, in fact identical to the spatial shapes of subjective perception. The "free play of imaginative associations" within subjective thought and natural languages is replaced by the fully legislated calculations of formalism; the vagaries of opinion and perspective are replaced by a binding system of thought wherein all reasoning subjects arrive at the same conclusions at the end of the calculation. Empirical observation is governed by the norms established by an *Ideenkleid* or cloak of ideas, finally, a representation in which reason, the determinately knowable, and *what is* are equivalent: as the world is viewed *more geometrico*, one idealized method is taken for the totality of being. Yet the belief in the adequacy of this attitude can only be sustained at the cost of ignoring what was expelled in its constitutive gestures: subjectivity itself, finally, is only the effect of the causal conditions of the world of idealized objects.

As Husserl's work is largely a critique of the naturalistic attitude, he has less to say about what is expelled when the life-world makes its claim to totality. The scientists and their research become parts of the social and historical world; their calculations, however precise, become part of the subjective sphere of representations; "sense data," once mistrusted as merely relative and subjective, return as the only possible source of the testing of science's formal hypotheses. What Husserl does not add to this list is the following: when the life-world becomes the totality of being, illusion and error are included, so that the very demarcation between *doxa* and *episteme* vanishes, and with it, the goal of true knowledge. If the naturalistic attitude that would make the subject only the effect of objective conditions itself remains included within subjectivity, the latter can only mirror the same paradox when it lays claim to totality: "The subjective part of the world swallows up, so to speak, the whole world and thus itself too. What an absurdity."[11] In spite of such an illuminating remark, Husserl's transcendental philosophy is largely a rehearsal rather than a "solution" of this paradox.

[11] Husserl, *The Crisis*, p. 180.

What is the position of literature within such a crisis? Our historical remarks on this topic will be extremely schematic, limited to a brief discussion of two "cases" that are evoked only in order to isolate typical positions—those of "romanticism" and "naturalism." Both can be characterized as tendencies or attitudes organized in relation to the paradoxical dualism of modern culture.

Romantic literature typically embraced whatever had been excluded from the rationalistic world view—mythology, superstition, madness, passion, dreams; and insofar as the biological sciences had not yet found their Newton, organic nature could be added as another source of mystery.[12] A typical statement of the romantic's embittered reaction against science can be found in Poe's "Sonnet—to Science," where the poet complains that his dreams and myths have been violated by the "Vulture, whose wings are dull realities." The same Poe, however, is also an incipient naturalist who seeks scientific confirmation of his panpsychical musings, hoping to have made a "true discovery." Hence, if the scientist is condemned for his preoccupation with dull realities, the poet generally shares his quest for truth, but hopes for a fantastic or perhaps less lawlike reality.

Naturalism typically combines the same opposing tendencies: here a real fascination with the occult is generally subordinated to an expressly scientific mission. An exemplary figure is Strindberg, who arrived in Paris in 1883 and set out to become a naturalist author.[13] To become a naturalist was to read the treatises of Taine, Bernard, Ribot, and Bernheim. It also required taking an interest in the "faits bizarres" that Taine had recommended—the phenomena of hypnosis, waking suggestion, psychopathology, and every unusual case study that promised insights into the hidden workings of the personality. Visits to Charcot's demonstrations and to the wards of la Salpetrière were mandatory, for here the author could "observe" these bizarre cases and hear the master's explanations of them. Returning to the writing table, the naturalist could then copy over his observations and lessons into literary form, thereby giving the strictest veracity to a work that would no longer be mere fiction. That a Strindberg can often be caught at a handy paraphrase of Bernheim suggests that the

[12] On the role of myth and superstition in romantic and fantastic literature, see Tobin Siebers, *The Romantic Fantastic* (Ithaca, N.Y.: Cornell University Press, forthcoming).
[13] August Strindberg, *Samlade Skrifter*, 55 vols. (Stockholm: Bonniers, 1912-1920). One excellent study of Strindberg's naturalist period should be singled out: Hans Lindström, *Hjärnornas kamp: Psykologiska idéer och motiv i Strindbergs Åttiotalsdiktning* (Uppsala: Appelbergs, 1952).

"scientific" art was a mere echo of the "findings" of canonized scientific authorities. Such a charge is all the more devastating when we consider that most of the sources in question can no longer be considered as valid science. Rather, we see one fiction imitating another, which had been wrongly presumed to be nonfiction. Thus the naturalists who, like Strindberg, had abandoned all esthetic justifications for their writings, would ultimately have failed to make any real contribution to knowledge; their new labels for their works—"roman expérimental," "novellistische Studie," "vivisektioner"—would have been nothing more than labels.[14] Nor was it purely accidental that several major naturalists soon revealed themselves to be advocates of occult beliefs. In the case of Strindberg, we should reject the accepted view that there was a complete rupture between the two phases: the mystical "powers" addressed by the author of *To Damascus* bear fundamental resemblances to the hidden forces evoked in the naturalist's "explanations" of the conflict between personalities. This is hardly surprising given that the "authority" who guided the naturalist Strindberg in his analyses of "suggestion" was Max Nordau, whose idea that social influence was caused by "molecular brain movements" was already a fantastic hypothesis.[15]

Naturalist literature fails not so much because it chooses the wrong scientific authorities, but because the realities that it seeks to observe and analyze cannot be explained adequately by reducing them to a physical or biological determinism. Moreover, in those cases where such a reduction could be successful, the language of the novel or stage is wholly inadequate to the task. By the same token, the romantic resistance to science's reductions is justified, even if the specific nature of these reactions often involves a purely symptomatic and regressive attitude. That molecular brain movements or gravitational laws cannot be identified as the causal factors in interpersonal relations or in the life of the imagination does not mean that these phenomena are determined by spiritual agents or that they are fully indeterminate and

[14] I am emphasizing here the worst tendency of naturalism. Strindberg's plays, for example, can be quite insightful, but this in spite of their naturalist ideology. A positive reinterpretation of Zola can be found in Michel Serres, *Feux et signaux de brume: Zola* (Grasset, 1975).

[15] The specific source here is Max Nordau, *Paradoxe* (Leipzig: Elifcher, 1885); in a letter, Strindberg deems Nordau "otrolig härlig"—unbelievably wonderful; see Lindström, *Hjärnornas kamp*, p. 261.

"free." In both cases, literature indeed betrays its specificity: romantic and fantastic authors would defy science by replacing it with their own imaginative "explanations," usually concocted from the vestiges of mythology and superstition—which is why romantic literature itself requires explanation. Naturalist authors would like to combine literature and science, but this dual adherence often amounted to a betrayal of both: the literary discourse could only point outside itself to a correct formalism that supposedly existed elsewhere. In relation to such tendencies, which are in fact quite pervasive in literature, it is contradictory to ask the critic to respect the text's specificity because the works are themselves essentially oriented by a nonliterary "intertextuality"—more precisely, by positive and negative relations toward science and mythology. In such cases, the influence study—traditional or anxious—is often a line of inquiry more appropriate than any approach that presupposes the autonomy of the literary figures.

To what extent these cases can be generalized is a complex issue. Girardians would tend to assume that the major literary forms arose from myth and ritual and hence carry at least the traces of their mimetic patterns. This does not mean that it is assumed that literature can only repeat these forms: the fantastic author who tries to resuscitate an archaic superstition or mythical motif gives it a difference by virtue of the fact that these figures are placed within a literary and fictional context. Hence the question of the specificity of literary mimesis is complicated, and we would hesitate to make any general proclamations on this subject. One of the apparent paradoxes in Girard's own criticism is that his canon of "great works" strongly resembles a traditional list: Sophocles, Shakespeare, Cervantes, Proust, etc. Yet Girard tends to praise these figures for their immanent critiques of the dominant literary conventions within which they worked, for these critiques involve a knowledge of the mimetic and mythical underpinnings of literature. Sophocles' tragedy would be great because it understands and rejects the sacrificial logic of the tragic *muthos*; Cervantes' novel in turn depicts and rejects the literary desire subtending the chivalric romance. Yet in thus criticizing its own substance, literature at the same time grasps the extraliterary reality, for what is at stake is not only an autonomous esthetic function but the role of the text within the imaginary social reality.

Herein would reside the positive specificity of literature with which a Girardian critic can respond to the third objection. To orient literary culture toward the goal of explanation—and not only an explanation of literature itself—would not be a "betrayal" because literature can be the most adequate mode of explaining certain dimensions of reality. Yet how is this specificity to be defined? It is not, first of all, to be restricted to a hermetic enclosure, for the hypotheses developed within literary analysis can be usefully transported outside this domain—as Girard's own work clearly demonstrates. Nonetheless, the specificity in question should be construed as involving a degree of autonomy—at least to the extent that we recognize the danger of an immediate importation of schemas and hypotheses constructed with no attention to what the particularity of the literary work has to say. How, more precisely, can this particularity be defined, and what is its specific contribution to the goals of "understanding" and "truth"?

In a sense, mythology, literature, and science share an explanatory role within society, but respond to it in different ways. Girard distinguishes mythology from other discourses by noting that its representations explain social and natural phenomena in terms of purely imaginary entities and causal connections. This is not, of course, deemed to be a purely speculative process, for these misrepresentations have a pragmatic source within social interaction. Any literary works that simply perpetuate such patterns are open to the Girardian demystification, for they have betrayed what is positive in literature, namely, its critical distance from the sacred.

Literary knowledge can also be distinguished from that of the natural sciences in that its language is inimical to rigorous explanation of physical and biological realities. The proper domain of literary knowledge is *society*, in the broadest sense of the word, which includes not only the individual's relation to the group but his imaginary relation to nature. In what way could literary language be deemed appropriate to such topics—as adequate or more adequate than the discourse of social theory? This is the central question, for if our end is to arrive at the truth of psychological, interpersonal, and socio-historical realities, the means should be weighted solely in function of this goal. We must therefore ask why social theory and concrete historiography should not take precedence over both literature and its interpretation.

Girard himself would perhaps respond by saying that literature may contribute to this task but is not in itself sufficient. Nonetheless, this contribution is not purely auxiliary in that literary texts are in a crucial intermediary position between social theory and historiography. That the literary work is a fiction implies that it is not bound to a factual depiction of concrete particularities (Aristotle). Its selective representation of the latter is already schematic and hence interpretive, that is, already on the way toward theory. Nor, however, is literary mimesis reductive in the manner of scientific discourse. Even the most stereotypical figures and conventional patterns of literature are distant from a rigorous and idealized formalism. "Triangular desire" is certainly a geometrical figure, but its literary representations and interpretation never involve a calculation having the precision of even the simplest Euclidean demonstration. In Husserl's terms, the "substruction" of experience is far from complete. This has important epistemological and practical implications. For example, Girard's hypotheses about the triangular configurations of mimetic desire do not provide a single, schematic set of relations that can be mapped automatically onto every particular text. The critic should not bring this hypothesis into relation to a specific text in order to find proof for the theory, if only because fictional examples could never constitute evidence that this is indeed the ultimate nature of human desire. An extensive investigation of nonliterary evidence would be necessary to any eventual proof of the hypothesis. Neither the novel nor the critical interpretation is capable of being experimental in the sense of Bernard and Zola. Rather, these activities have another value entirely, namely, the refinement of the hypothesis itself, its complexification through contact with represented experience. This does not mean that literary works should never be seen, following Girard, as accurately depicting the recurrent conditions and determining patterns of social reality, but even when they do so they differ from theory by realizing these schemata in something of the fullness that Husserl found lacking in the geometrical ideal.

Literature, then, recovers what was expelled in the creation of mathematical exactitude — the violence of its founding gesture. Its fullness also includes what is contingent and indeterminate, what, both in literary and real signification, exceeds the mechanical and necessary patterns. Even when literature depicts a world of ironclad necessities, something unnecessary remains — the fiction of necessity itself, and at times, the author's understanding of this fiction and of the possibility of an alternative.

L'Affaire Satan*

PHILIPPE MURAY

L'un des événements capitaux de l'histoire littéraire, ou plus encore idéologique, du 19e siècle, concerne bizarrement le personnage de Satan. A cette époque, en effet, pour la première fois, me semble-t-il, un nombre considérable d'écrivains, de romanciers, de philosophes ou de poètes, entreprend ce qu'il faut bien appeler la réhabilitation du démon. Il s'agit d'un renversement de situation à mon avis sensationnel. Pour la première fois, massivement, on prend la défense de celui qui depuis des milliers d'années personnifie le mal dans ce qu'il a de plus radical, donc de plus irréconciliable. Pour la première fois, celui qui a été dit Prince de ce Monde, Père du mensonge, meurtrier, tentateur, ange des ténèbres, séducteur, esprit immonde, est soudain arraché à sa malédiction immémoriale. Le bourreau absolu, le maître de tous les bourreaux de l'histoire, est brusquement victimisé pour être ensuite amnistié et réhabilité.

Ce grand mouvement littéraire du 19e siècle n'est antisacrificiel qu'en apparence. En réalité, il prend à rebours le long travail biblique puis évangélique de démystification de la persécution dont René Girard n'a cessé d'approfondir la lecture. En ce sens, il représente un événement inouï dans la pensée. Ce n'est pas en effet d'une victime con-

* Extrait d'un travail en cours sur le 19e siècle.

vaincue à tort d'un crime qu'elle n'a pas commis que certains écrivains de cette époque se font les avocats. C'est du suprême Bourreau (symbolique, bien entendu, mais derrière le symbolisme, à travers les âges, que de bourreaux réels!) qu'ils entreprennent la défense. Dans une perspective de réharmonisation, de réconciliation de la société, de progrès social et d'avenir radieux, dont la figure d'un Satan soudain innocenté sous des flots de plaidoiries lyriques révèle les arrière-plans et les arrière-pensées...

Au 19e siècle, en effet, dans le désir de n'avoir affaire qu'aux bons esprits, on va entreprendre de mettre un terme à la carrière du *mauvais*. Ou du moins l'imaginer et l'écrire. La littérature devenant alors ce qui prétendrait annoncer que le mauvais esprit est devenu un bon esprit. Ce qui prépare la littérature qui prétendra annoncer que la société mauvaise peut se changer en bonne société...

Ce n'est pas la suppression du Mal, ni celle de son acteur mythique: Satan. C'est mieux que ça. C'est, arbitrairement, au beau milieu du développement des temps, alors que rien d'eschatologique ne permet de s'y sentir encouragé, *la révision du procès de Satan*.

Nous voilà au point d'ébullition maximum des illusions de la *dix-neuviémité*. A leur stade d'extase. Tous les noms littéraires de l'époque, ou presque tous, sont présents dans ce concours unanime de *dédiabolisation*. Vigny, *Eloa* (1820); Lamartine, *La Chute d'un ange* (1837); Théophile Gautier, *Une Larme du diable* (1839); Soumet, *La Divine Epopée* (1840); Laprade, *Psyché* (1841); Quinet, *Ahasvérus*; Lamennais, *Amschapands et Darwands*; Hugo, bien entendu, mais aussi Balzac, *Melmoth réconcilié*. Racheter Satan devient un devoir. Balzac reste toutefois marginal par rapport à cette série. Son "devoir" à lui est d'interpréter la folie du monde où il est tombé, il fait un conte pour s'amuser sur cette lubie de rachat du démon, puis recommence ses romans, c'est-à-dire l'étude générale de la causalité diabolique de cette lubie; l'année où il écrit *Melmoth* (1835), suit l'année où il a découvert l'éternel retour de ses personnages: le diable fait donc désormais partie du mécanisme de reproduction de l'état-civil, alors que pour les autres écrivains il est une extériorité occulte à apprivoiser. Balzac abandonne l'occulte à son sort: regards "magnétiques" paralysants. Vautrin, "poème infernal"[1]; associations secrètes manipulatrices; souterrains, conspiration des Treize... "Iliade de la corruption"[2] (c'est-à-dire les

[1] H. de Balzac, *Le Père Goriot, Oeuvres*, VI (Conrad, 1912), 429.
[2] H. de Balzac, *Illusions perdues, Oeuvres*, XII (Conrad, 1912), 553.

Illusions perdues)... Son problème n'est pas du tout le procès de Satan puisque, de Satan, il démontre la place infinie et banalisée sous le nom de société... Mais revenons aux autres que la fin de Satan fait rêver. Vigny la voit en songe, George Sand la prophétise. N'est-il pas dit qu'à la fin la Femme écrasera le serpent du talon? Le tout est de s'entendre: quelle fin et quelle femme... Renan se félicite: le diable doit une fière chandelle aux Lumières: "De tous les êtres autrefois maudits que la tolérance de notre siècle a relevé de leur anathème, Satan est sans doute celui qui a le plus gagné au progrès des lumières et de l'universelle civilisation"[3]. Le Mal diminue! Le cours du Mal est en baisse! Nerval part à la délivrance de sa Prosperpine, Jenny Colon, folle en enfer: "Amours laissées dans un tombeau"[4]... D'ailleurs, le Christ ne s'est-il pas rebellé au Jardin des Oliviers? "Mes premières années ont été trop imprégnées des idées issues de la Révolution, mon éducation a été trop libre, ma vie trop errante, pour que j'accepte facilement un joug qui sur bien des aspects offenserait encore ma raison"[5]. "Eh bien, me dis-je, luttons contre l'esprit fatal, luttons contre le dieu lui-même avec les armes de la tradition et de la science. Quoi qu'il fasse dans l'ombre et la nuit, j'existe — et j'ai pour le vaincre le temps qu'il m'est donné encore sur la terre"[6]. La fin de Satan est inséparable de la réconciliation des religions et de leur fusion. Pour les justifications archéologiques de la question, on peut faire référence à la grande hérésie d'Origène, l'*apocatastase*, sorte de variante christianisée de la métempsycose poussant à la limite la théorie de la purification, la catharsis héritée des orphiques, de Platon et des Pythagoriciens. Ce qui sera repris en choeur par Grégoire de Nazianze, Grégoire de Nysse, Evagre le Pontique et Jean Scot Erigène, avant que le Concile de Constantinople ne renvoie le tout aux ténèbres. Pourtant, rétablir l'Harmonie universelle troublée par le péché originel, qui ne le souhaiterait? Il n'y a pas un pêcheur, si mauvais soit-il, qui finalement ne se purifie et finit en Paradis... C'est l'enfer qui est en purgatoire, mais patience: l'enfer lui-même peut s'amender, son histoire aussi a un sens... Le *progrès* de l'âme est une idée neuve: cette idée c'est la définition même

---

[3] E. Renan, "*L'Artiste*", 27 mai 1855.
[4] G. de Nerval, *Oeuvres*, ii (Pléiade, 1952-1956), 718.
[5] *Ibid.*, i, 397.
[6] *Ibid.*, i, 786.

de l'apocatastase. Aujourd'hui, complètement disparue comme mot, elle a en réalité envahi intégralement nos calculs. L'apocatastase, sous des noms d'idéologies, c'est notre *ce qui va de soi* quotidien. Tout le monde sera sauvé à la fin, même Satan, on ira au Paradis: cri de guerre moderne du groupe humain. Saint Augustin avait dû agiter le feu de l'enfer pout éteindre un peu les lumières des "Miséricordieux" origénistes de son temps... Peine perdue! Cet espoir a été le plus fort. Swedenborg, dont l'influence a été immense sur le 19e siècle, n'a cessé d'affirmer qu'il n'y avait pas de diable, seulement des âmes qui avaient choisi le vice: "On croit encore aujourd'hui dans le Monde qu'il y a un Diable qui préside sur les enfers; que ce Diable a été créé Ange de lumière... mais on se trompe! Tous les Anges du ciel et de lumière, et tous les Esprits infernaux ont été hommes sur la terre." En 1691, un pasteur allemand, Balthazar Bekker, réfute le diable dans un gros livre intitulé *Le Monde enchanté*: la croyance à Satan, dit-il, est de source païenne, elle a infecté le christianisme; l'Ecriture parle d'esprits malins mais ne désigne que des hommes; il n'y a pas de démons même s'il y a peut-être des damnés; d'ailleurs, le diable qui tente Jésus n'est pas bien méchant; quant aux exorcismes, ils ne concernent, chacun le sait, que des maladies... Ici pointe l'oreille thérapeute. Convertir Satan, c'est le *guérir*. Et guérir, en l'occurrence, passe par la dématérialisation d'un personnage qui n'est ni plus ni moins qu'un *personnage de roman*. Quelqu'un parlant dans les plis d'un texte. Ce texte, c'est le Mal. En l'incarnant, Satan l'a tiré de son abstraction. Abolir le Mal passe donc par la réabstraction du démon. Qu'il cesse d'être une figure de sorte que toutes les figures de l'humanité puissent défiler en se croyant guéries.

Il est curieux qu'une fois de plus la guérison ne puisse être envisagée que dans l'optique de la suppression d'un *un*, même si cet un contient en lui le maléfique symbolique infiniment multiplié.

Cette cure anti-un longtemps préparée est donc entreprise avec de grandes chances de réussite par le 19e siècle. Comme une immense opération de transfert collectif. A partir sans doute du coup d'envoi de Rousseau rejetant le péché originel et implantant la cause des malheurs de la société dans la société même. C'est alors en somme qu'on a commencé à se dire qu'il y avait un mal qui n'était qu'une maladie, et qu'il fallait absolument en guérir... Aller chercher le Mal à sa racine, au point central de la Chute, est une attitude conséquente. La mention du diable agaçait Voltaire au plus haut point pour ce qu'elle lui rappelait sans cesse la stabilité du foyer d'infection: l'insupportable

Péché originel contre lequel, vraiment, on ne sera jamais assez nombreux. Il n'est pas surprenant que le diable soit revenu en littérature (Cazotte) juste avant le grand coup de possession-dépossession général de la Révolution. L'âge classique qui ne parlait que de l'ordre des choses et du monde l'avait quasiment oublié. Quand il l'évoquait, c'était plutôt pour rire: Boileau, par exemple, se moquant du "diable toujours hurlant contre les cieux..." La Révolution française va très vite réactualiser le "Malin". Joseph de Maistre ressent 89 comme un coup de griffe de la damnation: un grand Conseil, en enfer, entre Satan, Mammon et Moloch, a préparé les journées diaboliques de la Convention. Il décrit les Jacobins comme un défilé d'automates incapables de faire des fausses notes pour la raison que leur constructeur démoniaque n'en a pas prévu: ils sont les "instruments d'une force qui en savait plus qu'eux"[7]. Il sent aussi qu'on commence à dresser un tel barrage métaphysique contre la possession qu'il se demande si on ne va pas désormais être possédé par ce barrage même. Il a l'impression qu'il n'y a plus que du diable, tant on le poursuit universellement d'assiduités thérapeutiques. Plus on cesse de croire au diable, prophétise-t-il, et plus la secousse s'en imprime comme une séduction. Faire l'économie de cette croyance idiote n'est peut-être que prendre un raccourci fatal pour y aller plus vite...

Milton déjà, grand précurseur, avait commis cette étrange confusion d'imaginer que la rébellion politique, la révolution, c'était Satan enfin positivé. Il avait été le secrétaire de Cromwell, il avait cru à la subversion. Quand on y croit, le Mal apparaît comme une transition, rien qu'un mauvais moment à dépasser. Une aberration à liquider par elle-même. On croit aussi que la société a tout à dire sur cette rectification et qu'elle peut l'entreprendre puisqu'elle est le Mal en même temps que sa guérison encore invisible.

Satan est-il caché, inexistant, mort? Rusé au point de faire croire à sa disparition? Questions identiques à celles que le refoulement se pose dès la même époque à propos de Dieu. Angoisse dérivée d'une petite envie du pénis: envie du Malin et de sa malice. Mais la différence entre l'absence du diable et celle de Dieu, c'est qu'il n'existe pas de base textuelle analogue à la Bible ou aux évangiles concernant Satan. Et pour cause: tout l'Ecrit est en lutte interminable avec lui. La Bible ne cesse d'affirmer la présence perpétuelle de l'Ennemi, la manière

---

[7] J. de Maistre, *Considérations sur la France* (Coll. Les Classiques de la Politique, Garnier, 1980), p. 33.

de s'y dérober, d'en triompher. Elle dit que si l'"autre" n'était pas là (le diable), il n'y aurait pas d'Ecrit. Ou il ne se verrait pas: il ne se voit que par contraste avec lui. C'est pourquoi l'écrit dixneuviémiste s'engouffrant dans la violente et corrective volonté de béatification de Satan sera animé d'une haine farouche contre cette Ecriture faisant obstacle à la libération du groupe humain réalisable par un bon contrat social passé dans un monde dédiabolisé.

Les hommes du 19e siècle n'étaient pas dégoûtés, ils n'avaient pas nos nausées. Après être passés par les différentes incarnations des esprits frappeurs, des tables tournantes, du spiritisme, et ne s'être pas découragés, voilà qu'ils se chargent de débrancher le démoniaque. Sans voir qu'ils cherchent un refuge où ils vont en même temps s'effacer en croyant avoir effacé ce qui menace de continuer à jamais à les diviser. La mort de Dieu n'a pas donné lieu à beaucoup d'oeuvres avouées comme telles (les illustrations inconscientes en sont évidemment indénombrables). L'hospitalisation de Satan et son procès de béatification, si. Enormément. Et ça continue. On a à peine mis des masques un peu plus sérieux aux premiers rôles. A travers les ronces, les embûches, le maquis d'épines du négatif, c'est toujours le même projet qui essaie de se dégager, celui qui consiste à essayer de retrouver l'équilibre, fournir des images positives, servir l'avenir de la vérité, être le relais d'une pratique, faire rosir de plaisir l'humanité. S'eniaiser dans l'indifférencié avec les conséquences esthétiques que l'on sait.

Il y a une grande différence entre chasser Satan et l'amnistier. Quand le Christ exorcise les démons du possédé de Gérasa, il les excorpore dans des porcs et ils vont terminer leur carrière grégaire dans l'indifférencié de la mer. Ce qui est expulsé est précisément l'indifférencié.

C'est l'indifférencié au contraire qui est réhabilité par le dixneuviémisme à travers l'emphatisation de Satan pardonné. Les vieux rituels d'exorcisme bornés dont on s'est bien moqué comportaient une clause intéressante: "*in primis ne facile credet aliquem a doemonis obsessum esse*". D'abord, que l'exorciste ne croie pas trop facilement à la possession! Le contraire des entreprises du 19e siècle… Qu'on échappe au petit bricolage fétichiste! Qu'on ne prenne pas le parti de l'idéalisation de l'immonde! Qu'on ne soit pas dupe. Et la non-duperie, dans ce cas, c'est tout simplement de trouver, pour dissiper l'épaisseur démoniaque de l'innommable, les conjurations verbales adéquates, les modes d'énoncé dissipateurs appropriés. Les Evangiles sont remplis d'expulsions de démons. S'il y a quelqu'un qui ne *croit* pas facilement à l'indifférencié, dont le nom de guerre est Légion, c'est bien Jésus.

Parmi ceux qui le suivent, il y a Marie surnommée Madeleine de qui sont sortis sept démons. Mais la preuve qu'il s'agit bien, concernant la possession, d'un problème de scepticisme exprimé dans le langage, c'est qu'on n'arrête pas de rencontrer dans le texte évangélique des possédés qui justement sont *muets* (Mt, 9, 32; Mc, 9, 16; etc.), sourds-muets (Mc, 7, 32) ou encore muets-aveugles (Mt, 12, 22)... La crédulité est démoniaque. La crédulité démoniaque laisse *sans voix*, littéralement. Croire au démon c'est être possédé. Etre possédé c'est ne pas pouvoir parler. Exorciser, inversement, consiste à chasser la mystification qui noue la voix dans la gorge. Ne pas croire, c'est parler. Ne pas croire facilement, c'est être un bon exorciste éventuel. Voici, dit le Christ, aujourd'hui et demain je chasse des démons, et le troisième jour je suis consommé... La possession paraît bavarde, pourtant? C'est qu'elle est ventriloque: *engastrimuthoi*, dit le classement en grec des divers types de possédés, les *daimonontes* épileptoïdes opposés à ceux qui sont remplis de Dieu (*entheoi*), de surnaturel (*prophétai*), ou de l'Esprit-Saint (*pheumatikoi*)...

Il faut en passer, je crois, par ces rappels pour montrer que ce qui va aller de soi à partir du 19e siècle, cette espèce de ventriloquie par exemple a pu apparaître en d'autres temps comme le contraire du naturel. C'était en vérité l'artifice même, le pire, l'artifice comme croyance: le vrai feu de l'enfer. C'est donc cet artifice qui va se trouver réhumanisé au nom de la liberté. Contre ce qui désormais va devenir le véritable artifice oppressif: le dogme, l'interdit, la scolastique répressive, la contrainte de pensée, les Bastilles castratrices... C'est contre tout cet "inhumain" qu'on joue l'anthropologisation de Satan. Mais pas n'importe quel Satan; pas le "satanique" Sade par exemple, qui va justement devenir le vrai Satan aux yeux des désataniseurs du 19e siècle, tout simplement parce que, de Satan, lui, il n'avait rien à faire... Il n'y a qu'à voir la tête que fait Michelet, quelque part dans *La Révolution française*, quand, en pleine euphorie de destruction de la Bastille, il bute là, soudain, sur ce marquis maudit... Alors, brusquement, il ne rit plus du tout; les épithètes s'affolent: professeur de crime, chose monstrueuse, apôtre des assassins, reptile effroyable, vipère... La guillotine était tout indiquée pour un tel scorpion. Michelet, grand adversaire de l'Inquisition, retrouve vite un nouveau Satan à brûler. La limite du progressisme démonophile s'appelle d'ailleurs toujours plus ou moins Sade...

Libérer Satan, c'est libérer le désir. Contre la sombre Sorbonne, les grands hommes du Panthéon! George Sand s'inspire du *consolamentum* des Albigeois pour titrer son *Consuelo*: "Ceux-ci t'ont appelé

Satan, ceux-là crime: moi, je t'appelle désir!" Le clergé a poussé le peuple vers Lucifer, qui "est devenu le symbole et le patron de son désir de liberté, d'égalité et de bonheur, tandis que saint Michel devenait la figure des pontifes et des princes de l'Eglise, de ceux qui avaient refoulé dans les fictions de l'enfer la religion de l'égalité et le principe du bonheur pour la famille humaine"[8]. Et Michelet justement, notre ami Michelet qui, né dans une église parisienne désaffectée, n'a eu de cesse d'essayer de se reconsacrer, de se ressusciter (sa vocation d'historien est une longue et d'ailleurs très belle compulsion de résurrection), comme si le non-être de son lieu de naissance lui donnait des droits à se croire une seconde chance d'être, c'est-à-dire ne pas être toujours-déjà désaffecté avant d'être, Michelet donc qui sursaute de dégoût devant la sortie reptilienne de Sade hors de ruines de la Bastille, Michelet n'a pas de mots assez attendris pour la vieille bête noire de l'Eglise: "Satan, nom bizarre de la liberté jeune encore, militante d'abord, négative, mais créatrice plus tard, de plus en plus féconde." C'est dans ce passage qu'il dit que l'Eglise moribonde est devenue pour lui aussi lointaine que la lune: il est en train comme tout le monde d'oublier la cause des marées de la terre... *La Sorcière* est l'histoire généalogique des recettes inventées par le genre humain contre le mal ecclésial. Philtres, mixtures, sabbats... Un chapitre s'intitule *Satan médecin*. Herbes guérisseuses, invocations... "Roi des Morts", le diable est donc aussi, logiquement, "prince de la nature". Nécromancie naturiste, Femme infirmière et nécromancière... "Pénétrer l'avenir, évoquer le passé, devancer, rappeler le temps qui va si vite, étendre le présent de ce qui fut et de ce qui sera, voilà deux choses proscrites au moyen âge. En vain. Nature ici est invincible"[9]. Autels, servage, révoltes... Messes noires, Jacqueries... Gloire à Michelet pour avoir tracé cette genèse! Gloire aussi à Renan qui, commentant un tableau du peintre pompier Ary Scheffer, constate qu'on sort enfin de l'obscurantisme. Satan "s'est adouci peu à peu dans son long voyage depuis la Perse jusqu'à nous: il a dépouillé toute sa méchanceté d'Ahriman. Le moyen âge, qui n'entendait rien à la tolérance, le fit à plaisir laid, méchant, torturé, et, pour comble de disgrâce, ridicule. Milton comprit enfin ce pauvre calomnié et commença la métamorphose que la haute impartialité de notre temps devait achever. Un siècle aussi fécond que le nôtre en réhabilitations de toutes sortes ne pouvait manquer

[8] G. Sand, *Oeuvres complètes*, xxii, 142.
[9] J. Michelet, *La Sorcière* (Garnier-Flammarion, 1966), p. 93.

de raisons pour excuser un révolutionnaire malheureux, que le besoin d'action jeta dans des entreprises hasardées"[10]. Tout cela est maintenant pensable, à la portée du premier venu.

Il est curieux que Nietzsche lui-même, dans *Ecce Homo*, jetant un regard retrospectif sur *Zarathoustra* et affirmant qu'il s'agit d'un livre qui "repose", issu d'un "régime diététique", un livre de vouloir-guérir en somme, ne trouve rien de mieux pour se définir lui-même écrivant ce livre à cette époque que de s'assimiler au démon, que d'ailleurs il assimile gnostiquement à Dieu: ce dernier étant mort en entraînant la mort de l'homme, on pourrait se demander si ce ne sont pas ces deux morts fusionnantes, la fusion de ces deux morts, dont Nietzsche propose la figure dans le Surhomme. "Pour parler théologiquement—écoutez, car je parle rarement en théologien—ce fut Dieu lui-même qui, sous la forme de serpent, se coucha sous l'arbre de la Connaissance, lorsqu'il eut accompli son oeuvre: il se reposait ainsi d'être Dieu. Tout ce qu'il avait fait, il l'avait fait trop beau... Le Diable n'est que l'oisiveté de Dieu, à chaque septième jour..."[11]. Pourquoi pas? Et le Surhomme, est-ce que ce ne serait pas tout simplement Satan réconcilié? Satan était bon; Satan n'est plus Satan; Dieu était mauvais mais il est mort... Le tout dans une perspective de régime diététique pour la communauté. Satan était l'étranger cosmopolite manipulateur de secrets? On l'apprivoise, invite au banquet, voilà le sauvage amadoué, l'Autre dompté, chosifié. A table lui aussi! A la table tournante! A guéridon progressiste anthropocentique! Dans notre entropie *anthropique*!

Au fond de tout refoulement originaire, il y a l'oubli de la grande image du commencement théologique, celle de la chute des anges. Si l'histoire des hommes est insignifiante, c'est que l'enfer a précédé, avec sa cataracte imaginaire de déchus, la chute particulière humaine. Supposer une réconciliation avec et dans le groupe humain, c'est donc opérer une très relative négation de l'enfer, négation qui cependant se croit radicale pour donner de l'importance aux humains. Imaginer que le diable puisse n'avoir été qu'un petit révolutionnaire maladroit ayant quelques siècles d'avance sur nos premières révolutions, c'est nier l'enfer d'*avant* l'homme, et par conséquent anthropologiser l'enfer, le ramener au segment que nous connaissons, c'est-à-dire ce que nous appelons l'histoire, commençant avec la Faute (ou autre

[10] E. Renan, *Oeuvres complètes*, VII (Calmann-Lévy, 1955), 300.
[11] F. Nietzsche, *Ecce Homo* (Médiations-Gonthier, 1971), p. 136.

chose, un autre type de "Big-Bang") et représentant l'unique séquence à prendre en considération. Rien d'étonnant donc à ce que l'affaire finalement tombe dans la politique, c'est-à-dire dans l'illusion qu'on serait important et qu'on pourrait progresser. Ramener Satan à sa seule traversée du monde, croire que son affaire est seulement la nôtre, qu'on est les seuls à l'intéresser, voilà sur quelle idée, inconsciente bien sûr, est fondée absolument toute la vision politique, c'est-à-dire toute pensée se voulant *Toute*. D'où la marche pour y arriver, dont il faut entendre la progression, frôlements, bruits de complots rumeurs, jeteurs de sorts, sorcières, chasses aux sorcières, inondations, pestes, chômages, guerres, purges, puits empoisonnés, lépreux, Juifs, Compagnie de Jésus, fourgons de l'étranger, étrangers, étrangères, aristocrates, blouses blanches, bourgeois... Tous ces bals conduisent à Satan. Il est remarquable que Freud, lui, à la fin du 19e siècle, soit non seulement resté en dehors de ce mouvement, mais ait au contraire retrouvé la vraie tradition de l'exorcisme, puisqu'il parle de remuer les enfers, pas de les apprivoiser: "*Flectere si nequeo Superos, Acheronta movebo*", c'est l'exergue de la *Traumdeutung*. La devise de toute littérature. La grande, pas la petite qui justement se distingue de la grande par sa prétention à liquider l'Acheron... Voici par exemple ce qu'écrit Alphonse Esquiros qui, en 1838, publie *le Magicien*:

> J'ai, voyant l'ombre autour de rites et des cultes,
> Demandé la lumière aux sciences occultes
> Et forcé dans la nuit à me parler un peu
> Ce serpent qui promit de faire de l'homme Dieu.[12]

Esquiros était un féroce adepte des lumières libératrices dont il pensait que nous étions redevables au Prince des Ténèbres, lequel était présent dans les phénomènes de magnétisme... Son ouvrage, *L'Evangile du peuple défendu*, annonce l'assomption du peuple par Satan: "l'éternité du mal est un dogme barbare inventé dans des âges d'ignorance où le mal régnait presque uniquement, et devant lequel la conscience humaine se révolte de nos jours avec justice. Satan, qui n'est dans nos croyances que la sombre personnification du mal, ne gémira point éternellement dans la nuit; Satan se repentira: alors, agitant avec effort ses longues ailes couvertes de poussières et de ténèbres, il reprendra son vol vers les clartés du ciel"[13]. Ce n'est pas de Satan, bien sûr, qu'il

---

[12] Esquiros, *Les Chants d'un prisonnier* (Chalamel, 1841), p. 58.
[13] Esquiros, *L'Evangile du peuple défendu* (Le Gallois, 1841), p. 121.

s'agit; quand celui-ci est en passe de devenir positif, c'est toujours parce que son nom recouvre quelque chose d'autre: le Peuple ou, par exemple, la Femme. Comme Michelet, à un beaucoup plus haut degré de qualité littéraire, le démontrera dans *La Sorcière*. La matrone hypostasiée dans l'espoir que, par cette feinte de perversion, on détournera la castration...

Encore une fois la contre-épreuve, c'est Baudelaire. Il ne prend pas, lui, Satan pour la Femme, il ne s'intéresse pas du tout aux métaphores. Il écrit à sa mère en 1854 quelque chose qui se situe très loin des rêves extatiques et nécromantiques de la dixneuviémité, il dit: "En somme, je crois que ma vie a été damnée dès le commencement et qu'elle l'est pour toujours." C'est à sa mère, à son commencement ou à celle qui est en droit de se prendre pour la loi de son commencement, qu'il adresse cette résignation. En revanche, écrivant *Les Fleurs du mal*, il déclare ce livre "essentiellement inutile et absolument innocent", le maléfique étant de toute évidence du côté des livres affairés à l'utile, c'est-à-dire à la réhabilitation du Mal... Il met *Les Litanies de Satan* dans le rythme liturgique du *Miserere*, et les actions de grâce qu'il adresse au diable ne comportent pas un seul mot d'espérance, ce qui est un exploit à signaler. Enfin, il écrit un admirable essai, *De l'essence du rire*, où cette morsure du réel qu'est le comique est définie comme "un des plus clairs signes sataniques de l'homme et un des nombreux pépins contenus dans la pomme symbolique"... Il n'a pas du tout l'intention de faire sa carrière sur la recherche d'un statut vivable pour le diable, il ne travaille pas au progrès, il ne s'adapte pas, c'est-à-dire qu'il se moque éperdument des entreprises de miniaturisation du Double suprême par la communauté des doubles de la société.

C'est cette miniaturisation, en revanche, qui s'exprime, en grand et généreux format, avec Hugo. Lequel donne, si je puis dire, ses lettres de noblesse à la petite prêtrise qui l'entoure. Mais il ne fait que ça malheureusement: donner des lettres de noblesse.

Les tables tournantes de Jersey se sont affirmées délibérément angélisantes et évangélisantes: désatanisantes. Ce qui n'allait pas de soi au début. Avant de revenir d'Amérique lavées de tout soupçon, les tables avaient mauvaise réputation en France. Elles y faisaient des ravages qu'on prenait pour des manifestations du démon: c'est le cas de cette jeune fille de Mamers qui, en 1846, a vu le guéridon sur lequel était appuyé son ouvrage se soulever brusquement. La presse l'a appelée "la fille électrique" et l'Académie des Sciences s'est penchée sur ce phénomène d'érection. Il y a eu à Paris des affaires de pluies de pierres auxquelles Nerval s'est intéressé, des drames de possession à Lyon, d'autres à Chartres. Veuillot pensait qu'il s'agissait d'un complot pour saper la religion. Mais voilà l'histoire des soeurs Fox qui se répand à Paris en 1852. Plus question de voir le démon dans le guéridon. D'ailleurs, les esprits frappeurs chantent la fin de Satan...

1854 est l'année où Hugo écrit les deux cent quatre-vingt-huit vers de *Satan dans la nuit*, noyau de son grand poème de la rédemption. Chute dans les ténèbres, Orphée, Melchisédech, Nemrod à l'assaut des cieux, Lilith-Isis, l'ange Liberté née d'une plume blanche de Lucifer, etc. Cette *plume* précisément écrira les longs fragments de *La Fin de Satan*, la disparition de Lilith-Isis et le sauvetage du démon autour du point nodal de la Révolution. C'est cette *plume* que Hugo crut avoir saisie au vol pendant la chute de Satan et qui lui donne l'impression que la chute de celui-ci n'est pas irréversible. Ce qui veut dire aussi que la chute de l'humanité pourrait être interrompue. Illusion qui vaut à Hugo quelques cassages de gueule, comme par exemple l'idée que la fin du Mal s'opérera par le navire à vapeur! Fausse chute, fausse croyance au redressement, fausse conviction de ne pas chuter: on est complètement dans l'écran 19e avec ce tableau qu'il ne faut pas perdre de vue: Hugo parmi d'autres, plus grand que d'autres mais parmi d'autres, en train d'essayer au milieu des ruines de l'Eglise de ramener dans le monde quelque chose de théologiquement extra-temporel et extra-mondial afin d'assurer le triomphe complet de l'être-là, comme on dit. L'empêcheur d'être un peu là, ce n'est plus Dieu comme autrefois puisqu'il est mort, mais ce double de Dieu, cet *imitateur* qu'est le diable...

En être arrivé à essayer d'apprivoiser un semblant, un clone de Dieu, montre à quel point au 19e on tombe bas. Cette hantise d'absolution de Satan, c'est vraiment l'aveu qu'aussitôt après la disparition de Dieu, l'humain n'arrive pas du tout à assurer sa propre réapparition, sa progression en tant qu'humanité, son salut physique en tant qu'unique. Ce que le long fantasme de la présence de Dieu lui avait autrefois caché — son statut de doublon opaque et organique — ne peut pas être surmonté, même en multipliant les révolutions. Alors il s'attaque au problème du doublon suprême, l'éternel second des mythologies, en essayant de prouver que, comme Mal, il n'existe pas, ce Doublon, mais que si on arrive à montrer qu'il existe comme bien, alors tous les espoirs seront à nouveau permis.

Il faut voir *ce que* le 19e se donne pour mission d'évacuer ou de réconcilier. Je ne crois pas qu'il soit abusif à propos du diable de remonter jusqu'aux représentations extra-testamentaires, totalement en dehors de la sphère judéo-chrétienne. Pour autant en effet que le démon des cultures non juives et non chrétiennes est justement l'*objet* sur lequel les Juifs puis les chrétiens ont travaillé et qu'ils ont transformé. Je n'ai d'autre part aucun scrupule à syncrétiser l'histoire de Satan, parlant de la pensée du 19e siècle, puisque celle-ci a cru justement trouver la vérité dans le syncrétisme—religion en tant qu'effet de masse...

Voyons donc ce pour quoi, à travers des tas de glissements bien sûr, militent toujours les collectivités. Car il ne faudrait pas croire que le problème est inactuel sous prétexte que le nom de Satan n'est mentionné dans aucun spot publicitaire. Il est aussi archaïque qu'actuel, comme tout rêve éventuellement autoritaire de bonne société. Plus on a rendu insignifiant et en quelque sorte neutralisé le mythe de Satan, plus les signes de violence, les rêves de violence ou les passages à l'acte se sont amplifiés. Comme si c'était le Mal lui-même qui protestait de voir sa question ainsi réglée et entrait en insurrection, divisé contre lui-même et affirmant sa division contre tous les optimismes, piétismes et fusionnismes... Ce qui se ramène à la célèbre déclaration de Jésus dans Matthieu: comment Satan pourrait-il expulser Satan sans se diviser contre lui-même? Une opération non contradictoire ne pourrait former un système complet, habitée qu'elle serait d'un indécidable. L'expulsion de Satan par Jésus implique deux instances affrontées. La solution qu'envisage le 19e siècle (et que le Christ déjà avait vue comme une tentation parfaitement logique) sous le nom de fin de Satan, se perd dans les replis de l'indifférencié. C'est l'absolution donnée par le collectif au collectif, par le double au double, et c'est l'enfer d'avance.

Il est néanmoins étrange que le groupe humain, en cette époque, cette date, au 19e siècle, se soit mis à imaginer qu'il existait une contradiction ou une différence entre lui et Satan au point d'essayer de la réduire.

Je remonte par conséquent en vrac l'"histoire" de Satan. En vrac parce qu'il s'agit justement des aventures du vrac. Quiconque voudrait savoir où s'est préparé ce qu'on appelle bien trop vite l'âge de foules, le nôtre, où a mijoté préhistoriquement la préparation symbolique du vrac, du multiple, des masses, des meutes, de tout ce qu'on veut de ce genre dans l'ordre de la résignation démographique, quelle est la précession donc de cette pression qui est la véritable répression non vue de l'époque, quiconque enfin veut comprendre les raisons de la grande violence bouchante et bouchonnante de la compression démographique aujourd'hui, doit reprendre la généalogie du diable.

Antérieur à l'être, c'est-à-dire à sa chute, le démon longtemps est resté dans le brouillard. Petites luers, animaux, crapauds, cormorans, rebelles angéliques, cohortes, restes cabbalistiques de mondes ratés essayés par le Créateur puis abandonnés... Déjà, le démon mandéen Ur qui avale les âmes était soupçonné d'être le résultat d'une condensation, d'une réduction imagée de la *hylé* grecque. Préexistence toujours perdue, cachée, ramenée par vertiges. Pour affronter la perturbation multiple, on a multiplié les énoncés et métaphorisé l'innommable: dieux planétaires, gardiens des portes, archontes, cosmocratores, gouverneurs hermétiques, mélanges de Mani, poches d'abomination de la Terre des Ténèbres, Roi du Monde de la Fumée, c'est-à-dire du feu des batailles... Tête de lion, épaules d'aigle, ventre de serpent, figure de poisson... Myriades de myriades... Génies, Esprits, Lilith, Kobolds, enfants du sang et de la flamme... Longtemps, on a essayé de multiplier les représentations. Incantation cumulative. Invocations circulaires pour tenter de montrer la cause proliférante du ventriloquisme des possédés muets. "Notre père qui est en nous", priaient les Adamites pour essayer de se trouver une antériorité justifiant leur appétit d'importance. Le démon de la convoitise avait enfermé son éther dans les os du parlant, son arbre de mort dans la pensée; les branches du raisonnement obscur poussaient à l'intérieur de la ville de la peau et leur fruit était sottise. En haut de l'arbre généalogique étaient perchés les démons forniquants avec nos grands-parents. Du péché naîtra le péché indéfiniment, et comme le Mal est mélange c'est du mélange que naît ce péché. Toute malédiction vient d'une antéprédication qui sait vous révéler ce que vous voudriez parler. Freud, bien plus tard, un jour, essaiera d'éclairer le démoniaque et affirmera[14] que le diable n'est pas autre chose que l'incarnation des pulsions anales refoulées. Mais justement, l'histoire du diable n'est que l'histoire d'une incarnation. Il a fallu pour arriver à l'incarner le sortir péniblement de la sarabande, l'arracher à Babylone, c'est-à-dire éliminer sa bestialité multiple première, crabs, scorpions, lions, panthères, rapaces, reptiles. Au commencement en effet était le bestiaire: loups des prairies, coyotes, mouches arctiques, démons manichéens sans hiérarchie, en crise d'indifférenciation. Archontes, Devan, Yakshas, Péris, Raksas, Razan, Mazadaran, Avortons, j'en passe. Il a fallu un jour les coiffer d'un Archidémon pour mettre de l'ordre. La *Ginza de Droite* des gnostiques baptistes mandéens raconte

---

[14] S. Freud, *Essais de psychanalyse appliquée* (Idées, Gallimard, 1971).

un pullulement: le Roi des Ténèbres "propagea des milliers et des milliers d'espèces à l'infini, des myriades et des myriades d'horribles créatures sans nombre". Et les ténèbres s'agrandirent et se grossirent de ces Démons: Dews, Génies, Esprits, Hmurthas, Liliths, etc. Et aussi Dêvas, Egregores, Schédîm, esprits élementaux, gnomes, sylvains, naïades... Horde bouddhique assaillant le Bodhissatva. Haches, fusées, disques, foudres, quincaillerie... Djinns... Enfin vinrent la Bible puis les Evangiles. Commentant Bosch, Lacan y voyait l'atlas des images agressives qui tourmentent les hommes, et particulièrement celles d'une "autoscopie primitive des organes oraux dérivés du cloaque" engendrant "les formes des démons..."[15]. L'incube en trop étant posé, le problème désormais sera de le rassembler. Passer d'un nom commun pluriel (les satans) à un nom propre singulier qu'on pourra plus tard éventuellement rêver de sauver. Auquel on pourra plus tard cesser de croire. Dont on imaginera se débarrasser... Abstractisation et individuation du Mal: procès de démystification, en apparence à base de progrès scientifique. L'état-civil mondialisé grossit et se rapproche tandis que la superstitition sur la prolifération maléfique diminue et que, dans l'état-civil, on commence de plus en plus à se prendre pour "quelqu'un". Pour qu'on puisse arriver à s'imaginer soi-même ayant de bonnes raisons de dire *je*, il fallait que Satan en *personne* aie voix au chapitre bien nettement. Faute de pouvoir s'appuyer sur Dieu (c'est-à-dire sur l'Original dont Satan n'est que la copie) puisque l'existence de celui-ci devenait de moins en moins assurée.

Hélas, tout ce qui tombe est nombre et n'est que ça. La chute n'est rien d'autre que multiple. L'infini en quantité, le nombre en acte ici-bas en train de parler sur son fond moderne, pourrait être observé comme la trace fossile de la chute. Quand on s'engage, comme dit Athanase d'Alexandrie, "dans la diversité et la multiplicité des désirs corporels" — aventure d'Adam et Eve tombant dans leurs sexes — on commence à dégringoler, c'est-à-dire à proliférer à partir de l'intervention d'un certain Serpent déclencheur du nombre (c'est-à-dire de la reproduction), donc super-ange gardien de la maternité qui est la suprême apparence, le voile jeté pour cacher la chute des hommes, qui elle-même cache la première chute, celle des anges. La maternité n'arrive qu'en troisième position après deux séries de malédictions. C'est ce que personne ne veut savoir. D'où les conséquences: satans

[15] J. Lacan, *Ecrits* (Seuil, 1966), p. 105.

devenus Satan, chute des hommes supposée être la première et unique chute, oubli intéressé de la chute des anges, oubli secondaire de la chute des hommes, absolution de Satan, oubli de Satan, oubli du Mal, solutions rationnelles (politiques, sociales) pour supprimer les maux du genre humain. Ces efforts n'ont jamais rebuté personne... Le sens maintenant de la naissance du nom propre de Satan. *Shatan* en hébreu, de la lettre sacrée *chin*, le "crochet de Saturne" dont le signe astrologique, imagine la Cabbale, est composé de l'Un et de son ombre portée qui n'est autre qu'un serpent: le *s* sifflant, tortueux, le Saurien vautré au fond des alphabets. L'histoire de ce nom commence devant un arbre de vie interdit. Le serpent est là, planté devant l'interdit. Il peut manger du fruit de l'arbre; il ne mourra pas puisqu'il est en vie-simili. Si on pouvait le regarder comme le regarde Dieu, on ne verrait qu'un non-dieu cachant un chaos. Le *Bahir*, lui, partant du radical STH, obtient "celui qui se penche vers le bas cherchant à incliner le monde du côté de la faute".

Plus les textes hébraïques sont anciens, plus rare y est la démonologie. Le monothéisme primitif n'avait que faire du diable animiste. Dans *Zacharie* et *Job*, le satan n'est qu'un nom commun. C'est dans les *Chroniques* qu'il devient nom propre. Les écrits tardifs, rabbiniques ou pseudépigraphiques, redécouvrent Béliar, Sammaël, Azazel, Mastéma. Satan sort de l'embouteillage lentement par des noms...

La chute des anges s'est produite, dit la Cabbale, par révolte de certains des "fonctionnaires cosmiques" trouvant en somme injuste que l'homme ait une place supérieure à la leur. Par volonté de connaître la béatitude par soi seul, dira saint Thomas. Par désir d'égalité avec Dieu, pensera Duns Scot. Par désir d'union hypostatique avec le Verbe, dira Suarez. Le Père du Mensonge a choisi librement de s'éloigner des cieux et de se glisser au néant par obsession d'égalité. C'est probablement ce que suggère saint Jean quand il affirme que Satan "n'a pas tenu bon dans la vérité". Pour la première fois, instant privilégié, on entend résonner, clamé dans les gouffres, le futur cri du genre humain voulant à tout prix l'égalité: *pourquoi pas moi?* Toutes les hypothèses convergent. Ou bien les anges se sont révoltés en apprenant que, par l'Incarnation, Dieu projetait d'élever la créature dans une gloire non-méritée; ou bien ils ont plus amplement revendiqué les droits imprescriptibles des créatures spirituelles qu'ils s'estimaient être... Tout cela, c'est la même chose. Milton l'a fort bien illustré en montrant Satan prenant la décision de se soulever lorsque Dieu crée son fils. D'où bataille rangée, tirs d'artillerie et jets de collines. Pour finir par l'établissement du trust du Pandaemonium, première société de subversion internationale.

Après des hésitations, les Pères de l'Eglise dans leur majorité ont compris admirablement qu'il fallait situer la chute de Satan avant tout début d'origine. Dante montrera le diable planté dans la terre, l'empalant de part en part, le torse dans l'hémisphère nord, la tête sous Jérusalem, les pieds sous le Purgatoire. Trois têtes, six ailes, trois mâchoires. Deux mille cent trente mètres de haut (calcul de Galilée!), c'est la dernière vision non dix-neuviémiste du démon. L'ex-multiple finit en géant pétrifié que Virgile et Dante escaladent; son histoire est terminée, le 19e siècle commence.

Mais que se passe-t-il lorsque le diable devenu unique rencontre au désert l'Unique absolu, l'*Unigenitus* rigoureux? Freud a soupçonné qu'on signait en général un "pacte" avec le diable parce que celui-ci, comme père nourricier, avait l'air de pouvoir remplacer votre père défunt. S'il y en a un, un *Un*, qui ne prend pas son père pour quelque chose qu'il pourrait remplacer, c'est bien le Christ. Le sens global des trois tentations dans les Synoptiques pourrait être cela: se voir sommé de prendre son père pour un cadavre, c'est-à-dire Satan pour une solution de remplacement moins injuste socialement. Si le fils de Dieu s'est manifesté dans la chair, dit Jean, c'est pour détruire les oeuvres du diable... Il est là dans ce qu'il désertifie de son nom, Satan. Il est là en tant que virtuose des simulations. Il est l'anti-Verbe en personne devenu personne comme tout le monde, c'est-à-dire sous-groupe dans le semblant. Il est non pas le mensonge et le semblant, mais le menteur et le sembleur, le grand rassembleur des semblants. Il en a fini de son cheminement, il est parti du pluriel pour arriver au singulier, il a réussi. Comme tel, il va permettre de faire croire à tout le monde qu'il existe une causalité unique des malheurs, avant qu'on ne cherche d'autres causalités toujours aussi uniques. Il n'est pourtant que l'éternel second à l'avant-garde du multiple et venant derrière l'Un. Mais comme chacun sait, les copies plaisent davantage que les originaux, elles sont moins humiliantes. Il est curieux que quelqu'un qui proteste contre cette manière de personnifier Satan (tout le monde croit être Un, c'est-à-dire justifié, absous; croire que Satan est un Un, c'est déjà l'absoudre) soit Jarry, qui dans *Le Docteur Faustroll* parle de "diable pluriel..."

Et là, une fois de plus, devant les bons apôtres, devant la niaiserie philodémonique, pandaemonique, se profile l'art de penser en personne: Baudelaire. Devant Sand, Vigny, Lamartine, devant Hugo dans le nom de qui ils s'accomplissent tous, Baudelaire tranquillement détruit l'imparable opération collective de conversion. Le 23 décembre 1861, il écrit à Victor de Laprade. Il a des ennuis, il voudrait entrer à l'Académie, et Laprade qui est royaliste y est déjà. Baudelaire lui avoue qu'il se trouve aux antipodes de ses opinions, mais que, "malgré l'obligation apparente pour tout républicain d'être athée", eh bien, lui, Baudelaire, a toujours été "un fervent catholique"! Ce qui crée, poursuit-il, un certain lien entre Laprade et lui, "sans compter celui du rythme et de la rime"... Un "philosophe", dit-il, un "subtil raisonneur" à qui il confessait son catholicisme, s'est montré stupéfait. Il "n'avait jamais flairé le catholique sous *Les Fleurs du mal*". Et pourtant, termine Baudelaire avec une ironie qui n'a aucune chance d'être perçue, "en supposant que l'ouvrage soit diabolique, existe-t-il, pourrait-on dire, quelqu'un de plus catholique que le diable?"

Catholique, qui signifie universel, s'oppose avec la plus grande rigueur à syncrétique qui signifie union. Ce qui explique que le terme catholique puisse correspondre à l'appréhension de l'universelle histoire des divisions, alors que syncrétique ne fait qu'annoncer qu'on va encore et toujours tourner son moulin sexuel en se croyant assez fort pour passer au-dessus des divisions et faire l'union. Comme toujours dans les constructions de la dix-neuviémité, il s'agit d'imaginer qu'on peut feinter la malédiction, c'est-à-dire faire l'économie de la lucidité et déboucher au-delà du principe de division. Or il n'y a rien au-delà du principe de division, si ce n'est le déplaisir du silence et de la mort, ce qui peut se vérifier dans toutes les politiques ouvertement saisies par cette tentation. Le sous-titre théorique de *La Fin de Satan* de Hugo c'est exactement cela: au-delà du principe de division... Pour le coup, voilà le type même du voeu pieux contemporain. Inversement et pour l'éternité, la crudité scandaleuse de *Fleurs du mal* affirme qu'il ne peut y avoir de plaisir que dans le rappel permanent de ce principe de division rythmé et rimé. Hugo rime et rythme aussi, splendidement, mais si son rythme et ses rimes se ramènent le plus souvent à une somme de vent, c'est qu'ils sont gonflés par le désir, lisible dans le contenu, d'en finir avec la division, avec les tensions qu'elle suppose, les insurmontables échecs sociaux qu'elle implique et la fatalité des enchaînements, résignations, attentes, révoltes, résignations qu'elle entraîne.

Dans la *Légende des siècles* qui préface *La Fin de Satan* et *Dieu*, Dante est réveillé des ténèbres, il sort pour finir son poème. Hugo n'aime pas les choses inachevées; il a déjà fait compléter Chénier, Shakespeare... Achever, bien sûr, ne veut pas dire rajouter quelques vers;

ça signifie remettre l'ensemble dans la perspective du progrès. Dante débarque évidemment tout étonné. Il demande en quelle année il est tombé: "Dans l'an cinquante-trois du siècle dix-neuvième". Tête de Dante. A qui les voix demandent de fourrer dans son enfer les nouveaux damnés: Napoléon iii, le Pape, etc. On n'est pas encore tout à fait à la fin de Satan et au pardon universel, ce sera pour l'année suivante. Je n'insiste pas sur le parallélisme entre Satan sur son rocher enviant la lumière de "là-haut" et Hugo sur son rocher soupirant après le Paris de là-bas. Je n'entrerai pas non plus dans les détails du poème, j'évoquerai plutôt les conséquences de sa ligne d'attaque: médication du Mal ramené à un corps unique de damné qu'il va être possible de sauver parce que les temps du progrès sont venus. Ça commence par une vaste dégringolade pêle-mêle: Caïn, Abel, le premier meurtre, le clou, le bâton et la pierre... Le clou se transformera en glaive de Nemrod révolté, le bâton en gibet où sera cloué le Christ; quant à la pierre récupérée par Isis-Lilith elle sera la Bastille... Il y a aussi une plume qui voltige et dont j'ai parlé: elle est devenue l'ange Liberté. Et la chute continue, avec des épisodes, des dialogues et des cris. Jusqu'au bouquet final, la voix de Dieu annonçant que l'épreuve est finie: Satan est pardonné grâce à l'intervention de sa fille Liberté qui, par une confuse intuition de Hugo, semble le produit homosexuel de la copulation du Créateur et du démon...

> Un ange est entre nous; ce qu'elle a fait te compte.
> L'homme, enchaîné par toi, par elle est délivré.
> O Satan tu peux dire à présent: Je vivrai!
> Viens; la prison détruite abolit la géhenne!
> Viens; l'ange Liberté, c'est ta fille et la mienne.
> Cette paternité sublime nous unit.
> L'archange ressuscite et le démon finit;
> Et j'efface la nuit sinistre, et rien ne reste.
> Satan est mort; renais, ô Lucifer céleste!

Ça s'arrête là et de fait ça ne pouvait aller plus loin. Le tour de passe-passe est terminé: il fallait que le démon de la religion antérieure devienne l'équivalent de Dieu dans la nouvelle. Tout le monde a droit au pardon, à égalité. L'évolution est orientée, son but est la liberté. Ce que Hugo dans ses notes appelle le "grand fil mystérieux du labyrinthe". Le Progrès: "Le Progrès, c'est le Pas même de Dieu..." Plan de son cycle épique, *Légende*, *Fin* et *Dieu*: "L'épanouissement du genre humain de siècle en siècle, l'homme montant des ténèbres à l'idéal, la transfiguration paradisiaque de l'enfer terrestre, l'éclosion lente et suprême de la liberté", etc. Tout est fait pour que tout finisse dans le même sac, dans l'égalité, dans l'équivalent: le Christ est *comme* Satan, la Déclaration des droits de l'homme est *comme* le sermon des béatitudes. La fille de Satan, enfin, l'ange Liberté, est la mère de la Révolution dont Satan est donc le grand-père. Ainsi que le dit Enjolras dans *Les Misérables*, "la loi du progrès c'est que les monstres disparaissent devant les anges…" Toute-puissance des faiseurs d'anges: "depuis Eve, mère des hommes, jusqu'à la Révolution, mère des peuples…" Une mère est toujours une faiseuse d'ange; la faiseuse d'ange de l'histoire n'a été inventée que pour dénier cette réalité. Faiseuse d'ange d'abord parce que ses petits sont beaux comme des anges, et ensuite parce que les naissances qu'elle produit sont des avortements. Le rideau tombe, la fin de Satan est une apothéose maternelle.

Le 14 juillet 1870 est à marquer d'une pierre celte blanche dans les illusions de Hugo. Depuis dix jours, la France se déchaîne unanimement contre la Prusse provocatrice; la guerre sera déclarée le 16. L'événement fait frétiller Hugo. Mais un autre événement se prépare à Rome, au Concile de Vatican ouvert le 8 décembre 1869: la proclamation du dogme de l'infaillibilité pontificale. Ce sera chose faite le 18 juillet (l'indignation de Hugo ne sera publiée qu'en 1878: *Le Pape…*). Entre ces deux dates, il choisit le 14 pour planter le chêne des Etats-Unis d'Europe dans son jardin de *Hauteville House*. Il note le 17: "Dans cent ans, il n'y aura plus de guerres, il n'y aura plus de pape, et le chêne sera grand…"

Seul le chêne a honoré sa prophétie.

Sous le mythe hétéroclite que Hugo a tenté tant bien que mal d'arranger, comment ne pas reconnaître la subordination de l'écriture au désir profond du genre humain? Néanmoins, devenir celui qui réalise les désirs du genre humain, c'est n'être plus tout à fait dans la littérature, qui n'a jamais entretenu que des rapports très latéraux avec les désirs et les rêves du genre humain. Hugo l'a senti, puisqu'il s'est dit mage ou prêtre. L'ennui est qu'il pensait que le mage ou le prêtre étaient au-dessus du poète qu'il ne pouvait plus exactement être… Mais qui le regretterait? L'entrée dans la nouvelle ère marquée par la disqualification de Satan comme négativité est notre date de naissance comme humanité positive, améliorable, progressante…

Que fait en somme Hugo en écrivant *La Fin de Satan*? En quoi pouvons-nous nous féliciter qu'il l'ait fait? Pourquoi nous donne-t-il des raisons d'espérer?

Ce qu'il s'agissait d'évacuer, ce qu'il s'agissait de guérir, d'effacer, d'éliminer? Pas Satan bien sûr, mais tout ce qui se reconnaît sous son nom. L'hybride, le grouillant, l'étranger et la copulation avec l'étranger, les incubes et les succubes, c'est-à-dire l'idée qu'il y aurait un point à partir duquel on pourrait jouir avec autre chose que les fils ou les filles des hommes... Il s'agissait aussi d'apprivoiser ou de supprimer le grondement innommable de l'antéprédicatif sexuel, anal, perceptible dans les vieilles généalogies de pullations de démons. Il s'agissait plus inconsciemment de retrouver l'idée de certains manichéens et de certains gnostiques qui est sans doute l'une des premières figures de l'antisémitisme: le rejet du Dieu des Juifs en mauvais démiurge du monde raté. Idée frôlée déjà par Luther qui disait que les Juifs avaient transformé leur Dieu en diable... Toutes les références, tout le fatras "biblique" obsessionnel de Hugo ne sont pas loin de faire du Livre un ouvrage du diable qu'il faudrait, lui aussi, traiter pour le réconcilier.

Il s'agissait bien sûr également de supprimer le catholicisme, car qu'y a-t-il de plus catholique que le diable?

Il s'agissait de réhabiliter l'antique soif d'égalité jadis considérée comme satanique, en l'affectant d'un signe positif.

Il s'agissait enfin de faire croire que Satan — c'est-à-dire littéralement le *Prince de ce monde* — était amadoué. "Prince de ce monde" a voulu dire longtemps que les individus pouvaient éventuellement s'administrer la preuve qu'ils y étaient étrangers, à ce monde; qu'ils ne faisaient que passer dans cet enfer. Etranger à ce monde voulait dire étranger à l'enfer, et aussi à l'illusion, puisque ce monde était le jouet du Prince de ce monde encore appelé Père des illusions. Tout ce qui était visible, c'est-à-dire naturel, donc inexistant, était son oeuvre. Il n'y avait par conséquent qu'une croyance possible, qu'une foi, qu'une illusion, et celle-ci consistait à tomber dans la foi en la réalité naturelle du visible. En finir avec Satan, qui était dit aussi Prince des esprits des airs et des simulacres (ce qui est synonyme de Prince de ce monde), c'était rêver la fin des simulacres et des simulations, en finir avec l'ombre fuyante du semblant. Le semblant avait été appelé Mal par le christianisme. Rêver que le Mal était en train de devenir neutre, l'affirmer neutre sous l'effet bienfaisant du progrès, voilà la dénégation dix-neuviémiste en forme de politique neutraliste, voilà la poétique neutraliste de Hugo et de la plupart des écrivains qui furent ses contemporains.

Le Cercle maudit

BRIGITTE CAZELLES

Le cercle et le sacré

Le cercle est la figure privilégiée des rêves médiévaux, la matrice d'éternelle jouvence, l'image nostalgique d'un paradis trop tôt perdu. Entrer dans le cercle, c'est échapper aux fluctuations des temps pluriels, c'est se fondre dans une rotondité sans faille et sans aspérité. Cette représentation de la fin des temps—d'une liesse remise à plus tard—est donc aussi retour au point de départ, reprise de l'origine, récapitulation joignant enfin l'alpha et l'oméga. Hors du cercle, point de salut; *forclos* de paradis, Adam et Eve se lamentent par conséquent d'une exclusion qui les expose aux intempéries de l'imperfection[1]. De son glaive, l'ange trace un espace fléché lourd de menaces et de finitude; l'expulsion entame ici un processus de linéarité temporelle, que l'Incarnation transforme en orientation bénéfique, et que la parousie viendra *clôre*. La fin des temps éternise ainsi la Genèse dans une même intemporalité circulaire.

Lieu mythique qui abolit le transitoire, le cercle est bien cette forme magique qui fixe et perpétue la création du monde: tels les spectacles du théâtre en rond, préfigurant l'avenir à travers une re-présentation du passé[2]; telle l'utilisation quasi alchimique d'architectures centripètes où s'organisent les fondements de la connaissance[3]; tel aussi le

---

[1] *Le Jeu d'Adam* (fin 12ème siècle), éd. W. Noomen (Paris, 1971).
[2] F. Rey-Flaud, *Le Cercle magique. Essai sur le théâtre en rond à la fin du moyen âge* (Gallimard, 1973), p. 261. sq.
[3] F. Yates, *L'Art de la mémoire* (Gallimard, 1969).

halo sacré encerclant indifféremment la tête des élus, l'agneau pascal, la colombe du Paraclet. Dans les scènes de l'iconographie médiévale, la construction sphérique abrite, unit, en un mot transfigure les éléments qu'elle englobe.

Cercle magique, donc; auquel fait toutefois pendant l'inquiétante béance de la Gueule d'enfer. Signalée par des flammes de mauvaise augure, cette sinistre ouverture se situe à gauche de l'aire théâtrale; ou sous l'estrade, et le gouffre infernal est alors le lieu d'une triste "cuisine" (on parlera aussi du "tonneau", de la "chaudière" de Satan). Dans cette topographie du théâtre médiéval, le béni et le maudit restent certes distincts, grâce à un écart spatial, horizontal ou vertical, qui fait d'ailleurs appel à la linéarité. En ses deux extrêmes, la flèche du temps mène à des lieux pareillement clos, mais inversement polarisés. Tout dépend du sens que prend, sur terre, le pèlerinage de l'âme humaine; sur les pas du Christ, en effet, l'homme peut donner à son destin une bonne destination.

C'est dire, en somme, que le cercle est sacré pour autant qu'il est l'exclusivité du non-humain. Les travaux de René Girard, analysant le mécanisme de la différenciation sur lequel repose l'ordre social, mettent en évidence le dangereux rapport entre exclusivité et exclusion[4]. A sa façon, l'exégèse médiévale évite l'écueil sacrificiel en valorisant la notion de participation humaine. De la flèche au cercle, s'établit donc un rapport qui met en vedette le désir d'appartenance. Ce rapport, la terminologie chrétienne l'envisage comme un reflet idéalisé du clan familial: l'orphelin retrouve un Père, le pèlerin rejoint les siens, l'élu accède enfin au lieu de parfaite réciprocité. S'il y a ressemblance dans la représentation des légions célestes, c'est au niveau d'une irradiation théocentrique invoquant avec une belle ordonnance les effets de l'affiliation. Au foyer de l'enfer, par contre, les damnés ne forment plus qu'un imbroglio indistinct, un désordre de nudités; la troupe des démons fait cercle autour de ces coupables, transformés en victimes par un juste retour des choses, et brouillés en une seule gigantesque pâture.

Ainsi prennent corps, dans l'imagination médiévale, les aboutissants de la justice céleste. A la fusion béatifique, correspond une confusion infernale faite de mélange impur et de cannibalisme voilé. Au coeur du cercle divin, Dieu, mesure de tout équilibre, est le nombre

---

[4] Voir en particulier: *La Violence et le sacré* (Grasset, 1972) et *Des Choses cachées depuis la fondation du monde* (Grasset, 1978).

d'or assurant l'intégration de chaque élément. Au contraire l'enfer, lieu du surnombre et de la division, a en son centre la masse informe des damnés, pour toujours livrés à la voracité diabolique. On ne peut pas plus clairement dénoncer la violence qu'en l'assimilant de la sorte aux maîtres de l'enfer. Ceux-ci s'acharnent sur des victimes qui, pour être coupables, n'en sont pas moins sans défense; la cohésion démoniaque découle bien sûr d'une conjuration se donnant pour but la défaite de l'espèce humaine, mais elle n'est nulle part aussi nettement dénoncée que dans cette danse macabre fêtant bruyamment sa propre victoire. Si l'intégration au clan divin s'accompagne d'intégrité (toute éthérée qu'elle soit, la vie éternelle est représentée comme une résurrection des corps), la chute dans les enfers déclenche en revanche un démembrement à perpétuité. L'image de l'assimilation infernale est d'ordre digestif, et les démons se réjouissent à l'avance de transformer leurs ennemis en chair à pâté. Derrière cette cuisine infernale, on reconnaît donc la mise en scène du désir, convergeant sur un seul et même objet, et provoquant l'unanimité de la communauté diabolique. Dans ce processus, rien d'opaque: c'est parce qu'ils ont péché que les damnés sont punis, c'est parce qu'ils sont démons que leurs persécuteurs se regroupent autour d'eux. Les damnés vont servir de ciment—voire, de victuailles—à un mimétisme négatif; car l'enfer est le royaume de l'appétit: pour avoir écouté, imité, Satan et ses disciples, les damnés font désormais les frais de l'indifférenciation, à jamais possédés par des démons dont ils sont la substance et la subsistance.

De plus, l'anéantissement des damnés est à jamais différé; il n'y a de fait ni meurtre véritable, ni sacralisation de ce meurtre; ne reste plus que la violence à l'état pur, puisque la victime n'a jamais été adversaire, et que le bourreau est bourreau sans ambiguïté. L'enfer suscite donc, de la part des rédacteurs, un commentaire à partir duquel l'auditoire appréciera d'autant la stabilité et la plénitude du cercle divin. Le public le moins éclairé reconnaîtra sa propre agressivité derrière cette mise en scène de la violence et admettra les dangers de servir Satan, l'éternel Chasseur; car, en fin de compte, tel est pris qui croyait prendre.

Imitatio Christi

Il y a, dans cette configuration du sacré, une part de simplicité qu'on se gardera bien d'ignorer. La part de vérité n'en est d'ailleurs pas moindre, précisément parce qu'elle ne se cache pas sous une abstraction de bon ton. Ainsi de l'éternité, évaluée en terme d'espace, et empruntant sa formulation à une géométrie centripète. La figure circulaire garde une ambivalence qu'on qualifierait de manichéiste—et le conservatisme du didactisme vernaculaire, fidèle à une orthodoxie quelque peu pessimiste[5], en est à la fois l'excuse et l'explication—si ne s'y ajoutait la possibilité d'une salutaire *imitatio Christi*. Se trouvent ainsi combinés, à travers des images volontiers réduites à leur plus simple expression, les problèmes de l'imitation et de l'inclusion. L'enfer sert là de révélateur, puisqu'il sépare, puis amalgame, ceux qui y sont jetés. Quand les démons encerclent les damnés, on reconnaît là une mise en scène repérée et explicitée dans *Le Bouc émissaire*[6]: scène mythique de meurtriers entourant leur victime (97), de convives envoûtés par le spectacle d'une danseuse (193), d'une veillée autour d'un feu (215), d'une foule massée au pied de la Croix (221). La structure du mécanisme victimaire y est nettement celle d'un cercle maudit, accélérant le processus de mimétisme et de rejet. A la différence de la ronde infernale, cette danse-là dissimule la victime avant ou afin de la transmuter en divin. Mais la révélation fait pareillement apparaître un Modèle non violent, qu'on pourra servir sans tomber dans la servitude, suivre sans se laisser enfermer dans le cercle vicieux de la persécution. L'hypothèse girardienne met en évidence la force démystificatrice des Evangiles, où est discréditée "la terrible propension des hommes en groupe à verser le sang innocent, pour refaire l'unité de leur communauté" (292). Cette hypothèse accorde à l'exemple christique un rôle contraire, rendant tous les sacrifices désormais caducs et inopérants. Si le monde continue d'être persécuteur, c'est que l'histoire est lente, et séductrice la tentation de sacraliser la victime. Le moyen âge didactique ne s'en prive pas, comme le montre, dans l'hagiographie vernaculaire, la préférence symptomatique à réciter les Passions des martyrs. Mais les conteurs médiévaux accusent Satan, et non Dieu, d'exiger des victimes. Tel est le témoignage des martyrs, encerclés par des persécuteurs d'ailleurs inventés à l'image et à la ressemblance de Satan; d'où la condamnation spectaculaire à laquelle ces derniers sont finalement soumis. C'est que la victoire du Christ sur Satan, de la victime sur son persécuteur, ne va pas sans crise: si le Royaume de Dieu "arrive comme la foudre" (267), si le

[5] M. Zink, *La Prédication en langue romane avant 1300* (Champion, 1976).
[6] *Le Bouc émissaire* (Grasset, 1982). On renverra directement à cet ouvrage par des références indiquées entre parenthèses.

Paraclet est le "destructeur de toute représentation persécutrice" (290), c'est pour dévoiler le secret de Satan, déconstruire "la puissance ordonnatrice de la violence" (267). Cela, les conteurs médiévaux l'ont sans effort saisi; dans les Passions, la justice divine est rapide comme l'éclair, aussi sommaire que satisfaisante: la terre s'ouvre et engloutit le païen.

Mais quel en est le pouvoir d'édification sur les dévots à qui l'on conte ces récits? Une fois mises en évidence la culpabilité du persécuteur et la circularité du mimétisme démoniaque, il s'agit en effet de présenter les conséquences salutaires de la bonne imitation. Quelle est cette réciprocité dont on fait état à l'endroit du cercle divin? Il est plus facile en vérité de décrire les symptômes de la contagion, les feux de l'enfer, que d'évoquer l'innocence et la plénitude. Un certain ennui se dégage de la sérénité. Le didactisme vernaculaire, essentiellement une prédication par la crainte, ne manque heureusement pas de héros et de saints. Ce sont ces personnages qui vont transmettre, traduire, l'*imitatio Christi*; qui vont tracer, ou au contraire quitter, la route conduisant vers l'inclusion paradisiaque. Et, comme on s'y attend, cela ne va pas sans mal: aventures et mésaventures permettent aux conteurs d'exposer spectaculairement la façon dont la flèche du temps peut porter, ou à l'occasion transpercer, le héros de l'histoire.

Du fait divers à la légende

Le texte qui va servir ici de support appartient à la littérature mariale du 13ème siècle[7]; théâtralisé au 14ème siècle, il reçoit, selon certaines rubriques, le titre de "Miracle de l'empereur Julien"[8]. C'est l'Apostat qui en est donc la figure centrale, vouée en épilogue à une punition spectaculaire. Il s'agit, en somme, d'une Passion inversée, faisant valoir les mérites de l'innocence face à une accusation sans cause. Les persécutés — en l'occurence Basile et la ville de Césarée — sont bel et bien victimes, mais victimes en puissance; en instance de passion, mais leur passion n'aura pas lieu. Et ce, grâce à l'intervention de la justice, céleste, mise ici sur le compte d'une Dame plus martiale que courtoise. C'est ce que fait ressortir la trame du récit:

---

[7] Edition de E. Boman, *Deux Miracles de Gautier de Conci publiés d'après tous les manuscrits connus avec introduction, notes et glossaire* (Droz, 1935). A ce Miracle, s'ajoutent quatre autres versions narratives des 12ème et 13ème siècles, citées par A. Jeanroy, *Le Théâtre religieux en langue française jusqu'à la fin du moyen âge* (Imprimerie Nationale, 1959), p. 80. Il s'agit de rédactions raccourcies ou fragmentaires de moindre intérêt.
[8] G. Paris et U. Robert, *Miracles de Nostre Dame par personnages*, II (Didot, 1877), 171 sq.

En campagne contre les Perses, l'empereur païen arrive à Césarée. L'évêque de la ville lui porte en hommage trois pains d'orge. S'estimant insulté par ce présent, l'empereur part sur la promesse qu'il reviendra brûler la ville et détruire l'église et l'image de Notre Dame. En réponse aux prières de l'évêque, Notre Dame envoie en Perse un de ses messagers célestes: il y tue l'empereur, et la ville est sauvée.

En son résumé, ce récit semble pris dans le cercle vicieux de la rétribution. La puissance divine anéantit le méchant, les bons sont récompensés, et il n'y a là rien que de très conforme à la morale des contes pieux, départageant le cosmos selon les deux extrêmes de la flèche temporelle. On note toutefois que le rôle de justicier n'appartient pas aux hommes, mais au monde céleste, après un procès où Marie se fait l'avocate de l'innocence. De plus, le pouvoir exécutif est délégué aux mains d'un tiers. Enfin, l'exécution de Julien prend place dans un "ailleurs" soigneusement tenu à l'écart du monde cultuel et culturel. Tout fonctionne de façon à déshumaniser la violence: en l'associant à l'esprit pervers de rétribution, et c'est le rôle de Julien; en la détachant au maximum des victimes comme de leur justicière, d'où la série d'intercessions et d'intermédiaires. L'acte qui anéantit Julien prend alors un caractère ponctuel et final, entraînant théoriquement à sa suite la disparition du processus meurtrier. Ainsi ni les bons ni les justes ne se posent en chasseurs: cette fonction est l'apanage de l'empereur, pour un temps porteur de catastrophisme. L'épilogue vient mettre un terme à sa suprématie et renvoie Césarée au cercle pacifique que l'irruption de l'empereur avait un moment menacé. Idéalement — et un conte a toujours, dans son traitement du temps, une dimension idéale — le sort de Julien expose magistralement la mort de la mort. S'il est clair quant à l'immédiateté définitive de la punition, le conte reste beaucoup plus évasif à propos des causes qui ont déclenché l'agressivité de Julien: cette colère devant trois pains d'orge est d'une part injustifiée; mais elle est, surtout, inexpliquée. Soit pour exagérer l'aspect démoniaque de l'anti-héros, soit que la rivalité, de Julien à Basile, s'insère dans une tradition déjà bien connue du public, le conteur ne s'étend guère, ou de façon chaotique, sur la mauvaise humeur de l'empereur, pourtant centrale au déroulement de l'anecdote. Serait-ce que la victime n'est pas celle que l'on pense? Laisser entendre que l'anéantissement de Julien met fin au processus meurtrier, c'est par ailleurs faire de l'anti-héros le seul et unique agent des persécutions, ce que contredit évidemment l'Histoire. Ces inconséquences découlent en partie de la composition même du récit, amalgame de trois légendes dont il convient de démêler les données.

Mercure, Julien, Basile: un guerrier, un empereur et un évêque; un martyr converti, un apostat, un évangélisateur. La rencontre, en un même récit, de ces trois personnages n'est pas entièrement innocente. Césarée sert là de lien géographique et symbolique, de point focal où le temps humain se trouve télescopé. Mercure y fut martyrisé, mais non sous le règne de Julien[9]; Basile y a établi une communauté chrétienne, sur le tombeau de Mercure[10]; Julien en est l'empereur, mais échouera en définitive à y imposer sa loi. Et cet échec sera perpétré par les mains mêmes de Mercure, maintenant personnage céleste au service de Notre Dame. En un sens, l'anéantissement de Julien vient clôre le pèlerinage négatif qu'a déclenché son apostasie. Entre ces trois personnages de traditions diverses, le rapport s'établit donc autour de la foi chrétienne, ce qui justifie le côté anachronique du récit. Se dessine ainsi une forme circulaire, avec pour centre Césarée, grâce à laquelle il devient possible à Mercure, un siècle plus tard, de devenir l'agent de la contre-persécution, et impossible à Julien d'y revenir, malgré ses promesses. Il s'agit, en d'autres termes, d'une histoire racontée du point de vue des persécutés, avec ce que cela comporte de propagande et de partialité.

Car la mort accidentelle de Julien a aussitôt frappé l'imagination de ses contemporains, tant chrétiens que païens[11]. A partir d'un fait

[9] A propos d'un martyre datant de 250 et attribué à Decius, H. Delehaye énumère diverses versions grecques rédigées à partir du 6ème siècle, dans: *Les Légendes grecques des saints militaires* (Picard, 1909), p. 91 sq. On renverra ici à la version de Syméon Métaphraste (10ème siècle) sous la forme latine qu'en proposent les éditeurs de la *Patrologie Grecque* (vol. 116, cols. 269-76). Un culte de Mercure existe à Césarée dès le 6ème siècle; cependant, les Vies taisent son rôle dans la mort de Julien.

[10] Parmi les nombreux récits touchant à l'histoire de saint Basile (330-79), on citera: une Vie apocryphe, du 6ème siècle, faussement attribuée à Amphiloque, contemporain de l'évêque, et publiée en latin dans la *Patrologie Grecque* (vol. 29, cols. 294-316); et une adaptation latine du 12ème siècle (Paris, Bibl. nat. lat. 5318), partiellement publiée par P. Meyer, *Notices et Extraits des Manuscrits de la Bibliothèque Nationale* (34:2, 1895), 45-46. C'est dans une Vie syriaque du 6ème siècle qu'on identifie pour la première fois le meurtrier de Julien (Qurios); les hagiographes grecs lui donnent le nom de Mercurios. Au 9ème siècle, lorsque l'une des Vies grecques est traduite en latin, la légende gagne rapidement l'Europe occidentale. Une Vie allemande du 12ème siècle (Chronique de Regensburg) va jusqu'à faire de Julien le meurtrier de Mercure. Voir S. Binon, *Documents grecs inédits relatifs à saint Mercure de Césarée* (Louvain: Bibliothèque de l'Université, 1937). La punition de Julien devient exemplaire, dans la littérature médiévale, du sort réservé aux ennemis de l'Eglise: voir A. H. Krappe, "The Legend of the Death of William Rufus in the *Historia Ecclesiastica* of Ordericus Vitalis", *Neophilogus*, 12 (1927), 46-48.

[11] Voir le récit qu'en propose Ammianus Marcellinus, contemporain de l'empereur, qui mentionne les rêves et présages venant avertir Julien de sa fin prochaine: les

divers, et insolite, se sont créées des légendes donnant leur propre interprétation de la fin de l'empereur. La version qu'en propose Gautier de Coinci condamne un reniement dangereux pour la chrétienté primitive, et s'accompagne en épilogue d'un avertissement lancé contre ceux de ses contemporains qui défient l'Eglise. Il suffit de comparer ce récit aux versions de la légende arthurienne pour en discerner les aspects didactiques. L'histoire de Julien, en effet, comporte des éléments mythiques dont les adversaires de la chrétienté pourraient aisément tirer parti. Un empereur tout-puissant est frappé en pleine gloire par une main anonyme, et disparaît corps et biens: que ce coup fatal soit attribué à un rival, et voilà notre empereur transformé en héros, dont le retour, futur, marquerait la victoire des siens, pour le présent subjugués. Trame type, en quelque sorte, du mythe fondateur, et il n'est même pas nécessaire d'imaginer un rival, c'est-à-dire un meurtre, pour sacraliser une mort aussi imprévue que subite. Ces éléments accidentels sont déjà en eux-mêmes lourds de sens; l'anonymat du coup porté à l'empereur aurait à lui seul un caractère divin, désignant le héros comme saint.

Or Gautier de Coinci se garde bien évidemment de sanctifier l'apparente victime du récit, comme d'en faire un héros fondateur: la mort prend donc place "ailleurs"; la disparition du corps de Julien implique une immédiate chute aux enfers, et non quelque dormition sur un Avalon élyséen. Ainsi, s'il y a fondation — et l'Histoire tend de fait à faire coïncider la mort de Julien avec l'essor du christianisme — c'est véritablement *ex nihilo*. Pas de corps sur lequel bâtir l'édifice chrétien; le tombeau est vide, et, en ce sens, le Miracle déjoue la ruse sacrificielle, détourne la violence de sa tradition fondatrice. La mort subite de Julien fait de lui un éternel exilé, mais c'est un exil dont il est la seule cause. Dès l'instant, en effet, où il renie la foi chrétienne, Julien s'engage sur une route solitaire, celle qui va le mener en Perse, via Césarée. Par un argument d'ordre religieux, on tente d'associer

---

philosophes de son entourage conseillent à Julien de n'en pas tenir compte; cité par G. W. Bowersock, *Julian the Apostate* (Harvard University Press, 1980), p. 107 sq. Le 26 juin 363, un javelot transperce l'empereur; selon les points de vue, il aurait été lancé par un soldat perse, un barbare, un soldat de Julien lassé par la campagne, un romain chrétien, ou un sarrasin (arabe nomade) de l'armée perse. La variété de ces interprétations sera propice au développement de la légende. On note aussi, de la part de Julien, une confiance en ses philosophes qui met en relief son zèle religieux; évaluant les causes de ce zèle, Bowersock les attribue à un fanatisme qu'il caractérise de "puritain", et qui méprise le luxe et la lascivité régnant alors chez certains chrétiens.

l'erreur de l'Apostat à son errance fatale. La culpabilité de Julien est ainsi traduite en termes d'espace, ici dérivation loin du cercle protecteur de la foi. Mais pourquoi cet arrêt à Césarée, que signifie cette pause dans le trajet du chasseur[12]? Il n'y est question que de pain et de foin, et c'est pourtant ce qui déclenche une promesse de persécution.

Du pain, du foin, et des menaces

Comme toute entrée royale, l'arrivée de Julien à Césarée prend aussitôt un caractère théâtral; action et regards se concentrent sur le personnage impérial, qui remplit son rôle de bon gré. Rien ne fait en apparence obstacle à l'autorité de l'empereur: seigneur incontesté des lieux, futur conquérant des Perses, il a prise sur l'espace et le temps. C'est lui le point de mire, le coeur et le centre du scénario, l'acte et la parole de l'histoire. L'accueil qu'on lui réserve est tout de déférence et de vassalité avouées. De son cheval, Julien assiste à une scène d'allégeance en tout point conforme aux exigences de la hiérarchie. D'un côté, une troupe de guerriers; de l'autre, un attroupement de citadins venant rendre témoignage de leur soumission. La masse que forment les habitants de Césarée est d'autant plus docile qu'elle n'a, en réalité, aucun moyen—sinon aucun motif—de se transformer en foule hostile. Il s'agit en effet—et le don des trois pains en fait foi—d'une collectivité pacifique et sédentaire, dont le seul horizon est celui du terroir, la seule activité celle du labeur manuel. L'empereur bénéficie en revanche d'une mobilité éminemment propice au maintien et à la propagation de sa puissance. Sous cet angle, le don confirme la position subalterne des habitants de Césarée, le pain symbolise la fonction nourricière des sujets à l'égard du seigneur. L'hommage vient ainsi garantir l'appartenance des occupants du terroir par le maître du territoire.

La scène se déroule donc selon les conventions de l'étiquette; et pourtant Julien s'estime lésé: non que le don soit insuffisant, mais parce qu'il est insultant[13], porteur d'arrière-pensées que l'empereur se fait

---

[12] Les éditeurs de la Vie par Ps. Amphiloque notent que Césarée ne figure en fait pas dans la campagne contre les Perses, et que, de plus, Julien redoutait de mettre les pieds dans les villes vouées à la cause chrétienne.

[13] Cette explication corrobore celle fournie par la Vie latine du 12ème siècle. Dans la version de Ps. Amphiloque, par contre, l'empereur s'indigne de la parcimonie (*parvitas*) de l'offrande. Un étalage aussi explicite de vénalité, retirant toute possible ambiguïté aux motifs de Julien, a pour effet de diminuer l'importance dramatique de l'épisode dans le déroulement du récit.

fort de débrouiller. Par delà l'objet, il affirme percevoir une équation métaphorique dont il va maintenant épeler chaque terme: ce n'est plus le pain d'allégeance, c'est une pâture détournée de sa vraie destination, et par où on le traite en vérité d'animal. Du foin contre du pain: le contre-don que Julien fait porter à Basile et aux siens sera, lui, sans malentendu aucun. L'empereur l'accompagne d'une inutile exégèse: "désormais vous brouterez comme des bêtes". Si le don suggérait l'insulte, par l'intermédiaire d'une indirecte métaphore, le contredon l'énonce, au moyen d'une comparaison venant supprimer l'ambiguïté, et partant, la dissimulation. A ce stade, Julien affirme sa propre bonne foi, au regard d'une hypocrisie que circulait une mise en scène singulièrement élaborée. En d'autres termes, Julien inverse les rôles, dévoilant d'abord le vrai sens du spectacle: non pas un personnage au centre de tous, mais tous contre un. Il peut alors se poser en victime, revendiquer à grands frais sa propre innocence, et ce faisant établir la culpabilité de ses adversaires, faite de duplicité. Il peut aussi, à bon droit, faire peser sur eux sa justice, et, par une seconde inversion, rétablir la seule véritable hiérarchie: seul au-dessus de tous.

Dès l'instant donc où — selon Julien — les participants de cette entrée royale sortent des limites prescrites, dès l'instant où ils ajoutent au script, l'empereur dénonce le masque et interrompt la parade. La farce est finie, le drame commence. Julien a lu la mise en scène comme une mise en procès de sa personne; il y répond par une animosité manifeste, se dresse sur son cheval, jette des investives, promet une punition spectaculaire. Il ne se contentera pas de revenir tuer Basile et les habitants de Césarée, il s'acharnera également sur les objets cultuels qu'il considère comme un défi à son autorité. L'animosité de Julien se précise; le jeu ne fut jamais jeu, mais prétexte à un affrontement où il n'est question ni d'orge ni de foin, mais bien de foi. Or, par les effets d'une morale dont on a vu l'argument religieux, il n'est de bonne foi que dans la foi chrétienne. Voilà donc l'interprétation de Julien elle-même réinterprétée: si le don est métaphorique, ce n'est pas au sens dégradant où l'entend l'empereur; le pain n'est pas d'orge, mais de vie. La mobilité chevaleresque, signe de domination spatiale et temporelle, n'est plus que mouvance infâme, celle d'un empereur "qui Dieu guerpi et renoia", celle de Julien l'"Apostat"[14]. Ses armes

---

[14] Comme l'annoncent en ricanant les diablotins qui apparaissent dans la version théâtrale du Miracle, Julien, à l'exemple d'autres pécheurs mentionnés à cet endroit, sera donc "dedans un cuvier bouté" (vers 339 sq.), transformé en pâture pour avoir refusé le pain de vie.

sèment la mort et la discorde, tandis que Basile dissème les paroles de vie et de "vraie creance". La vérité dépasse l'enceinte du territoire, franchit les bornes du temps. Par ailleurs, elle se trouve mystérieusement localisée à Césarée, elle a pris là racine, et c'est cette implantation que Julien veut extraire. La menace impériale promet donc la destruction de la cité, et surtout, le renversement de son temple[15]. S'il précise en détail — et dans le désordre — les séquences de ses actes futurs, c'est bien pour confirmer devant Basile l'étendue de sa puissance. Mais ce que cette rage révèle, c'est en fait un aveu d'impuissance, ou plus exactement une jalousie à l'égard du vrai propriétaire de la cité: Basile.

Ainsi donc Julien fait de Basile son obstacle, et sacralise cet obstacle, comme il sacralise d'ailleurs la divinité dont il veut supprimer l'objet et le lieu de culte. En associant l'évêque au divin dans une semblable promesse de destruction, Julien prête à Basile une dimension verticale, supra-terrestre, qui explique dès lors la propension de l'empereur à interpréter le don de façon négative. Si lui-même est moins qu'humain, Basile est du même coup surhumain, et c'est sans doute cette perception de Basile par les chrétiens de Césarée que Julien jalouse et désire. L'entrée théâtrale de l'empereur se réduit donc bien à un jeu sans référent, à une mise en scène creuse et vide, qui vient démythifier le personnage. La portée morale du récit ne contredit pas cette interprétation, mais refuse à Julien l'innocence dont celui-ci se réclame. S'il y a complicité de la part des habitants de Césarée, c'est au nom d'une allégeance supérieure, qui supplante mais ne menace pas la hiérarchie terrestre. Or Julien ne supporte pas de rival; sur la scène théâtrale, il se veut le seul juge et le seul acteur. S'il s'invente pourtant un rival, c'est que le mérite du pouvoir se mesure à ses adversaires. Basile devient ainsi l'incarnation de l'obsession impériale, la pierre d'angle qu'il s'agit de renverser. Le don des trois pains sert là de prétexte dans la mesure où il résume cette qualité d'immanence et de permanence qui fait échec à la mobilité chevaleresque. En effet, le pain est le produit du terroir, comme il est le signe de vitalité symbolique du culte chrétien. Julien représente la force antagonique qui,

[15] Le caractère rétributeur de ce geste est clair, quand on évoque l'une des causes du courroux de Julien, outragé — selon Ps. Amphiloque — de ce que Basile ait détruit le temple de la déesse Fortune. Après cette accusation, l'évêque fait à son tour appel au "Seigneur des destinées" (*destinatorum Dominus*): la Roue de la Fortune chrétienne renverse les puissants de leur trône, comme elle bascule les idôles de leur socle. Dans ce texte, seul un renversement préalable permet donc l'édification de la foi.

incapable de construire, ne conçoit la puissance qu'en termes d'agression et de mort. A ce niveau du récit, Julien est donc déjà condamné, en vertu d'une violence adressée contre des êtres désarmés, et d'un esprit de vengeance qui s'acharne sur des innocents.

Telle qu'elle se manifeste à Césarée, la foi chrétienne est en effet sans agressivité; l'élément pacifique et sédentaire que symbolisent les trois pains évoque une pastorale d'esprit volontiers évangélique. On est loin de l'atmosphère vindicative des Passions; les chrétiens ne posent pas ici de menace politique, ils forment au contraire une collectivité ouverte au partage et au respect parallèle de la hiérarchie humaine et divine. L'agitation de Julien paraît d'autant plus injustifiée qu'elle s'irrite de l'existence d'une communauté somme toute bénéfique à son empire. Pourquoi donc ce scandale, sinon parce que le conquérant, lassé de ses victoires, est en quête d'épreuve susceptible de le convaincre de sa propre domination. Pourquoi cet arrêt à Césarée, sinon parce que le chasseur, pris de nostalgie pour cette pastorale, en veut détruire et l'image et la pensée. Si Julien est capable d'imaginer une dimension métaphorique au don dont il prend offense, c'est qu'il a été formé à l'exégèse chrétienne. L'interprétation littérale—bestiale— qu'il donne à la métaphore en témoigne: elle traduit en fait un refus obstiné du sens symbolique. Parce qu'il ne veut, ou ne peut, adhérer à ce troupeau pacifique, l'empereur s'arroge un temps le rôle de l'agneau, imposant par là une dimension persécutrice à la collectivité qui fait cercle autour de lui. Sa mission de chasseur consistera alors à effacer les traces de cette différenciation hostile; il rendra donc Césarée au néant, et fera de ce lieu "un champ de blé, de chardons ou d'épines". Dans la perspective de l'empereur, Basile est l'architecte d'une réciprocité communautaire mettant en cause le principe de sa propre domination. L'empereur se change donc en tyran, pour un travail d'indifférenciation qui puisse réduire en poussière le culte et la culture du divin, transformer Césarée en terre de labour ou de labeur. Il va s'agir d'aplanir la ville, pour en effacer jusqu'au souvenir[16].

---

[16] Césarée: le nom même rend hommage au symbole de l'empire. L'épiscopat de Basile est là adverse à ce symbole. De plus, Césarée est la ville natale de l'évêque; il en est, à ce titre, doublement fondateur. Toutefois, Julien a passé près de six années de son enfance dans le palais impérial situé près de Césarée. Un de ses biographes, Libanius, affirme aussi que Julien, une fois empereur, avait lui-même "effacé" la ville pour la punir de sa conversion au christianisme (Libanius, *Orationes*, 16.14; cité par Bowersock, p. 91).

Et pourquoi cette vengeance remise à plus tard, sinon pour démontrer la valeur de sa propre parole, forcer la soumission, voire l'admiration, des habitants de Césarée devant la supériorité du chasseur sur le berger. Du foin contre du pain: si les menaces de Julien restent au plan virtuel, c'est que l'ancien chrétien joue sur la force du verbe et le pouvoir du temps. Telle une épée de Damoclès, la promesse de retour confirme oralement l'aperture du champ d'action impériale. Maître de l'univers, Julien peut à son gré refaire l'Histoire et se poser, par anticipation, comme fondateur d'une nouvelle Césarée.

Mais pour refaire l'Histoire, il faut revenir à Césarée, et c'est précisément ce trajet-là qui va faire défaut. Rien, pourtant, ne prédispose Basile et les siens à organiser leur défense. Comment l'absence d'obstacle peut-elle faire obstacle? Comme point fixe, en effet, Césarée est à la merci du conquérant. Mais le chasseur ne sait pas s'arrêter, le temps dans lequel il se meut est une flèche pointée vers d'illusoires conquêtes; en quittant Césarée, Julien lâche en fait la proie pour l'ombre.

Le temple et le tombeau

Le départ de l'empereur sème la peur et le désarroi: il s'agit, pour les habitants de Césarée, de faire face à un futur sans lendemain. Aussi la menace de Julien produit-elle l'effet désiré: panique, houle de la foule en proie à la pesanteur du temps, d'un temps inéluctablement linéaire. La promesse de violence fait, à ce niveau, échec au divin, à ceci près que les racines de Césarée-la-chrétienne propulsent la ville vers le haut, selon une allégeance cette fois céleste.

Le conteur introduit ici des précisions topographiques dont il convient de mesurer l'importance: promus martyrs malgré eux, les habitants se rassemblent en l'église de Saint-Mercure, avant de se diriger vers le mont Didimi, au sommet duquel est érigée une chapelle à Notre Dame. La dimension cultuelle fait apparaître une série d'intercessions qui, pour l'instant, se traduisent au seul plan verbal: prières de Basile et de ses ouailles, qui graviront l'échelle hiérarchique, jusqu'à Dieu. Au verbe de menace lancé par Julien, correspondent des suppliques mettant en cause un saint et une Vierge Mère. Face à la violence humaine, incarnée par un Apostat martial et belliqueux, les chrétiens de Césarée, collectivement désarmés, font donc appel à un mort et à un personnage du monde céleste; à deux absents, en quelque sorte. Mais la verticalité suggérée par la topographie des lieux saints laisse entendre qu'on échappe déjà à la flèche du temps terrestre. Sur le mont Didimi, en effet, le temps s'arrête: trois jours durant, on veille et on jeûne. On ne respire plus exactement le même air, l'élévation spatiale est propice à un rapprochement du divin. Au-dessus de la ville, hors de son enceinte et donc "sauvage", ce lieu baigne dans le mystère; l'homme y est transformé, capable de quitter temporairement le rythme naturel. On ne mange plus, on ne dort plus. Le corps se spiritualise: d'où la soudaine transe de Basile, qui le saisit dans la position de l'orant. Il voit alors descendre de paradis une nuée de chevaliers blanc vêtus, qui couvrent bientôt la montagne et font cercle autour d'une Dame siégeant sur son trône.

La résonance juridique de cette scène en cache mal le caractère menaçant. Le conteur a pourtant pris soin de déshumaniser au maximum son héros, au sens où Basile est pour l'instant hors du monde humain, et particulièrement d'un monde humain fait de violence et d'agression. Tel est le sens de la supplique que Basile adresse à Notre Dame: lorsqu'il l'implore de les protéger contre ce tyran qui veut "*confondre* les chrétiens", on note, sous le segment verbal, la frayeur de l'évêque à l'idée que Julien puisse changer la réciprocité salutaire en bourbe informe et indifférenciée. Ces craintes sont légitimes, mais l'oraison de Basile ne s'arrête pas là; outre la protection (*deffen*) déjà requise de Mercure, elle fait état d'une intervention sensiblement plus agressive: *et si nos venge*[17]. C'est d'ailleurs en ces termes—pour *prendre vengeance*—que Notre Dame décide de satisfaire Basile et de sommer Ses chevaliers. Aussi la vision de l'évêque prend-elle un aspect plus martial que royal. Il est d'ailleurs question, à l'endroit de la justicière, d'un certain gigantisme épique que ne démentent point ses paroles: *fièrement*, Notre Dame fait convoquer Mercure pour le charger "d'aller tuer Julien, qui a tué maints chrétiens". Voilà donc le monde céleste repris dans le cercle de la rétribution, et Basile ne s'étonne pas de voir alors poindre un chevalier armé de pied en cap, lance levée, faisant trembler la terre sous son destrier.

Il faut remarquer toutefois que le conteur décrit là une vision: la réalité reste encore à l'état symbolique. Dans le monde du rêve en effet—ou, plus exactement, de l'incubation—il est possible à Mercure de ressusciter d'entre les morts, comme à Notre Dame de siéger

---

[17] Encore une fois, le texte de Ps. Amphiloque se fait plus explicite: ce que Basile demande au "Seigneur des destinées", c'est de tuer (*interficere*) Julien. L'auteur—on l'a vu—ne s'embarrasse guère de subtilités, développant par là un désir non déguisé de vengeance.

sur le mont Didimi. La rencontre de ces deux personnages concrétise, dans une image onirique, la double polarité de l'église et de la chapelle. La dimension spirituelle n'en reste pas moins première, tant qu'il s'agit d'une vision apocalyptique faisant le procès de Julien "l'Antéchrist". Mais lorsqu'au réveil Basile reçoit de Notre Dame un livre attestant la véracité du rêve, lorsqu'il constate la disparition des armes du saint conservées en l'église Saint-Mercure, lorsqu'enfin ces mêmes armes réapparaissent, tachées de sang frais, le conte baigne alors dans la plus concrète des réalités. La présence de Mercure au coeur de la ville, et l'insertion de son histoire au centre du récit, sont donc loin d'être innocentes. Le héros, il est vrai, est mort à Césarée, décapité pour avoir refusé d'honorer Artémis. Ainsi son culte est justifié par les faits; le sang du soldat martyr a porté ses fruits, puisque près d'un siècle plus tard la ville est maintenant chrétienne. Cependant, cette prédilection pour un saint militaire, dans les circonstances présentes, est pour le moins suspecte; elle introduit déjà une dimension belliqueuse sans commune mesure avec la précédente pastorale.

Car de quelle défense peut-il s'agir, quand Basile et les siens font appel à Mercure et à Marie? L'ancien soldat a déposé les armes, renoncé au culte d'Artémis, dont l'une des caractéristiques est cet arc lanceur de flèches qui provoquent une mort violente et subite. Le châtiment qui se prépare réserve un sort semblable à Julien, coupable de guerroyer contre Dieu et les siens, plutôt que "contre les Perses et les Sarrasins"[18]. On va donc l'*assobiter*, le faire "périr de mort subite"; la mort va répondre à la mort. Est ainsi dissoute la menace de confusion, comme indifférenciation contraire au principe de réciprocité chrétienne, grâce à une autre confusion qui jette, pêle-mêle, le corps et l'âme de Julien en enfer. D'où le chant de grâces qui s'élève de Césarée, et dont Basile se fait le porte-parole:

---

[18] Dans la version théâtrale du Miracle, Julien rappelle avec complaisance les tourments auxquels il a soumis les martyrs Quiriace, Gordian et Privache (vers 65 sq.). Ce Quiriace serait-il le Qurios dont le roman syriaque de Julien l'Apostat fait le meurtrier de l'empereur? Bibion (ouvrage cité) mentionne l'erreur linguistique des traducteurs grecs, qui ont uni les deux mots syriaques *mar Qurios* ("saint Qurios") parce qu'ils leur évoquaient saint Mercurios. Les martyrs Qurios (sous Licinius, en 320) et Mercurios (sous Decius, en 250) ont en commun de ne pas appartenir à l'époque de Julien, et d'avoir tous deux été soldats. La propension belliqueuse est dans les deux cas tempérée par un anachronisme qui permet de dépersonnaliser le châtiment, de le détacher de toute motivation humaine.

Saint Mercure et notre Dame
Nous ont si bien vengé de lui
Qu'ils l'ont abîmé
Dans les fanges de l'enfer (*enfengié*).[19]

A ce stade, l'exégèse de Julien—qu'il est l'agneau en proie à la persécution—se trouve donc confirmée: dans la citation précédente, le *nous* des chrétiens de Césarée s'associe à leurs deux protecteurs célestes pour applaudir l'expulsion définitive du tyran. C'est au clan des chrétiens de faire preuve, ici, de littéralisme, puisque *confondre* l'Apostat prend la forme concrète d'une absorption négative par la boue infernale. Ce concrétisme affecte ce que les circonstances de la vision de Basile pouvaient supposer de spirituel. Il s'agit là moins d'envol, que de descente du divin vers l'humain; et si le divin s'humanise, c'est en des termes cette fois étrangement semblables aux causes mêmes de la chute de Julien. Le chasseur est poursuivi, le persécuteur est à son tour persécuté. Il est vrai que ce n'est pas aux victimes elles-mêmes de devenir l'instrument de leur propre vengeance; de fait, les chrétiens de Césarée se déclarent prêts au sacrifice. Que le martyre leur soit épargné, ceci est dû à l'intervention mariale, qui se manifeste comme une verticalité de bon aloi. En fin de compte, la victoire de l'innocence arrive telle la foudre, car il faut le désordre pour déconstruire les effets ordonnateurs de la force. Or ce désordre, Julien lui-même l'a engendré; Césarée en reste exempt, car ses fondations ne reposent pas sur le sacrifice du tyran.

Tel est en partie ce que l'on peut lire derrière cette accumulation d'intercessions et d'écarts qui maintiennent la ville et la violence à distance. Un temple, un tombeau: deux lieux saints, complémentaires, subordonnés, se partagent Césarée. Dans l'un, on rend culte au divin, dans l'autre, à l'un de ses saints. La dévotion unifie la communauté, non dans une rivalité surmontée, mais selon une ascendance hiérarchique propice à l'affiliation: d'où cette procession pacifique, du tombeau au temple, qui propulse la ville vers le haut, loin de l'espace fléché qu'est la violence humaine.

Un coup de lance

La survie de Césarée-la-chrétienne reste, jusqu'à présent, en deçà du mécanisme sacrificiel qui sert si souvent de fondation aux commu-

---

[19] Les mêmes rimes *enfangié/vengié* se retrouvent dans la version théâtrale du Miracle (vers 834-35), dont le texte de Gautier de Coinci est d'ailleurs la source directe.

nautés. Le corps de Julien disparaît aux enfers, précisément pour interdire toute velléité de sacralisation. Césarée ne veut rien devoir à une idolâtrie qui transforme le bourreau en victime; ou la victime en bourreau, processus que révèle et démonte le tombeau vide du Christ. En refusant d'adhérer à la collectivité chrétienne, Julien se condamne donc lui-même à l'expulsion. Aucun cercle humain ne se referme sur lui pour lui signifier son renvoi. Il meurt seul, comme il a vécu.

On pourrait cependant contester que Césarée ne pratique aucune expulsion. Qu'est-ce à dire de Mercure, martyrisé entre ses murs, et sur le corps duquel s'est érigé un tombeau? Mais autres temps, autres moeurs: évangélisée par les soins du bon Basile, Césarée a depuis renoncé à la chasse. Comme le soldat martyr qu'elle honore, elle a, de fait, déposé les armes[20]. Celles de Mercure, que l'on garde dans l'église qui lui est dédiée, ne seraient donc là que souvenirs et vestiges. Pourtant, leur disparition provoque un émoi quasi hystérique: Basile remonte précipitamment au sommet du mont Didimi, alerte le peuple, l'incite à en glorifier Notre Dame. Le miracle du tombeau vide prend alors une toute autre signification; il vient prouver concrètement la puissance mariale, capable d'*agraventer*, d'*"alourdir"* fatalement les adversaires de la chrétienté; il redonne aussi aux armes la valeur guerrière qu'elles avaient perdue lors de la conversion du soldat martyr. Ce vide du tombeau, loin de déconcerter la foule, comme il avait déconcerté les disciples du Christ, est l'occasion d'un rassemblement joyeux: on se félicite de la disparition des armes; on sait donc qu'elles ont effectivement servi. Fort de sa vision, Basile est là pour interpréter leur absence.

Le tombeau est vide, non pas que le corps même du saint ait disparu—il est notable que le conteur passe cet aspect sous silence[21]—mais parce que ses attributs, ceux d'un saint Georges, des archanges guerriers, se sont pour un temps évanouis. On célèbre leur retour par une montrance symptomatique tant de la crédulité du peuple, dans le récit, que de celle du public auquel il s'adresse. Brandissant le livre dont lui fit don Notre Dame, Basile ne manque pas d'accompagner la montrance d'un sermon bien senti: "les lettres disent

---

[20] La verticalité caractéristique de Césarée signale que la flèche du temps suit ici une bonne direction, celle de l'affiliation chrétienne. C'est parce qu'il s'est dépouillé de son armure que saint Mercure possède la légèreté nécessaire à pareille allégeance: "Patria autem mea, ad quam propero, est coelestis Jerusalem" (*PG*, 116, col. 273).

[21] Les deux versions latines citées en note 10 mentionnent par contre la présence du corps saint: "et ipse jacebat et arma ejus" (Meyer, p. 46); "et ipse et arma ejus" (Ps. Amphiloque, p. cccv). Par cette attention prêtée à l'importance des armes, la version vernaculaire amplifie le caractère miraculeux du récit.

que, par ce fer, l'âme (de Julien) est déjà dans le bouillon d'enfer".
A la rime, l'association fer/enfer vient énoncer sans ambiguïté le rôle
tenu par Mercure dans la condamnation du tyran. On assiste à un
curieux effort, de la part du conteur, pour concrétiser la disparition
de Julien sans pour autant désigner d'auteur véritable. Mercure n'est
là qu'un actant au service de Marie; d'autre part, le livre change le
fait en dit, le légitimant de la sorte en une forme de procès. Si le sort
de Julien est ainsi consigné, c'est selon une fatalité consécutive à son
apostasie; d'où une diffusion de la responsabilité qui interdit de nom-
mer le meurtrier, et partant, disculpe à la fois les chrétiens ainsi libé-
rés, et les personnages célestes qui ont assuré leur protection.

Message cependant traduit par un messager — Mercure/Hermès,
dieu des voyageurs — qui ressemble davantage à l'Ange vengeur de
la Chute qu'à celui de l'annonciation. Il y a, ainsi, reprise de la Genèse,
par un mouvement circulaire dont le caractère damnateur devient
évident. Si, dans le récit de Gautier, le livre de Notre Dame s'apparente à un procès-verbal, inscrivant dans le temps l'inévitabilité de
la chute de Julien, il est plus nettement associé, dans les versions grecques, au premier livre de la Bible[22]. Voilà donc Mercure symbolique
porteur d'un fer qui vient interrompre le trajet de Julien; dans ce rôle
d'exilé, le païen remplace Adam et Eve, désormais exonérés par la
venue du Christ; et c'est à un soldat converti de mettre un terme à
la vie du parjure. Mercure est en effet mort martyr de sa conversion
au christianisme; quant à Julien, il va mourir de sa conversion au
paganisme. A travers ce dédoublement de personnages antithétiques,
on assiste à une résolution positive du problème de la rivalité. Paré
des armes de la foi, Mercure, nouveau Christ, dissème la paix. C'est
au prix de sa mort, contre laquelle il n'a opposé aucune résistance,
qu'il peut établir la survie des chrétiens. Mercurius, dieu des marchands (*merces*), est par avance le rédempteur de Césarée[23], fondateur de la cité avant même le meurtre de Julien, et donc technique-
ment innocent de ce meurtre.

---

[22] Ps. Amphiloque dit que, dans ce livre, "tota creationis narratio scripta est, pos-
tremumque hominis a Deo formatio" (p. cccIV). Le livre semble donc s'arrêter avant
la Chute; pour être sous-entendus, les parallèles entre cette partie de la Genèse et
la légende de Julien n'en sont pas moins évidents.

[23] Le texte de Ps. Amphiloque brode abondamment sur le motif de la rétribution,
donnant d'abord au courroux de l'empereur une cause vénale. Basile rassemble donc
les richesses de Césarée, dans l'espoir de fléchir Julien ("ut eum muneribus mollia-
mus") si celui-ci devait revenir. Mais, comme Basile l'explique à ses ouailles, Dieu

Le fer est symbolique, puisqu'il départage la foi de la mauvaise foi. Mais la matérialité du miracle dont Basile et les siens fêtent bruyamment les effets (par tout le pays on chante le *Te Deum*, on sonne les cloches, on célèbre des messes) vient encore une fois démentir ce que le message pouvait avoir de mystique. Le coup de lance qui transperce l'empereur de part en part est un coup de lance littéral. On en répète le récit à loisir: à travers la vision qu'en a Basile, le sermon qui s'ensuit, le rapport qu'en fait Libanius, ancien clerc de l'empereur et maintenant converti, et la morale qu'en propose Gautier de Coinci. Le compte-rendu proposé dans la version théâtrale n'est pas moins disert: lorsque Marie le mande d'aller prendre vengeance de Julien,

> Saint Mercure à ces mots s'avance
> Va droit à Julien
> Et au milieu du corps lui lance
> Son glaive.

Au dernier vers, le rejet souligne la force du heurt, en dramatise la réalité. Tel qu'il décrit la scène à Basile, dans la version narrative de Gautier, Libanius rend Mercure à l'anonymat qui caractérise le fait historique: "un chevalier" s'avance, tel un tonnerre, et projette sa lance (et non son glaive) sur Julien. Le geste de Mercure prend alors une dimension apocalyptique dont on pressent qu'elle ne doit censément rien au temps ou à l'espace humain[24]. Ce n'est plus le martyr vengeant, par analogie, la mort que lui a infligée Decius: c'est véritablement la fin des temps, la reprise d'une Genèse désormais à l'abri des vicissitudes. Il est remarquable que le coup de lance n'implique aucun contact entre le lanceur et sa cible: l'attouchement, technique de guérison, entraîne aussi bien un risque de contagion. Or ici le lanceur anonyme tient ses distances, intouché par le mal et donc innocent de ce mal; il reste par ailleurs invisible aux gardes de l'empereur; c'est l'objet lancé, et non le lanceur, que le témoin est à même

---

va tuer l'empereur et "vous restituer vos biens". Une fois accomplie cette promesse, les habitants offriront ce trésor à l'évêque: on reconnaît là une propagande au service du pouvoir ecclésiastique.

[24] Dans le compte-rendu du martyre de Mercure, un ange apparaît au futur chrétien pour lui remettre une lance (*rhomphaea*) avec laquelle il devra "remporter la victoire". Le soldat revient en effet vainqueur de son combat contre les Barbares. Lors d'une seconde apparition, l'ange lui précise la teneur du "combat" qui lui vaudra la couronne réservée aux saints: le martyre. Avant de saisir la portée symbolique du don de l'ange, Mercure fait donc lui aussi preuve d'un certain littéralisme. La lance n'est bien sûr qu'une image métaphorique, et, en tant qu'objet réel, elle disparaît du reste du récit.

d'identifier. En ce sens, le fer redevient symbolique, confirmant une césure déjà déclenchée par l'apostasie volontaire de Julien.

Mais, par ces chassés-croisés auxquels nous habituent les contes et légendes, le symbole se mêle indistinctement au littéral. Alors que la légende s'efforce de dissocier violence et sacré, en maintenant un écart rassurant entre les victimes et la mort de leur persécuteur, en présentant cette mort comme une flèche du sort, elle s'attarde complaisamment à localiser cette arme: d'où l'introduction de Mercure dans le récit, et surtout, les précisions entourant la disposition de ses armes. On les préserve avec soin, mieux, on les déclare "saintes", au même titre que le héros à qui elles appartenaient. Dans la version théâtrale, c'est au sacristain d'annoncer leur retour:

> Venez admirer ce miracle:
> Dans la châsse et dans le tabernacle
> De saint Mercure, voilà en vérité
> Ses armes.

L'exclamation du sacristain place en rejet le mot-clé qui justifie pareille allégresse. Les armes sont ainsi vénérées comme des reliques, et non comme les simples vestiges d'un temps qui n'est plus. Au contraire, le pouvoir de ces armes est sans limite, intemporel. Cette insistance à mettre en avant l'impact potentiel du trésor de l'église altère sensiblement la nature pacifique qui était jusqu'ici l'attribut de Césarée. Si ses assises ne reposent pas sur un meurtre (mort du martyr ou mort de Julien), elles n'en sont pas moins ancrées sur un objet cultuel transmetteur de mort. On pouvait applaudir Basile et les siens d'avoir su instaurer une réciprocité sans exclusion; mais la lance fait intrusion dans cette pastorale, elle se dresse tel un tabou intouchable et dont on attend des merveilles. Autrement dit, on espère de la lance qu'elle fasse ce qu'on ne veut pas faire, qu'elle fasse à Julien ce qu'on lui reprochait de vouloir faire. A cette sacralisation des armes, se juxtapose une transgression par personnes interposées, qui n'est pas sans évoquer la transgression par anticipation dont Julien vient d'être accusé. Il y a dans les deux cas semblable manipulation du temps, mais la première se justifie sur les bases d'une protection de la foi chrétienne. Or cette protection a toutes les apparences de la magie, et l'on pourrait à ce stade féliciter Julien d'avoir préféré une autre forme de philosophie.

Une telle interprétation dénature la portée et les limites de ces textes didactiques. En effet, le public sait à l'avance l'issue du conflit, et que cette issue s'effectuera au détriment du païen. Il faut par ailleurs reconnaître l'importance des images militaires en un temps où le chevalier reste au premier plan de la scène littéraire, et faire la part d'une tradition qui continue de célébrer les soldats du Christ[25]. Il convient aussi d'évoquer les légendes du Graal, et l'attrait exercé par la lance de la Passion: le choix des armes n'est peut-être pas ici gratuit. Mais pas gratuite non plus la rencontre, en un même récit, de trois personnages distincts. Si le récit fait violence à l'Histoire, c'est pour que se croisent des événements, pour que se correspondent des lieux ayant chacun leur histoire. Mercure, Césarée, Basile, Julien: il était tentant de les faire graviter à l'intérieur d'une circonférence légendaire dont Césarée serait le point fixe et le pôle d'attraction. L'exclusion de Julien se présente alors comme un refus personnel d'inclusion, comme un départ contraire au principe chrétien de participation. Tout conte fait par définition violence à l'Histoire, mais ce début est de mauvaise augure pour un texte qui se veut l'éloge de la non violence. C'est que la représentation de l'inclusion et de l'imitation est ardue; on hésite, en fin du conte, à désigner le véritable héros de l'histoire: Basile, à en croire la rubrique du Miracle de Gautier; ou Julien, au premier plan de sa version théâtrale. Faut-il mettre bas les armes, comme font en principe les habitants de Césarée, ou s'incliner bas devant des armes magiques? Le fait d'imaginer un écart, temporel ou spatial, entre la violence et l'homme ne résoud donc en rien la quadrature du cercle, répond par le silence à la problématique de l'expulsion, et par là même exerce à sa manière l'expulsion. En vérité, le texte dissimule son message, et il est malaisé de parler de révélation quand les rapports de la logique s'avèrent à ce point ambivalents. La mort est au centre de l'argument, mort en fait accidentelle et due au seul hasard; mort pourtant que le moyen âge s'entête à causaliser, inventant des flèches dont l'origine remonte à la nuit des temps. Dans cette mise en scène du destin, la violence n'est ni vraiment humaine, ni vraiment divine; et ce, au nom d'un parti-pris qui ne veut pas prendre le parti de la violence. La logique a donc une résonance circulaire: il faut une cause à la faillite du renégat, il faut un renégat pour distinguer la bonne cause. Ces rapports de

---

[25] L'ange invite Mercure au martyre en ces termes: "Beatus est, qui Regi coelesti militat" (*PG*, 116, col. 271). Et, devant le tyran Decius, Mercure se déclare *Christi miles* (col. 272). Paradoxalement, la sémantique militaire traduit ici un abandon des armes, abandon qui mène le héros à sa passion.

cause à effet tourneraient en rond, ne serait-ce l'intervention par le haut d'une force dont la légende affirme au préalable l'innocence. Le triomphe final de la vertu ne doit là rien au lent perfectionnement intérieur, et c'est par une résolution miraculeuse que les textes contournent, sans la confronter, l'ambivalence inhérente à la violence. Mais le fait même de contourner le problème prouve que les conteurs vernaculaires en ont conscience: devant une matière légendaire si ouvertement favorable à la violence divine, ils effectuent un travail de démythification qui cherche à innocenter la divinité. La morale de l'histoire (point de salut hors du miracle) est que l'Histoire ne peut, à elle seule, briser le cercle vicieux de la revanche.

"Bonne Soupe" or "Beau Langage": Difference and Sameness in Les Femmes savantes

The verbal duel that occurs in the middle of *Les Femmes savantes* is among the play's most ridiculous scenes. It also lays bare the crisis around which Molière constructed his penultimate comedy: the collapse of difference and the threat of chaos it entails. Like his earlier counterpart, Tartuffe, Trissotin does not appear on stage until the third act of the play, and Molière has prepared his audience to greet the ludicrous *bel esprit* with unrestrained scepticism.[1] Clitandre complains of Philaminte's "héros d'esprit," who "m'inspire au fond de l'âme un dominant chagrin" (I, iii, 230, 246).[2] Ostensibly addressing his sister, Bélise, but intending that his wife too hear what he has to say, Chrysale echoes Clitandre's sentiments:

> Je n'aime point céans tous vos gens à latin,
> Et principalement ce Monsieur Trissotin:

---

[1] Many critics have remarked upon the structural analogies between *Le Tartuffe* and *Les Femmes savantes*. Most recently, Gérard Defaux, *Molière, ou les métamorphoses du comique: De la comédie morale au triomphe de la folie* (Lexington, Kentucky: French Forum, 1980) has called the latter play "cette comédie bâtie sur le modèle de *Tartuffe*" (p. 28).
[2] Molière, *Oeuvres*, eds. Eugène Despois and Paul Mesnard, 13 vols. (Hachette, 1873-1900), IX, 73, 74. Citations from Molière's plays will be taken from this edition. References will be given in the text, as they have been in this case, indicating act, scene, and verses.

C'est lui qui dans des vers vous a tympanisées,
Tous les propos qu'il tient sont des billevesées.
(II, vii, 609-12)

Trissotin has insinuated himself into the household by playing upon the foolish desire of Chrysale's wife, daughter, and sister to adopt the ways of those whom they consider "learned." Trissotin is their model.

His friend Vadius is cut from the same cloth. Superficially learned—"Il sait du grec, ma soeur!" (III, iii, 943)—and always ready to display it, Vadius wants nothing more than to be introduced into Philaminte's salon, where he will find an eager audience for his "petits vers" (III, iii, 967). When Vadius is announced by the footman, Trissotin assures Philaminte that his friend is worthy of her. No "profane," Vadius "peut tenir son coin parmi de beaux esprits" (III, iii, 938, 939).[3] The tennis metaphor turns out to be prophetic, for Vadius, Trissotin's dear friend, will suddenly become his bitter rival in a battle of verbal thrusts that each parries and returns to the other. Neither Trissotin nor Vadius is secure in the certainty of his own worth. Each relies upon others for knowledge that his poetic work and, therefore, its creator have value. They derive their sense of themselves from others, even though Vadius claims that nothing is more foolish than "un auteur qui partout va gueuser des encens" (III, iii, 960). Their friendship is founded upon an instinctive understanding by each of the other's need for recognition. Even before their feud over the "Sonnet à la Princesse Uranie sur sa fièvre," there is a suggestion that Vadius and Trissotin are in fact rivals, as they try to outdo each other with flattery:

TRISSOTIN   Est-il rien d'amoureux comme vos chansonnettes?
VADIUS   Peut-on rien d'égal aux sonnets que vous faites?
TRISSOTIN   Rien qui soit plus charmant que vos petits rondeaux?
VADIUS   Rien de si plein d'esprit que tous vos madrigaux?
(III, iii, 977-80)

The repetition of "rien" is an ironic commentary on the ultimate value of all this praise and hints at the nullity of those who proffer and receive

---

[3] According to Despois and Mesnard, "tenir son coin" is a "terme du jeu de paume pris au figuré; un joueur, dit Littré, 'tient bien son coin, quand il sait bien soutenir et renvoyer les coups qui viennent de son côté'" (*Oeuvres*, IX, 141).

it. Trissotin and Vadius are simultaneously imitating and vying with each other in their mutual admiration. The syntax of their language is imitative, its substance competitive:

TRISSOTIN   Si la France pouvoit connoître votre prix,
VADIUS   Si le siècle rendoit justice aux beaux esprits...
(III, iii, 983-84)

The scene turns ugly when Vadius, unaware that the sonnet advising Princess Uranie to drown her fever in a bath is Trissotin's, condemns its author. The quarrel between the two *beaux esprits* is little more than the reverse side of their emulative friendship. Now Vadius will mock rather than laud Trissotin sonneteer. And Trissotin, who has just told his friend that "aux ballades surtout vous êtes admirable" (III, iii, 981), declares: "La ballade, à mon goût, est une chose fade" (III, iii, 1006). What emerges from this reversal is the sameness of two characters who locate themselves at opposite poles. Using like arguments to defend themselves and attack the other, Trissotin and Vadius become mirror images of each other. When Vadius unwittingly criticizes his friend's sonnet, Trissotin characteristically calls upon the opinion of others in his own defense: "Beaucoup de gens pourtant le trouvent admirable." To which Vadius retorts: "Cela n'empêche pas qu'il ne soit misérable" (III, iii, 993-94). Vadius has composed a ballad and wants to read it to the assembled company. He responds to Trissotin's disparaging appraisal of the ballad form just as Trissotin had responded to him: "La ballade pourtant charme beaucoup de gens" (III, iii, 1008). Trissotin's riposte is predictable: "Cela n'empêche pas qu'elle ne me déplaise" (III, iii, 1009). The dispute rapidly degenerates into a match of name-calling in which verbal repetition at the beginning of each round and the symmetry of the versification call attention to the sameness of the two rivals:

TRISSOTIN   Allez, petit grimaud, barbouilleur de papier.
VADIUS   Allez, rimeur de balle, opprobre du métier.
TRISSOTIN   Allez, fripier d'écrits, impudent plagiaire.
VADIUS   Allez, cuistre... (III, iii, 1015-18)

Philaminte's attempt to resolve the quarrel fails, as does Vadius' appeal to the authority of Boileau, who, more than anyone else, ought to be able to discern which is the better poet: "Oui, oui, je te renvoie à l'auteur des *Satires*." "Je t'y renvoie aussi," Trissotin snaps back, symmetrically (III, iii, 1026-27). Once such a struggle between rivals breaks out, it is difficult to bring it to a halt.[4] Vadius and Trissotin were extremely similar at the outset. Their altercation makes them indistinguishable. Neither can assert himself without denigrating the other. Each thinks badly of the other, and they use identical language to castigate each other. Trissotin's sonnet and Vadius' ballad are beside the point. The contention is between two characters whose only means of affirming themselves is to dominate the other:

> VADIUS   Ma plume t'apprendra quel homme je puis être.
> TRISSOTIN   Et la mienne saura te faire voir ton maître.
>
> (III, iii, 1041-42)

By subjugating Vadius. Trissotin hopes to give meaning to his own empty existence. Vadius, likewise, believes that to defeat Trissotin will make him a man. But their mutual lack of substance reduces them to being empty imitations of each other. As so often in Molière's plays, each character tells the truth of the other while remaining blind to his own. Trissotin understands that Vadius is unable to distinguish between himself and Trissotin. Vadius accuses his friend of the same flaw:

> TRISSOTIN   Vous donnez sottement vos qualités aux autres.
> VADIUS   Fort impertinemment vous me jetez les vôtres.
>
> (III, iii, 1013-14)

All Trissotin and Vadius can do is hurl insults back and forth. Not one of their barbs carries the day, because none is more than an empty reflection of the taunt that motivated it.

Despite its foolishness, the dispute of the *beaux esprits* stands as a model of what happens when differences between characters break down. Without understanding the full import of his own words, Alceste reveals the motivation of many of Molière's characters: "Je veux qu'on me distingue," he tells Philinte in the first scene of *Le Misanthrope* (I, i, 63).[5] That Vadius and Trissotin both want the same thing provokes a dilemma, for the desire to be different from others, usually by pretending to superiority over them, is precisely what makes the two identical. The emergence to the fore of this sameness brings in its wake

---

[4] This situation is structurally similar to the one described by René Girard as a "crise sacrificielle" in *La Violence et le sacré* (Grasset, 1972), pp. 63-101.

[5] See Lionel Gossman's analysis of *Le Misanthrope* in *Men and Masks* (Baltimore: The Johns Hopkins University Press, 1963), pp. 66-99. Professor Gossman's reading of the play emphasizes Alceste's need to be superior to others.

the threat of chaos. The writer of sonnets and the writer of ballads are brothers under the skin, albeit enemy brothers. There is no resolution to their quarrel: it is to be continued "chez Barbin," where, one can only assume, the endless bickering will be taken up again (iii, iii, 1044). Molière dispenses with the problem posed in this scene by having Vadius, an episodic character, leave the stage, never to reappear. This simple solution, which averts rivalry's disruptive force without effectively dissipating it, will not suffice should a similar conflict erupt among the play's major characters.

In the opening scene of *Le Tartuffe*, the principal characters are divided into two groups — those who swear allegiance to Tartuffe and those who oppose him. Madame Pernelle, Orgon, and Tartuffe must face down the others. Two teams are also aligned against each other in *Les Femmes savantes*, but now they are symmetrical. Each has five players: Chrysale, Henriette, Clitandre, Ariste, and Martine will take on Philaminte, Armande, Trissotin, Bélise, and Vadius.[6] Chrysale and his adherents are irrevocably opposed to the *femmes savantes* and their "learned" models. The latter would have members of Chrysale's household reject the worldly, the carnal in favor of the life of the mind — or their version of it. Their ideal is a world in which love does not lead to concupiscence and the rules of Vaugelas are never broken. To guarantee his presence in the household and impart to her hopelessly materialistic daughter, Henriette, a sense of life's higher values, Philaminte plans to marry her off to Trissotin. Philaminte is supported in this project by her other daugher, Armande, who is enamoured of Henriette's lover, Clitandre. Henriette and her father, Chrysale, adamantly oppose this scheme. Chrysale takes an equally dim view of his wife's preciosity. When Philaminte wants to fire her servant, Martine, for abuse of the French langauge, Chrysale resists:

> Qu'importe qu'elle manque aux lois de Vaugelas,
> Pourvu qu'à la cuisine elle ne manque pas?
> ...
> Je vis de bonne soupe, et non de beau langage.
> Vaugelas n'apprend point à bien faire un potage.
> (ii, vii, 525-26, 531-32)

---

[6] Pierre Brisson, in *Molière, sa vie dans ses oeuvres* (Gallimard, 1942), sees this important pattern but does not develop the implications it has for the play: "La pièce prend ainsi l'allure d'une compétition et se déroule au coup de sifflet. Les adversaires sont répartis en deux groupes symétriques; cinq joueurs dans le camp des Précieux... contre cinq joueurs dans le camp des Antiprécieux. L'agressivité est la même de part et d'autre et les deux camps observent la même règle" (p. 276).

With his famous "Je vis de bonne soupe...," Chrysale situates himself on the side of the material and seems to represent the solid good sense of a staunch bourgeois.

The symmetrical oppositions among the characters extend well beyond the hilarious division over Vaugelas and French grammar. Chrysale and Philaminte are pitted against each other in a struggle for mastery of the household. More than the matter of correct usage or even the marriage of their daughter, the question of who will lay down the law preoccupies them. Their daughters compete with each other in rivalry for Clitandre. Both want to marry him, and that, more than the issue of marriage as a way of life, is at the root of their struggle. And, finally, Clitandre and Trissotin are rivals for the hand of Henriette. The distribution of characters and, indeed, the entire action of the play are organized around these fierce rivalries. They are the dynamic core of *Les Femmes savantes*. That these rivalries lead to entrenched divisions among the characters is natural. What is less apparent — and more revealing — is the way the characters are reduced in their rivalries to interchangeable faces. As they fight for superiority over each other, Chrysale and Philaminte, Henriette and Armande, Clitandre and Trissotin show themselves to be more and more alike. Theirs is a pitched battle not of alterities but of similarities, and it threatens the order of their world.

In the early scenes of the play, Clitandre and Trissotin seem pointedly different. The former, as he himself puts it, has a "coeur... né sincère" (I, iii, 215) which burns with a "sincère flamme" for Henriette (I, iv, 275). Although he had first loved Armande — with what he calls "une flamme immortelle" (I, ii, 139) — Clitandre now wants nothing more than to marry Henriette. To win her hand, he will have to charm the girl's mother, a difficult task. For Clitandre disapproves of Philaminte's pretensions to learning, as well as of the company she keeps:

> Je respecte beaucoup Madame votre mère;
> Mais je ne puis du tout approuver sa chimère,
> Et me rendre l'écho des choses qu'elle dit,
> Aux encens qu'elle donne à son héros d'esprit.
> (I, iii, 227-30)

Without realizing that Trissotin is about to become his rival, Clitandre paints a derisive portrait of the pedant. To avoid discussing Trissotin with Philaminte, he asks Henriette's aunt, Bélise, to intervene for him.

Bélise is a minor character on the side of the *savantes* who seconds Philaminte's worshipful attitude toward Trissotin. She lives on the fringes of the play's central action. However, Bélise has one characteristic that makes her both very funny and crucial to an understanding of the play: she is convinced that all men, without distinction, are in love with her. In her humorous, nonsensical way, Bélise is the first to suggest that differences between characters may be of less moment than their similarities. When Clitandre approaches her with the tale of his love, Bélise immediately assumes that she is herself its object:

> Ah! tout beau, gardez-vous de m'ouvrir trop votre âme:
> Si je vous ai su mettre au rang de mes amants,
> Contentez-vous des yeux pour vos seuls truchements.
>
> (I, iv, 276-78)

As she explains to Ariste, it is precisely by such "muets truchements" that she knows of the love of Dorante, Damis, Cléonte, and Lycidas for her (II, iii, 384). It goes without saying that none of them has declared his love to Bélise. Just after Philaminte reveals to Henriette her plan to have the girl marry Trissotin, Bélise releases the *bel esprit* from her imagined hold on him:

> Je vous entends: vos yeux demandent mon aveu,
> Pour engager ailleurs un coeur que je possède.
> Allez, je le veux bien. A ce noeud je vous cède:
> C'est un hymen qui fait votre établissement.
>
> (III, iv, 1976-79)

Bélise believes that all men are equally susceptible to her charms, even though none seems to be. She simply does not distinguish among individuals in matters of "love." For her, they are all alike. Chrysale and Ariste dismiss her as mad: "Notre soeur est folle, ouï" (II, iv, 397). Her madness, however, takes the same form as the rivalry of characters who think they are far more perspicacious than Bélise.

Clitandre, who also finds Bélise mad—"Diantre soit de la folle avec ses visions," he exclaims (I, iv, 325)—is convinced of his own superiority to Trissotin. But the differences between them begin to disintegrate as soon as the two become rivals. Like his cohorts, Clitandre makes a display of his ignorance and his attachment to the physical over the spiritual:

> Pour moi, par un malheur, je m'aperçois, Madame,
> Que j'ai, ne vous déplaise, un corps tout comme une âme;
>   ...
> Je suis un peu grossier, comme vous m'accusez;
> J'aime avec tout moi-même, et l'amour qu'on me donne
> En veut, je le confesse, à toute la personne.
>   (IV, ii, 1213-15, 1224-26)

This distinguishes Clitandre from the likes of Trissotin—or so he believes. Henriette, however, will discover that Trissotin is not innocent of physical instincts when she asks that he forsake her for one of the many women who appear in his poetry. His response reminds one of Clitandre:

> C'est mon esprit qui parle, et ce n'est pas mon coeur.
> D'elles on ne me voit amoureux qu'en poète;
> Mais j'aime tout de bon l'adorable Henriette.
>   (v, i, 1524-26)

How different are Trissotin and Clitandre, after all?

Clitandre's first reaction upon being told of Philaminte's scheme to marry Henriette to Trissotin is not to the rivalry, but rather to the unworthiness of his rival, whom he thinks beneath him (IV, ii, 1249-52). In the next scene, when the rivals meet, they are reduced to a reciprocal verbal violence that makes them sound very much alike. Philaminte introduces Clitandre as a man who "fait profession de chérir l'ignorance" (IV, iii, 1273), and this sets off a round of sparring not unlike the earlier battle between Trissotin and Vadius. The struggle has a strong undercurrent of violence. Both Philaminte and Trissotin refer to it as a "combat" (IV, iii, 1319, 1325); Clitandre calls his rival "un si rude assaillant" (IV, iii, 1315). The argument centers on whether a "savant" or an "ignorant" is more likely to be a "sot." Clitandre holds that "un sot savant est sot plus qu'on sot ignorant," while Trissotin argues that this is impossible because "ignorant et sot sont termes synonymes" (IV, iii, 1296, 1298). What both fail to recognize, of course, is that each is using the very same epithet to describe the other—"sot."

The more heated the battle becomes, the more difficult it is to distinguish between the characters. If they remain on opposite sides, they nonetheless speak the same language:

TRISSOTIN   Il faut que l'ignorance ait pour vous de grands charmes,
                Puisque pour elle ainsi vous prenez tant les armes.

CLITANDRE Si pour moi l'ignorance a des charmes bien grands,
          C'est depuis qu'à mes yeux s'offrent certains savants.
TRISSOTIN Ces savants-là peuvent, à les connoître,
          Valoir certaines gens que nous voyons paroître.

(IV, iii, 1305-10)

Trissotin is exactly right: the "certains savants" and the "certaines gens" are equivalent. The desire of each to be superior to the other makes them identical. When, accusing Clitandre of defending its myopic perspective, Trissotin attacks the court as a center of ignorance (IV, iii, 1325-30), he seems to have gone too far. With the force of social hierarchy on his side, Clitandre should now be able to end the dispute in his own favor. However, social superiority does no more to quell this fight than Boileau had done to put an end to Trissotin's struggle with Vadius. Clitandre and Trissotin are locked in a disruptive rivalry that knows no issue.

Difference in *Les Femmes savantes* inevitably leads to a rivalry that undermines the distinctions between characters. The play's first scene is a discussion between Armande and Henriette. Armande, representing the views of the clan of learned women, is horrified that her sister would consider marriage. The word itself is disgusting: "Sur quelle sale vue il traîne la pensée" (I, i, 12). Committing oneself to "un idole d'époux et des marmots d'enfants" is best left to "gens grossiers, aux personnes vulgaires" (I, i, 30-31). Henriette finds nothing distasteful in either the word or the institution. Armande may reject marriage for herself, but Henriette will not follow suit. After all, Henriette tells her sister:

Le Ciel, dont nous voyons que l'ordre est tout-puissant,
Pour différénts emplois nous fabrique en naissant.

(I, i, 53-54)

Order is, in this view, founded upon difference and the harmonious accommodation of differences among individuals in an integrated social fabric. Both Henriette and Armande make a great show of the characteristics that distinguish them. Like her lover, Henriette affects ignorance. The word that her sister most readily uses to describe Henriette, her thoughts, and her behavior is "bas": "Mon Dieu, que votre esprit est d'un étage bas" (I, i, 26). Armande would have Henriette forego the "bas amusements" (I, i, 32) of marriage:

A de plus hauts objets élevez vos desirs,
Songez à prendre un goût des plus nobles plaisirs,

> Et traitant de mépris les sens et la matière,
> A l'esprit comme nous donnez-vous toute entière.
>
> (I, i, 33-36)

What distinguishes the *femmes savantes* is their altogether more elevated, superior desires.

Yet, Henriette, at first so willing to accept her sister's characterization of her, rejects it where her choice of lovers is concerned: "Manque-t-il [Clitandre] de mérite? est-ce un choix qui soit bas?" (I, i, 90). She is as proud in love as is her sister in matters of the mind. By her refusal to give in to Clitandre's insistence on marriage and its bed, Armande had lost him to Henriette. When she sees that there is no hope of his changing, though, Armande offers herself to him, thus collapsing a difference between herself and her sister:

> Puisque, pour vous réduire à des ardeurs fidèles,
> Il faut des noeuds de chair, des chaînes corporelles,
> Si ma mère le veut, je résous mon esprit
> A consentir pour vous à ce dont il s'agit.
>
> (IV, ii, 1237-40)

Armande had earlier seen the rejection of marriage as a means of asserting one's superiority, as her advice to Henriette explicitly shows:

> Loin d'être aux lois d'un homme en esclave asservie,
> Mariez-vous, ma soeur, à la philosophie,
> Qui nous monte au-dessus de tout le genre humain,
> Et donne à la raison l'empire souverain. (I, i, 43-46)

To be different is also to be superior, to be master rather than slave. But Henriette's more earthly desires make her just as imperious as her sister. When Clitandre explains to her his loathing for Trissotin, her response reveals that love's tyranny is no less total than that of "la philosophie":

> Un amant fait sa cour où s'attache son coeur,
> Il veut de tout le monde y gagner la faveur;
> Et pour n'avoir personne à sa flamme contraire,
> Jusqu'au chien du logis il s'efforce de plaire.
>
> (I, iii, 241-44)

Not surprisingly, therefore, Clitandre uses similar words to describe the two sisters. Armande's eyes had been cruel to him, he says: "Ils régnoient sur mon âme en superbes tyrans" (I, ii, 142). Unable to bear up under their tyranny, he sought "des vainqueurs plus humains et de moins rudes chaînes" (ɪ, ii, 144), and now no power on earth "me puisse à mes fers arracher" (ɪ, ii, 150). These are standard images in the language of preciosity, but there are others Clitandre could have chosen were not Henriette a "chaîne" — if a "moins rude" one — just as her sister had been. The sisters are more like than either suspects. In the third act of the play, they taunt each other with virtually the same sentence. Dismayed to learn of her mother's plan for her future, Henriette is reminded by her sister:

> Cependant, bien qu'ici nos goûts soient différents,
> Nous devons obéir, ma soeur, à nos parents.
>   (ɪɪɪ, v, 1095-96)

As if to underscore the shared identity she would rather deny, Henriette, when she knows that Chrysale wants her to marry Clitandre, gibes her sister: "Il nous faut obéir, ma soeur, à nos parents" (ɪɪɪ, v, 1104). Once again, Molière emphasizes the likeness of rivals, undercutting their apparent differences.

Antoine Adam, whose hostility to *Les Femmes savantes* is unexplainably strong, has, nonetheless, understood the centrality of the role of Philaminte: "...dès qu'il s'agit seulement de savoir si Philaminte réussira à dominer son mari et à faire le mariage de sa fille, la pièce remonte, l'intérêt se tend, le rythme s'accélère."[7] The most dangerous rivalry in the play is between Philaminte and Chrysale. Upon the resolution of their dispute rest the futures of Henriette, Armande, and their suitors, as well as the order of the divided family. The struggle between husband and wife originates less in their disagreement about a suitable mate for Henriette or Chrysale's unwillingness to accept his wife's "learning" than in a will to power equally puissant on both sides. Chrysale, encouraged by Ariste and Henriette, has decided no longer to allow his wife to reign over his household. He will stand his ground and organize his struggle around the issue of his daughter's marriage. Speaking to Armande, Philaminte succinctly goes to the crux of the matter:

> Je lui [Henriette] montrerai bien aux lois de qui des deux
> Les droits de la raison soumettent tous ses voeux,
> Et qui doit gouverner, ou sa mère ou son père,
> Ou l'esprit ou le corps, la forme ou la matière. (ɪv, i, 1127-30)

---

[7] Antoine Adam, *Histoire de la littérature française au 17e siècle*, 5 vols. (Domat, 1948-1956), ɪɪɪ, 395.

Ariste goads Chrysale with the accusation that Philaminte has "un pouvoir absolu" and is "...par vos lâchetés souveraine sur vous" (II, ix, 661, 678). In her first encounter with Chrysale, Philaminte displays her will to dominate by insisting that her maid, Martine, be fired for infractions against the rules of Vaugelas. To Chrysale's objections, Philaminte retorts: "Je ne veux point d'obstacle aux desirs que je montre" (II, vi, 440). Her desire, like her tone, is absolute. "Il faut qu'absolument mon desir s'exécute," she tells Chrysale, ordering that her daughter marry Trissotin (v, iii, 1674). Desire defines Philaminte's character. The words constantly on her tongue are "je veux." About Martine, she declares: "Je veux qu'elle sorte" (II, vi, 431). About Henriette's marriage to Trissotin: "Je l'ai dit, je le veux" (v, iii, 1676). The object of Philaminte's desire is more often than not determined by the status of her rivalry with others. Martine's dismissal has less to do with Martine than with her mistress' desire to be superior to men by becoming an arbiter of grammatical conventions. It is the object of Philaminte's desire that would distinguish her from others, but that object is devalued by a rivalry that, finally, lowers her to the same level as those whom she wants to dominate.

For all his apparently good instincts concerning the well-being of his daughter and the choice of a proper husband for her, Chrysale has but one major preoccupation throughout the play—to assert his mastery over his own household:

> Ah! je leur ferai voir si, pour donner la loi,
> Il est dans ma maison d'autre maître que moi.
> (v, i, 1443-44)[8]

This puts him into direct conflict with his wife, who wants to do exactly the same thing.[9] At first, he accepts Clitandre as his daughter's fiancé without consulting Philaminte: "Je réponds de ma femme, et prends sur moi l'affaire" (II, iv, 412). Shortly after this, however, he

---

[8] As is true for Orgon, this notion becomes a recurrent theme associated with Chrysale. For example, he asks Henriette: "Je n'aurois pas l'esprit d'être maître chez moi?" (v, ii, 1580); and, a few lines later, he says: "Ma volonté céans doit être en tout suivie" (v, ii, 1586).

[9] Judd Hubert, *Molière and the Comedy of Intellect* (Berkeley and Los Angeles: University of California Press, 1962), agrees with Adam about the relationship between Chrysale and Philaminte: "On the level of the plot, everything depends on whether Chrysale or his wife will be obeyed" (p. 247).

is unable to prevail upon his wife, who insists on dismissing Martine, and the battle begins. It is his brother, Ariste, who coaches Chrysale in the ways of mastery, explaining to him that he himself is to blame for allowing Philaminte to be so powerful, to lead him around "en bête par le nez" (ii, ix, 682). Ariste's advice is calculated to awaken Chrysale's desire:

> Quoi? vous ne pouvez pas, voyant comme on vous nomme,
> Vous résoudre une fois à vouloir être un homme?
> A faire condescendre une femme à vos voeux,
> Et prendre assez de coeur pour dire un: "Je le veux"?
>   (ii, ix, 683-86)

What Ariste incites in his brother is not a sense of power, but a desire for power that will inevitably make him a rival of Philaminte. Chrysale must resolve to "*vouloir* être un homme" and to say "je le veux." The object of his desire, inspired by Ariste and society's image of manliness, is the subjugation of his wife. Like Vadius, Chrysale will be a man only when he has proven himself to others. He immediately decides to take on his wife when Ariste menaces him with that most seventeenth-century of threats, ridicule: "Et votre lâcheté mérite qu'on en rie" (ii, ix, 696). Ridicule is so ominous because it is the expression of a negative opinion of others, upon whom Chrysale depends for recognition of his superiority.

From this point on, Chrysale's insistence that Henriette marry the man she loves is directed solely against his wife:

> Et je lui [Philaminte] veux faire aujourd'hui connoître
> Que ma fille est ma fille, et que j'en suis le maître
> Pour lui prendre un mari qui soit selon mes voeux.
>   (ii, ix, 703-05)

Chrysale could be pitilessly tyrannical with his daughter, were her will to conflict with his.[10] He is bent upon proving to his audience — here, Ariste — that he is a man and, therefore, deserves the approval of others: "Et je m'en vais être homme à la barbe des gens" (ii, ix, 710). This form of domination, founded upon the recognition of others rather than upon inner strength, cannot exist independent of others. He who would be master is always subject to him whose approval

---

[10] He will tell Henriette later that "Le ciel me donne un plein pouvoir sur vous" (v, ii, 1591).

he seeks. Ariste responds to his brother's resolution as if he understood this: "Vous voilà raisonnable, *et comme je vous veux*" (II, ix, 706; emphasis added). Even in his struggle with his wife, Chrysale can never win once and for all. At the end of the play, he does have his way— Henriette will marry Clitandre—but Philaminte, who has been won over on this single point, is not really reformed. She remains faithful to her "philosophie." This portends a renewal of the rivalry between her and her husband. Chrysale longs for mastery, but it is unlikely that he will have it.

The more forcefully he expresses his desire, the more intense and destructive becomes his rivalry with Philaminte. If he assures Henriette that Clitandre is the man "dont je veux que vous soyez la femme" (III, vi, 1102), it is only because this is a means of dominating Philaminte:

> Et dès ce soir je veux
> Pour la contrecarrer, vous marier vous deux.
>   (IV, v, 1435-36)

To keep Martine as his maid will accomplish the same goal:

> Je veux, je veux apprendre à vivre à votre mère,
> Et, pour la mieux braver, voilà, malgré ses dents,
> Martine que j'amène, et rétablis céans. (V, ii, 1566-68)

Chrysale's every act is colored by his rivalry with his wife, whom he perceives as the obstacle to his desire for power: "Nous verrons si ma femme à mes desirs rebelle..." (V, ii, 1597). He is, of course, correct, for Philaminte's desire is identical to her husband's:

> Nous verrons qui sur elle [Henriette] aura plus de pouvoir,
> Et si je la saurai réduire à son devoir. (IV, iv, 1415-16)

Husband and wife desire the same elusive power over others. Each believes that if the other can be mastered, success will be at hand. Unfortunately, there is a price to pay for this mutual obstinacy. Although he blames Philaminte, Chrysale clearly sees the disorder it wreaks upon his family. He tells his wife that she should be less concerned with scientific investigation of the moon than with her own household, "où nous voyons aller tout sens dessus dessous" (II, vii, 570). The natural order of things has been turned upside down:

> Raisonner est l'emploi de toute ma maison,
> Et le raisonnement en bannit la raison.
>   (II, vii, 597-98)

The struggle ends in the presence of a representative of the law, the notary who has been summoned for Henriette's betrothal. However, despite the majesty and power of the law, which is the foundation of a well-ordered society, it is impotent to resolve the conflict engendered by the rivalry of Chrysale and Philaminte. The notary's call for a reasonable decision is drowned out by the cries of rivals saying opposite things with the identical voice:

> PHILAMINTE Mettez, mettez, Monsieur, Trissotin pour mon gendre.
> CHRYSALE Pour mon gendre, mettez, mettez, Monsieur, Clitandre.
> LE NOTAIRE Mettez-vous donc d'accord, et d'un jugement mûr
> Voyez à convenir entre vous du futur.
> PHILAMINTE Suivez, suivez, Monsieur, le choix où je m'arrête.
> CHRYSALE Faites, faites, Monsieur, les choses à ma tête.
> (v, iii, 1625-30)

The possibility of chaos is imminent, for the law cannot maintain order in the face of such radical disaccord. As in many of Molière's plays, the characters' persistence in their follies engenders the disintegration of order, carrying them to the brink of turmoil. In *Le Tartuffe*, for example, the introduction of the hypocrite into Orgon's household threatens its well-being. Order is restored by the intervention from on high of a representative of the king. Here, however, Philaminte and Chrysale, the *femmes savantes* and their adversaries, are equally responsible for the disarray. The law is powerless to distinguish between the just and the unjust. Although reasons can be mounted for taking either side in the case, the overwhelming similarity of the litigants is undeniable. If Chrysale thinks of nothing but "mon pot" (ii, vii, 530, 594) and "mon rôt" (ii, vii, 599), Trissotin's verses are "repas friands" (iii, i, 716), "votre aimable repas" (iii, ii, 746). It is this secret identity at the heart of the rivalry that portends the breakdown of order.

In the presence of all but Vadius, who has long since disappeared from the scene, Ariste plays a trick on Chrysale and Philaminte. He sends to each of them a letter announcing financial ruin. The family is apparently bankrupt. Predictably, Trissotin bows out of his upcoming marriage to Henriette, and Philaminte realizes, to her disgust, that he had all along been interested only in money. Armande's understanding of the outcome—Clitandre and Henriette are now to be married—provides the key to the mechanism that has resolved the family's dilemma: "Ainsi donc à leurs voeux vous me sacrifiez?" she asks her mother (v, iv, 1770). Philamente does not disagree that a sacrifice has taken place: "Ce ne sera point vous que je leur sacrifie" (v, iv, 1771). The sacrificial victim has been Trissotin, and an ideal victim he is. The elimination of Trissotin from the household represents a real loss for Philaminte and a substantial victory for her husband. It does not, however, threaten Philaminte in a way that would make her strike back at Chrysale and start the chain of violent repartee all over again. Trissotin is of the clan of the *savantes* without being so integral a part of it that his disappearance will call its existence into doubt.[11] His sacrifice ends the struggle that is the occasion of the rivalries, even though it does not end the rivalries. For a brief moment, members of Chrysale's family can show off their differences without setting in motion the implacable mechanism of violent rivalry. After Trissotin's last words, Clitandre offers himself to Henriette and his fortune to her family. He even puts aside his disapproval of Philaminte: "Je m'attache, Madame, à tout votre destin" (v, iv, 1730). With his rival gone, Clitandre can preserve both his distinction from the *femmes savantes* and the good order of the household which he hopes to enter. He does not speak earlier in the last scene, because his action is possible only after the demise of Trissotin.

In a sense, nothing substantial has changed at the end of *Les Femmes savantes*. It has repeatedly been said that Molière's great characters are monomaniacal, incapable of reform. That is certainly true here: Bélise stands as a reminder of it. The last of the *savantes* to speak, she warns that Clitandre may come to regret his marriage: "Qu'il prenne garde au moins que je suis dans son coeur" (v, iv, 1774). Chrysale's is the last word, and it is a command to the notary that his authority be recognized. Philaminte has, by her philosophic acceptance of defeat, already demonstrated her fidelity to the principle of mind over matter that she has espoused from the beginning. The expulsion of Trissotin works no magic on the rivals. It does, however, neutralize the destructive power of their rivalry. At the end of the fifth act, disorder is warded off by the reintegration of difference into the fabric of the family's life. Molière understands that where there is rivalry, order can never be permanent. What he reveals in *Les Femmes*

---

[11] This is the same criterion that René Girard gives for the sacrificial victim: "Pour qu'une espèce ou une catégorie déterminée de créatures vivantes (humaine ou animale) apparaisse comme sacrifiable, il faut qu'on lui découvre une ressemblance aussi frappante que possible avec les catégories (humaines) non sacrifiables, sans que la distinction perde sa netteté, sans qu'aucune confusion soit jamais possible" (*La Violence*, p. 27).

savantes is that the greatest danger of rivalry in a society whose members live in imitation of each other is not the differences that divide the characters, but the sameness that they share and which, as it emerges, makes them indistinguishable from one another. The sacrifice of Trissotin keeps anarchy at bay — but not forever. The happy ending of *Les Femmes savantes* is but the prelude to a new confrontation with chaos, now incited by Argan's imaginary maladies.[12]

[12] I should like to thank A. C. Goodson and Paula Koppisch for their thoughtful readings of an early draft of this essay. A version of the paper was presented at the meeting of the Midwest Modern Language Association in November 1983.

The Model as Obstacle:
Kafka's The Trial

BRUCE BASSOFF

Kafka's work is remarkable for the divergent and contradictory interpretations it has elicited. *The Trial*, for example, has elicited critical
indictments against Joseph K., against the Court, and against Kafka.
While some critics see Kafka as fascinated by power, others see him
as concerned with existential freedom. Walter Sokel has tried to reconcile these views by finding "Oedipal" and "Existential" meanings in
The Trial. On the one hand, the Court thwarts and humiliates Joseph
K., whose total guilt is assumed; on the other hand, while leaving
him full freedom to continue his normal life, it summons him to a
process of self-discovery.[1] Although Sokel, I believe, is on the right
track, he never uncovers the double bind that accounts for this ambiguity. The gentlemen of the Court are models of strength and
authority for Joseph K., but they are also obstacles in the way of his
achieving those qualities. To overcome these obstacles, K. attempts
to debunk them—to convince himself and others that the Court is
not only not superior to him but is really a shoddy affair. He never
succeeds in this attempt, however, and ends up being executed by

---

[1] Walter Sokel, "The Programme of K.'s Court: Oedipal and Existential Meanings
of *The Trial*," in *On Kafka: Semi-Centenary Perspectives*, ed. Franz Kuna (New York:
Harper & Row, 1976), pp. 1-21. See also Sokel's *Franz Kafka: Tragik und Ironie — Zur
Struktur seiner Kunst* (Munich and Vienna: Langen-Müller, 1964).

two "tenth-rate old actors" — eunuchs whose impotence and indecisiveness mirror the qualities of the person who has called them into being.[2]

The statements and visions of Kafka's diaries often present interesting analogies to K.'s struggle. In one of his entries, for example, Kafka talks about his extreme dependency and his yearning for independence and freedom. He feels sometimes as if he has not yet fully been born out of "the stale life in that stale room" in which he constantly seeks "confirmation of himself." He feels stuck to the "loathesomeness" that still clogs his feet there when he wants to run, the "original shapeless pulp" from which he wants to emerge.[3] These themes of stale air (and of drawing breath) and of loathesomeness occur also in *The Trial*. Just as Kafka often feels that he is competing with his parents for the air that will allow him to live, the clients in *The Trial* compete for the same air in the law courts (67). When K.'s uncle suggests that K. get away from the Court, he says that K. will have "a breathing space" (96). If K. at moments is crowded by members of the Court (4,201), he imitates this oppression with his rival at the bank (254). To escape notice, the Chief Clerk of the Court sits in the lawyer Huld's room "without even drawing breath" (104), and K.'s lack of respect toward Huld and this personage causes his uncle such embarrassment that he is "hardly able to breathe" (112). The air in both Titorelli's apartment house and in his room is "stifling," "oppressive" (141, 148). Titorelli can live only in the atmosphere of the Court, which is why the landscapes he produces are so dreary and monotonous. Block also lives in an oppressive room — one that either has no window (181) or that looks out on an airshaft that does not give much light (or air) (194). If air one can breathe is associated with freedom and mastery,[4] officials of the Court can no more thrive in that element than K. can thrive in their stifling atmosphere of bureaucracy and tyranny.

The "loathesomeness" in the diary passage takes the form in *The Trial* of "dimness, dust, and reek" (39). "How dirty everything is here!"

[2] Franz Kafka, *The Trial*, tr. Willa and Edwin Muir (New York: Schocken, 1968), p. 224. Page references will be included in the body of the text. When drawing on the German text, I am using *Der Prozess* (Berlin: S. Fischer Verlag, 1935).

[3] Franz Kafka, *Diaries 1914-1923*, tr. Martin Greenberg (New York: Schocken, 1965), pp. 166-67.

[4] In one of his diary entries, "air that you can breathe" is associated with a "commander-in-chief" whose existence the soldiers continually want to verify (see *Diaries 1914-1923*, pp. 220-21).

says K. of the law courts (51). He holds the *Schuldbuch* — the record book of the Court — by the tips of his fingers, "as if it might soil his hands" (41). "We're being smothered in dirt," he says to his own clerks after he closes the door of the lumber-room, which contains the detritus of his everday life (90). While the warders "pollute" Fräulein Bürstner's room, Fräulein Montag gets "mixed up" with K.'s breakfast and makes it "nauseating" (43, 78). Titorelli's courtyard is full of *Schmutz*, of a "disgusting yellow fluid" that is reminiscent of the foreign substance that flows from Gregor Samsa's metamorphosed body. In the court offices the girl's effort to let in some fresh air only results in K.'s being covered with soot (68). The sense of guilt implied by this motif is clearly sexual when the girl in the court offices tries to wipe K. clean and when Leni scratches some tallow off Block's trousers (68, 179).[5] Conversely, to be utterly clean is to be impotent. As K. studies the scrubbed faces of his executioners, he is repelled by their cleanliness and refers to them as "tenors" (224).

The diary passage then returns to the theme of dependency and freedom: "But at other times again, I know that they are my parents after all, indispensable elements of my own being from whom I constantly draw strength, essential parts of me, not only obstacles. At such times I want them to be the best parents one could wish for: if I, in all my viciousness, rudeness, selfishness, and lack of affection, have nevertheless always trembled in front of them (and in fact do so today — such habits aren't broken), and if they again, Father from one side, Mother from the other, have inevitably almost broken my spirit, then I want them at least to be worthy of their victory."[6] This theme of the model-obstacle is also crucial in *The Trial*. To be free, for Kafka, is to find a model of strength and authority to emulate. To be worthy of emulation, however, the model must also vanquish his disciple, whose subsequent hatred is also longing. Since the difference between model and disciple is illusory, moreover, these roles

---

[5] Leni's gesture of cleaning Block's trousers also occurs in Kafka's diary, where a landlady scrapes at the stain on her tenant's trousers: "You're a dirty fellow," she says, which makes him assert himself sexually (see *Diaries 1914-1923*, pp. 36-37). In his *Letter to His Father*, Kafka recalls the brutal advice his father gave him about sex: "And so, if the world consisted only of me and you (a notion I was much inclined to have), then this purity of the world came to an end with you and, by virtue of your advice, the filth began with me" (*Letter*, p. 105). Whenever Kafka is excluded from something by his father, however, he has the impression that something indecent is taking place (*Letter*, p. 79).

[6] *Diaries 1914-1923*, pp. 167-68.

can oscillate from one person to another. The model in one situation can become the disciple in another, and vice versa. People can even take each other as models at the same time, or they can turn the tables on each other by the kinds of stratagems we have codified in our success manuals.

This reversal of roles can be seen in *The Trial*, where, for example, Joseph K. feels "thwarted" by Huld (127) but where Huld also seeks a "worthy obstacle to fail against" (103). K. may be obsessed with the Court, whose ordinary representatives always point to those higher up or less accessible than themselves, but the Court is also obsessed with him. When K. wants to get rid of Huld — whom members of the Court consult — the latter humbles himself before him (186-87). The priest's statement "The Court wants nothing from you. It receives you when you come and it dismisses you when you go" (222) is belied by all the characters in the book who try to make K. less "unyielding" (108). Although we share K.'s perspective for the most part, Kafka engenders reversal after reversal to indicate that the transcendent position of the Court is illusory.

Several formidable figures, for example, seem to bar the way to K. or to his counterpart in the Parable of the Law. Like the doorkeeper in the parable, the warders (one of whom is enormous) seem to block K.'s way at the beginning: "If he were to open the door of the next room or even the door leading to the hall, perhaps the two of them would not dare to hinder him... But perhaps they might seize him after all, and if he were once down, all the superiority would be lost which in a certain sense he still retained" (7-8). That "superiority" is as abstract as that of Dostoevsky's underground man, whose aesthetic fantasies of the good and the beautiful rationalize his impotence and his isolation. Later, K. notes that he has been defeated by the student Berthold only because he decided to give battle to him (58). K. finds these obstacles (or potential obstacles) everywhere. Not only the warder but other figures as well are gigantic: "It seemed to K. as though two giants of enormous size [the Assistant Manager and the Manufacturer] were negotiating above his head about himself" (131). Just as the doorkeeper in the parable has to bend down to hear the now enfeebled petitioner, K.'s escorts in the Court offices have to bend down their heads to hear him when he says goodbye (72). The "massive body" of a man shields an old couple from K.'s aggression (13), Captain Lanz and Fräulein Montag bar K.'s way to Fräulein Bürstner (81), and someone at Huld's door blocks the way to the "grace" signified by the lawyer's name (167). Berthold advises the magistrate to confine K. to his room — as Gregor Samsa is confined in "The Metamorphosis" (58) — and K., who often feels like a child, is also treated like one. His lawyer, for example, gives him the kinds of "empty admonitions" that people "hand out to children" (114).

These roles, however, are also reversed. The young man with the "massive body," when he encounters K. in the street, is "a little embarrassed at showing himself in his full height" (16). Later on, he is reduced to the meager figure of Berthold, whose "straggling, reddish beard" (like the former's "reddish pointed beard") is an attempt "to add dignity to his appearance" (55). For the clients who wait to see the "Chief Clerk" in the bank, K. is the same frustrating and inaccessible figure that the court officials are for him. In the offices of the Court, K. obstructs the *Verkehr* — the "traffic" with which the story "The Judgment" ends and which connotes both commerce and sexual intercourse (68). He also plays the role of investigator or examining magistrate: "K. listened to everything with critical detachment, as if he had been commissioned to observe the proceedings closely, to report them to a higher authority, and to put down a record of them in writing" (194). While everything about the Court seems unreasonable and contradictory, K. can also bewilder Block by his "contradictory demands" (169). On the other side, the Court can appear weak and childish. If Berthold suggests confining K. to his room and if Block is already confined there, Huld is also confined to his bed by illness. K. can observe the proceedings in Huld's room calmly because nobody pays any attention to him (105), but this being unnoticed is a "privilege" that the Chief Clerk of the Court also has until he is drawn out of his corner by Huld (104). While K. may often appear childish, the officials do also: "In many ways the functionaries were like children," we are told (122), and the sign indicating the Law Courts is written "in childish, unpracticed handwriting" (59). Although Titorelli controls K. with the knowledge he seems to have of the Court, K. knows to some extent that this advantage is illusory, that he can turn the tables on Titorelli by pretending that he has received special information from one of the Court's offices (246).

K.'s insight, however, never entirely dispels the fascination of appearances. Although K. sees through Titorelli's pretensions to superiority (everything about him is shabby), Titorelli is replaced by a ridiculously glamorous figure — a foreigner dressed like a bullfighter, whose appearance absorbs K.'s attention in the same way that the doorkeeper's appearance will absorb the attention of the man from the country: "He knew all the patterns of the lace, all the torn fringes, all the oscillations of the little coat, and still he couldn't see enough of it... What masquerades foreign countries provide, he thought" (248). Although he seems humiliated by this exotic spectacle ("He flung himself round on the sofa and pressed his face into the leather upholstery"), he is contemptuous of Titorelli when the latter seems accessible to him. As K. strokes and cajoles Titorelli, as Huld is stroked and cajoled by Block, he thinks, "Titorelli was a frivolous person and easy to win over, being without a strict sense of duty, so that it was a mystery how the Court had come to have any dealings with a man like that" (249). Ideally, Titorelli should carry K. along in a "lovely motion" that has no connection with K.'s "humdrum life" toward the "transformation" (*Verwandlung*) he seeks (249).

K.'s insight is inadequate because K. cannot relinquish the idea that somewhere, always elsewhere, is the privileged mode of being from which he is excluded. Since the Other's implacability seems to be a sign of that elsewhere, K. is drawn to figures who are not susceptible to him: the brutal figure, for example, sheathed in a "sort of dark leather garment" that leaves his throat, his arms, and part of his chest bare (84-85). The homoerotic quality of the scene suggests that, despite his protests, K. is drawn to the power that makes the warders cringe. Like the father in "The Judgment," who can neither be placated nor defied by the protagonist, the whipper cannot be bribed. Like the protagonist in "The Judgment," whose attempt to get married—to be independent of and equal to his father—triggers off his punishment, one of the warders in *The Trial* (named Franz) is engaged to be married. The crimes for which he is whipped are, we are told, caused by that fact. The other warder grows fat by eating the breakfasts of others (by living through them), but his apparent robustness is illusory. When K. looks up at him, he sees a face that does not go with his body, a "dry, bony face with a great nose, twisted to one side" (4).

The whipper claims that the warders' punishment "is as just as it is inevitable" (84). The warders, however, claim that they would not have been punished if K. had not complained about their dereliction of duty. Despite K.'s resentment and denial, he seems to affect the Court in much the same way as Gregor Samsa affects the Chief Clerk in "The Metamorphosis." When Gregor is late for work—a unique occurrence, apparently, in his time with the firm—the Chief Clerk comes to the house, as if to assure Gregor that the Law is still in effect even though Gregor has been recalcitrant. In *The Trial*, similarly, "Justice" is identified with the Goddess of Victory, then with the Goddess of the Hunt (146-47), but the "vast organism" that is the Court is described in phallic terms: "One morning K. felt much fresher and more resilient than usual. Thoughts of the Court hardly intruded at all; or when they did, it seemed as if it would be easy enough to get a purchase on this immeasurably vast organism by means of some hidden lever (*Handhabe*) which admittedly he would first have to grope for in the dark; but that then it would be child's play to grasp it, uproot the whole thing, and shatter it" (250). It is this "unwonted state of mind" that prompts K. to invite the Assistant Manager to his office — presumably to discuss some piece of business but really to pursue his compulsive rivalry with him. This rivalry (K. thinks of himself as "fighting for his honor") is the secret mechanism of the trial: "K. could not have altered his conduct had he wished to do so; he was the victim of self-delusion" (*Selbsttäuschungen*), just as he is earlier a victim of delusion (*Täuschung*) when he thinks that the priest is "an exception among those who belong to the court" (252, 213), just as the man from the country is deluded when he comes to believe that only the first doorkeeper stands between himself and the Law. The delusion is that particular people stand between oneself and one's ultimate goal, that if one can only conciliate them or overcome them, one will attain the radiance within. But, as the doorkeeper points out, if one overcomes him, there is someone even more formidable inside — in an infinite regress of mediators.

That this delusion is crucial to the meaning of the trial is indicated by the way this episode with the Assistant Manager is disseminated through the novel. As K. attempts to "vindicate" himself by impressing the Assistant Manager with his proposal (as earlier a client of the bank tried to impress K. with *his* proposal), the Assistant Manager, an amateur carpenter like Kafka himself, begins to fiddle with a desk in K.'s office: "Round the top of K.'s desk ran a little carved balustrade. The desk was a piece of excellent workmanship and the balustrade too was firmly attached to the wood. But the Assistant Manager made a show of discovering just at that moment that it was loose, and he tried to repair the damage by tapping it with his forefinger." This apparent helpfulness, however, results in his breaking one of the little pillars as he attempts to force the balustrade back into its holes. "Rotten wood," he says crossly (254-55). The balustrade surrounds a pulpit in the cathedral chapter, where a mysterious verger, whose gestures seem to have "little meaning," points "with his right hand, still holding a pinch of snuff in his fingers, in some vaguely indicated direction." Just as Titorelli, the court painter, is found up a "side-stair" (which one of an apparently depraved group of girls indicates to K. [141]), so the verger's gesture leads K. to a "small side pulpit," the presence of which is puzzling in view of the availability of the main pulpit (206-07). The side chapel, like the side-stair leading to the drearily compulsive art of Titorelli, is there, however, because the main pulpit reveals the failure of religion. By the light of his own pocket torch, K. discerns "a portrait of Christ being laid in his tomb" (205). In contrast to this transcendental model, whose imitation does not lead to conflict, is the model-obstacle, who both points the way to transcendence and guards the way: "The first thing K. perceived, partly by guess, was a huge armored knight on the outermost verge of the picture. He was leaning on his sword, which was struck into the bare ground, bare except for a stray blade of grass or two [not unlike Titorelli's "heathscapes"]. He seemed to be watching attentively some event unfolding itself before his eyes. It was surprising that he should stand so still without approaching nearer to it. Perhaps he had been set there to stand guard" (205). That the pulpit (*Kanzel*), moreover, is linked to the Court offices (*Kanzleien*) reinforces our sense that the real struggle in *The Trial* is for transcendence itself. When God no longer transcends the world and enforces our sense of limitation, His former prestige becomes the metaphysical stake in our struggles with one another. A variation of the balustrade, the gallery, occurs in the chamber of the Court.

Perhaps now we can understand K.'s quest for the Law. Although K. seems completely unfamiliar at the beginning of *The Trial* with this extraordinary system, he gradually comes to see everything as belonging to it: "You see, everything belongs to the Court," Titorelli tells him (150). The precocious young girls who beleaguer Titorelli's room and who express contempt for K. belong to the Court (142). The pathetic Kullich — an "official" abused by K. "without any kind of apology and without reprisals"— belongs to the Court (238). When K., to defy the Court, goes to the house of Elsa, his mistress, he is uncertain, as he rides along in the carriage, whether or not he has absentmindedly given the coachman the address of the Court (234). Although K. protests his annoyance at the Court's intrusion, his obsession with the Court comes to dominate his life.

Everything in *The Trial*—particularly the theatrical quality of many appearances—suggests the point of view of someone who can almost, but not quite, dispel the mirage of absolute truth and authority that he sees before him. Anticipating, perhaps, the podium from which K. is first interrogated, Kafka writes in his diary about a lecture he attended on Napoleon (one of his idols): "I observed in myself a continual increase in the degree to which I am affected by people on a podium... I felt that Richepin [the lecturer] had an effect upon me such as Solomon must have felt when he took young girls into his bed. I even had a slight vision of Napoleon who, in a connected fantasy, also stepped through the little entrance door although he could really have stepped out of the wood of the podium or out of the organ. ...How cool I had been, on the other hand, as a child! I often wished to be brought face to face with the Emperor to show him how little effect he had."[7] How does one explain the sexual analogy with Solomon and the girls? Since the mediator of desire tends to overshadow the object of desire, some forms of homoeroticism may be the consequences of this overwhelming importance. The whipper in *The Trial*, for example, is described in homoerotic terms. The analogy, moreover, involves a familiar reversal: the role of the male and of the king is assumed by the impressed Kafka; the role of the maiden is assumed by the impressive lecturer. In a world where cultural differences are no longer absolute, one can always hope to turn the tables on the person to whom one aspires. The prestige one attributes to him keeps alive one's own hope for transcendence since the model seems to point the way to it (with the pinched fingers of the verger or the index finger of the Assistant Manager).

The fascinating but ambiguous figure of the model occurs over and over again in Kafka's writings. However much he is invested with prestige, the suspicion lingers about him that he is no different essentially from his follower. "You are admittedly," Kafka writes to his father, "a chief subject of our conversations, as of our thoughts ever since we can remember, but truly, not in order to plot against you do we sit together, but in order to discuss... this terrible trial that is pending between us and you... a trial in which you keep on claiming to be the judge, whereas, at least in the main (here I leave a margin for all the mistakes I may naturally make) you are a party too, just

---

[7] Franz Kafka, *Diaries 1910-1913*, tr. Joseph Kresh (New York: Schocken, 1965), pp. 147-48.

as weak and deluded as we are."[8] That "margin for error" is a lingering doubt in Kafka's work as to whether or not the comedy of absolute authority is real. Crucial in this respect is the motif of Michelangelo's Moses that punctuates *The Trial*, a motif that may have been influenced by Freud's famous essay: "The Moses of Michelangelo is represented as seated; his body faces forward, his head with its mighty beard looks to the left, his right foot rests on the ground and his left leg is raised so that only the toes touch the ground. His right arm links the Tables of the Law with a portion of his beard; his left arm lies in his lap."[9] One of Freud's statements about the statue is very close to Kafka's attitude toward the Law: "I can recollect my own disillusionment when, during my first visits to the church, I used to sit down in front of the statue in the expectation that I should see how it would start up on its raised foot, hurl the Tables of the Law to the ground and let fly its wrath. Nothing of that kind happened."[10]

This posture is also that of the judges as they are depicted in paintings: "It represented a man in a Judge's robe; he was sitting on a high thronelike seat, and the gilding of the seat stood out strongly in the picture. The strange thing was that the Judge did not seem to be sitting in dignified composure, for his left arm was braced along the back and the side-arm of the throne, while his right arm rested on nothing, except for the hand, which clutched the other arm of the chair; it was as if in a moment he must spring up with a violent and probably wrathful gesture to make some decisive observation or even to pronounce sentence" (107). These comminatory figures are also ridiculed, however, since they are really small men sitting on kitchen-chairs with an old horse-rug doubled underneath them (108).[11]

Several figures in *The Trial* seem to mime the statue's gesture with his beard. The old couple at the beginning are shielded by a "massive" figure who keeps "pinching and twisting" his reddish beard with his fingers (10). Later, a diminished version of this figure, the student

[8] Franz Kafka, *Letter to His Father*, tr. Ernst Kaiser and Eithne Wilkins (New York: Schocken, 1973), pp. 67-69.
[9] Sigmund Freud, "The Moses of Michelangelo," tr. Alix Strachey, in Freud's *On Creativity and the Unconscious*, ed. Benjamin Nelson (New York: Harper Torchbooks, 1958), p. 14.
[10] Freud, p. 23.
[11] Malcolm Pasley also comments on this posture in "Two Literary Sources of Kafka's *Der Prozess*," in which he also claims that Kafka was familiar with Freud's essay (see *Forum for Modern Language Studies*, 3 [1967], 144-47).

Berthold, is "always fingering" his "straggling, reddish beard." Although he is quite unprepossessing in appearance, his signalling to the woman of the Court "with one finger," which he withdraws from his beard (55-56), derives from the posture of Michelangelo's Moses, who holds down a strand of his beard with one finger. Huld, the great lawyer, keeps "combing with his fingers a strand of hair in the middle of his beard" (102, 114). Finally, the servile Block sits "plucking at the hair of the fur rug lying before the bed" (196) — as if the sign of power has been taken from him and made a sign of his prostration. The avatars of Moses, then, are both bigger and smaller than life, like the father in "The Judgment" who is both a giant and a feeble old man. Because of this ambiguity, Kafka's heroes are always reminding themselves to be watchful — as if they can never be sure if and when they will be ambushed by the formidable figure they have ridiculed.

Kafka's own model for this statue is, of course, his father, who, as he says in his *Letter to His Father*, determined his whole view of the world: The father's mistrust of everyone, either at home or at business, may have taken no great toll on his own strength, but it caused the son to mistrust himself and his perceptions since he could neither confirm his father's suspicions in his own experience with people nor escape from his father's influence. It is the "boundlessness" of his guilt — the sense that nothing he can discover either in himself or in others will be commensurate with his father's harsh animadversions — that determines, he says, the ending of *The Trial*: "In recollection of this boundlessness I once wrote of someone, accurately: 'He is afraid the shame will outlive him, even.'" His father's "irony," in effect, generated the maddening quality of Kafka's world: "One was, so to speak, already punished before one knew that one had done something bad."[12] It is remarkable, moreover, how similar K. is, in one respect, to Kafka's father: he is arrogant toward and suspicious of the people who work under him. When the official Kullich pursues K. in order to receive instructions from him about a letter, K. snatches and tears up the letter — leaving Kullich confused as to what he has done amiss: "Perhaps it was a good sign," the passage continues, "that he had convinced himself just as he was leaving that he could snatch a letter away from an official who actually had some connection with the Court and tear it up without any kind of apology and without reprisals" (237-38).

[12] *Letter*, pp. 73-75, 37.

Just as Kullich is both an official connected with the Court and an underling to K., the warders and the clerks in K.'s bank are different aspects of the same figure. Although they are both present at K.'s arrest, they are never part of K.'s awareness (or of ours) at the same time. The clerks, moreover, seem to be the only people who subsequently fulfill the Court's promise to keep tabs on K. (33). The source of this identification — between underbearer and overbearer — is Kafka's identification with his father. Kafka remains the childlike figure he talks about over and over again in his diaries — the figure who has never really been born — but he also puts on his father's overbearing qualities like a mask and treats others, imaginatively, as he thinks his father has treated him or victims like him. The passage in which he attributes "viciousness, rudeness, selfishness, and lack of affection" to himself also contains the observation that his spirit has been broken by his parents. However much he seems to be consigned to the role of slave, which is the only role that seems to give him the security he wants (he wants his parents to be "worthy of their victory" over him), he plays with the role of tyrannical master in his imagination.

Despite the concern for social justice that Kafka shows in his diaries and in his reported conversations, he cannot imagine a "lawgiver" who is not arbitrary. Although he resents the violent and peremptory quality of his father's judgments, he cannot escape the suspicion that this quality is a sign of the transcendence he seeks. In one of his dreams, Kafka welcomes his punishment "with conviction and joy" because he can then experience the emotions of the gods who are judging him. Shortly afterward in his diary he writes, "Free command of the world at the expense of its laws. Imposition of the law. The happiness in obeying the law."[13] Although he hopes that the new lawgiver will not be arbitrary, the arbitrariness of the lawgiver seems to guarantee his authority. In a brilliant bit of scholarship, Malcolm Pasley has explored this disparity in the "law book" that K. opens: "He opened the first of them and found an indecent picture. A man and a woman wrestling naked on a sofa, the obscene intention (*gemeine Absicht*) of the draftsman was evident enough, yet his skill was so small that nothing emerged from the picture save the all-too-solid figures of a man and a woman sitting rigidly upright, and because of the bad perspective, apparently finding the utmost difficulty even in turning toward each other" (51-52).

---

[13] *Diaries 1914-1923*, p. 199.

Pasley points out that Kafka's inspiration for this scene is a passage in Salomon Maimon's autobiography, in which the secrets of religion are said to have, for the uninitiated (*gemeines Auge*), an indecent outer form. Is the indecency of the picture in the lawbook, then, what it appears to be, or is it a function of K.'s *gemeines Auge*?[14] The disparity between signifier and signified is what creates the inexhaustible need for exegesis in the Talmud. That disparity also creates, for Kafka, the difference one can aspire to: the transcendence that is never wholly susceptible to the efforts of our reason and of our common sense.

That a perceptive critic like Eric Marson can expend so much effort and ingenuity in showing that the Court is reasonable and that K. is recalcitrant to its efforts to reach him indicates the way in which readers of the book, like the hero of the book, can be made to rationalize the violence to which they are subject. When K. is chastised for appearing late at his first interrogation, although no one has told him what time to appear, Marson explains that K.'s defiant decision not to be too punctual would have made him late no matter what time he was to come.[15] What Marson ignores, however, is the obvious futility of K.'s defiance, which does not, in fact, prevent him from trying to appear on time: "He had no desire to belittle himself before the Court of Inquiry by a too scrupulous punctuality. Nevertheless he was hurrying so as to arrive by nine o'clock if possible, although he had not even been required to appear at any specified time" (33-34). Like the Court, Marson seems to hold K. accountable for even the *thought* of defiance. When K. tries to defy the Court, he is surprised that his words have been taken literally (49), or he is not sure whether or not he has actually obeyed the Court without knowing it (234). Moreover, the motif of the impossible summons is

---

[14] Pasley, pp. 142-44. As Evelyn Beck explores the influence of Yiddish drama on *The Trial*, she indicates Kafka's ambivalent attitude toward tradition and authority. If one collates the plays Beck discusses, the Court is both the inquisition and the community of Jewish elders; K. is a Jew who has denied his Jewishness, a rebel who foolishly incites the Jewish community against the Romans, and a man of reason who is persecuted for not blindly accepting his community's law and tradition (see *Kafka and the Yiddish Theater* [Madison: University of Wisconsin Press, 1971], pp. 154-71). In one of his diary entries, Kafka makes an unflattering remark about Bar Kokhba, the protagonist who protests the quiescence of the Jews toward the Romans: "From what I know of Bar Kokhba from this play, I would not have named any association after him" (*Diaries 1910-1913*, p. 135).

[15] Eric Marson, *Kafka's Trial: The Case Against Josef K.* (St. Lucia: University of Queensland Press, 1975), p. 109.

repeated several times in the book. When Block responds immediately to Huld's summons, he is told that he has come at the wrong time, that he always comes at the wrong time (190); when K. comes to work unusually early in order to prepare for the mysterious gentleman from Italy, that person has already arrived (199); when K. arrives at the cathedral at the appointed hour to meet him, he doesn't arrive at all (204); when the man from the country approaches the open door to the Law, the doorkeeper says that he cannot enter at that moment (213).

Walter Sokel comes nearer the mark when he observes that *The Trial* has two dimensions: an Oedipal one, in which the Court both tempts and thwarts K.'s efforts to assert himself, and an Existential one, in which the Court challenges K. to realize himself. Interestingly enough, however, Sokel chooses the law student Berthold as his major example of Oedipal persecution. It is Berthold who, in the service of K.'s judge, tempts K. to claim the attendant's wife for himself and then frustrates that claim.[16] Sokel sees the extent to which the woman's desirability is dependent on her association with the Court, but he does not apparently find it odd that the student is much more severe toward K. than is the magistrate. In studying to be the lawgiver that Kafka seeks in his diary, Berthold imitates the peremptory quality that he attributes to the role. That absolute role, however, is "impossible," as Georg Bendemann recognizes momentarily in "The Judgment." A father who can compete with his son, as the father does in Freud's Oedipal complex, is no absolute figure. He is just one of a series of model-obstacles that we confront and that we become for others.[17]

What Sokel refers to as the "existential" function of the Court is also misleading since the "challenges" he refers to are always wrapped in contradiction and mystification. As I have indicated before, what the trial prompts K. to realize is less himself than the lawgiver or the law that would justify his sense of guilt. Frau Grubach says of K.'s arrest, "It gives me the feeling of something learned which I don't understand, but which there is no need to understand" (19). Existential fulfillment is impossible because one can never realize the godlike

[16] Sokel, p. 2.
[17] Of the magisterial work of René Girard, see especially *Violence and the Sacred*, tr. Patrick Gregory (Baltimore: Johns Hopkins, 1977) and *Des Choses cachées depuis la fondation du monde* (Grasset, 1978).

autonomy that is its goal and that always belongs to someone else: "There is a goal, but no way; what we call the way is only wavering." Because autonomy exists only insofar as it seems to belong to another (the "intact" narcissism that Freud, for example, attributed to certain kinds of people), it can never be experienced. The sign of the "true way" is the stumbling that it causes: "The true way goes over a rope which is not stretched at any great height but just above the ground. It seems more designed to make people stumble than to be walked upon." The doorkeeper in *The Trial* seems to point to something ultimate because he blocks the way to it. Only a kind of self-abnegation can liberate one from this double bind: "The word '*sein*' signifies in German both things: to be, and to belong to Him."[18]

Limping and stumbling pervade *The Trial*, sometimes accompanied by a compensatory nimbleness. When K. punches the insolent Berthold in the back, for example, the latter stumbles for a moment but then springs off "more nimbly than ever" (58). Bending backward in order to see the priest in the cathedral chapter (who is also constrained by the pulpit to bend forward), K. assumes a position associated with pain and humiliation (209-10). This same position occurs in another of Kafka's fantasies, however, accompanied by contortions of escape: "I feel myself at the farthest verge of human endeavor, and, high up where I am, with suddenly acquired skill spontaneously execute a trick I had admired in a contortionist years ago — I bend slowly backward (at that very moment the heavens strain to open to disclose a vision to me, but then stop), draw my head and trunk through my legs and gradually stand erect again. Was this the ultimate given to mankind?"[19]

These contortions, however, are ultimately useless because the heavens by definition exclude the one approaching them: "The crows maintain that a single crow could destroy the heavens. Doubtless that is so, but it proves nothing against the heavens, for the heavens signify simply: the impossibility of crows."[20] But the contortions — the casuistry that forms both the condemned man's defense and the exegesis of the law in *The Trial* — keep alive the hope of some ultimate vision. When he is arrested, K. has the impression that he is "responsible" for those

[18] Franz Kafka, "Reflections on Sin, Pain, Hope, and the True Way," tr. Willa and Edwin Muir, in Kafka's *The Great Wall of China* (New York: Schocken, 1970), pp. 166, 162, 170.

[19] *Diaries 1914-1923*, p. 41.

[20] "Reflections," p. 168.

who are arresting him ("as if he carried them all on his shoulder" is the literal translation) (14). Later, he realizes, "It is only a trial if I recognize it as such" (40). The insolence of the heavens or of the officials or of their underlings is a function of his own obsessive regard: "These silent underlings do everything I suppose them to be doing," one of Kafka's personae says. "If I imagine that he is looking at me insolently, then he really is."[21] Viewed comically, this insolence becomes the humor of irritability that characterizes the Court officials — the old man, for example, who, annoyed by a case, throws one lawyer after another downstairs. Corresponding to this irritability is the hypersensitivity of the clients: "Most of these accused men are so sensitive," the Court usher says (65).

The official's buffoonery, like the tyrannical excesses of the father in "The Judgment," shows how arbitrary is the Tribunal's prestige: "They were in a certain sense actually dependent on the Defense" (118-19). As Kafka points out elsewhere, the casuistry of the "Defense" enables us to avoid the knowledge of good and evil that we have: "It is for this purpose that our rationalizations were created. The whole world is full of them, indeed the whole visible world is perhaps nothing more than the rationalization of a man who wants to find peace for a moment. An attempt to falsify the actuality of knowledge, to regard knowledge as a goal still to be reached."[22] That goal, moreover, is always embodied in another — the person who plays tortoise to Zeno's (or Kafka's) Achilles.

K. realizes toward the end that nothing — whether good or bad — really separates him from the Tribunal: "If it comes to that, how can any man be called guilty? We are all simply men here, one as much as the other" (210). Like the father in "The Judgment," however, who uses Georg's similar suspicion as proof that he is unworthy to live, the priest replies, "That is true... but that's how all guilty men talk" (210). K.'s realization accounts for the theatrical quality of the ending, in which two "tenth-rate old actors" carry out the will of the Court (224). That K. dies "like a dog," however, indicates his final inability to relinquish the illusion of difference: "He thought of himself as the only defendant and all the others as officials and lawyers thronging the corridors of a law court" (247). Dostoevsky's underground man,

---

[21] *Diaries 1914-1923*, p. 71.
[22] "Reflections," pp. 178-79.

similarly, says that he is alone against everyone else. That perception and misunderstanding do not exclude each other, as the priest says, is true of these two figures, who never give up hope that a model for their aspirations can be found: "Where was the high Court?" K. asks at the end, not realizing that he has already entered it and found nothing more than the religious and political squabbles of men: "Those clothes [the holiday coats] were the only thing that baffled K., otherwise he would have taken the gathering for a local political [socialist] meeting" (38). The only real difference between K.'s entrance here and the man from the country's more Pisgah-like view of the Law is the doorkeeper, who both shows the way and obstructs it. The doorkeeper says to the supplicant, "No one but you could gain admittance through this door, since this door was intended for you. I am now going to shut it" (214-15). When K. enters the courtroom, the woman at the door says, "Just go right in... I must shut the door after you, nobody else must come in" (37). Just as the commentators seem agreed, however, that the doorkeeper cannot, in fact, close the door (219), K. notes to the woman that many have obviously come in already since the room is full (37). The man from the country thinks that the Law should be "accessible to every man and at all times" (213). Religious law, with its rules and interdictions, was, in fact, the same for everyone. Our liberation from this law, however, means our subjection to each other — to the model-obstacles who seem to thwart each of us individually. Without this mirage of difference, all the doors stand open, and inside is the ordinary life from which Kafka felt excluded.

Valéry: Pirouettes

PIERRE SAINT-AMAND

L'oeuvre de René Girard, pour des raisons immédiates de contenu, a surtout des répercussions en anthropologie, en religion, bref, dans les sciences sociales. Elle voit des applications en économie, en psychanalyse[1]. René Girard avait raison d'ouvrir la première section des *Choses cachées* par le titre ambitieux d'"Anthropologie fondamentale", résumant ainsi l'intention générale de son projet[2]. Là où le travail de Girard a le plus de difficultés à trouver un écho, c'est dans le champ général des sciences, malgré l'insistance de l'auteur à définir son projet comme irrévocablement scientifique[3]. Dans ce sens là, il faut saluer le travail diligent de Jean-Pierre Dupuy, dans l'effort qu'il fait pour donner aux hypothèses girardiennes la légitimation

---

[1] En économie, on citera le texte de Jean-Pierre Dupuy et Paul Dumouchel, *L'Enfer des choses* (Seuil, 1979); en psychanalyse, on pourrait renvoyer au texte récent de Mikkel Borch-Jacobsen, *Le Sujet freudien* (Flammarion, 1982). L'argument de ce texte gravite autour de la notion d'imitation chez Freud et s'inspire pour une large part des thèses de Girard.

[2] Sur la validation de cette anthropologie fondamentale, voir l'article de Christine Orsini "Introduction à la lecture de René Girard" dans *René Girard et le problème du mal* (Grasset, 1982), pp. 11-59. J'abrégerai désormais *René Girard*.

[3] Voir la réponse de Girard aux objections des scientifiques dans "La Science des mythes" in *Le Bouc émissaire* (Grasset, 1982).

scientifique, qu'à son avis un simple "vernis littéraire" semble empê-cher[4]. Pour Dupuy, au niveau strictement *méthodologique*, Girard est sans équivoque, un scientifique[5].

Un autre champ reste aussi inexploré, c'est celui du langage, tout le domaine discursif. Et là, deux textes récents semblent ouvrir des voies sûres et intéressantes. D'abord, il y a l'article ethno-linguistique de Pierre Pachet sur l'origine du mot "merci"[6], et un texte de Michel Deguy qui insiste à ramener l'"histoire des relations", telle que rela-tée par Girard, à l'histoire selon lui plus cruciale des discours. "A l'oeu-vre de René Girard, remarque Deguy, [il manque] une réflexion radi-cale sur le langage, la parole, le dire"[7].

Girard, il est vrai, n'attaque jamais ce problème de front. Mais il ne serait pas juste de parler de manque. Il y a indirection, méta-phores. Dans *Des Choses cachées* par exemple, Girard, amené par Jean-Michel Oughourlian à examiner son oeuvre au-delà du champ des institutions culturelles et des rites, mais plutôt dans la direction d'une "question des signes et de la communication" accepte de relever ce défi herméneutique[8]. Du coup, on voit la victime émissaire revêtir le statut glorieux de "signifiant transcendental". "Le signe, continue Girard, c'est la victime réconciliatrice" (112). Si nous voyons là un emploi métaphorique, une concession au discours contemporain, à notre jargon sémiotique, il faut dire que Girard situe magistralement, plus tard, la manière dont le problème des discours relève de sa réflexion anthropologique. On lit en effet, dans les *Choses cachées*, ce développement capital:

> On voit très bien que le langage articulé, l'échange des paroles comme tous les autres échanges, doit se constituer, lui aussi, à partir du rite, à partir des hurlements et des cris qui accompagnent la crise miméti-que et que le rite doit reproduire eux aussi, puisqu'ils précèdent et peut-être conditionnent l'immolation salvatrice. On conçoit sans peine que, dans la pratique rituelle, autour de la victime, ces cris d'abord inarti-culés commencent à se rythmer et à s'ordonner comme les gestes de

---

[4] Voir en particulier son article "Mimésis et morphogénèse" dans *René Girard*.

[5] Il y a aussi des exagérations à éviter, telle celle de Jean-Michel Oughourlian qui, dans son récent livre, *Un Mime nommé désir* (Grasset, 1982) fait de Girard le Newton des sciences humaines et donne au désir mimétique la formulation mathématique de la loi gravitationnelle.

[6] Voir "Merci", dans *René Girard*, pp. 89-101.

[7] "Onglet de la lecture", dans *René Girard*, p. 87.

[8] *Des Choses cachées depuis la fondation du monde* (Grasset, 1978), p. 109.

la danse, autour de l'acte sacrificiel, puisque c'est dans un esprit de collaboration et d'entente que tous les aspects de la crise sont reproduits. Il n'y a pas de culture au monde qui n'affirme comme premiers et fondamentaux dans l'ordre du langage, les vocables du sacré. (113)

C'est dans le creux, dans l'espace ouvert par ces recherches, que je voudrais proposer, à partir de l'oeuvre de René Girard, l'inauguration d'un autre champ, celui de l'esthétique. Même si l'oeuvre de René Girard prend appui sur des textes littéraires (de Proust à Dostoïevski), le rapport de Girard à la littérature reste un rapport de confirmation d'hypothèses. La littérature, chez Girard, est toujours anthropologisée. Plus qu'un simple donné objectif sur le social, la littérature, dans l'oeuvre théorique de Girard, a le statut radical d'une *science* de l'homme. Mais il manque une étude anthropologique du roman comme genre, selon les hypothèses évoquées plus haut sur les discours. Il faudrait, à la lumière de cette nouvelle anthropologie, retrouver pour nos genres littéraires (épopée, roman, théâtre) une "naissance" girardienne.

Dans cette esthétique générale, on pourrait étudier d'autres formes de représentation esthétique: la danse, le cinéma, le cirque, le théâtre (bref, tous les arts mettant en scène les *relations* entre hommes)[9]. C'est bien par ce biais que Girard semble lui-même suggérer une rencontre possible entre l'*esthétique* et le *mimétique*: "La *mimésis* occupe donc l'espace, mais ce n'est pas au sens du réalisme qui copie des objets, c'est au sens des rapports dominés par les rivalités mimétiques... Il faut bien qu'il en soit ainsi: les arts ne sont jamais que la reproduction de cette crise-là, de ce dénouement-là, sous une forme plus ou moins voilée. Tout commence toujours par des affrontements symétriques finalement résolus dans des rondes victimaires"[10]. Il ne fait aucun doute que Girard sent ce besoin d'une ouverture esthétique de son oeuvre. Mais son propos dans *Le Bouc émissaire* reste allusif. Il écrit en effet: "Toutes les grandes idées esthétiques sont de ce type, étroitement, obsessivement *imitatives*. La tradition le savait qui n'a jamais parlé d'art qu'en termes de *mimésis*... Il ne faut pas renoncer à la notion de mimésis; il faut l'élargir aux dimensions du désir ou peut-être faut-il l'élargir aux dimensions du mimétique" (197). Intéressant déplacement du sens courant de mimésis puisque la notion esthétique de *représentation* est reléguée au second plan. Vient trouver la préséance, un

[9] Sur le cinéma, on peut déjà citer le travail de Paisley Livingston, *Ingmar Bergman and the Rituals of Art* (Ithaca, N.Y.: Cornell University Press, 1982).
[10] *Le Bouc émissaire*, pp. 197-98.

autre sens de représentation, qui veut cette fois-ci contenir un rapport dérivé du rite, rappeler une scène originaire, où il est question essentiellement de sacrifice[11].

Un texte de Valéry, *L'Ame et la danse*, servira de terrain d'essai à cette application esthétique de l'oeuvre de Girard[12]. Mais j'ai placé ma lecture dans le cadre d'une autre rencontre, celle entre l'oeuvre de René Girard et de Michel Serres. Serres a été l'un des premiers en France, parmi les "scientifiques", à utiliser opérationnellement les hypothèses de René Girard, à montrer les lieux de rencontre méthodologiques entre science et religion, à retrouver les isomorphies qui scandent ces deux discours. Dans *La Naissance de la physique dans le texte de Lucrèce*, la violence est étudiée comme *écart à l'équilibre*; elle trouve aisément place dans une étude générale des phénomènes stochastiques[13].

Je voudrais donc que ce texte soit lu comme un échange de voix, dans ces jeux de passage entre le scientifique et le religieux, entre l'oeuvre de Michel Serres et celle de René Girard. C'est aux deux que je voudrais dédier ces quelques notes de lecture, ce réseau de correspondances, pour rendre hommage à leur gémellité spirituelle, à un partage des idées qui a su se méfier des cloisonnements disciplinaires.

* * *

> ...la danseuse n'est pas une femme qui danse... mais une métaphore.
>
> Mallarmé

La danse chez Valéry a toujours été étudiée dans ses rapports avec la poésie, dans le cadre donc plus général d'une poétique valéryenne. Les études et les références ne manquent pas. Nous aimerions ajouter à cette vaste littérature, une contribution qui aura l'avantage de placer la danse dans un contexte encore plus général sinon même extérieur, celui de la science.

[11] Pour une discussion de la notion de représentation dans l'oeuvre de René Girard, voir le texte de Philippe Lacoue-Labarthe, "Typographie" dans *Mimésis* (Flammarion, 1975). Voir aussi le passage éclairant de René Girard sur les jeux dans *Des Choses cachées*, pp. 110-11.
[12] Tous mes renvois seront faits, dans le texte, à Paul Valéry, *Oeuvres*, I, II (Gallimard, 1961).
[13] *La Naissance de la physique dans le texte de Lucrèce* (Minuit, 1977). Voir en particulier la section "Violence et contrat: Science et religion", pp. 134-66.

C'est là que Valéry innove, malgré toute la réserve qu'on lui connaît quand il parle de la danse. C'est vrai qu'il trouve toutes les excuses: impossibilité de traduire dans le langage la sémiotique chorégraphique[14]; difficulté à parler de la danse après Mallarmé qui aurait, selon lui, "épuisé le sujet en tant qu'il appartient à la littérature"[15]; passion uniquement intellectuelle pour la danse. Les témoignages ne manquent pas: "J'ai écrit sur la danse sans l'aimer"[16]; "La danse me plaît à penser, m'ennuie généralement à voir"[17]. Pourtant, non seulement Valéry a beaucoup écrit sur la danse (*L'Ame et la danse; Degas, Danse, Dessin; Philosophie de la danse; Histoire d'Amphion* ont comme propos la danse). Mieux, la danse ne le préoccupe pas uniquement pour son unique valeur esthétique, mais il l'ouvre à des domaines plus variés. D'abord, elle est comparée à d'autres formes esthétiques (architecture, poésie), mais aussi, comme nous l'entendons montrer, elle est étudiée dans une perspective scientifique.

Danse et science, quels sont donc les rapports? Peut-on associer esthétique et science dans un même geste? Et puis surtout, de quelle science s'agit-il quand nous évoquons un Valéry scientifique?

On peut dire que la curiosité scientifique de Valéry va au-delà de celle d'un simple amateur de science. Ses *Cahiers* sont une source inépuisable de remarques sur la science de son époque. De Gibbs à Carnot, tout y passe: la géométrie, la physique, la biologie. Nous ferons de même dans cet essai, allant d'une région de la science à l'autre, essayant de retrouver, à travers la danse, la figure d'une cohérence. Y a-t-il une cohérence? Oui, et disons-le tout de suite, cette cohérence a lieu à partir de la thermodynamique[18]. C'est à partir d'elle que Valéry refuse la physique mécanique classique. Ce qui ne l'empêche pas néanmoins de commettre les plus amusantes régressions. Autour de la danse, nous verrons se rassembler ces intéressantes contradictions.

---

[14] "Qu'est-ce donc que la danse?" ne cesse de se demander Valéry. Et il confesse: "Que faire devant la danse et la danseuse pour se donner l'illusion d'en savoir un peu plus qu'elle-même sur ce qu'elle sait le mieux et qu'on ne sait pas le moins du monde?" (I, 1395).

[15] Note à *L'Ame et la danse*, II, 1408.

[16] Dans *Cahiers*, I (Gallimard, 1973), 276.

[17] *Cahiers*, II, 977.

[18] Sur la thermodynamique et la notion de différence d'état, sur laquelle Valéry ne cesse de revenir, voir l'article de Michel Serres, "Moteurs" dans *La Distribution* (Minuit, 1977), pp. 43-62.

Les deux notions fondamentales associées à la thermodynamique et sur lesquelles Valéry ne cessera de revenir sont celles d'ordre et celle, négative, de désordre[19]. Penseur du rationnel, on peut comprendre la fascination que pouvaient exercer sur Valéry de telles notions. Quel effroi aussi sans doute devant l'implacable irréversibilité du désordre! Pour ces raisons, ce n'est pas tant le côté ordre qui nous intéressera dans cet essai, mais plutôt son versant négatif, le désordre. Comment Valéry accepte-t-il cette notion? Comment arrive-t-il à l'intégrer à son oeuvre? L'intègre-t-il vraiment?

L'une des applications les plus frappantes de cette dualité ordre-désordre, empruntées à la thermodynamique, est la représentation que Valéry donne de l'esprit:

> Il me semble que l'esprit… travaille, en quelque sorte, en sens contraire de la transformation qui s'opère par les machines, lesquelles changent une énergie plus ordonnée en énergie moins ordonnée… Pour qu'il opère, lui aussi sa transformation caractéristique, il faut bien lui fournir du désordre!… Il lui faut une différence *Ordre-Désordre* pour fonctionner, comme il faut une différence thermique à une machine, à un phénomène quelconque! (II, 222-23)

Cette motivation chez Valéry pour la thermodynamique va se fixer sur la figure un peu curieuse du démon de Maxwell. Or, que fait le démon, sinon lutter contre le désordre, contre le hasard irréversible? Valéry compare le travail du poète à celui du démon. Il en parle comme de "la quantité de vie intérieure… traitée par le chimiste de l'esprit producteur ou triée dans le chaos mental par un démon à la Maxwell" (I, 1347). Le poème "Aurore" montrait déjà, métaphoriquement, l'éveil de l'esprit, passant de la turbulence nébuleuse à la pleine clarté, de l'indifférencié à la forme.

Une des figures les plus frappantes de cette relation au démon de Maxwell, est Léonard de Vinci dont Valéry fait en quelque sorte la prosopopée de l'esprit dans l'*Introduction à la méthode* qui porte son nom. Léonard a bien le sens du tumulte des formes. Valéry nous rappelle ces sortes de radiographies que seul un esprit habitué à la complexité des choses peut intuitionner. Léonard voit au-delà du solide et du fini. Il devine le mouvement incohérent des particules de la matière.

---

[19] Sur les notions d'ordre et de désordre dans l'oeuvre de Valéry, on pourra consulter l'intéressant travail de Christine M. Crow, *Paul Valéry and Maxwell's Demon: Natural Order and Human Possibility* (Hull, Canada: University of Hull Publications, 1972).

Le découpé s'évanouit devant ses yeux en franges multiples: "Il devine les nappes qu'un oiseau dans son vol engendre, la courbe sur laquelle glisse une pierre lancée, les surfaces qui définissent nos gestes, et les déchirures extraordinaires, les arabesques fluides" (ɪ, 1169). "Il adore [écrit encore Valéry] les batailles, les tempêtes, le déluge... Des précipitations... des courbures massives aux draperies multipliées; des fumées poussant sur les toits aux arborescences lointaines... il va" (ɪ, 1177-78).

Arborescences, arabesques, draperies, on voit déjà se profiler métaphoriquement la danse. Il était normal que celle-ci trouve une place de choix chez un esprit préoccupé par la genèse des formes et par la multiplicité. Mais allons directement au discours physiologique qu'il fait sur la danse[20]. C'est là qu'on retrouve cette alternance entre ordre et désordre. Valéry fait par exemple cette réflexion: "Ne sommes-nous pas une fantaisie organisée? Et notre système vivant n'est-il pas une incohérence qui fonctionne et un désordre qui agit?" (ɪɪ, 161). Dans *Philosophie de la danse*, Valéry voit le corps de la danseuse comme miraculeusement en équilibre entre un état de stabilité et d'instabilité. Il parle du "mystère d'un corps qui, tout à coup, comme par l'effet d'un choc intérieur, entre dans une sorte de vie à la fois étrangement instable et étrangement réglée; et à la fois spontanée, mais étrangement savante et certainement élaborée" (ɪ, 1397).

Valéry utilise justement la métaphore de la toupie pour décrire l'action de la danseuse. Il faudrait peut-être donner une valeur scientifique à cette métaphore, comme le fait Serres dans son *Lucrèce*. La toupie n'y est plus en effet un simple objet ludique, mais un modèle résumant toute une physique appelée des *circonstances*; la toupie fluctue entre stabilité et instabilité, entre ordre et désordre. Il faut placer dans ce même réseau de métaphores, celle du tourbillon, parfaite image de cette oscillation entre ordre et désordre[21].

[20] Valéry l'indique lui-même: "La pensée constante du *Dialogue* est physiologique,— depuis les troubles digestifs du début prélude, jusqu'à la syncope finale. L'homme est esclave du sympathique et du pn. gastrique. Sensations somptuaires, mouvements de luxe, et pensées spéculatives n'existent qu'à la faveur du bon vouloir de nos tyrans de la vie végétative. La danse est le type de l'échappée" (ɪɪ, 1408).
[21] Serres, *Lucrèce*, p. 40. Serres mentionne aussi la présence de la toupie dans les rituels magiques. Sur le tourbillon et la danse, on n'oubliera pas ces beaux vers du *Billet à Whistler* de Mallarmé, qui ont dû inspirer Valéry: "une danseuse apparue / Tourbillon de mousseline ou / Fureur éparses en écumes" in *Oeuvres complètes* (Gallimard, 1945), p. 65.

Valéry voit bien comment la danse, défiant les lois de l'équilibre, nie l'univers physique légal qui l'environne: "ce corps—on dirait qu'il joue au plus fin,—je veux dire au plus prompt,—avec la pesanteur, dont il esquive à chaque instant la tendance" (I, 1397). Valéry poursuit cette imagerie scientifique dans la comparaison qu'il fait entre danse et réalité. Ainsi, la danse est négation du dehors, négation du temps extérieur, puisqu'elle arrive à créer sa propre durée. La danse s'approprie aussi l'espace extérieur; elle n'a d'espace au fond que sa propre circularité imaginaire. La danse est pure énergie; elle arrive à créer ses propres lois énergétiques. En termes directement thermodynamiques, la danse chez Valéry est conçue comme un *changement d'état*, comme une différence thermique. La danse crée un état d'agitation moléculaire, d'énergie libre, mais liée[22]. Chez Valéry, la danse est donc conçue comme un système purement clos. Mais cette clôture n'est qu'énergétique. Il n'y a pas de clôture structurelle de la danse: "elle ne possède pas de quoi finir" (I, 1399).

Cette analyse énergétique de la danse trouve tout son relief dans l'opposition que Valéry opère entre marche et danse. La marche obéit au principe économique du moindre travail, du rendement. Il y a dans la marche conservation d'énergie. C'est pour ces raisons que la ligne droite semble l'image la plus appropriée concernant la marche (I, 1399). La danse exhibe par contre la superfluité de ses mouvements, l'autoréflexivité de ses gestes, la spécularité narcissique de ses actions. Sans objectif, sans réel dessein, la danse peut se permettre le désordre, elle a droit à l'improbable. Si la marche est conservation d'énergie, la danse par contre est *dissipation* d'énergie. Mais elle récupère cette dissipation et la métamorphose en formes esthétiques. La danse devient ainsi pour Valéry organisation de la dissipation (II, 1171).

C'est donc cette lutte contre le désordre qui fascine Valéry dans la danse. Valéry admet bien que la danse est fondamentalement instable; et les images de fixité, dans l'univers de la danse, sont vues par lui comme des phénomènes accidentels. Mais nous voudrions montrer comment, derrière cette acceptation d'une conception fluctuante, dynamique et même stochastique de la danse se cache une passion pour la statique. Si nous prenons par exemple l'image du tourbillon,

---

[22] Voir *Cahiers*, I, 1299-1300.

image par excellence fluide, de formes en mouvement, Valéry ne l'a pas aussitôt utilisée qu'il la gèle dans une impression de solidité. On passe d'une physique des fluides à une physique des solides. La danse en effet peut bien commencer par être ces apparences successives, ces "phases ménagées", mais elle peut tout de suite aussi se fixer, se "cristallise[r] en statue" (I, 1399).

C'est — quand on y regarde de plus près — moins cette irréversibilité du désordre qui fascine Valéry dans la danse que son pouvoir d'ordonnancement. Dans *L'Ame et la danse*, la danse devient rêve de la raison, d'un ordre parfait, d'une légalité sans faute: "Que si une Raison rêvait, dure, debout, l'oeil armé, et la bouche fermée,... le songe ferait, ne serait-ce point ce que nous voyons maintenant, — ce monde de forces exactes et d'illusions étudiées?" (II, 154). Valéry a beau utiliser l'image de la flamme — qu'il voit bien comme création et destruction — , mais la danse reste chez lui témoignage d'une victoire contre les forces du désordre.

L'imagination de Valéry ne cesse pas d'être celle des solides. D'où sa passion avouée pour l'architecture: "l'architecture a tenu une grande place dans les premières amours de mon esprit. Mon adolescence imaginait avec passion l'acte de construire... J'y trouvais plus de goût et d'enseignement qu'à mes études, et l'idée même de la *construction*, qui est le passage du désordre à l'ordre et l'usage de l'arbitraire pour atteindre la nécessité, se fixait en moi comme le type de l'action la plus belle et la plus complète que l'homme se pût proposer" (II, 1279). L'architecture finit dans le même texte par imposer ses propres lois à la musique; et l'art le plus désordonné, selon l'avis de Valéry, l'opéra, devrait être soumis à la rigueur architecturale[23]. D'où ce rêve géométrique de pouvoir distribuer les rôles, d'organiser la scène. On va chez Valéry d'une *physique* (forces, énergies, intensités) à une *géométrie* (formes, organisation de l'espace). C'est là que Valéry est le plus cartésien, et que son imagination, ou plutôt son imaginaire philosophique rentre en conflit avec sa culture. Valéry découvre Maxwell, Faraday, mais son imagination n'intègre qu'à moitié le monde décrit par ces savants. Colonnes et lignes droites viennent ternir les images bien plus dynamiques rencontrées auparavant.

---

[23] Sur les idées architecturales de Valéry, voir évidemment le beau dialogue *Eupalinos et l'architecte*.

Nous aimerions poursuivre cette lecture et associer cette fois les mêmes métaphores—lues auparavant dans un contexte scientifique—au discours religieux[24]. *L'Ame et la danse* ne poursuit pas seulement une réflexion esthétique sur la danse, où d'ailleurs Valéry reprend la plupart des arguments développés dans *Philosophie de la danse* et dans quelques notes des *Cahiers*. Toute une dimension rituelle accompagne ce dialogue dont l'objet original paraissait être une discussion strictement philosophique, platonicienne sur l'esprit et le corps. En fait, tout un registre *pharmaceutique* vient prendre place dans le dialogue et finit par en structurer l'évolution.

C'est donc d'abord comme une lutte entre le corps et l'esprit qu'est présenté ce ballet valéryen. Le corps qui danse vient témoigner métaphoriquement de la liberté de l'esprit, de son effort de dépassement des limites extérieures: "il en est [du corps] comme de l'âme, pour laquelle le Dieu, et la sagesse, et la profondeur qui lui sont demandées, ne sont et ne peuvent être que des moments, des éclairs, des fragments d'un temps étranger, des bonds désespérés hors de sa forme" (II, 172).

Plus loin, cette rivalité entre corps (danse) et esprit sera encore mieux exprimée dans la bouche de Socrate: "Mais comme il lutte contre l'esprit! Ne voyez-vous pas qu'il veut lutter de vitesse et de variété avec som âme?—Il est étrangement jaloux de cette liberté et de cette ubiquité qu'il croit que possède l'esprit?" (II, 171).

Phèdre décrit bien cette lutte chez Socrate entre liberté du jugement (esprit) et liberté du mouvement (corps/danse). Mais Socrate finira par accepter cette puissance de liberté que dévoile le corps dans la danse. C'est bien lui qui dit à la fin du dialogue: "Un corps, par sa simple force, et par son acte, est assez puissant pour altérer plus profondément la nature des choses que l'esprit dans ses spéculations et dans ses songes n'y parvint!" (II, 174). Eryximaque, le médecin du dialogue, dit aussi: "la raison, quelquefois, me semble être la faculté de notre âme de ne rien comprendre à notre corps!" (II, 163). Si Socrate finit par accepter cette rythmie passionnelle, la sinuosité plurielle de

---

[24] Il faudrait lire cette section de mon essai avec le beau texte de René Girard sur la danse de Salomé, "La décollation de saint Jean-Baptiste," dans *Le Bouc émissaire*. La proximité du texte de Valéry à celui de la Bible est surprenante, tout au moins grâce à l'éclairage nouveau que lui donne René Girard. La *scène* (au sens le plus fort) est la même: convives et danseuse, et puis ce tourbillon de la fin qui achève la crise mimétique.

la danse, il devra en faire l'économie sur son corps même. Au début du dialogue, il est parlé de cette identification *sympathique* entre la danseuse et l'assemblée des spectateurs. S'il y a purge chez Socrate, ce sera à la danseuse d'assumer les frais de cette médecine: "Moi-même, s'écrie-t-il à Phèdre et Eryximaque, je me sens envahi... de forces extraordinaires... Ou je sens qu'elles sortent de moi qui ne savais pas que je contenais ces vertus" (ii, 173). C'est une dernière arabesque qui redonne à Socrate ce corps retrouvé dans sa dimension passionnelle. Mais c'est la danseuse qui assume, dans un mouvement proche de la mort, cette *catharsis*.

L'aspect le plus étrange de ce dialogue est le retournement rituel du spectacle de la danseuse. Au début du dialogue, la danseuse est pure image, pure représentation idéelle, elle sert d'image à une discussion intellectuelle. Mais peu à peu, le rituel semble prendre le devant de la scène, la nature allégorique du dialogue tend à s'effacer, la danseuse et la troupe de ses consoeurs paraissent soudain prendre chair. Au début du dialogue, le silence de la danseuse semblait conjoindre cette assemblée: "Instant absolument vierge... où quelque chose doit se rompre dans l'âme, dans l'attente, dans l'assemblée... Et cependant, c'est aussi comme une soudure" (ii, 158). A la fin du dialogue, on assiste à une sorte de montée du collectif, on entend le bruit tumultueux de la foule devant le spectacle de la danseuse. L'envoûtement réciproque des convives s'accélère dans un moment de crise qui finit par *isoler* la danseuse (ii, 174). Socrate décrit bien cette généralisation, cet envahissement mimétique de l'espace de la danse: "O mes amis, ne vous sentez pas enivrés par saccades, et comme par des coups répétés de plus en plus fort, peu à peu rendus *semblables* à tous ces convives qui trépignent, et qui ne peuvent plus tenir silencieux et cachés leur démons?... Hommes et femmes en cadence mènent le chant jusqu'au tumulte. Tout le monde frappe et chante à la fois, et quelque chose grandit et s'élève" (ii, 173). C'est ce tumulte mimétique que reprennent les arabesques folles de la danseuse[25].

---

[25] Ce dialogue sur la danse se voulant un dialogue platonicien, on pourrait rappeler les idées de Platon sur ce sujet. Platon refuse les vertus proprement cathartiques de la danse. C'est bien l'ivresse qu'il refuse dans la danse et qui lui fait préférer la gymnastique. La danse (la bachique), fait dans les *Lois* figure de mauvaise mimésis, puisqu'y sont imités des personnages déjà modifiés par une certaine altérité, n'ayant plus la sûreté du même: "Toute danse bachique et autres danses qui s'y rattachent, où, sous les noms de Nymphes, de Pans, de Silènes et de Satyres, on mime, c'est

C'est sur le corps propre de la danseuse, devenue *pharmakos* que se résout la folie violente du collectif. C'est elle qui la change en guérison, c'est elle qui canalise la violence unanime et la détourne dans le jeu de sa mort. Le tourbillon évacue l'homogénéité dangereuse de la foule. La danseuse, dans son tourbillon, incorpore dans un même mouvement l'énergie de la foule; c'est toute l'assemblée qui vient se nouer dans cette force centripète, qui vient se regarder en ce point tournant. Il reste à révéler le nom de la danseuse. Elle s'appelle à la fois l'intouchable, la pure, l'abominable, *athiktos*, Athikté... le Sacré.

Voici que Valéry nous permet de parler en deux langues — celle de la science et celle de la religion, celle de Michel Serres et celle de René Girard. C'est précisément, dans le texte de Valéry, la métaphore du tourbillon qui nous a permis d'effectuer ces passages.

Dans son *Lucrèce* déjà, Serres nous montrait l'étymologie commune de foule et de tourbillon. *Turba/turbo* se lisent dans leur étrange gémellité spéculaire. Serres avait trouvé aussi, tout proche, *turbé*, danses folles aux fêtes de Bacchus... (38)[26].

Quant à nous, on nous pardonnera cette danse des idées, ces jeux de l'analogie. Valéry semblait aimer cette sorte de spectacle intellectuel. N'écrit-il pas de la métaphore, dans des termes du reste empruntés à la danse, qu'elle est une "pirouette de l'idée"? (I, 1403)[27].

---

leur mot, des gens ivres, et l'on célèbre certaines purifications et initiations... ce n'est pas là un genre de danse qui convienne à des citoyens" (*Lois*, VII [Les Belles Lettres, 1956], 815 c-d). La préférence de Platon va à la gymnastique et aux danses dites *pyrrhiques* (danses guerrières). Mais on peut dire qu'elles aussi sont purificatrices, rituelles. Platon dit qu'elles sont mimétiques, mais au sens seulement où les coups sont simulés. Dans *Des Choses cachées*, Girard parle de ces simulacres de combat et accentue leur efficace rituelle: "Les figures chorégraphiques les plus délicates, les positions qui s'échangent sans que les partenaires renoncent à se faire face, les effets de miroir, tout peut se lire comme traces schématisées et purifiées d'affrontements passés" (p. 29). Notons aussi que la préférence platonicienne se trouve justifiée par le fait que la danse guerrière est vouée à l'imitation de beaux corps, parce que "l'ensemble des membres du corps garde la rectitude (*orthotès*) des lignes" (*Lois*, 815 b). Voir aussi ce que Serres écrit sur danse et multiplicité dans *Genèse* (Grasset, 1982), pp. 73-74.

[26] Tourbillon lui-même contiendrait étymologiquement le mot vacarme.

[27] Pour boucler la boucle, ceci: *pirouette*, nous dit le dictionnaire (*Robert*), est d'abord une petite toupie.

The Influence of René Girard

Honesty is what most succinctly yet most eloquently characterizes the thought of René Girard. To be sure, the authoritative tone of this word conjures up the threatening specter of righteousness. At the risk of kindling the very argument of the Girardian polemics, which engages the content of Girard's reflection as much as its expression, this word seems to describe remarkably well his entire undertaking. The strength of Girard's work indeed resides in his constant preoccupation with the origins and consequences of power. One of the merits of his disturbing work is to raise further questions, to stimulate similar reflections.

Girard's penetrating analysis of modernity, his diagnosis of "civilized" violence, his lucidity in the face of ideological justifications, these are all facets of a work which reverberates a genuine concern for integrity. If Girard's voice is able to touch, to alert, at times to irritate so many, it is because it questions all compromises, indulgences and prejudices alike. If his message sounds so definitive, it is because Girard takes nothing for granted. Paradoxically, because it represents one of the clearest and most limpid articulations of humanistic responsibility in today's world, Girard's thought lends itself to many a conflicting interpretation and misconception. An alarmist for some, a prophet for others, here perceived as a propagandist, there as a totalitarian, for most Girard remains essentially a theoretician. However erroneous, these diverse interpretations are probably the best tribute, and certainly the most convincing testimony, to a supremely fecund and brilliant mind.

True, Girard's work is both acclaimed and disclaimed by an astonishing variety of schools and disciplines. The fact that politicians, lawyers, economists, scientists, theologians, anthropologists, writers and experts from all horizons scrutinize and respond to Girard's insights, is in itself a recognition of its power. For the profound resonance of Girard's voice echoes its fundamental simplicity. It speaks of dignity and substance beyond the confinements of suspicion and fear. It inspires and motivates a renewed examination of the roots and ramifications of humanistic thought. Such has been the intent of this volume: to celebrate the universal influence of Girard's thought.

Contributors

VIRGIL NEMOIANU, director of the comparative literature program at the Catholic University of America, Washington D.C., is currently preparing a study dealing with the dialectics of the secondary. His latest books include *Micro-Harmony: The Growth and Uses of the Idyllic Model in Literature* and *The Taming of Romanticism: European Literature and the Age of Biedermeier.*

AIDAN CARL MATHEWS is a drama producer with Radio Eireann (Irish Radio). He has published two volumes of poetry, *Windfalls* and *Minding Ruth*, and has edited *Immediate Man*, a bilingual festschrift for the late president of Ireland, Cearbhall Ó Dálaigh. His plays, *The Antigone*, *The Diamond Body*, and *Exit-Entrance*, have been produced in Dublin and London.

CESÁREO BANDERA is professor of Spanish and comparative literature at the State University of New York, Buffalo. Author of critical works ranging from studies of Calderón, Cervantes, and Ruiz, to general reflection on the mimetic bases of literary desire and criticism, his most recent book is *Mímesis conflictiva: Ficción literaria y violencia en Cervantes y Calderón.*

ERIC GANS, professor of French at the University of California, Los Angeles, has published several books, including *Essais d'esthétique paradoxale*, and most recently *The Origin of Language* and its sequel, *The End of Culture* (forthcoming).

CLAUDE VIGÉE, French poet and essayist, has taught French and comparative literature at Brandeis University and at the Hebrew University of Jerusalem. He was recently awarded the Jacob-Burckhardt Prize, the Femina-Vacaresco Prize for literary criticism, and the Johann-Peter Hebel Prize for poetry and creative writing in 1984.

331

SANDOR GOODHART is professor of English literature at the University of Michigan. Specializing in writings on the Hebrew Bible, literary theory, Greek tragedy, and Shakespeare, he is currently preparing studies on Richard II and the story of Jonah.

BERNARD CAZES, head of long-term studies division, Commissariat du Plan, is the author of *La Vie économique, Les Archives du futur* (forthcoming), *D'Holbach portatif* (coauthor with Georgette Cazes), and editor of Turgot's *Ecrits économiques*.

ANDRÉ ORLÉAN is currently administrator of the Institut National de la Statistique et des Etudes Economiques and research associate at the Centre de Recherche Epistémologie et Autonomie. He is the author of numerous articles in professional journals and of *La Violence de la monnaie* (coauthor with Michel Aglietta).

JEAN-PIERRE DUPUY is professor of economics at the Ecole Polytechnique and research director at the Centre National de la Recherche Scientifique, specializing in the epistemology of the social sciences. His most recent books include *Ordres et désordres: Enquête sur un nouveau paradigme*, and *L'Enfer des choses: René Girard et la logique de l'économie* (in collaboration with Paul Dumouchel).

PAUL DUMOUCHEL is currently preparing a thesis on Hobbes at the University of Waterloo, Ontario. His major publications include *L'Enfer des choses: René Girard et la logique de l'économie*, *L'Auto-organisation: de la physique au politique* (both in collaboration with Jean-Pierre Dupuy), and *Violence et vérité*, the proceedings of the 1983 Cerisy-la-Salle Girard colloquium (1985).

KONRAD THOMAS, professor of sociology at the University of Goettingen, has studied music, philosophy, and theology. His publications include *Die betriebliche Situation der Arbeiter, Analyse der Arbeit*, and *Probleme schneller Industrialisierung in Entwicklungsländern*.

PHILIPPE SOLLERS is founder of *Tel Quel* and *L'Infini*. Among his most important publications are the well-known novels *Paradis* and *Femmes*. He is also the author of many articles and critical works, including *L'Ecriture et l'expérience des limites*.

CHRISTIANE FRÉMONT, a scholar at the Centre National de la Recherche Scientifique, published her Doctorat de 3e Cycle on Leibniz, *L'Etre et la relation*, and is currently continuing her work on Leibniz.

TOBIN SIEBERS is professor of English and comparative literature at Columbia University. He is the author of *The Mirror of Medusa, The Romantic Fantastic*, and of various articles on literature and criticism. His current project, *The Ethics of Criticism*, treats the relation between ethics and critical theory.

PAISLEY LIVINGSTON is professor in the department of English at McGill University, Montreal, where he teaches communications and critical theory, literature and film. His publications include *Ingmar Bergman and the Rituals of Art*, and "La Démystification et l'histoire chez Girard et Durkheim," in the proceedings of the 1983 Cerisy-la Salle Girard colloquium (1985).

PHILIPPE MURAY lives in Paris where he is a writer, critic, and journalist. A regular contributor to *Art Press* and *L'Infini*, he has published books, novels, and essays among which *L'Opium des lettres*, *Céline*, and *Le 19e siècle à travers les âges*.

BRIGITTE CAZELLES is professor of French literature at Stanford University. Her published works include *La Faiblesse chez Gautier de Coinci*, *Le Vain Siecle Guerpir* (coauthor), *Le Corps de sainteté*, and articles on medieval didacticism. She is currently completing a study on *Le Conte du Graal*.

MICHAEL S. KOPPISCH is professor of French at Michigan State University. He is the author of *The Dissolution of Character: Changing Perspectives in La Bruyère's 'Caractères'* and is presently writing a book on Molière.

BRUCE BASSOFF is professor of English at the University of Colorado. He has published *Toward Loving: The Poetics of the Novel and the Practice of Henry Green* and *The Secret Sharers: Studies in Contemporary Fictions*, as well as numerous articles on modern and contemporary literature and on critical theory.

PIERRE SAINT-AMAND, professor of French literature at Stanford University, is currently working on a project dealing with the eighteenth-century French novel. He has recently published a book, *Diderot: Le Labyrinthe de la relation*.